毛泽东
成功之道

孙宝义 刘春增 邹桂兰◎编著

MAOZEDONG
CHENGGONG
ZHIDAO

人民出版社

目　　录

　　少年毛泽东正是在父母的交互熔磨中塑造出来的：父亲给他以棱角，母亲给他以光环，他既扬弃了父亲的自私、刻薄，又保留了父亲的坚强、勇敢；他既接受了母亲的善良、无私，又抛弃了母亲的逆来顺受。他是阳刚、阴柔兼备的伟人……

　　韶山毛氏家训有十则：一、培植心田。二、品行端正。三、孝养父母。四、友爱兄弟。五、和睦相邻。六、教训子孙。七、矜怜孤寡。八、婚姻随宜。九、奋志芸窗。十、勤劳本业。

　　毛泽东曾说："我小的时候，我的妈妈就常常教育我'夹紧尾巴做人'。这句话很对，现在我就时常对同志们讲。"

　　人贪得无厌是不好，但人要贪得有厌，那恐怕世界也就不前进了。你说是不是这个道理，都满足了，到了厌的程度，那还要变革，还要追求什么呢？

　　毛泽东的知识和智慧都是从刻苦学习中一点一滴地积累起来的；他的性格魅力，也是在长期接受科学知识的教育过程中，凭借吸收传统文化中的精华，才逐渐形成的。他终生与书籍结缘，刻苦攻读，与读书学习上存在深层次的关系分不开。刻苦钻研是他智慧的源泉……

　　今日记一事，明日悟一理，积久而成学。高以下基，洪由纤起，在乎人之求之而已。

　　省立图书馆是毛泽东风雨无阻去自学的地方。他后来回忆这一段自学生活时，曾经说："那时进了图书馆，就像牛进了邻人的菜园，尝到了菜的味道，就大口大口地拼命吃。"

　　中国有三部名小说，《红楼梦》、《水浒传》和《三国演义》，谁不看完这三部小说，不算中国人。

　　逆境是块磨刀石，也是一柄双刃剑。逆境可以磨练人的意志，也可以增长人的智慧和勇气。毛泽东的智慧和勇气，是在不断经历的险难中锻造的。战胜险难的钥匙是勇气，每当毛泽东遇到险难时，他都以非凡的智慧和勇气绕过险滩而踏上坦途……

　　"不是瞎火也不一定能伤着我。"毛泽东又吸了一口烟，诙谐地说，"当年打白匪，从长沙往株洲撤退时，子弹把我的帽子打穿了，裤脚上也钻了两个洞，可连我的毫毛都没伤着……"

　　在青年中要提倡工作第一，绝不能恋爱第一。更不能"若为恋爱故，万事皆可抛"。

　　猪八戒有许多缺点，但有一个优点，就是艰苦。臭柿胡同就是他拱开的。孙猴子很灵活，很机动，但他最大的缺点就是方向不坚定。三心二意……

　　从私塾的毛宇居、李漱清、毛麓钟，到东山小学的谭咏春、贺岚岗、萧佚名；到省一中的杨昌济、徐特立、方维夏……无不是从思想文化和人格品行和行为上给青少年时代的毛泽东留下了不可磨灭的印象，因此，毛泽东说："生我者父母，教我者党、同志、老师！"

　　毛泽东在谈起他一师的朋友时说："这是一批态度严肃的人，他们不屑于议论身边琐事。他们的一言一行，都一定要有一个目的。他们没有时间谈情说爱，他们认为时局危急，求知的需要迫切，不允许他们去谈论女人或私人问题。……我的朋友和我只愿意谈论大事——人的天性，人类社会，中国，世界，宇宙！"

　　当毛主席给老师敬酒时，老人起身慨言："主席敬酒，岂敢岂敢！"毛主席笑容满面地回答："敬老尊师，应该应该！"席间，毛泽东贴到毛居宇老师的耳边悄悄地说："我那时是个调皮学生，还造过你的反咧，你还记得吗？"

　　在历史上，这叫"经世致用"、学以致用。用毛泽东自己的语言叫理论联系实际，也叫读书与实践结合。

　　革命要有根据地，好像人要有屁股。人假若没有屁股，便不能坐下来；要是老走着，老站着，定然不会持久；腿走酸了，站软了，就会倒下去。革命有了根据地，才能够有地方休整，恢复气力，补充力量，再继续战斗，扩大发展，走向最后胜利。

　　"精兵简政"这个办法很好，恰恰是改进我们的机关主义、官僚主义、形式主义的对症药。

　　这几十年的体会是：头一句'遇事虚怀观一是'，难就难在'虚怀'这两个字上，即有时是虚怀，有时并不怎么虚怀。第二句'与人和气察群言'难在'察'字上面。察，不是一般的察颜观色，而是虚心体察，这样才能从群言中汲取智慧和力量。

毛泽东青年时代曾对自己做过预言，他说："吾死之后，置吾身于历史之中，使后人见之，皆知吾确然有以自完。后人见吾之完满如此，亦自加吾以芳名，然而非吾之所喜悦，以其属之后来，非躬之现实也。"

人为什么要死？这是自然规律，森林寿命比较长，也不过几千年，没有死，那还了得，如果今天还看到孔夫子，地球就装不下了。赞成庄子的办法，死了妻子，鼓盆而歌，死了人要开庆祝会，庆祝辩证法的胜利。

关羽的弱点是自负凌人，以致发展到上当受骗，大意失荆州。

尼克松说："单凭他的洞察力和冷酷无情，毛泽东是不可能在中国取得成功的。他同时还具有能够吸引狂热追随者的领袖人物的超人魅力，以及藐视巨大困难的意志力。毛泽东的领导才能来自于他的坚强意志。"

序　言

孙　雷

　　人的一生有许多理想和愿望，但能否顺利实现，这是"成功学"所研究的领域。不论是从事自然科学研究的人，还是从事社会科学研究的人，大多没有超出这个范畴。

　　每个人都热烈追求自己的美好人生，都希望自己生活得充实、幸福、有价值、有意义。而人生要获得成功，绝非一朝一夕所能达到的。借鉴古今成功人物的经验教训，特别是集领袖人物和专家学者于一体的"办事兼传教之人"，尤为可贵。

　　俗话说，学习是人生的最大投资，知识可以改变命运。《毛泽东成功之道》生动地诠释了毛泽东从少年到青年，从一个农民的儿子到中华人民共和国领袖的成长过程。通过众多生动、具体、可靠的史实、回忆录、讲话、报告和毛泽东自述，揭示了毛泽东在事业上的成功之道。这是一部难得的"人才学"上的教科书。

　　毛泽东的青少年时代，正值中国处于一个历史性大变革的年代，中国人民正在逐渐觉醒。先是孙中山先生领导的资产阶级民主革命的崛起，接着又是中国新民主主义革命的勃兴。这正是一个呼唤英雄、产生英雄的时代，毛泽东应运而生，他的成长过程，正是具体地体现了中国人民不断觉醒的这个历史过程。

　　一位伟人就是一部历史。毛泽东所以能够成长为中国人民的伟大领袖，绝不是偶然的和天生的。他是在中国人民长期的实际革命斗争中锻炼成长起来的。正如周恩来在《学习毛泽东》中指出的那样："我们的领袖是从人民当中生长出来的，是跟中国人民血肉相联的，是跟中国的大地、中国的社会密切相关的，是从中国近百年来和'五四'以来的革命运动、多少年革命历史的经验教训中产生的人民领袖。"①他还指出：毛泽东"也是封建社会农民家庭出身的一个孩子，也曾经迷信过，也曾经读过古书，也曾经研究问题开始只注重一个方面。他之所以伟大，在于他能够从迷信中觉悟出来，否定旧的东西；他之所以伟大，更在于他敢于承认旧的过去。"②敢于实事求是，创新思维，打破旧的传统，建立新的秩序，这就是毛泽东所走的成功之道。

毛泽东超凡脱俗的才华，是中国历史上甚至人类历史上罕见的旷世奇才。耶稣、释迦牟尼只是个宗教家；孔子、苏格拉底、柏拉图只是个哲学家，他们只是精神领袖，不是实践家；孙武只是个军事家、战略家；秦皇汉武、成吉思汗、康熙只是个军事家或政治家；李白、杜甫只是个诗人；王羲之也只是个书法家；等等。他们只具备某个方面的才华。然而，毛泽东却兼而有之，集众美于一身，而且每一美都可独立成家，这就是毛泽东的不同之处。

《毛泽东成功之道》对毛泽东的思想、气质、风格和性格，都做了一些探讨。在他的个性中，既有政治家的求实精神，又有诗人富有想象的浪漫主义；他有农民的平易质朴，又有学者的高度机敏和智慧；他有惊人的耐心，又具有当机立断的魄力；他谦虚谨慎，却又非常自信、自尊；他诙谐幽默，却又严肃庄重；他外表洒脱不羁，工作却一丝不苟；他讲话深入浅出，通俗易懂，有时却又令人感到高深莫测；他重视情谊，却又不掩饰自己的好恶；他不讲排场，不摆架子，却又令人肃然起敬；他举止安详文雅，有时又嬉笑怒骂，令敌人难以招架；他有深邃的感情，有时又含而不露，具有巨人性格和不甘落后的挑战意识。

作者从毛泽东一生成长的经历中，经过理性筛选，将其成功之道归结为"基因特质"、"刻苦钻研"、"奋斗磨励"、"外因助力"、"实践致用"、"人生价值"诸篇。该书总结了他的成功之道，具有哲理性、趣味性、资料性和人

---

① 《周恩来选集》上卷，人民出版社1980年版，第332页。
② 《周恩来选集》上卷，人民出版社1980年版，第334页。

才性，是研究伟人传记的一本有价值的学术参考书。

人类社会要继续前进，我们的事业要继续进步，人们需要更多的成功。今天，我们所处的时代和毛泽东青少年时代所处的那个时代已经完全不同了。我们国家被奴役、被侮辱的历史已一去不复返了。现在正进入一个改革开放、全面振兴，向全面建成小康社会奋进的新时代。毫无疑义，新的时代，新的环境，给我们新的一代青年成长提供了十分优越的条件和充分发挥才能的舞台。但是，毛泽东等老一辈无产阶级革命家所走过的道路，仍然值得我们很好地学习和借鉴，因此，我除了祝贺《毛泽东成功之道》这本书出版外，还相信广大读者从阅读中一定会汲取有益的智慧和力量，从而对自己在成长的道路上有所启迪，在人生和事业上取得不负时代要求的成功。

一、基因特质

1893 年 12 月 26 日，毛泽东诞生于湖南省湘潭县韶山冲，韶山给他的东西很多，对他的一生影响深远。毛泽东从韶山启程，他的思想、个性、人格，都是在韶山这块热土上奠定根基的。俗话说得好："山川秀丽资俊杰"，韶山具有神奇的色彩。清朝乾隆年间举人戴炯为毛氏二修族谱的序中，曾预言："夫山水秀绝，必生奇才，韶山虽不在中州往来之地，赋客骚人所不到，必将有秉山之秀，追踪古先生其人者，为国之华，为邦之望，使人与地俱传。"

毛泽东的童年和少年时代是在韶山度过的。少年毛泽东的思想定格在爱国爱民、忧国忧民、立志救国救民上；性格上养成刻苦追求，奋发上进，从不屈辱盲从，有种自强不息的精神；个性上，追求真理，矢志革命，在困难和挫折面前，即使碰得头破血流也绝不回头；人格上崇尚真善美，鄙视当年万户侯，以全心全意、彻底为人民服务的理念，投身到为人民大众翻身求解放的壮丽事业中去。

在韶山这块净土中，毛泽东的童年和少年幼小的心灵上，曾打下了终身不忘的红土烙印。

毛泽东出生时，父亲毛顺生（贻昌）仍是贫穷潦倒；母亲文氏，娘家湘乡唐家圫（今属韶山市），虔诚信佛，生育不顺，头两胎夭折。毛泽东出世后，父母深感生活无奈，尤恐先例重演，故此，毛顺生外出当兵，文氏抱毛泽东回娘家寄养，直到毛泽东 8 岁才接了回来。当时文家已是四世同堂、40余口的大家庭，又属小康之家，书香门第，更有优良的家风。这家风是坚韧不拔、勤劳精细的治家作风；是行善好施、乐观开朗的人生态度，人人都有一颗善良、纯朴的心，真诚相处，温顺和谐。毛泽东的外祖母、母亲和童年毛泽东深受这文氏家风之影响。同时，毛泽东在文家七八年，颇受长辈爱护、器重，加之他聪明可爱，被人视为宝贝。舅舅在家办私塾，经常带他在身边，他成了一个特殊的"旁听生"，所受的教益比正式生还多。优越的环境和优厚的待遇，常使毛泽东称心如意，乐而无忧，难免产生某种优越感。他在同辈或同龄孩子中，往往不是被羡慕，便是遭妒嫉，也难免时有口角和"纠纷"。这一切，不能不影响到他思想性格的发展，使毛泽东得到最初的锻炼。

毛泽东在受父亲、毛家、毛氏家族影响之前，先接受了母亲、文家的影响；在学会恨之前，先学会了爱；在认识假恶丑之前，先认识了真善美；在产生忧患意识之前，先有了乐观向上。外婆家的生活，使他获得了对人生的重要的第一印象，获得了日后反抗活动的初始依据和初始动力，萌生了最为朴素的善恶观，从而为他回到韶山冲以后，不断地与父亲、族长抗争，打下了根基。

父亲母亲的双重基因对毛泽东的影响很大。母亲文氏，她的优良品德及对毛泽东的影响，已广为人知。她是一个典型的贤妻良母，一生勤俭、善良、无私、大度，对人怜悯、同情，毛泽东对母亲十分孝顺、敬重。甚至连他的相貌都说像母亲。

父亲毛顺生固然有专制、自私和对人刻薄、粗暴的消极一面，但这是次要的一面。他更有勤劳、节俭、精明、能干的积极一面，也是主要的一面。这一面还包括他的强悍、武勇、坚韧不屈的性格，无畏、果敢的胆量气魄，奋发进取、艰苦奋斗的创业精神，以及他的商品经济意识和经商发家之道。而这些对当时一个普通的中国农民来说，真是难能可贵！又恰恰是这些，对毛泽东产生了巨大的影响，在他的身上始终可见毛顺生的影子。

少年毛泽东正是在父母的交互熔磨中塑造出来的：父亲给他以棱角，母亲给他以光环，他既扬弃了父亲的自私、刻薄，又保留了父亲的坚强、勇敢；他既接受了母亲的善良、无私，又抛弃了母亲的逆来顺受。他是阳刚、阴柔兼备的伟人！

毛氏家族的历史渊源，给了幼小的毛泽东一种特殊的教育。毛氏家族历尽沧桑，由中原到江浙，再到江西，明洪武年间，毛太华及其子，从江西经云南到湖南湘乡，最后定居韶山，开韶山毛氏家族之先河，自太华公到毛泽东计20代。这个家族，系韶山最大的家族，组织、制度非常严密，俨然是个"小王国"。它的总祠堂——"毛氏宗祠"，分祠堂——几个"公祠"，有如"官殿"；它的历修族谱，类似"宪法"，族谱所载《家规》、《家训》、《家戒》、《家劝》等，如同法规、法令。这些虽然基本属于封建的东西，但是也有其精华。这些，多少体现了民族精神、传统文化和社会公德，曾为少年毛泽东所吸收和效法。

蒙馆塾师的培育恩典。毛泽东1959年回韶山祭拜父母坟墓后说："生我者父母，教我者党，人民，老师、朋友也。"这老师，也包括了他的蒙馆——私塾老师。所以，他那次请父老乡亲吃饭，就请了当年塾师，并一一敬酒。当敬到塾师毛宇居（堂兄）时，毛宇居激动地说："主席敬酒，岂敢岂敢！"毛泽东即席作答："敬老尊贤，应该应该！"少年毛泽东在韶山，读过6年私塾，换过7个塾址和6位塾师。

每个私塾、每位塾师都曾使毛泽东获得益处，如文化基础、历史知识，还有古文写作和书法。他一生中最后也是最好的、对他影响最大的一位塾师，就是毛麓钟。麓钟先生世居东茅塘（毛泽东祖居地），是毛泽东的堂伯父，"韶山冲唯一的秀才"。他才高八斗，品德高尚。他曾游目江浙，目睹中日甲午战争给中华民族带来的严重创伤，深知清廷之不可救药，乃愤而归乡，在自己家里续办"面山楼"私塾，决心造就下一代，以资救国救民。因此，他办学的方式与前辈迥异，吸收了若干新学成分，将亲身经历的"国耻"引入教学内容，以励学生为国读书。毛泽东于1910年上半年在其门下就读，使他眼界大开，爱国爱民意识更浓，其收获超过了以前的几年。

还有一位，虽然不是毛泽东的正式塾师，但给毛泽东的影响不亚于毛麓钟，那就是李漱清先生。他家住毛泽东家以北三四里处，比毛泽东大21岁，早期在外地进的是新学堂，思想激进，回乡后大谈维新变法，以拯救中国，主张废除祠堂、庙宇，建立新学，培养救国人才。毛泽东十分钦佩，经常趋前请教，结为忘年之交，并从他那里第一次听到了维新救国的道理，读了不少维新变法的书刊。这时，毛泽东不但有了爱国主义、民本思想的萌芽，而且有了救国救民方法的启蒙。

更为重要的是乡土文化的熏陶。由于自然地理和社会历史的特殊原因，中国传统文化在韶山的具体体现，内容极为丰富而典型，并与本地文化相融合而形成独具特色的乡土文化。少年毛泽东正是在这种浓郁的文化氛围中度过，受其影响比较大。例如说"儒"和"佛"，在韶山均颇盛行，少年毛泽东既受影响，又有扬弃，充满着矛盾、复杂情况。他就是在这种环境中成长和成熟起来的。

在韶山毛泽东还经历了阶级斗争的洗礼。韶山的社会状况和阶级斗争，是中国社会的一个具体的缩影。对少年毛泽东思想性格的初成，起了决定性的作用。这是个带有实质性的问题。

毛泽东少年时期韶山各阶级的土地占有情况暂无资料可查，但在解放前：仅占人口6.5％的地主、富农，却占去土地60％。而占人口71％的贫雇农，仅占土地5.8％。韶山最大的官僚地主成涤泉的弟弟和儿子6人，共有良田1万余亩，占了韶山水田面积的1/7。

迫于生活，19世纪末、20世纪初，韶山人民多次掀起自发的反抗斗争。对少年毛泽东影响最大的是1910年上半年的长沙"饥民暴动"、韶山内外闹"平粜"、"吃大户"的运动。毛泽东不仅耳闻目睹了这些斗争，而且还亲身参加了与封建地主兼族长毛鸿宾的斗争，加之一些带爱国色彩新书报刊的启迪，对毛泽东的思想触动很大。他后来回忆说：这些事给我"留下了磨灭不掉的印象"，有的事"影响了我的一生"。从这时起，我"开始有了一定的政治觉悟"，深为国家和民族的前途而忧虑，为人民的痛苦而不安。我认定"国家兴亡，匹夫有责"，"救国救民"是自己的"天职"。

他的许多重大决策都是回韶山作出的。1910年秋到1918年夏，毛泽东在外地求学期间回去的次数很多，之后也不少，最主要有：1921年春回来教育全家亲人干革命；1925年2—8月在韶山领导开展农民运动；1927年初考察韶山农运；毛泽东一生中多次回韶山。犹如大地之子安泰躺在母亲怀中，韶山赐给了他力量和智慧。在那里他得到了灵感和安全感。

毛泽东之所以能成为一代世纪伟人，当然，这与主客观条件有很大的关系，而青少年时代生活在韶山，无疑会为他涂上了特殊的基因色彩。俗话说："地灵人杰"。韶山这块神奇的土地，培育出一代天骄。

人们走向成功，既需要客观环境，也离不开主观努力。毛泽东的一生是革命的一生，是奋斗的一生，是拼搏的一生。他健康的身体、高尚的道德情操、完美的人格、独特的性格、和谐的人际关系、科学的工作方法，这一切的一切，都是毛泽东所独具的基因特质条件。从某种意义上说，是他走向成功之道的自身所具备的要件。

毛氏家族优良传统

毛泽东戏称自己是"老保守党人，是老顽固"。

毛氏家族到韶山后，在相当长一段时间里必须倾全力解决生存问题，社会生活尚比较简单，人们无多少时间训练礼仪。随着经济和社会的发展，家族先贤开始制定严格的文化规范，以指导和约束族人的行为，保证家族的兴旺发达。乾隆二年（1737年），毛氏创修族谱，可惜该谱已经失传，其主要内容不得而知；光绪七年（1881年）毛氏二修族谱制定了家规18条，家训和家戒各10则；宣统三年（1911年）三修族谱时又增加百字铭训和劝戒讼词。另外，二修、三修族谱时，还辑录了古今圣贤格言。毛氏宗祠"聪听彝训"匾额上方抄录有曾国藩的部分家书，以补家族文化规范之不逮。

二修族谱制定的家规18条涉及家庭、社会人伦道德的各个方面，由族长、房长强制执行。家族处理不了的则"送官究治"。如第1条规定："孝悌为百行之原，固人道之所当尽。凡为子弟者，务宜服劳奉养以事亲，逊顺恭让以尽弟。苟有不孝养父母，不弟事兄长，大则忤逆违悖，小则言语撞触，族长传祠，从重惩戒，训之不悛，送官究治。"又如第5条规定："子弟之成败全在父兄之教训，故父兄之教不严，子弟之率不谨。凡族人于子弟知识稍开，天真未遭之际，提撕训导以保天性。及长，教以正业。如有听其游荡，放辟不加约束，先以容纵处父兄，后以不肖治子弟。"

家规作为族人的道德生活信条，具有突出的实用价值，必须做到家喻户晓。毛氏家族在制定出家规后，要求"凡各家长当于三余之时，孙子略识书字之际，使之观看，与之讲明，令其和其稽考，遵其法戒，则在家可为一家之令子，在乡可为一乡之善士，在国可为一国之忠良"。

毛氏家规制定于 1881 年，毛泽东则诞生于 1893 年，且在韶山生活了 17 年，因此，家规对毛泽东的影响是客观存在的。从家规的内容来看，排除其极端的封建礼法观念，其中的确存在许多积极因素，如孝养父母、尊老敬长、严格教子、婚丧从俭、怜恤孤寡、清正廉洁等。这些都是毛氏家族的优良传统道德，并在毛泽东身上打下了深刻烙印。

封建礼法严尊卑，别等级，酿成恃强凌弱的暴虐之风，但排除其极端思想，内中也蕴含着尊老敬贤的可贵精神。毛泽东对老人、对长辈一直是十分尊敬的。在延安时期，毛泽东便提议给"延安五老"祝寿，并给其中之一的徐特立 60 大寿写了贺信，称赞徐老是"革命第一，工作第一，他人第一"。毛泽东给人写信、会见宾客，对称呼、对座位都极讲究，虽说是细微末节，但也证明少年时代的文化习染对人的影响是多么深远！由于与尊长接触很讲礼仪，他身边一些工作人员觉得与他的身份不大适应，毛泽东却戏称自己是"老保守党人，是老顽固"。

勤俭持家是毛氏家族的优良传统。家规中云："冠、婚、丧、祭，称家有无。俭啬太过，鄙吝失之固；骄奢靡丽，侈浪失之浮。惟其不固不浪，乃得之中，则于礼无悖，于人无议，且足以风世。"毛泽东的父亲持家十分勤俭，甚至有些近乎悭吝。如他不准家人在岁时令节以外的时间吃肉，只对雇工有时破例，农忙时节以肉和鸡蛋招待他们。毛泽东继承了家族勤俭持家的传统。他曾说："要勤俭持家，作长远打算，什么红白喜事，讨媳妇，死了人，大办其酒席，实在可以不必。"将勤俭持家的思想推广开去，毛泽东又号召"勤俭建国"、"勤俭办一切事业"。他身体力行，终生保持着朴素节俭的生活习惯。1945 年他去重庆谈判，郭沫若送给他一块欧米茄手表，此后直到逝世，毛泽东都戴着这块手表。其间不知坏过多少次，他都舍不得换新的。

毛氏家族家规认为："孤儿寡子，最为苦楚，无论亲支同族，务宜一体体恤，无事则共相顾复，有事则力为扶持。"毛泽东所属的震房还办有养济所，专门救助那些孤苦无靠的人。毛泽东的母亲文氏为人善良，常常接济那些穷苦的乡亲。毛泽东终生最看不得穷人落泪，又时时不忘为"卑贱者"鸣不平。究其根源，与家族传统也有一定的关联。

毛氏家族崇尚正直无私的道德风尚，在家族事务中力倡清正廉洁，"厚德流光"，认为侵吞祀产和公项"无异人子食父母之肉"。家规中规定，如有贪墨行为，"立行斥革论罚"。家族前辈们的"好义趋公"，对毛氏子弟有深远的影响。如民国时期曾任云南易门县县长的毛国翘，在任期内，"凡有关于国利民福者无不尽心力以为之"，但又"无丝毫之暗昧，其公正廉明，洵属难得"。毛泽东终生反对腐败，严惩腐败，既是他作为伟大革命家的真实写照，也是他对传统道德风尚的发扬和光大。毛泽东在纯朴的乡风民俗中长大，吸取了奋斗向上的人生观念，他伟大的人格离不开家族传统的哺育和熏陶。

毛泽东一生中所表现出的优良品质，与家族的规范化教育有着千丝万缕的关联。

（参见胡长明：《毛泽东成为一代伟人的"秘密"》，《党史博览》1999 年第 9 期）

韶山毛氏家训家戒

十条家训和六条家戒

韶山毛氏自 1341 年从始祖毛太华公发脉，至今已发展到第 23 代，毛泽东属于第 20 代。一本《韶山毛氏家训家戒》，在这里世代相传。可以说，在一定意义上，它规范着韶山毛家人的理想、伦理、道德、行为及人生追求等。

韶山毛氏家训有十则：一、培植心田。一生吃着不尽，只是半点心田。摸摸此处实无惭，到处有人称羡。不看欺瞒等辈，将来堕海沉渊，吃斋念佛也徒然，心好便膺帝眷。二、品行端正。从来人有三品，持身端正为良。弄文侮法有何长？但见天良尽丧；居心无少邪曲，行事没些乖张。光明俊伟子孙昌，莫作蛇神伎俩。三、孝养父母。终身报答不尽，惟尔父母之恩。亲意欣欣子色愠，便见一家孝顺。乌鸟尚知报本，人子应念逮存。若还忤逆背天伦，只恐将来雷震。四、友爱兄弟。兄弟分形连气，天生羽翼是他。只因娶妇便参差，弄出许多古怪。酒饭交结异姓，无端骨肉喧哗。莫为些小竟分家，百忍千秋佳话。五、和睦相邻。风俗何以近古，总在和族睦邻。三家五户要相亲，缓急大家帮衬。是非与他拆散，结好不啻朱陈。莫恃豪富莫欺贫，有事常相问讯。六、教训子孙。子孙何为贤知，父兄教训有方。朴归陇亩秀归庠，不许闲游放荡。雕琢方成美器，姑息未必慈祥。教子须如窦十郎，舐犊养成无状。七、矜怜孤寡。天下穷民有四，孤寡最宜周全。儿雏母苦最堪怜，况复加之贫贱？寒则予以旧絮，饥则授之余缯。积些阴德福无边，劝你行些方便。八、婚姻随宜。儿女前生之债，也宜随分还他。一时逞兴务繁华，曾见繁华品谢。韩侯方歌百两，齐姜始咏六珈。大家从俭莫从奢，彼此永称姻娅。九、奋志芸窗。坐我明窗讲习，几曾挥汗荷锄。驱蚊呵冻志无休。诵读不分昼夜。任他数伏数九，我只索典披图。桂花不上懒人头，刻苦便居人右。十、勤劳本业。天下有本有末，还须务本为高。百般做作尽糠糟，纵有便宜休讨。有田且勤尔业，一艺亦足自豪。栉风沐雨莫乱劳，安用许多技巧！

《韶山毛氏家戒》有六戒：一戒游荡；二戒赌博；三戒争论；四戒攘窃；五戒符法；六戒酗酒。

毛泽东的"家训家戒"，虽然充满了封建伦理的内容，但在那个时代也有一定的洁身自好的进步意义。无疑，对青少年毛泽东的成长起到了潜移默化的作用，直到1959年6月回韶山时，毛泽东还点名要看这本家训家戒，可见影响之深。

韶山毛氏家族的家规、家训和家戒，指导了毛泽东早年的道德实践。在以后漫长的岁月中，毛泽东不断地吸纳新知识，把道德实践引向更广泛的领域，把人格修炼提升到一个新的高度。如1918年新民学会成立时，他与会员就把"革新学术、砥砺品性，改良人心风俗"作为学会宗旨，并相约遵守"不懒惰"、"不虚伪"、"不赌博"、"不狎妓"等生活准则。毛泽东在领导中国革命和建设的过程中，极为重视道德人格的表率和激励作用，同时向往一种纯洁高尚的社会生活。他对各种丑恶现象深恶痛绝，并将它们消除殆尽。这些都与早年家族的文化习染有一定的联系。

无师自通的"省先生"

"我会查《康熙字典》，所以先生没有点的书，我也认得、也懂得。"

毛泽东8岁那年，开始在韶山南岸读私塾，启蒙老师是邹春培先生。

刚入学，毛泽东也是从《三字经》开始，因为聪明和勤奋，老师很快让他读《论语》、《孟子》和《诗经》了。

那时候，学生在读书时，先生是要点书的。可是邹先生很快就发现了毛泽东很有些与众不同：别人要边吟诵边学习，而毛泽东却从不出声，别人经常需要老师点书才能读懂，而毛泽东却从不要求先生点书。开始，邹先生还不以为然，可是时间久了，毛泽东还是天天那么默念。邹先生想，石三伢子书倒是一本本看得很快，可是不经我点书，不要搞成了"囫囵吞枣"、"走马观花"啊！

一天上课后，邹先生把毛泽东叫到案前，要为他点书，不想毛泽东冒出一句话来："春培阿公，你老人家不要点了，省得您费神劳累。"

"这怎么使得！"邹先生有些愠怒："你特来读书求识，不点书哪里要得。"

"不用您点，我都背得。"毛泽东认真地讲。

"嗯？"邹先生看着一本正经的毛泽东，心里真猜不透眼前的小伢子脑子里装着什么。"是吗？你先给我背背这一段。"

毛泽东看看先生指的一段书，想了想，挺起小胸脯，大声地背诵起来。等到一段书背完，居然一字未错。邹先生又让把背过的讲解一遍。毛泽东有板有眼地讲解开了，邹先生吃惊地合不拢嘴了，他怎么也想不到毛泽东小小年纪就能记住并且理解得这么快。

"停下、停下！"邹先生急于知道答案，便匆匆打断毛泽东的讲解。"石三伢子，你是怎么学会这么多文章的？"

毛泽东看看先生没有生气也就大胆地回答："先生！我会查《康熙字典》，所以先生没有点的书，我也认得、也懂得。"

邹先生对毛泽东赞赏极了。后来邹先生又听毛泽东家里人讲，毛泽东在家，除了干活就是看书。热天，晚上蚊虫多就在床头凳子上放盏灯，头伸到帐子外看书；冷天，索性不放帐子，躺在床上看书。邹先生对这个学生喜爱得不得了，逢人便讲："毛泽东天资聪颖，不需要先生劳神。"于是，大家就给他起了个绰号："省先生"。这也是对他的褒奖。可以说毛泽东从小就发现了"字典"的作用，所以他能充分利用"字典"做到了无师自通，是一个独具天资的伢子。

（参见许祖花、姚佩莲、胡东编著：《毛泽东幽默趣谈》，山东人民出版社1995年版）

少年时代修德储能

"我七岁起，就在本村一个小学读书，一直到十三岁。每天清早和晚上，我在田里做工。白天就读《四书》"。

毛泽东从青少年时代起，就非常注意"修德储能"，似乎在童年时代，毛泽东就表现出超乎常人的早熟和组织能力。他很小的时候，举止就很稳重，慎言善思。他是孩子们的中心。村里放牛的小娃们各放各的牛，在一起时便埋怨放牛时既不能玩，也不能干活，给缠死了，可又不知道怎样改变这

12

种状况。一天，毛泽东把大家集合在一起，分成两组，一组去放牛，其余一组则去割草、拾柴、采野果。这样，在相同的时间里，牛吃饱了，各人又分得青草、柴禾。然后，大家将牛拴好，围在树下吃果子、讲故事、玩游戏，好不快活！这种生活来源于少年毛泽东的聪颖多慧。

毛泽东很诚实。有一次，他和一帮小朋友一起偷吃了别人家的东西，见主人回来，其他的孩子都逃跑了，唯独毛泽东一人留下来，向主人承认他偷吃了东西。主人见其小小年纪如此诚实，也大为惊异，并没有指责他。

毛泽东很勤快。在田地里锄草，人家锄一遍，他总要锄二三遍，见草就弯下腰去拔。他还在自家屋后开辟出一块菜园子，种了许多蔬菜。他喂牛时，常用铁篦子给牛梳篦，使牛毛里不藏虱子。他总是将牛栏和猪圈打扫得干干净净。

毛泽东很踏实。一天父亲让他和弟弟一起去收拖泥豆。弟弟很调皮，拣豆子长得稀拉的地方收，不一会儿就收了一大片。他却选了一块豆子长得稠密的地方，老老实实地收着。父亲来了，便称赞弟弟收得快，而责备毛泽东收得慢，毛泽东不动声色，只是示意父亲看看自己收的豆子的数量。比较后，父亲就不再说话了。

毛泽东生活很俭朴。虽然家境较好，但他从小穿的是粗布衣，吃的也很差。他很珍惜粮食，从不肯随意浪费一点。这种良好的习惯一直保持到他的晚年。新中国成立后，他身居要职，但平时吃的穿的和一般老百姓并无区别。这些美好的品德，赢得了革命战友和全国人民的爱戴和拥护，赢得了崇高的威望。

毛泽东在与斯诺谈话中回忆说："我七岁起，就在本村一个小学读书，一直到十三岁。每天清早和晚上，我在田里做工。白天就读《四书》"。毛泽东青少年时代的"修德储能"，为日后实现救国救民的伟大抱负，打下了坚实的基础。

（参见曹志为：《伟人之初——毛泽东》，浙江人民出版社 1991 年版）

母亲教导夹紧尾巴

　　"我小的时候，我的妈妈就常常教育我'夹紧尾巴做人'。这句话很对，现在我就时常对同志们讲。"

　　童年时代的毛泽东，受父母影响很大，毛泽东在延安时曾对萧三做过一些叙述：

　　"我小的时候，父母对我非常宠爱，希望我能好好劳动，发家致富。后来，看到我很聪明，又希望我好好念书，将来管家记账，甚至想到打官司的时候，写状子方便。有了文化，不求人，不吃亏。我小的时候也没有多大的志愿和抱负，也没有想干出多么大的事业来。当时只能听父母的，特别崇敬母亲。母亲叫我干什么，我就干什么。母亲到哪里去，我总是跟随着她。走亲访友，赶庙会，烧香纸，上供，拜菩萨，我都跟母亲一块去。母亲信神，我也信神。"

　　在与萧三的谈话中，毛泽东常常流露出对母亲的思念。他说："我母亲有好的方面，这对我的影响也是很大的。她待人忠厚、和善、贤良，她勤劳节俭，做饭、拾柴、割草、缝补、洗衣服，什么活都得做。

　　"我母亲在乡下，是位有名的善良妇女。她对亲戚、邻居及乡亲们，都是来往密切，和和睦睦，而且特别关心和体贴穷苦的劳动人民。遇到灾年，对那些贫困人家给粮、给物、给钱。父亲不同意这么做，她就背着父亲这样做。因此，她在乡亲们的心目中，是有名的贤良妇女。我父亲本来也是贫农，家中原有 5 亩到 7 亩田。只因人多田少，收入不能全家糊口，家中欠债很多，没有办法，他小时只好外出当兵挣钱去。后来回到家乡，他又劳动，又做生意，贩卖谷米和生猪，克勤克俭，积累了一点钱，就把自己的 15 亩田都买回来了。这样，家产就渐渐地发展起来，雇了工。"

毛泽东的一生受母亲的影响很大，谈到家庭他总要谈到母亲。建国后一次在与外宾的谈话中，他还回忆起母亲的教诲："我小的时候，我的妈妈就常常教育我'夹紧尾巴做人'。这句话很对，现在我就时常对同志们讲。"可见毛泽东母亲的优良品质在他身上留下的痕迹，俗话说父母是最直接的老师，这话有一定的科学道理。

（参见胡哲峰、孙彦编著：《毛泽东谈毛泽东》，中共中央党校出版社 2000 年版）

不做亏心的生意事

"不是她不肯卖，是我不忍心买。我把定钱取回来了。"

每年逢青黄不接，猪价必下跌；新谷登场，猪价就上涨。有一年，稻子黄了尖尖的时候，一个毛老阿婆却没有米下锅了，被迫把猪卖给了毛顺生。毛顺生当时交了定钱，但没有把猪赶走。

过了一段时间，毛顺生吩咐毛泽东把猪赶回来，并且强调说："明天早晨就去"。毛泽东没有理解，随意答复说："急么子？"父亲压低声音说："猪价涨了，小心人家反悔。"

第二天，东方刚刚露出一线曙光，毛泽东带着一杆大秤去那毛老阿婆家。老阿婆看到毛泽东手里的那杆大秤，就知道来意，叹气说："该是你家发财！你父亲运气好。我把猪卖早了，就早了那么几天，吃了大亏。"老阿婆埋怨自己说："我要吃好几块钱的亏。这是命定的。我命苦哟！像我这样的人家，一个钱要当几个钱来用呀！"

　　毛泽东听了这席话，又见了她那破烂不堪的家境，仔细思量了一下，说："你家的猪，我不买了。你把定钱退给我吧。"老阿婆不好意思地说："这猪是你父亲定好的。钱，我也收了。现在猪价涨了，我却不卖了，出尔反尔，怎么能对得起你父亲呢？这怎么向你父亲讲呢？""我去讲。不仅是猪价涨了，你又养了十多天，花费了猪饲料，还是原来那点钱，你吃大亏了。你把定钱还给我就行了。"毛泽东这几句话，解除了老太婆内疚、矛盾的心理。老太婆把定钱退给了毛泽东。

　　父亲毛顺生见毛泽东两手空空回家，便以怀疑的眼光逼视他，先发问："怎么搞的？是她不肯吗？""不是她不肯卖，是我不忍心买。我把定钱取回来了。"毛泽东把老太婆退钱的理由实实在在地说了一遍，把定金交给了父亲。

　　父亲的火气爆发了："你这小子真没用！钱到手了还不要，哪有你这样做生意的？""做生意也不能昧着良心做，人家也要吃饭呀！"毛泽东顶撞了一句。毛顺生更加恼火，吼道："你做不得事，还犟嘴！没出息的东西。这份家业迟早要败在你这个吃里扒外的东西手里。"毛泽东见势不妙，让母亲出来周旋，自己迅速溜走了。

　　这是毛泽东从小可怜贫苦农民的一个实例，从中可以看出青少年毛泽东同情劳苦人民群众的高贵品质，从小就养成了。

（参见刘建国等：《韶山的昨天与今天》，湖南文艺出版社 1993 年版）

少年富有反抗精神

　　"我的抗议行动的效果，给了我深刻的印象。这次'罢课'胜利了。"

如果将一个山村里的农家孩子描绘成一开始便卓越超群，显然是难以置信的；但如果否认他在童年和少年时代不同于一般人的独特的一面，那么就无法理解和追寻毛泽东成长为巨人的历史轨迹。应该承认，毛泽东是一个凡人，而不是神，但同时他又是一个富有特色的不平凡的人。同一般农家弟子相比，毛泽东确实有杰出的一面，这在他的童年和少年时代已露端倪。

他比一般孩子更不好束缚，更具倔强的性格和反抗精神。这一点后来被他自己概括成："与天奋斗，其乐无穷；与地奋斗，其乐无穷；与人奋斗，其乐无穷。"

旧时私塾的塾师对学生非常粗暴严厉，打板子、打手心、罚站、罚跪都是常见的体罚方式。毛泽东对这种做法很反感。因而他总是和同学们一起设法进行反抗。有一次，他带头到池塘里洗冷水澡而激怒了塾师，塾师便要粗暴地对待他，并抢先到他父亲那里告状。毛泽东背起书包就往外跑，想用逃学方法进行反抗，并发誓要找一个不打人的地方去上学。逃出学堂后他又不敢回家，怕挨父亲的打，于是就向县城方向走去。那时毛泽东才十岁，没出过远门，以为县城就在一个山谷里。乱跑了三天后，终于被家里人找了回去。原来他只是在崎岖的山谷里来回兜了几个圈子，离家不过八里路。

这次公开反抗的意外收获却是童年毛泽东所不曾料到的。他原以为回到家里少不了一顿打骂，但当他回到家里后，情形反而有点改善，父亲比以前体谅了一些，老师的态度也温和了一些。毛泽东后来说："我的抗议行动的效果，给了我深刻的印象。这次'罢课'胜利了。"

还有一次他父亲设家宴款待生意场上的客人，父子俩话不投机就在客人面前争论起来。父亲当面骂他懒而无用，这下激怒了毛泽东，他回骂了父亲并且负气离开了家。他母亲见势不妙，急忙追上前来，竭力劝他回去，他父亲也气冲冲地赶来，一边骂一边命令他回去。毛泽东急中生智跑到一个池塘旁边，恫吓父亲说：如果你再逼近一步，我就跳水。在这种情况下，双方都提出了"停止内战"的条件。父亲坚持要他下跪磕头认错，他则表示：如果父亲答应不打我，我可以跪一条腿。结果双方达成"协议"，一场风波才归于平息。毛泽东从这件事认识到：在任何压力面前，决不能温顺屈从，只有通过公开反抗，才能保卫自己的权利。毛泽东与父亲的僵持关系，一方面激发了他不屈与抗争的性情，另一方面也培养了他自立与自强的品格。

家里"慈母严父"的特点，在毛泽东早年的性格沉淀中起了重要作用。父亲的苛刻、悭吝、粗暴、唯我独尊、盛气凌人的家长作风，自然成为少年毛泽东反抗的最直接最原始的对象。毛泽东在回忆他父亲时说："他是一个严格的监工，看不得我闲着；如果没有账要记，就叫我去做农活。他性情暴躁，常常打我和两个弟弟。他一文钱也不给我们，给我们吃的又是最差的。他每月十五对雇工们特别开恩，给他们鸡蛋下饭吃，可是从来没有肉。对于我，他不给蛋也不给肉。"

13 岁时，毛泽东终于找到了一个反抗父亲的行之有效的方法，那就是借着父亲的话，引经据典进行反驳。父亲喜欢责备他不孝，毛泽东就用经书上长者必须仁慈的话来回敬；父亲指摘他懒惰，他就反驳说，年纪大的应该比年纪小的多干活，你年纪比我大两倍多，理应多干活。他还向父亲宣称：等他到他父亲这样年纪的时候，自然会比父亲勤快得多。

应该指出，一些有关毛泽东的传记作品中，将毛贻昌描绘成一个暴戾、自私、骄横的人，而忽视毛贻昌吃苦耐劳、勤俭治家，为家业而孜孜不倦地苦斗的精神，忽视他的顽强和刚毅。事实上，毛贻昌性格中的许多方面给毛泽东以良好的影响。那时，毛家已是韶山冲一带的殷实人家，而毛贻昌仍让孩子们过勤劳俭朴的普通农家生活，给孩子们以领略人生的艰辛和生活的不易的机会，给了毛泽东积极的影响。毛泽东自己也说过：父亲的"严厉态度大概对我也有好处。这使我干活非常勤快，使我仔细记账，免得他有把柄来批评我"。毛泽东倔强的性格和百折不挠、刻苦奋斗的精神何尝不受其父的影响？当时广大农村，父权盛行，父亲对儿子的偶尔的打骂也属常见现象。其实，他们父子之间还是有颇深感情的。后来毛泽东到东山、长沙读书，都得到了父亲的支持和供养，这长时间的供养不是出于自私，而是出自父亲对儿子的爱心。随着毛泽东年龄的增大，毛贻昌也没有再干涉儿子的选择。毛泽东一师毕业工作后，还接父亲到长沙求医，并合影留念。

与倔强的个性和反抗精神相连，毛泽东极富同情心。他同情弱者，赞赏弱者的反抗。这也受母亲的仁慈、施舍、博爱的影响。他自小信佛，佛家的普度众生、积善行德、平等观念在他幼年的心灵里留下深刻影响。关于毛泽东赞赏弱者反抗，同情弱者，帮助穷人的故事，至今在韶山一带盛传不衰。

如果从现代优生学上看人的成长，亲代性状的差异愈大，下一代在性格上择优继承的幅度也愈为宽阔。阳刚与阴柔，二气交感往往能孕育出理想的后代。毛泽东晚年自称在他的身上既有虎气，又有猴气，这大概是在长期斗争中形成的。但从天赋条件来说，他从慈母那里继承了"博爱"的天性，从严父那里既接受了刚强和严厉的禀赋，又形成了某种逆反心理和反抗精神。严父与慈母的不同气质，在少年毛泽东的身上重叠组合，形成了他性格上的最初胚胎。这大概正是他日后大展雄才的一个根源。

（参见埃德加·斯诺：《漫长的革命——紫禁城上话中国》，新疆大学出版社 1994 年版）

聪慧敏捷才思心路

"天井四方方，周围是高墙。清清见卵石，小鱼圈中央。只喝井里水，永远养不长。"

1906 年秋，13 岁的毛泽东在井湾里的私塾读书。有一次，私塾的教书先生毛宇居（毛泽东的本家哥哥）有事要外出，行前再三叮嘱学生们要老老实实地在教室里读书，不许私自走出私塾。但先生走后，毛泽东就像逃出笼子的小鸟一样，跑到屋后的山上痛痛快快地玩了一阵子。先生回来后，责怪他说："你怎么敢私自跑去玩呢？"毛泽东说："闷在屋里头昏脑胀，背书囫囵吞枣，死记硬背是没有多大用的。"

"放肆！"毛宇居气得满脸通红。

毛泽东见老师生气。便说："那你罚我背书好了。"

　　毛宇居知道背书是难不倒这个记忆力特别强的学生的，便指着院子里的天井气冲冲地说："这回既不打你板子，也不罚你背书，你给我赞一赞这天井！"毛泽东于是将天井观察了一下，略加思考后，便脱口而出：

　　天井四方方，周围是高墙。
　　清清见卵石，小鱼圈中央。
　　只喝井里水，永远养不长。

　　学生们听了无不拍手叫好。毛泽东当时不过 13 岁，却能在这么短的时间便出口成章，如此敏捷的才思，颇不亚于七步成诗的曹子建，使毛宇居从诗中意识到自己教学方法上的弊端，还觉得诗中隐含着一种很不平凡的思想。他不禁从内心感慨道："蛟龙得云雨，终非池中物。"他的这位堂弟、学生，日后怕是个很了不起的人物。

　　这首诗见景生情，托物寄兴，有一定的寓意，充分显露出毛泽东不同于寻常儿童的思维和较强的解放意识。透视出少年毛泽东的聪颖天分。

　　（参见尹高朝编著：《毛泽东和他的 24 位老师》，中央文献出版社 2001 年版）

旧小说里的革命理

　　"我继续读中国旧小说和故事。有一天我忽然想到，这些小说有一件事情很特别，就是里面没有种田的农民。"

　　毛泽东上私塾的时候，读经的方法还是死记硬背，老师不作讲解。另外，经书的内容大多是阐述做人的道理，因此难以学到更多更新的知识。所以，无论是读经的方法，还是经书的内容，都令少年毛泽东反感。他后来在延安时和斯诺谈起当时的思想时说："我熟读经书，可是不喜欢它们。我爱看的是中国旧小说，特别是关于造反的故事。"按当时私塾的规矩，小说属于杂书，是不准学生看的。尽管老师严加防范，毛泽东小时候还是读了《精忠传》、《水浒传》、《隋唐演义》、《三国演义》和《西游记》等。毛泽东被小说中的英雄人物深深地吸引着。他不仅在家里偷着看，而且还常在学堂里看，当老师走过来的时候，他就用一本正经书遮住。

中国的旧小说，大多采用章回形式，各章回之间环环紧扣，情节、内容曲折生动，能抓住少儿心理，因而容易被少儿接受。正如毛泽东后来所承认的那样，"我认为这些书大概对我影响很大，因为是在容易接受的年龄里读的。"

小说中的主人翁，大多能力强大，气势盖人，人物形象鲜明。少年的行为大多以模仿为主，书中的人物形象是少年模仿的理想对象。

毛泽东爱看旧小说，尤其喜欢造反的英雄，是受中国民间传统的影响。在中国民间，普遍盛行神勇崇拜。中国旧小说中的英雄豪杰是神勇崇拜的主要对象。翻开历史画卷，就会清楚地看到关羽、魏延、秦琼、杨业、金刚、哪吒，以及孙悟空、猪八戒等名将都曾驰名神坛。从中清的某些民间教门，到晚清的太平天国运动和义和团运动，民间的神灵信仰呈现出某种共同的特征：崇拜威武强悍、敢于冲杀的英雄豪杰，他们企图借助这类神灵的显赫名声，谋求逃避灾难，求得解放和幸福。

少年毛泽东生活的偏僻乡村韶山冲，正是神勇崇拜最盛行的地方。因为生活的环境越是艰苦，就越需要借助超人间的神力来缓解生活的压力，维持心理的平衡。所以，毛泽东周围的乡民都喜欢小说中的故事。毛泽东常常和他们互相讲述，由于年幼的毛泽东记忆过人，许多故事，他读后都能背得出来，有些故事，他和乡民们讨论过多次。

后来他回忆说："我继续读中国旧小说和故事。有一天我忽然想到，这些小说有一件事情很特别，就是里面没有种田的农民。所有的人物都是武将、文官、书生，从来没有一个农民做主人公。"

少年毛泽东对农民为什么不能成为书中的主人公这一问题，经过长达两年的反复思考，终于找到了自己的答案。他通过分析小说的内容，发现书中颂扬的全都是武将，人民的统治者，而这些人是不必种田的，因为土地归他们所有和控制，显然让农民替他们种田。他似乎感到农民和武将是处于对立的两个阶级。作为统治者的武将正是通过对物质生产资料土地的占有去控制劳动者农民，去支配精神生产资料的。农民要成为书中的主人公，必须获得对土地等物质生产资料的所有权和控制权，必须上升为统治阶级。这一发现在少年毛泽东的心里涌起了巨大的波澜，成为他后来为广大劳动阶层的解放和幸福而奋斗的最初思想基础，也是他以后闹革命搞阶级斗争的动力源泉。

（参见张华、黄俊平：《伟人的起步》，浙江人民出版社1996年版）

一首狂妄的《咏蛙》诗

"岂不知古今真确的学理，伟大的事业，都系被加着狂妄名号的狂妄人所发明创造出来的。"

1910年秋，毛泽东离开韶山，考入湘乡县东山高等小学堂读书。他曾写过一首《咏蛙》的诗，其诗是：

独坐池塘如虎踞，
绿扬树下养精神。
春来我不先开口，
哪个虫儿敢作声。

这首小诗虽然咏的是青蛙，但是却把青蛙的形象说得惟妙惟肖，从这种自豪感中可以透视出作者自己的雄心壮志。

据史料记载，在入学考试时，学校规定的作文题目为《言志》，这正合毛泽东的心意。当时应考者，大都写的是些尊孔读经，追求成名成家的内容，而毛泽东这首诗不仅自信无比，简直有些"狂妄"了。他借《咏蛙》诗，抒发出自己的远大理想和极高的救国救民的伟大抱负。少年毛泽东后来在一篇文章中写道："老先生最不喜欢的是狂妄。岂知道古今真确的学理，伟大的事业，都系一些被人加着狂妄名号的狂妄人所发明创造出来的。"他不怕被人目为狂妄。他不仅佩服东西方那些威武强健的统治者，而且直言不讳地羡慕他们的作为和业绩。通过《咏蛙》诗，可以窥探出少年毛泽东心里的波涛声。

（参见 1988 年 4 月 10 日《中国青年报》；胡哲峰、孙彦编著：《毛泽东谈毛泽东》，中共中央党校出版社 2000 年版）

被歧视的文章魁首

"很多富家的同学看不起我，因为我平常总穿着破旧的衣服。"

1910 年秋，17 岁的毛泽东带着求学救国的愿望，带着家人的殷殷期望，告别父母和弟妹离开了韶山冲，去湘乡县东山高等小学堂读书。

东山学堂是一座新式的高等小学堂，这里不注重讲经书，教育内容中有从西方引进的新学科，教育方法也很激进。毛泽东早就听表兄文运昌介绍过这所新式学堂，一直对它心驰神往。

　　入学考试的考题是《言志》。毛泽东想到国家民族面临外侮、内患，自己抱有一腔爱国热情，希望早日学成报效国家，顿时心中涌起一阵豪情，奋笔疾书，一篇文章一气呵成。校长李元甫看过毛泽东的文章后，大加称赞，对学堂中的教师说："今天我们取了一个建国才！"并因此而力排众异，同意破格录取这名惟一的湘乡以外的学生。

　　在东山学堂，毛泽东第一次受到了正规的学校教育，学到了很多门类的知识，包括经书、中外文学、历史、地理、自然科学、音乐和图画等。同时，也由于自己不是湘乡人，而且同学多半家境富裕，故被人瞧不起。毛泽东在向斯诺谈起自己这段求学经历时曾说："我以前从没见过这么多孩子聚在一起。他们大多是地主的孩子，穿的是值钱的衣服；很少有农民能供得起他们的孩子上这样的学校。我穿得比其他人寒酸，……很多富家的同学看不起我，因为我平常总穿着破旧的衣服。我不受欢迎也因为我不是湘乡人。是不是湘乡人很重要，而来自湘乡的哪个地方也很要紧。湘乡分成上、中、下三部分……三个地区的学生都歧视我，我心情很郁闷。"

　　好在毛泽东把全部精力都投入到汲取知识中去了，只以求知为乐事。在学堂里，他的作文常常是第一个完成，而且质量也总是出类拔萃的。国文老师谭咏春对此十分欣赏，经常把他的作文当作范文在班上宣读，并让同学传抄，有的同学抄了厚厚的一本。毛泽东的作文《宋襄公论》，得到谭老师的极力好评，他用红笔在文章后写下一段批语："视似君身有仙骨，寰观气宇，似黄河之水一泻千里。"毛泽东因善写文章而被同学们称为"文章魁首"，从小便显示出他具有优异的才华。虽然衣着破旧，才智却高人一筹。

（参见曹志为：《伟人之初——毛泽东》，浙江人民出版社 1991 年版）

立志敢为天下之先

"我独爱指甲，取其志更坚。"

毛泽东在孩童时，和小伙伴们到唐家圫附近的保安寺玩，寺院内种了一种凤仙花，当地俗称指甲花。指甲花盛开的时候，五彩斑斓，绚丽夺目，成熟后的凤仙花果实，稍一用力，裂片便会旋转，种子随即弹出，不择地肥地瘦，随处生根，尤在盛夏季节花叶繁茂，笑傲骄阳。指甲花强盛的生命力使年幼的毛泽东十分感慨。他借花言志：

百花皆竞春，"指甲"独静眠。

春季叶始生，炎夏花正鲜。

叶小枝又弱，种类多且妍。

万草被日出，惟婢傲火天。

渊明爱逸菊，郭颐好青莲。

我独爱"指甲"，取其志更坚。

少年毛泽东的志趣高远由此可见一斑。但父亲毛顺生（贻昌）为他设计的人生道路是做米店伙计，做生意赚钱。这与毛泽东的理想相差十万八千里。因为他的理想是经营天下，而不是经营一个小店。他此时所思所想的已经不是一个家庭的前途了，而是整个民族的命运。对父亲的安排，他当然是十二分的不满。尤其是当他读了郑观应的《盛世危言》和其他一些进步书刊后，思想上产生了很大的飞跃。

强烈的责任感，激发了毛泽东求知的欲望，他认识到只有学更多的知识，才能真正担负起救国救民的重任。

毛泽东所要立的志，显然不同寻常。用他的话说："发达个性。至不同即至同，至不统一即至统一。"老子曾谓处世有"三宝"：一曰慈，二曰俭，三曰不敢为天下先。对于慈和俭，毛泽东并不反对，但对第三宝，毛泽东一贯反其道而行之。他的最大特点就是敢为天下先。他显然赞同这样的观点：寻常人"有雷同心，无独立心。有独立心，是谓豪杰。"《讲堂录》还记述了侯方域《谢安论》中的一句话："古之有为天下者，必有以脱除天下之习，而立乎其外。"意即君子应超凡脱俗，用苏轼的话说："群居不倚，独居不惧。"所谓独立不惧，就是"狂澜滔滔，一柱屹立"，泰山崩于前而色不动，猛虎蹲于后而魂不惊。

一旦选定了目标，就要至死不渝地追求。他对同学说："痡其躬（意思是：即便自己粉身碎骨）而有益于国与群，仁人君子所欲为也。"心系社会，苦学砺志，是他当时最基本的自我设计。

世上无难事，只怕有心人。有心之人，也就是有坚定的志向的人。有了坚定的志向，没有成就不了的事业。青少年时代的毛泽东正是因为有了这样远大而又坚定的志向，才会有他以后的成功硕果。

（参见雷国珍、吴珏编著：《毛泽东大成智慧》，
当代中国出版社 2001 年版）

誊文公不因循守旧

"你们这叫只知其一不知其二。"

为了谋取生活经费，1912 年，19 岁的毛泽东到《湖南公报》报馆去做

"誊文公"。同在报馆的另两位青年"誊文公"一起为报馆抄文稿。他们抄稿时各有特点：一位是不问文稿的内容，什么都抄，一言不发，老老实实地当"誊文公"；另一位是见到文稿中有问题总要提出来，并能修饰润色，算是有点创造精神；还有一位个性突出，爱憎分明，看到与自己观点相悖的文稿，干脆不抄放在一边。后来，这3个年轻人的成就也不一样：第一位全部照抄文稿的人，在中国历史上默默无闻，无所作为；第二位成了中国著名的作家、戏剧家，他就是田汉先生；第三位成为改变中国历史的伟大领袖人物，他就是毛泽东。

抄文稿是件极普通的工作，可三位"誊文公"的做法却令人深思。从这里可以看出青年毛泽东便具有独立思考，异于常人的举动。

毛泽东一生喜欢离经叛道，喜欢创建自己的学说，提出自己的理论。早在青年时代他就不因循守旧，人云亦云，而是喜欢标新立异。在他晚年，有次当他和身边的护士孟锦云探讨问题时，孟锦云说："主席的看法，老和我们不一样，这个人很怪。"毛泽东却说："你们这叫只知其一不知其二。"毛泽东这种只知其一更要知其二的方法，蕴含了丰富的探求真知的哲理内涵，很耐人寻味。

（参见郭金荣:《毛泽东的晚年生活》，教育科
学出版社1993年版）

毛氏家族尚武精神

"那时我人虽然瘦，但个子高，打架时一般人还不敢轻易扰我的边。"

韶山毛氏家族的民风以劲直尚气、强悍好胜为主要特征。这种民风的形成，一方面归因于长途迁徙、开创新基的家族背景；另一方面则源于从军打仗、驰骋疆场的家族传统。

19 世纪 50 年代初，以曾国藩为首的湘军兴起。韶山毗邻曾国藩的老家湘乡，得风气之先，大批毛氏子弟加入湘军，形成一股从军潮。毛氏子弟参加了从湘军出师到左宗棠收复新疆的历次战役，并在此过程中获得不同等级的功名。

清代军职分提督、总兵、副将、参将、游击、都司、守备、千总、把总、外委 10 级，除总兵和游击外，其他军衔均被毛氏子弟获取过。据查毛氏族谱，毛氏子弟升提督的有毛恩坎等 3 人；升副将的有毛际禄、毛祥受等 4 人；获参将的有毛贻致等 2 人；获都司的有毛恩兑等 7 人；获守备的有毛祖富等 5 人；被授千总的有毛祖斐等 3 人；被授把总的有毛祥汀等 6 人；被授外委的有毛祖川等 5 人。

在毛氏家族的历史上，一下子出现这么多有功名的人物，实属前所未有。他们的经历和功名，直接感染到同乡子弟，特别是他们卓厉敢为、闯荡天下的品格，更对人心风俗产生了重要的导向作用。从此论政谈兵，习武风气、从军打仗，成为毛氏子弟改变社会地位和生存状况的重要途径。

中日甲午战争时，毛氏子弟又"乘时而起"。民国初年，毛氏子弟毛国翘、毛宇居、毛麓钟等还随同乡何海清远涉云南，参加了护国战争和护法战争。毛泽东父亲毛顺生早年亦曾外出当兵谋生。

毛泽东便是在这样一个具有从军打仗传统的家族中成长起来的。他在韶山生活期间，那些获得功名的人物如毛有庆、毛祖簾等人尚在世。即使是那些在他诞生前后已不在人世的人物，亦是相距不远，口碑尚存。毛泽东耳濡目染，不可避免地受到他们的尚武精神的影响。据韶山的一些老人回忆，毛泽东从小好角力，喜欢玩打仗的游戏，对《三国演义》、《水浒》、《说唐》等描写战争的书爱不释手。

20 世纪 50 年代中期，同班同学去北京看望毛泽东，他还当着老同学的面回忆说："那时我人虽然瘦，但个子高，打要架时一般人还不敢轻易拢我的边。我和班上力气最大的某同学交战，他也只占了个平手。"

一般来说，从习武论兵成风的家族中长大的人，更容易产生强烈的英雄崇拜意识，毛泽东正是其中的典型。在韶山时，他听说湘潭哥老会首领"彭铁匠"起义后，便认为彭铁匠是一个英雄。

毛泽东无疑是一介书生出身，但他绝不同于那些"登山则气迫，涉水则足痉"的文弱书生。他一生崇尚武勇，崇尚体力活动，并从中感受到人生之至乐，这是他与一般知识分子的不同之处。撇开毛泽东特定的家族背景，我们就难以理解这种"不同"。毛氏族人在闯荡天下的过程中，培育了家族的尚武精神，并代代相传，相磨相荡，积淀为家族共同的心理素质。他半生戎马，"九死一生如昨"，从几条破枪到拥有雄兵百万，实有赖于强烈的尚武精神、钢铁般的意志和从军的经历。这恐怕就是近墨者黑，近朱者赤的道理吧！

（参见胡长明：《毛泽东成为一代伟人的"秘密"》，《党史博览》1999 年第 9 期）

寻求三不谈的奇友

"来日之中国，艰难百倍于昔，非有奇杰，不足以言救济。"

1915 年 6 月 25 日，毛泽东在致湘生的信中，袒露了自己的心迹。他写道："来日之中国，艰难百倍于昔，非有奇杰，不足以言救济。"何谓"奇杰"呢？毛泽东认为，"同学陈子（即陈昌，字章甫，湖南浏阳人。后加入中国共产党，1924 年遭敌人逮捕，次年在长沙就义。）有志之士，余不多见。"但是，"奇杰"也是人，而"人非圣贤，不能孑然有所成就"。因此，毛泽东认定，在校的当务之急是"亲师而外，取友为急。"

为了取友，毛泽东采取了别具一格的征友方式。1915 年秋的一天，毛泽东发出了《征友启事》，旨在邀请有志于爱国工作的青年与他联系，并指明要结交能刻苦耐劳、意志坚定、随时准备为国捐躯的青年。启事署名为"二十八画生"。所谓"二十八画"，实际是"毛泽东"这3个繁体字的笔画总数。

对于这种求友的急切心情，毛泽东在1915年9月27日致萧子升信中进行了扼要的阐释："近以友不博，则见不广；少年学问寡成，壮岁事功难立，乃发内宣，所以效嘤鸣而求友声，至今数日，应者尚寡。兹附上一纸，贵校有贤者，可为介绍。"11月9日，鉴于征友初见成效，他又致信黎锦熙，一面申意："生平不见良师友，得吾兄恨晚，甚愿日日趋前请教。"一面具告："两年以来，求友之心甚炽，夏假后，乃作一启事，张之各校，应者亦五六人。近日心事稍快惟此耳。"

对于此次征友的总体效应，毛泽东在1936年同美国记者斯诺谈道："我从这个广告得到的回答一共有3个半人。一个回答来自罗章龙，他后来参加了共产党，接着又转向了。两个回答来自后来变成极端反动的青年。'半'个回答来自一个没有明白表示意见的青年，名叫李立三。李立三听了我说的话之后，没有提出任何具体建议就走了。我们的友谊始终没有发展起来。"

当然，罗章龙作为第一个应征者，对于这段经历也是铭心刻骨、难以忘怀的。他后来在《椿园载记》一书中回忆道：一天，在长沙司马里第一中学"会客室门外墙端，偶见署名'二十八画生征友启事'一则，启事是用八裁湘纸油印的，古典文体，书法挺秀。我伫足浏览，见启事引句为《诗经》语：'愿嘤鸣以求友，敢步将伯之呼'。内容为求志同道合的朋友，其文情真挚、辞复典丽可诵，看后颇为感动。返校后，我立作一书应之，署名纵宇一郎。愈三日而复书至，略云：接大示，空谷足音，跫然色喜，愿趋前晤教云云。旋双方订于次星期日至定王台湖南省立图书馆见面。"

毛泽东与罗章龙第一次按约见面时，谈了约二三个小时，内容涉及国内外政治、经济以至宇宙人生等等。相对而言，对于治学方针与方法，新旧文学与史学的评价等，谈论尤多。临别时，毛泽东表示"愿结管鲍之谊"，并嘱以后常见面。自此之后，每遇周末，他们两人经常约定到天心阁、城南书院、长郡中学、韩玄墓、板仓杨寓等处晤谈，或到郊外云麓宫、自卑亭、水陆洲、潆湾市、猴子石、东南渡等处游览。

颇为与众不同的是，毛泽东在交友过程中，严格信守着"三不谈"的标准，即不谈金钱，不谈男女私情话题，不谈家庭琐事。正如他后来回忆的那样，他的那些朋友，"是一小批态度严肃的人，他们不屑于议论身边琐事。他们的一言一行，都一定要有一个目的。他们没有时间谈情说爱，他们认为时局危急，求知的需要迫切，不允许他们去谈论女人或私人问题。"毛泽东还特地告诉人们："我对女人不感兴趣。我十四岁的时候，父母给我娶了一个20岁的女子，可是我从来没有和她一起生活过——后来也没有。我并不认为她是我的妻子，这时也没有想到她。在这个年龄的青年的生活中，议论女性的魅力通常占有重要的位置，可是我的同伴非但没有这样做，而且连日常生活的普通事情也拒绝谈论。记得有一次我在一个青年的家里，他对我说起要买些肉，当着我的面把他的佣人叫来，谈买肉的事，最后吩咐他去买一块。我生气了，以后再也不同那个家伙见面了。我的朋友和我只愿意谈论大事——人的天性，人类社会，中国，世界，宇宙！"

除了在本校、在长沙直接结交朋友之外，毛泽东还同各地的许多学子和朋友建立了广泛的通信关系。在此基础上，他越来越深刻地认识到有必要建立一个比较严密的组织。为此，自1915年秋开始，毛泽东以其特有的组织才干而出任一师学友会的文牍。至1917年10月8日一师学友会改选时，毛泽东被推举为总务兼教育研究部部长，从而一改一师素由学监和教员充任总务和各部部长的历史，开创了由学生任此要职的先河。与此同时，毛泽东还发起成立了一师湘潭校友会。从湖南一师对于中国革命的历史贡献这一角度来讲，尤其值得称道的还有，1917年冬，毛泽东与蔡和森、萧子升等几位朋友一道，发起成立了著名的新民学会。

1936年，当毛泽东忆及新民学会的情况时，他曾简要地谈到：在一师学习期间，"我逐渐认识到有必要建立一个比较严密的组织。1917年，我和其他几位朋友一道，成立新民学会。学会有七八十名会员，其中许多人后来都成了中国共产主义和中国革命史上的有名人物。参加过新民学会的较为知名的共产党人有：罗迈，现任党的组织委员会书记；夏曦，现在，在二方面军；何叔衡，中央苏区的最高法院法官，后来被蒋介石杀害；郭亮，有名的工会组织者，1930年被何键杀害；萧子暲，作家，现在在苏联；蔡和森，共产党中央委员会委员，1927年被蒋介石杀害；易礼容，后来当一中央委员，接着

'转向'国民党,成了一个工会的组织者;萧铮,党的一个著名领导人,是在最早发起建党的文件上签名的6人之一,不久以前病逝。新民学会的大多数会员,在1927年反革命中都被杀害了。"

通过这段回忆文字,人们不难得到一条十分重要的信息,这就是当年的长沙新民学会,无愧于藏龙卧虎之地,奇友云集之处。相形之下,毛泽东则无愧于奇友中的核心人物。当时,由于毛泽东以自己德、智、体全面发展的优异成绩,加上他"志向非凡、与众不同",因此得到了同学们的拥护,愿意与他结友活动,去追求远大理想。

毛泽东在发起成立新民学会的过程中,又在客观上为他日后拉队伍、搞武装,建立严密的军事组织,积累了极为宝贵的直接经验。毛泽东清楚的知道,干革命不能靠单枪匹马,必须要有一大批志同道合的奇友,共同奋斗,才能取得成功。

(参见肖显社、沈丽文:《统帅毛泽东》,上海人民出版社2007年版)

品学兼优的奇男人

"丈夫要为天下奇,即读奇书、交奇友、著奇文、创奇迹,作个奇男人。"

在一师期间,毛泽东深受老师的器重和同学的钦佩。他的同班同学彭道良曾对罗章龙说:"我与二十八画生同班同学,颇知其为人品学兼优,且具独立特行之性格。他常语人:'丈夫要为天下奇,即读奇书、交奇友、著奇文、创奇迹,作个奇男人。'……合而观之,此君可谓奇特之士,因此同学中戏称为毛奇，且语意双关。"同学陈赞周曾称赞道："润之气质沉雄，确为我校一奇士，但择友甚严，居恒骛高远而卑流俗，有九天俯视之慨。观其所为诗文戛戛独造，言为心声，非修养有素不克臻此！直谅多闻，堪称益友！"

当时一师根据校章开展人物互选，这是一项全校性活动，目的在于考查学生的学业和操行，促使学生向上，培养，选拔人才。选举内容包括德、智、体三方面。

1917年6月，在一次人物互选活动中。选举办法是，每人至多可以投3票，每票只能选1人，被选对象不限于本班，但票中列举的项目必须名实相符。

全校有11个班、400余人参加了这次活动。经过选举，共有34人当选，其中毛泽东得49票，为全校之冠。其他当选者只有德、智、体三项中的一项或二项，唯独毛泽东三项都有。在德、智、体三方面所包括的细目中，也是他票数最多。"敦品"一项他得票最多，"才具"和"语言"两项，除他外各只有一人得票，"胆识"一项为他所独有。他得票的六项具体内容是：敦品为"敦廉耻，尚气节，慎交游，屏外诱"；自治为"守秩序，重礼节，慎言笑"，文学为"长于国文词章"；言语为"长于演讲，应辩论对"；才具为"应变有方，办事精细"；胆识为"冒险进取，警备非常"。

这次"人物互选"的结果表明，青年毛泽东的确是一师最优秀的，德智体全面发展的学生，是学生中的佼佼者，他得到了师生们的共同赞誉。

（参见肖显社、沈丽文:《统帅毛泽东》，上海人民出版社2007年版）

游学中的应考学人

"青草池中蛙句句，为公乎，为私乎。"

1917 年 8 月，正是稻谷吐金、山果溢彩的时候，毛泽东与同学萧子升，从长沙第一师范出发，经过宁乡，爬山越岭，风尘仆仆地来到安化山区，以游学方式进行社会调查。

安化县——梅城，始建于宋代，是一座古老的山城。水环抱，双塔对峙，风光十分秀丽。还有培英堂、孔圣庙、东华观等名胜古迹。这些都把虚心好学的毛泽东吸引住了，但更吸引他的是饱学之士夏默庵。

夏默庵是安化县羊角乡大岩村人。清代两湖学院毕业，学识渊博，经、史都好。曾以廪贡生，举孝廉方正，考授六品顶戴，补用知县，晚年任安化县教育会会长。1917 年，他 64 岁，在安化县劝学所当所长。著有《中华六族同胞考说》、《默庵诗存》、《安化诗抄》等书。

毛泽东在学校时，就向安化同学罗驭雄打听："安化有些什么宿学？"同学们就向他介绍了夏默庵。因此，他到安化后，就慕名前往拜访。

夏默庵先生喜欢吟诗作对，自以为有学问，孤芳自赏，比较高傲，一向不理游学先生。这天门人通报：有个年轻的游学先生求见，他叫门人回复说不在家。毛泽东相继又来，夏又同样回避；但是，毛泽东并不计较，虚心求教，复又第三次登门。夏默庵心想：平日的游学先生一次不理，扬长而去，这位年轻的游学先生与众不同，我倒要探探他的学问深浅。于是开门相见，挥笔写一对子于书案上。毛泽东见了，心中一笑：原来是要考我啊！他略一思索，马上应声作对：

原对：绿杨枝上鸟声声，春到也，春去也。

属对：青草池中蛙句句，为公乎，为私乎。

　　夏默庵先生见了，大吃一惊。觉得对边胜过出边，还带有火辣辣的批评味道哩！他自感有愧，连声赞叹："对得好，对得好。"马上客礼相待，请毛泽东吃饭，留毛泽东住宿，还拿出自己写的《中华六族同胞考说》，请毛泽东过目。两人谈得十分融洽，成了忘年之交。夏默庵先生还送了8元银洋给毛泽东做旅费，亲自送到大门口，依依握别，对这位青年的游学先生十分敬重。通过这件小事，可以看出青年毛泽东才思敏捷的一面。

　　毛泽东历来重视游学，他把游学当做读无字书。在作社会调查中，他不忘拜访社会名流贤士，并且通过作对子来展示自己的才华，从而赢得他人对自己才能的认同。

（参见陈首涛：《三次登门为求学》，见《毛泽
东和党外朋友们》，团结出版社1996年版）

创新是成功的秘诀

"今日之我与昨日之我挑战"

　　作为具有诗人浪漫气质的政治家，毛泽东理想之磅礴，目标之宏伟，意境之开阔，手段之丰富，党内无人出其右。他考虑问题和做出决策往往是一般人所意想不到的或难以置信的。他在总体的规划，战略的设计，方向的把握，总趋势的预测上，总是表现出伟大的创造力。毛泽东是一个敢于创新的人，也是一个善于创新的人。在他的一生中，创造了许多奇迹，写下了许多

第一。在理论上，他在接受马克思主义的同时，并不盲目地照搬照抄。记条条，背本本，死死记住某些词句，不把马克思列宁主义教条化，而是把马克思列宁主义同中国的实际相结合，大胆地提出马克思主义中国化的科学命题。

毛泽东冲破教条主义的束缚，探索出具有独创意义的农村包围城市的革命道路。暴力革命是马克思主义提出的一条革命基本规律，但是，如何进行革命，马克思主义没有现成的答案。列宁领导俄国十月革命，走的是城市中心的道路，实践证明这是一条成功之路，问题是能不能把这条道路搬到中国。年轻的中国共产党人在这个问题上走了弯路。特别是一些教条主义者，把马克思主义教条化。把共产国际的指示教条化，把苏联的经验教条化，坚持在中国走城市包围农村的道路。当毛泽东深入农村，探索走农村包围城市的革命道路时，教条主义还严加指责。但是，毛泽东不信这个邪，凭着对革命的忠诚，凭着对事业的执着，从实践和理论相结合的高度解决了中国革命的道路问题。在这个过程中，毛泽东的创新意识和创新能力表现得淋漓尽致。

新中国成立后，毛泽东又从中国国情出发，开辟了具有中国特色的社会主义改造道路，既实现了生产关系的根本变革，又有力地促进了社会生产力的迅速发展。

在毛泽东的一生，他讨厌循规蹈矩，更反对因循守旧。创新是他成就大业的重要方略。用毛泽东自己的话来说，他是一个"个性不好束缚"的人，总是以"今日之我与昨日之我挑战"，这就要求不断创新，不断进取。永不满足，不停留在原有水平上。但是，由于他晚年过分地不满意现状，由于他急于在他的有生之年彻底改变中国的落后面貌，而产生了急于求成的情绪。

人是感情的动物，创新不等于丢掉传统，正确处理好创新与"守旧"的关系无疑是找到一条通往成就大业之路的捷径。

创新是一个民族的灵魂。很难想象，一个守旧的人，一个墨守成规的人，一个没有创新意识的人，一个没有创新能力的人，会有大的作为。只有大胆创新，善于创新，才会开辟一条新道路，才会成就大业，才能开辟一片新天地，才能青史留名。这就是毛泽东所走过的道路。

（参见雷国珍、吴珏编著:《毛泽东大成智慧》，
当代中国出版社 2001 年版）

探索马列主义原理

> "以其所得真理，奉为己身言动之准，立为前途之鹄，再择其合于此鹄之事，尽力为之，以为达到之方，始谓之有志也。如此之志，方为真志。"

在成功的主因素中，立志是最根本的。人生在世应该立志，无志实难成全人生。这个道理，毛泽东在韶山时就铭记在心了。立志要有高深的根本性的理论，实现具体的救国救民的大志，也要有这种理论。这种理论就是"真理"，就是"大本大源"。他在1917年8月23日写给黎锦熙的信里就说：

今人动教子弟宜立志，又曰某君有志，愚意此最不通。志者，吾有见夫宇宙之真理，照此以定吾人心之所之之谓也。今人所谓立志，如有志为军事家，有志为教育家，乃见前辈之行事及近人之施为，美其成功，盲从以为己志，乃出于一种模仿性。真欲立志，不能如是容易，必先研究哲学、伦理学，以其所得真理，奉为己身言动之准，立为前途之鹄，再择其合于此鹄之事，尽力为之，以为达到之方，始谓之有志也。如此之志，方为真志，而非盲从之志。

由此可以看出，毛泽东将"志"分为"真志"与"盲从之志"。但是，"盲从之志"可以转变为"真正之志"。其关键是求得真理，探得"大本大源"。他说："其始所谓立志，只可谓之有求善之倾向，或求真求美之倾向，不过一种之冲动耳，非真正之志也。虽然，此志也容易立哉？十年未得真理，即十年无志；终身未得，即终身无志。此又学之所以贵乎幼也。"毛泽东自幼对知识的追求，到后来对"宇宙之真理"的追求，都是其立志的总过程中的不同阶段的发展态势。

毛泽东第一阶段是立下救国救民的远大之志。这可以说在韶山时期就开始了。从同情穷苦农民，到同情被迫反抗者，到感到"国家兴亡，匹夫有责"从而要拯救民族和国民，不断地发展着。此后，此种救国救民的大志又不断得到巩固和发展。到东山学堂，他写过《救国图存论》的作文；初到长沙，又写了《言志》的作文；在省立图书馆看到世界大地图时又发出了要彻底推翻、彻底改造旧制度的感想。到一师以后，其此种大志随时流露。1915 年，他在悼易咏畦的挽联和挽诗中，都含有"悼念学友，毋忘国耻"之意。随后又在《明耻篇》里题诗言志："五月七日，民国奇耻；何以报仇，在我学子！"在《讲堂录》里，他写道："高尚其理想（立一理想，此后一言一动，皆期合此理想）。"他回忆说："我的朋友和我只乐意谈论大事——人的性质，人类社会的性质，中国的性质，世界，宇宙！"罗学瓒在一首诗里也反映他们的这种情形："……开怀天下事，不谈家与身。登高翘首望万物杂丛陈。光芒垂万丈，何畏鬼妖精。奋我匣中剑，斩此妖孽根，立志在匡时，欲为国之英。"

毛泽东第二阶段是立将来做何种事业之具体之志。毛泽东在韶山和东山学堂尚只知为救国救民求学，但不知今后究竟做何种事业。来到长沙以后，这个问题摆到了自己的面前。在投身辛亥革命以后，因孙中山与袁世凯达成了协议，他以为革命已结束。于是退出部队回到了学校。在选择学校的一连串戏剧性的细节中，都反映了他立志做何种建国人才的思想。从想当肥皂专家，到想当法学家、当经济建设人才，最后决定上师范，打算日后从事教育事业，都以济世救国为远大理想。

毛泽东第三阶段即立"真志"的阶段。1917 年春，毛泽东给从日本来长沙参加黄兴葬礼的白浪滔天写信时说"……泽东，湘之学生，尝读诗书，颇立志气"，可以说是立"真志"的初始时期。是年 8 月 23 日致黎锦熙的信进一步表明了他欲立"真志"的意愿。他在信中提出这一问题，与此时他即要毕业也有关。毕业以后干什么？怎么干？怎么达到救国救民的目的，他心中茫然。他写道："现届毕业不远，毕业之后，自思读书为上，教书、办事为下。自揣固未尝立志，对于宇宙，对于人生，对于国家，对于教育，作何主张，均茫乎未定，如何教书、办事？强而为之，定惟徒费日力，抑且太糊涂。以糊涂为因，必得糊涂之果，为此而惧。"故此时他深深感到应下一大决心探得"大本大源"，如此方能算真有志，否则便不能解释一切，不能指导自己去实现救国救民以至教书、办事等具体之志。他说："今后宜戒，只将全幅工夫，向大本大源处探讨。探讨既得，自然足以解释一切，而枝叶扶疏，不宜妄论长短，费去日力。"

他在这里将"大本大源"与具体问题的解释、解决具体志向及具体事业等等之关系，作了"根本"与"枝叶"之关系的生动比喻。他写道："如议会、宪法、总统、内阁、军事、实业、教育，一切皆枝节也。枝节亦不可少，惟此等枝节，必有本源。本源未得，则此等枝节为赘疣，为不贯气，为支离破裂，幸则与本源略近，不幸则背道而驰。夫以与本源背道而驰者而以之为临民制治之具，几何不谬种流传，陷一世一国于败亡哉？而岂有毫末之富强幸福可言哉？"得"本源"则一干竖立，枝叶扶疏。未得"本源"则"天一干竖立，枝叶扶疏之妙"，甚至会陷国家民族于败亡。可见"本源"之重要，与立志之关系。

在他看来，所谓真立志，就必须探得有一种坚实深厚的理论基础，"志"才能"立"起来，才能巩固，毫不动摇。这个理论基础即"大本大源"，乃是一个根本性的精神支柱。它使"志"而"立"，使远大理想，使终身大志而"立"。以后无论做何种事业，均可以此支撑和衡量。否则，仅凭一时冲动而"立志"要做某种事业，是既不巩固，又无根本的大目的，不知要做此种事业的根本目的是什么，因为他们不可能有其认识。这样，就是"歧路徘徊，而无一确实的标准，以为判断之主。如此墙上草，风来两边倒，其倒于恶，固偶然之事；倒于善，亦偶然之事。"

毛泽东的立志过程是如此长久，如此曲折，如此有层次的发展，说明他的认识在不断深化，他的思想也是在朝着日益成熟的方向发展。志向引导他不断探索，去求得马列主义大本大源的原理。

（参见朱建亮、宁小银：《伟大之谜》，书目文献出版社 1994 年版）

受英雄豪杰的鼓舞

　　"豪杰之士发展其所得于天之本性，伸张其本性中至伟至大之为，因以成其为豪杰焉。"

　　毛泽东青年时代对他影响比较大的是阅读德国人泡尔生著、蔡元培从日文转译的《伦理学原理》一书，他阅读后在批语中说："豪杰之士发展其所得于天之本性，伸张其本性中至伟至大之为，因以成其为豪杰焉。本性以外之一切外铄之事，如制裁束缚之类，彼者以其本性中至大之动力以排除之。此种之动力，乃至坚至真之实体，为成全其人格之源，即此书所谓自然之冲动，所谓性癖也。彼但计此动力发出之适宜与否，得当与否。适宜也，得当也，则保持之。否则，变更之，以迁于适宜与得当焉。此纯出其自计，决非服从外来之道德律，与夫所谓义务感情也。大凡英雄豪杰之行其自己也，发其动力，奋发蹈励，摧陷（廓）清，一往无前，其强如大风之发于长谷，如好色者之性欲发动而寻其情人，决无有能阻回之者，亦决不可有阻回者。苟阻回之，则势力消失矣。吾尝观古来勇将之在战阵，有万夫莫当之概，发横之人，其力至猛。谚所谓一人舍死，百人难当者，皆由其一无顾忌，其动力为直线之进行，无阻回无消失，所以至刚而至强也。豪杰之精神与圣贤之精神亦然。泡尔生所谓大人君子非能以义务感情实现，由活泼之地感情之冲动陶铸之，岂不然哉，岂不然哉！（按：吾之意与孟子所论'浩然之气'及'大丈夫'两章之意大略相同）。"这段批语表明，人的"本性中至大之动力"即"自然冲动"在成全人格、实现个人价值过程中具有重要的作用。毛泽东认为这种"自然冲动"与孟子所说的"浩然之气"和"大丈夫"气质大体相同。毛泽东所以如此赞赏这种气质，是因为他从"古来勇将"和"英雄豪杰"身上看到了这种气质所表现出来的勇往直前、无所阻挡的强大力量。在他看来，"古来勇将"和"英雄豪杰"之所以有这种气质和力量，又主要来自于他们对自己"正义信念"的忠诚和为之献身的精神。所以这里的"自然冲动"或"大丈夫"气质，并不是如泡尔生所说的一般感情范畴，而是在一定思想引导下，在某种牢固的信念基础上所形成的一种自觉而坚强的意志和决心。这与毛泽东主张人的价值及其实现，需要主、客观两方面的条件，反对泡尔生否定知识对人道德活动的影响，片面强调和夸大感情冲动和良心作用的观点，是一致的。青年时代的毛泽东之所以尊崇"豪杰精神"，一方面因为他还没有接触和接受马克思列宁主义，他的世界观和历史观还是唯心主义的；同时又与他强烈的爱国主义思想紧密相关。毛泽东的青年时代，正是半殖民地半封建的中国处在帝国主义与中华民族的矛盾、封建主义与人民大众的矛盾异常尖锐，中国人民灾难深重，濒临危亡的时期，也是中国人民日益觉醒，越来越多的人起来反抗，拯救祖国，争取解放的时代。具有强烈爱国主义思想的毛泽东怀着要干一番大事业的伟大抱负，成立新民学会、主办工人夜校、刻苦锻炼身体，锲而不舍地探求救国救民的道路和途径。英雄豪杰精神，本来是对历史上那些为祖国、为民族、为社会、为人民、为朋友等正义的事业和信念而不怕牺牲、无所畏惧、顽强奋斗的人的思想和行为的赞誉。如历史上有名的岳飞、杨家将、《水浒传》中的梁山好汉、《三国演义》中的刘关张等，都是这样的英雄豪杰。毛泽东认为，反对帝国主义列强的侵略，推翻封建主义奴役，拯救中华民族，中国需要有这样的英雄，中国人也需要有这种精神。这种精神对毛泽东本人以后的成长，起了很大的鼓舞作用。

（参见《毛泽东早期文稿》（1912.6—1920.11），
湖南出版社 1990 年版）

贵我、通今人生支点

"以我立说，乃有起点，有本位；人我并称，无起点，失却本位。""竖尽来劫，前古后今一无可据，而可据惟目前。"

生活在 20 世纪初，栖息在地球上一个叫做湖南的角落里的毛泽东，为自己找到了两个人生支点：

一曰"贵我"。
二曰"通今"。

为找到这两个支点，他费了好几年思索，还借鉴了前人，参照了西人，经历过业师杨昌济的点化。

人生为什么需"贵我"？

由这点出发，毛泽东认为："宇宙间可尊者惟我也，可畏者惟我也，可服从者惟我也。我以外无可尊，有之亦由我推之；我以外无可畏，有之亦由我推之；我以外无可服从，有之亦由我推之也。"

"我固万事万念之中心"。"吾人一生之活动服从自我之活动而已"。那么，"我"以外的"神"该不该服从？毛泽东回答："服从神何不服从己，己即神也。"

只服从自我，那么他人放在什么位置？毛泽东对这一人己关系上的难题有独特的解决方式：利他同样以我为起点。例如"表同情于他人，为他人谋幸福，非以为人，乃以为己。吾有此种爱人之心，即需完成之，如不完成，即是于具足生活有缺"。结论是："以我立说，乃有起点，有本位；人我并称，无起点，失却本位。"

这种以我立说、由我出发的人生哲学，绝不可等同于杨朱"拔一毛利天下而不为"的极端利己主义。毛泽东由我出发，所张扬的是一种积极有为、乐观奋进的人生态度。以这种态度生存面世，就能做到不为外物所累，不为他人所烦。相反，可以在利他人、利天下的过程中，"自尽其性，自完其心"，"充分发达吾人身体及精神之能力至于最高"。

人生为什么需"通今"？答曰："竖尽来劫，前古后今一无可据，而可据惟目前。"

从这点出发，毛泽东主张"吾只对于吾主观客观之现实者负责"。"即往吾不知，未来吾不知，以与吾个人之现实无关也"。

有人说，人活着建功立业是为了死后留名青史。毛泽东不以为然。他说：我死之后成为历史，后人见我确有所成就，"亦自加吾以芳名"。然而此"非吾之所喜悦，以其属之后来，非吾躬与之现实也"。"历史前之事亦然。吾取历史以其足以资吾发展现实之具足生活也"。

这是一种非常聪明的人生智慧。人生活在前古后今之中，只有目前这一段现实生活是属于自己的。"以时间论，止见过去、未来，本不见有现在"。因为现在即来即去，有如白驹过隙。但是另一方面，"时间之有去来，今人强分之耳，实则一片也"。吾人生活在这连成一片的时间之中，自然"处处皆现实"，不仅目前是现实的，而且过去和未来对我来说也是现实的。

因此，"有目前乃有终身"。以往之事追悔无益，未来之事预测也无益，唯一有益的是好好把握目前。把握了目前，也就把握了过去和未来。如果放弃目前，蹉跎岁月，必将一事无成。

毛泽东注重"目前"，与那种"今朝有酒今朝醉"的庸人哲学不可同日而语。他以"目前"为中心来贯通过去和未来，所强调的是一种只争朝夕，无往不乐的人生态度。以这种态度面世，则"有一日之生活即有一日的价值"，过去的事用不着过多地追悔，未来的事用不着过多地幻想，脚踏实地地抓住目前——这就够了。

"贵我"是毛泽东从空间关系上为自己确立的人生支点，"通今"则是他从时间关系上为自己确立的人生支点。这两个支点又是统一的。两者合在一起，就是一个"此时的我"。努力抓住"此时"，积极从"我"开始——这就是毛泽东安身立命的最初出发点，也是他对待人生的态度。

（参见《毛泽东早期文稿》（1912.6—1920.11），
湖南出版社 1990 年版）

自信、意志力是本性

　　　　"自信人生二百年，会当水击三千里。"

　　没有坚定的意志与强烈的自信，任何人都不能成为重要的领袖人物。这方面，毛泽东是无可挑剔的，他幼年时就显示出独立自主、敢想、敢做、敢为的品质和强烈的自尊自信。他在青年时写的一首诗里曾豪迈地宣称："自信人生二百年，会当水击三千里。"

　　这联诗来自一个典故。民国初年有个叫因是子（即蒋维乔）的人，写了一本书叫《废止朝食论》，说每天吃两顿饭，这样人能活得长久一些。又有说是根据日本一学者写的一本叫《人生二百年》的书。

　　这首诗可惜丢了。但毛泽东却始终记着这一联，并多次谈起，可见他对描写自己自信、豪迈性格的这一联是很喜欢的。1958 年毛泽东在为《沁园春·长沙》一词作注释时曾提到："当时有一首诗，都忘记了，只记得两句：'自信人生二百年，会当水击三千里'。"时隔 8 年，1966 年 7 月毛泽东在给江青的一封信中又一次提到。信中说："我是自信而又有些不自信，我少年时曾经说过：自信人生二百年，会当水击三千里，可见神气十足了。但又不很自信，总觉得山中无老虎，猴子称大王，我就变成这样的大王了。"

　　青年时代的毛泽东确实非常自信。但这种自信与他出身农家，在走向社会时总内在地体验着某种压抑感不无关系。他从韶山到湘乡读书，由于口音不同、衣着简朴，且入学年龄偏大，因而屡遭其他孩子的白眼和奚落。又如到北大当图书馆助理员后，由于职位低下，来看书的"大多数都不把我当人看待"，"他们都是些大忙人，没时间听一个图书馆助理员讲南方土话。"这些事深深地刺激了他，在他的心灵上留下了不少的遗迹，也导致了他倔犟的自尊心态。

毛泽东面对中国近代以来的贫弱局面，自信将来掌握中国历史命运的重大使命会由他们这一代人去承担。这种使命感常使他与志趣相投的同学好友"指点江山，激扬文字，粪土当年万户侯"。他在《民众大联合》一文中大声宣称："天下者我们的天下。国家者我们的国家。社会者我们的社会。我们不说，谁说？我们不干，谁干？"

这种自信又与他身上所具有的"贵我"意识紧密相连。在青年毛泽东身上，有一种强烈的"贵我"道德自律。他在《讲堂录》中记载着一句话："山河大地，一无可恃，而可恃惟我（贵我）"。并说："吾从前固主无我论，以为只有宇宙，今知其不然，盖我即宇宙也。若除去我，即无宇宙；各我集合，而成宇宙。而各我又以我而存，苟无我，何有各我哉！是故，宇宙可尊者，惟我也；可畏者，唯我也；可服从者，惟我也。我以外无可尊，有之亦由我推之，我以外无可畏，有之亦由我推之，我以外无可服从，有之亦由我推之也。"

毛泽东这种"贵我"思想反映了整个价值观念和道德标准崩溃的时代已经没有可以依据、遵循的客观规范准则，同时也体现了中国自古以来就有的"舍我其谁"的英雄主义的传统观念。他的自信力正来自这种"贵我"思想。

自信常在困难与挫折时伴随着毛泽东，他对自己能够用意志铸造历史有着高度的信心。越是险境，越是绝地，他越自信，越乐观。

大革命失败，他不要中央安排去人地两生，同时也相对安全些的四川工作，而是主动要求回白色恐怖严重的湖南组织秋收起义。

秋收起义失败，他不是离开队伍去隐蔽而是率余部引兵井冈山，从"山重水复疑无路"中走出"柳暗花明又一村"来。

长征中的退却可谓惨矣，前有堵截，后有追兵，红军人数锐减，一些人对革命前途悲观失望，对敌重兵围追堵截张皇失措，从冒险主义奔向逃跑主义。但对于毛泽东来说这一阶段却是他一生中吟诗最多的年份。有人在为找不到一块落脚地而沮丧的时候，他却非常自信地吟出："今日长缨在手，何时缚住苍龙？"他在想"缚苍龙"了。当日本帝国主义正在对我国恣肆蹂躏的时候，他已经在想到打败日本侵略者后"太平世界，环球同此凉热"。

坚定的自信加上超人的意志，这就是毛泽东的本性。正是因为有这样坚定的自信，才能使他百折不挠，去克服一切艰难险阻，最终取得了胜利和成功。

（参见胡哲峰、孙彦编著：《毛泽东谈毛泽东》，中共中央党校出版社 1993 年版）

知识之车道德之舍

"筋骨者，吾人之身；知识，感情，意志者，吾人之心。身心皆适，是谓俱泰"。

强健身体是保证事业成功的首要条件，没有健壮的体魄，年纪轻轻就夭折了，那么即使有再大的本领，也无济于事了。青年毛泽东受泡尔生思想的影响，认为至善是人人共有的人生理想，至善即实现具足之生活，实现具足之生活即充分发达自己身体及精神能力至于最高之谓。他认为，具足生活并没有统一的模式，每个人都应根据各自的情况，发达自己的身心及个性。"至不同即至同，至不统一即至统一"。1918 年初夏，毛泽东等在长沙北门外的平浪宫聚餐，为罗章龙去日本留学饯行。毛泽东在送别诗中，表达了修炼身心，待机而动的心情。

沧海横流安足虑，世事纷纭可足理。

管却自家身与心，胸中日月常新美。

名世于今五百年，诸公碌碌皆余子。

青年毛泽东不仅指出身心并完是人生的至善理想，而且指明了身心并完的生理机制。1916 年 12 月 9 日，毛泽东在给黎锦熙的信中，表达了身心可以并完的道理："弟始闻体魄、精神不能并完，且官骸肌络及时而定，不复再可改易，今乃知其不然。心身可以并完也，而官骸亦无时不可改易也。"显然，毛泽东认为，不但人的精神可以不断充实更新，而且人的身体也可改易，通过改易，人的身心完全有可能臻于并完。由此出发，他批判了那种认为"精神身体不能并完，用思想之人每歉于体，而体魄蛮健者多缺于思"的谬论，指出只有那些"薄志弱行"之人，精神身体才不能并完，但凡圣贤君子都能达到身心并完的境界。他举例说，孔子思想可谓高深，被誉为古之圣人，但"孔子七十二而死，未闻其身体不健"，"释迦往来传道"可谓最大之思想家，但他死时年岁亦高。

青年毛泽东对身心并完的具体含义作了界定。他说："筋骨者，吾人之身；知识，感情，意志者，吾人之心。身心皆适，是谓俱泰"。可见，身心并完，即人的形体和精神舒扬畅达，全面发展之谓。

毛泽东接着分析，要身心并完，首先要有健全的体魄。健全的体魄是知、情、意得以产生和存在的生理基础。直观、思维有赖于耳目脑筋等身体器官，"体全而知识之事以全"；感情须有理性制约。"然理性出于心，心存乎体"，"身体健全，感情斯正"。意志是事业的先驱。然身体健壮则意志坚强。毛泽东还从德、智、体三者关系的论述中，突出"体之重要"，"体育一道，配德育与智育，而德智皆寄于体，无体是无德智也"，"体者，为知识之载而为道德之寓者也，其载知识也如车，其寓道德也如舍。体者，载知识之车而寓道德之舍也"。"体育于吾人实占第一之位置，体强壮而后学问道德之进修勇而收效远。""一旦身不存，德智则从之而隳矣。"由此可见，毛泽东极为重视体魄的强健和完善。

除了要健全其体魄，还要文明其精神。没有健全的体魄，精神就无处可存，相反，没有文明的精神，体魄将失却灵魂。为此，毛泽东说："夫知识之事，认识世间之事物而判断其理也"，"感情之于人，其力极大"。"意志也者，固人生事业之先驱也"。正是这种对精神、对人心的关注，使得他崇尚"不喜躯壳之乐利，而喜精神之乐利"的圣人。

青年毛泽东把身心并完作为至善理想，那么，如何实现身心并完呢？为此，他从体育入手，认为："勤体育则强筋骨。强筋骨则体质可变，弱可转强，身心可以并完。"体育何以有如此效力呢？毛泽东分析道："人者，动物也，则动尚矣"。"动也者，盖养乎吾生，乐乎吾心而已"，"人者。有理性的动物也，则动必有道"，"动之属于人类而有规则之可言者，曰体育"，换言之，"体育者，人类自养其生之道，使身体平均发达，而有规则次序之可言者也"。

体育之所以能成为养生之道，收身心并完之效，首先在于体育能强筋骨，人的骨骼器官并不是一成不变的，通过体育，"目不明可以明，耳不聪可以聪"，弱可以转强，强可以变得更强。其次，体育能增知识。人的知识由直观和思索而来，而"直观则赖乎耳目，思索则赖乎脑筋，耳目脑筋之谓体，体全而知识之事以全，故可谓间接从体育以得知识"。再次，体育能调感情。毛泽东举例说："吾人遇某种不快之事，受其刺激，心神震荡，难于制止，苟加以严急之运动，立可汰去陈旧之观念，而复使脑筋清明，效盖可立而待也"，假如没有运动，不快心情很难排除。最后，体育能强意志。毛泽东认为，体育的最大效果就是能增强意志。"夫体育之主旨，武勇也。武勇之目，若猛烈，若不畏，若敢为，若耐久，皆意志之事。"总之，"体育之效，至于强筋骨，因而增知识，因而调感情，因而强意志。"而筋骨就是"身"，知识、感情、意志就是"心"，所以"体育非他，养乎吾生，乐乎吾心而已"。

青年毛泽东认为："体育固能收发达身心之效，但此事不重言谈，重在实行，苟能实行，得一道半法已足"。他说，曾文正的锻炼之法就很简单，无非是睡前洗洗脚，食后千步行，但他得益匪浅。毛泽东本人坚持锻炼，也终身受益。毛泽东体育锻炼的项目繁多，其中最主要的有野游、爬山、露宿、风浴、雨浴、游泳、冷水浴等。毛泽东在延安与斯诺的谈话中列数了这些体格锻炼项目："在寒假当中，我们徒步穿野越林，爬山绕城，渡江过河。遇见下雨，我们就脱掉衬衣让雨淋，说这是雨浴。烈日当空，我们也脱掉衬衣，说是日光浴。春风吹来的时候，我们高声叫嚷，说这是叫做'风浴'的体育新项目。在已经下霜的日子，我们就露天睡觉，甚至到 11 月份，我们还在寒冷的河水里游泳。这一切都是在'体格锻炼'的名义下进行的。这对于增强我的体格大概很有帮助，我后来在华南多次往返行军中，从江西到西北的长征中，特别需要这样的体格。"毛泽东不仅自己坚持锻炼，而且鼓动大家一起锻炼。他在一师读书期间，利用担任校友会总务的机会和权力，主持开展了各种全校性的体育活动，且积极创造条件，为大家创设体育设施。

毛泽东认为，要实现身心并完，必须树立现实主义的人生态度。"实现非此之谓，乃指吾之一生所团聚之精神、物质在宇宙中之经历。"他指出，"既往吾不知，未来吾不知"，只有与个人有关的现实是可以认识的，可以感受的。毛泽东不承认人在历史中负有继往开来的责任，"吾惟发展吾之一身，使吾内而思维、外而行事，皆达正鹄"。所以，毛泽东的现实主义，就是指要在有限的人生中，发达自己的身心，达到实现自我的目的。他说："吾取历史以其足以资吾发展现实之具足生活也。"这就是青年毛泽东自身所发出的异曲音符。

体育在德、智、体三育中占"第一位置"。毛泽东在《体育之研究》中说："体者，为知识之载而为道德之寓者也，其载知识也如车，其寓道德也如舍。体者，载知识之车而寓道德之舍也。"要学习掌握科学知识，培养道德修养，就要有健康的体魄。毛泽东认为："欲文明其精神，先自野蛮其体魄；苟野蛮其体魄矣，则文明之精神随之。""故身体健全，感情斯正，可谓不易之理。"毛泽东还举例说明，当心情不愉快，又遇到烦人之事时，会心神不宁，难以控制自己，如果去运动，而且是比较剧烈的运动，会使脑子恢复理智，清醒过来，便可消除烦恼。可见体育是第一位的，体育能"增知识"、"调感情"、"强意志"。特别是增强意志和毅力这一点，毛泽东极为重视。他说："夫体育之主旨，武勇也。武勇之目，若猛烈，若不畏，若敢为，若耐久，皆意志之事。取例明之，如冷水浴足以练习猛烈与不畏，又足以练习敢为。凡各种之运动持续不改，皆有练习耐久之益，若长距离之赛跑，于耐久之练习尤著。夫力拔山气盖世，猛烈而已；不斩楼兰誓不还，不畏而已；化家为国，敢为而已；八年于外，三过其门而不入，耐久而已。要皆可于日常体育之小基之。意志也者，故人生事业之先驱也。"毛泽东在后来的革命实践中表现出来的惊人的自我控制力，敢作敢为的反潮流精神，天不怕地不怕的英雄气概，也可以说是得益于年轻时的体育锻炼。

毛泽东对体育的重视，并不局限于个人体质的增强，而是把体育、体魄的功用，同人生的价值、人的发展、国家的兴旺联系起来。健康的体魄、勇敢的意志和乐观的态度，这是走向成功的必要条件。

（参见《毛泽东早期文稿》（1912.6—1920.11），
湖南出版社 1990 年版）

无抵抗则无动力源

"非好乱也，安逸宁静之境，不能长处，非人生之所堪，而变化倏忽，乃人性之所喜也。"

青年毛泽东崇尚变动的思想在《伦理学原理》批注中得到了更充分的表述。他认为，喜欢变动是人的本性，当人们尚未处在大同时代的时候，总向往大同；当人们处在困难的时候，总向往平安。然而，大同与平安并非人们追求的终极目标，只是人们追求变动的表现形式。平安的日子过得久了，人们必然在平安之境又生出点波澜来；同理，人们也忍受不住长久的大同盛世，一旦进入大同之境，必然生出竞争、抵抗等波澜来。所以，"老庄绝圣弃智、老死不相往来之社会"、"陶渊明桃花源之境遇"等，都是由于不懂得天地身心"动"的法则，不懂得人们喜欢动的本性，而提出的幻境而已。因此，毛泽东得出这样的结论，自古以来，治乱总相迭，和平与战伐常相寻。那种厌弃战乱渴求安稳和谐的信念，只是看到了历史进化的一个方面，殊不知乱也是历史生活不可缺少的另一方面。"乱"对实际生活的价值同样不可忽视，当人们翻阅历史的时候，都赞叹战国之时，刘邦、项羽相争之时，汉武与匈奴竞争之时，三国竞争之时，人才辈出，令人神往，而这些时代正是战事频繁、世态百变之时。这种现象并不能说明人们喜好战乱，厌弃宁静与平安，只能说明人的本性是喜欢变化的。正如毛泽东在《批语》中所说："非好乱也，安逸宁静之境，不能长处，非人生之所堪，而变化倏忽，乃人性之所喜也。"

"动"是天地身心一条永恒的规律，那么"动"的源泉又在何处呢？为了回答这一问题，青年毛泽东又引出了"抵抗"的概念，并认为，两种对立物的"抵抗"才是"动"的根源。

泡尔生在《伦理学原理》中阐述了这样的道理：世界上一切事业的成功，所有文明的进步，都是抵抗中的胜利。假使田地自动生产谷物，苗圃自动生长蔬菜，那么就不可能产生人类的耕作文明；假使气候适应于人的身体需要，那么人类就不会取得建筑上的辉煌成就；假使一切什器天造地设、无缺无憾，那么就无所谓工艺美术的出现。人类正是因为有各种抵抗，才出现与此抵抗相应之动作。毛泽东十分赞同泡尔生有抵抗才有运动的观点，并进而提出，外界的抵抗越大，所产生的运动也越激烈。他在《批语》中这样写道："河出潼关，因有太华抵抗，而水力益增其奔猛。风回三峡，因有巫山为隔，而风力益增其怒号"。不仅自然现象如此，社会现象也是如此。人类势力总是伴随着外界抵抗的增加而增加的。"有大势力者，又有大抵抗在前也。"而成就伟业的人恰恰在于他们能够战胜较大的抵抗。哥伦布的伟大之处在于他征服了新大陆；大禹的伟大在于他治理了洪水，拿破仑的伟大在于他征服了几乎整个欧洲。他们正是在这种超乎寻常的抵抗和斗争中才显示出超人的巨大潜能。因此，在人类社会，只有通过战胜障碍而得到的幸福，才是真正的幸福，只有通过揭露谬误的蒙蔽而得到的知识才能称为真理。如果人们得到的是无障碍的满足，无抵抗的成功，就难以充分展示主体的潜能和力量。故此，毛泽东认为泡尔生"无抵抗则无动力，无障碍则无幸福"的警句是"至真之理，至彻之言"。

要克服障碍，战胜抵抗，非不断奋斗不可。人只有奋斗，方显朝气，只有奋斗，才有更好的生活。可以说，在紧张新奇的斗争中求平衡、求生存、求实现、求幸福，是毛泽东一贯的人生哲学。早在1913年，毛泽东就在《讲堂录》中写道："夫以五千之卒，敌十万之军，策罢乏之兵，当新羁之马，如此而欲图存，非奋斗不可。"在湖南一师就读期间，毛泽东又在日记中写下了这样的豪言壮语："与天奋斗，其乐无穷；与地奋斗，其乐无穷；与人奋斗，其乐无穷。"所有这些都表明了毛泽东把奋斗视为快乐的源泉。

从中可以看出青年毛泽东昂扬进取的人格力量，和以斗争求得幸福的人生观。

（参见张华、黄俊平：《伟人的起步》，浙江人民出版社 1996 年版）

主义是革命的法宝

"主义譬如一面旗子，旗子立起了，大家才有所指望，才知所趋赴。"

1920 年 11 月 25 日，毛泽东在给向警予的信中，很有感慨地写道："湖南人脑筋不清晰，无理想，无远计，几个月来，已看透了。政治界暮气已深，腐败已甚，政治改良一涂，可谓绝无希望。吾人惟有不理一切，另辟道路；另造环境一法。"同一天，在给罗章龙的信中，就写得更加明确："中国坏空气太深太厚，吾们诚哉要造成一种有势力的新空气，才可以将他斟换过来。我想这种空气，固然要有一班刻苦励志的'人'，尤其要有一种为大家共同信守的'主义'，没有主义，是造不成空气的。我想我们学会，不可徒然做人的聚集，感情的结合，要变为主义的结合才好。主义譬如一面旗子，旗子立起了，大家才有所指望，才知所趋赴。"1920 年 8 月和 9 月，蔡和森有两封长信给毛泽东，再三强调阶级斗争与无产阶级专政的重要，认为这是

"现世革命唯一制胜的方法"。同时着重分清楚唯心主义和唯物主义，并批判了考茨基、伯恩斯坦的修正主义，说"马克思的唯物史观，显然为无产阶级的思想"。信中尤详谈仿照俄国组织共产党的必要。同年 8 月间，萧子升也写信给毛泽东，详述法国的新民学会会员开会，讨论会务、世界大势及"改造中国与世界"应采取何种方法时，他的意见同蔡和森等多数意见不同，"主张温和的革命"，"以教育为工具的革命"，不赞成俄式革命。由于信收到过迟，同年 12 月和 1921 年 1 月，毛泽东才复信法国的会友，对萧子升的意见，"不表同意，而于和森的主张，表示深切的赞同"。复蔡的信说："你这一封信见地极当，我没有一个字不赞成"，并告诉蔡，陈独秀已开始建党活动，办了"旗帜鲜明"的党刊《共产党》。所有这些从书本尤其从实践得来的看法，所形成的明确的意见，清楚地说明了，为什么毛泽东要说，1920 年他就成为一个马克思主义者了。

1920 年 6 月回到湖南后，毛泽东除积极参加、领导湖南自治运动外，为传播马克思主义组织了"俄罗斯研究会"，宣传俄国革命的经验，并派人赴俄实地调查，"提倡留俄勤工俭学"。最关重要的大事，是 8 月间创办了文化书社，这样不仅解决了进步书籍的及时阅读和在社会上的广泛传播，为湖南新文化运动补课，而且在湖南许多县设立了分社，为后来湖南党组织的发展起了良好的推动作用。这一时期毛泽东同志同道合的革命青年一起，为筹建中国共产党做了大量的前期思想和理论上的准备。

从青年毛泽东的主张看，在毛泽东的思想演变中，中国式的无产阶级革命的理论成为他自然成长的因素，而马列主义中国化是当初引进的必然结果。马列主义成为他一生所追求的远大目标。

（参见李锐:《三十岁以前的毛泽东》，广东人民出版社 1997 年版）

理论应同运动结合

> "知也，信也，行也，为吾人精神活动之三步骤。"

在哲学领域里，一直存在着知行关系的争论。在近代，中国革命的先行者孙中山，从革命需要出发来探讨知行问题，并把自己阐述知行学说的著作称为"孙文学说"，这对于唤起青年毛泽东注意研究知行关系问题有重要的启发作用。孙中山说："大凡人类对于一件事，研究当中的道理，最先发生思想，思想贯通以后便起信仰。有了信仰，便发生力量。"青年毛泽东说："夫知者信之先。有一种之知识，即建为一种之信仰，既建一种信仰，即发为一种之行为。知也，信也，行也，为吾人精神活动之三步骤。"

五四运动以后，青年毛泽东的哲学思想开始从思辨的领域转而面向实际。他积极参加了湖南的"驱张运动"和"自治运动"等一系列革命活动，并强调说："无论什么事有一种'理论'，没有一种'运动'继起，这种理论的目的，是不能实现出来的。""湖南须有一些志士从事实际的改造，你莫以为是几篇文章所能弄得好的。"他所领导的新民学会一开始就把"真心求学，实意做事"作为选择会员的标准，在后来的发展中，更进一步把"改造中国与世界"定为奋斗的目标。事实表明，他那时在理论和运动、知和行的关系问题上，已逐渐把重点转移到"行"或"改造世界"的实践活动上来。这是青年毛泽东自己思想演变的一个轨迹图。他把理论与实践，知与行扩展到改造中国与世界的实际斗争中去，解决了理论同运动的知行关系。

（参见《毛泽东早期文稿》（1912.6—1920.11），
湖南出版社 1990 年版；徐文钦编著：《毛泽东
读书治国》，中央文献出版社 2008 年版）

光明向上处事原则

我觉得吾人惟有主义之争，而无私人之争，主义之争，出于不得不争，所争者主义，非私人也。

毛泽东于 1921 年 1 月两次给彭璜的信中都坦诚细致地说，"兄对礼容似失忠厚之道，实对兄说，……我颇不满意，大违兄平日恢恢之度。礼容即万不当，亦不宜以此非人世所堪之意态对之，面誉人与面毁人，同非人世所堪。"在后一封信中，毛泽东由人及己，款款而谈，详细表达了一个光明向上的人为人处世所应该克服的缺点。这可以视为他青年时代人格个性探索和自我解剖的一个凝聚点：

吾兄高志有勇，体力坚强，朋辈中所少。而有数缺点：一、言语欠爽快，态度欠明决，谦恭过多而真面过少。二、感情及意气用事而理智无权。三、时起猜疑，又不愿明释。四、观察批判一以主观的而少客观的。五、略有不服善之处。六、略有虚荣心。七、略有骄气。八、少自省，明于责人而暗于责己。九、少条理而多大言。十、自视过高，看事过易。弟常常觉得一个人总有缺点，君子只是能改过，断无生而无过。兄之缺点，弟观察未必的当。然除一、三两条及第五条弟自信所犯不多外，其余弟一概都有。吾人有心救世，而于自己修治未到，根本未立，枝叶安茂？工具未善，工作奚当？弟有一最大缺点而不好意思向人公开者，即意弱是也。兄常谓我意志强，实则我有自知之明：知最弱莫如我之意志！我平日态度不对，向人总是断断，讨人嫌恶，兄或谓为意强，实则正是我弱的表现。天下唯至柔者至刚，久知此理，而自己没有这等本领；故明知故犯，不惜反其道而行之，思之悚栗！

略可自慰者，立志真实（有此志而已），自己说的话自己负责，自己做的事自己负责，不愿牺牲真我，不愿自己以自己做傀儡。待朋友：做事以事论，私交以私交论，做事理论法，私交论情。兄于礼容，我觉未免过当，立意不十分诚，泄忿之意多，而与人为善之意少。兄说待我要反抗，兄看我为何如人？如以同某人款待我，则尽可"不答应"，何"反抗"足云。至说对某某及礼容要"征服"，则过矣过矣！人哪能有可以征服者，征服必用"力"，力只可用于法，用于法则有效；力不可用于私人之交谊，用于私人之交谊则绝对无效。岂惟无效，反动随之矣。我觉得吾人惟有主义之争，而无私人之争，主义之争，出于不得不争，所争者主义，非私人也。私人之争，世亦多有，则大概是可以相让的。其原多出于"占据的冲动"与"意力之受拂"。兄与礼容之争，吾谓乃属于后者。（此情形弟亦常经过，并常以此施诸他人）意力受拂，最不好过，修养未纯如吾人，一遇此情形，鲜有不勃然奋起者，此则惟有所谓"眼界宽"与"肚量大"者能受之，兄以为何如？

从中不难看出这样几要点。1."救世"先要正己。2. 评人思己。3. 做事论理论法，私交论情，对做事的态度与私交的态度要有所区分。4. 最重要的是，在一个倡导新生活的进取向上的团体内，不应有私人之争，私人之争可以相让。若有不得不争的话，应该是关于主义、关于原则的争论。

这几条在某种程度上可以看作毛泽东日后反复论及的如何处理革命组织内部同志间关系的萌芽。诸如"批评与自我批评"，"团结—批评—团结"以及反对用个人恩怨代替原则等等的一贯思想。这些都是毛泽东个人坚守的理念和处理人际关系的准则。

（参见陈晋：《毛泽东的文化性格》，中国青年出版社 1991 年版）

实现共产主义理想

"急（激）烈方法的共产主义，即所谓劳农主义，用阶级专政的方法，是可以预计效果的。故最宜采用。"

1921年元旦，大雪纷飞，寒光绚烂。留在长沙的新民学会会员十余人在潮宗街文化书社举行新年大会。由毛泽东报告开会的缘由，并就新民学会的奋斗目标作了详细的讨论，绝大多数人赞同毛泽东的主张，确定以"改造中国与世界"为目的。这就实现了由学术到政治、由理论到实践的重大转变。

元月2日，讨论实现目标的方法与途径。首先由毛泽东介绍留法会友蔡和森的提议。并指明："世界解决社会问题的方法大概有下列几种：一、社会政策；二、社会民主主义；三、激烈方法的共产主义（列宁的主义）；四、温和方法的共产主义（罗素的主义）；五、无政府主义。我们可以拿来参考，以决定自己的方法。"

在讨论中，毛泽东对五种方法进行了对勘研究，并作出简短的结论。他说："社会政策，是补苴罅漏的政策，不成办法。社会民主主义，借议会为改造工具，但事实上议会的立法总是保护有产阶级的。无政府主义否认权力，这种主义恐怕永世都做不到。温和方法的共产主义，如罗素所主张极端的自由，放任资本家，亦是永世做不到的。急（激）烈方法的共产主义，即所谓劳农主义，用阶级专政的方法，是可以预计效果的。故最宜采用。"讨论的结果，少数人主张采用罗素提倡的温和方式，从教育入手，稳步革新。多数人同毛泽东一道，主张采用列宁倡导的激烈方式，即通过暴力革命与阶级专政，实现共产主义的理想。毛泽东的这个发言，言简意新，同《湘江评论》的言论比较起来，有了根本性的转变。

从新民学会成立以来，毛泽东和他的会友们，通过理论与实践的多种途径，探寻救国救民的真理。现在大多数会员终于取得共识：实现"改造中国与世界"，就必须走俄式革命的道路。

1949年7月1日，毛泽东在《论人民民主专政》中写道："十月革命一声炮响，给我们送来了马克思列宁主义。十月革命帮助了全世界的也帮助了中国的先进分子，用无产阶级的宇宙观作为观察国家命运的工具，重新考虑自己的问题。走俄国人的路——这就是结论。"虽然毛泽东在中国新民主主义革命的长途中，一向反对照搬照抄苏俄经验的教条主义，他坚持将马克思主义的普遍原理与中国革命的具体实践相结合，开辟了一条中国式的革命道路。但是，当毛泽东引领中国共产党将民主革命推向社会主义革命的历史转折关头时，他回顾往昔，瞻念前程，又一次重新肯定了28年前所确立的革命目标与道路，这是具有深远意义的心路历程。

（参见任澍白：《毛泽东早期心路历程》，中央文献出版社1994年版；《毛泽东著作选读》上册，人民出版社1986年版）

新村社会生活实验

"我数年来梦想新社会生活，而没有办法。……今春回湘，再发生这种想象，乃有在岳麓山建设新村的计议。"

毛泽东在湖南省立第一师范学校求学期间，即曾梦想过一种"新社会生活"，但感到没有办法实行。1918年夏，他在一师毕业后，便立即开始"实验自己的新生活"。他与蔡和森、张昆弟、陈书农、熊子容、周庭藩等，在省城对岸岳麓山设工读同志会，从事半耕半读。他们寄居在湖南大学筹备处——岳麓书院半学斋，一面自学，一面从事社会改造问题的讨论与探索。每天赤脚草鞋，拾柴挑水，用蚕豆拌和大米煮着吃。1919年春夏，毛泽东从北京回到湖南，仍发生这种想象。在《学生之工作》中他说："我数年来梦想新社会生活，而没有办法。……今春回湘，再发生这种想象，乃有在岳麓山建设新村的计议"，并筹划"先从办一实行社会说本位教育说的学校入手。"

从《学生之工作》一文来看，他当时所设想的新村，是以新学校、新教育为中心，以新家庭、新学校及旁的新社会连成一块为根本理想。这一根本理想，也是这篇文章的中心思想。

什么是新学校、新教育，他认为学校教授之时间，宜力求减少，使学生多自动研究及工作。对一天24小时的作息，他主张睡眠8小时，游息4小时，自习4小时，教授4小时，工作4小时。"工作4小时，乃实行工读主义所必具之一个要素。"而工作之事项，全然在农村的，可从事种园、种田、种林、畜牧、种桑、养鸡等项工作。他指出：在吾国现时有一弊，即学生毕业后，"多骛都市而不乐田园"。而欲除去这个弊病，第一，须有一种经济工作，可使之直接生产；第二，此种工作之成品，必为现今社会普遍之需要；第三，此种工作之场所，必在农村之中。他认为一边读书，一边工作是一种创造性的新生活。这种工读生活是新社会的细胞，他说："学生认学校如其家庭，认所作田园林木等如其私物，由学生各个所有私物之联合，为一公共团体，此团体可名之曰'工读同志会'。会设生产、消费、储蓄诸部，学生出学校，在某期间内，不取出会中所存之利益，在某期间外，可取去其利益之一部而留存其一部，用此方法，可使学生长久与学校有关系。"他举例说："俄罗斯之青年，为传播其社会主义，多入农村与农民杂处。日本之青年，近来盛行所谓'新村运动'。美国及其属地菲律宾，亦有'工读主义'之流行。""在美则有'工读会'，在法则有'勤工俭学会'。"这些组织和活动，他认为都是为了创造新社会、新生活。《学生之工作》着重论述了新家庭、新学校、新社会"连成一块"的问题。他写道："言世界改良进步者，皆知须自教育普及使人民咸有知识始。欲教育普及，又自兴办学校始。"然"教育之全体，不仅学校而止，其一端则有家庭，一端则有社会。"所以讲"改良学校教育，而不同时改良家庭与社会"，就是"举中而遗其上下，得其一而失其二也。"但是，欲使家庭、社会进步，绝"不可徒言'改良其旧'，必以'创造其新'为志而后有济也"。他说："伊古以来，几曾真见有改良其旧之事？有之，皆创造其新者耳。"比如，现今要工厂主与工徒分配平均，那是不可能的。"故劳动者欲求完全之平均分配，非在社会制度改革之后，不能得到。子弟欲求完全之人格独立，非在家庭制度改革之后，不能得到。社会制度之大端为经济制度。家庭制度之大端为婚姻制度。如此造端宏大之制度改革，岂区区'改良其旧'云云所能奏效乎？"

他认为："新学校中学生之各个，为创造新家庭之各员。新学校之学生渐多，新家庭之创造亦渐多。""合若干之新家庭，即可创造一种新社会。"他所描绘的这种"新社会"的蓝图中主要有：公共育儿院、公共蒙养院、公共学校、公共图书馆、公共银行、公共农场、公共工作厂、公共消费社、公共剧院、公共病院、公园、博物馆、自治会等。这种新社会，就是一种"新村"。

在毛泽东看来，"新村"就是财产公有、共同劳动、平均分配，人人平等、互助友爱的"共产主义"细胞。这种大同的美妙幻想，曾经萦绕于青年毛泽东的脑际。显然，这都是一种空想社会主义思想的反映，不可避免地遭到很快的破灭。但是却反映出青年毛泽东的创新思维，大胆改革实验的勇气。善于提出新村计议及试验的大胆实施方法，这是青年毛泽东所特有的创新思维方式。

（参见高菊村等：《青年毛泽东》，中共党史资料出版社 1990 年版）

站得高才能看得远

"干革命就是要站高望远，不仅要看到江西和湖南，还要看到全中国，全世界。"

1912年秋天，毛泽东在长沙省立湖南图书馆，度过了半年的自学生涯。在图书馆大厅的墙上，挂着一幅《世界坤舆大地图》，这是毛泽东第一次看到的世界地图，他对此产生了极大的兴趣：世界原来这么大！他每天经过这里，都要停步细看一阵。他原来认为湘潭县就很大，湖南省大得了不得，中国更是大得称为天下。谁知从地图上看来，中国只是一小块，湘潭县连影子也找不到。这么大的世界，这么多的人生活其间，有多少事情值得去研究呀！毛泽东通过看这幅地图，眼界更宽广了，看问题也看得更远了，如果说他以前眼界受到局限，带有狭隘性，那么，从此之后，他就具有世界眼光了，看问题想问题都开阔了视野。

1928年11月的一天，毛泽东与井冈山军民一起去宁冈挑粮上井冈山，往回走到黄洋界，就与大家一起在一颗苍劲挺拔的大槲树下休息。毛泽东利用这个机会对大家进行教育，指出："我们为什么要背粮？是为了对付敌人的'围剿'。现在大家多流汗，将来就可以少流血，敌人的'围剿'就会被我们打破。"毛泽东说完，就站在槲树下问大家："站在这里，能看到什么地方？"一位战士说："可以看到江西和湖南。"毛泽东教育大家：站得高，才能看得远。

从一张地图启示，看见了世界上有许多事情值得研究，在井冈山看到全中国、全世界……这就是毛泽东的眼光，这就是毛泽东"高瞻远瞩"的政治家、谋略家、军事家的气度。由此可见，站得高，望得远是实现科学预见的有利武器。

（参见柴宇球编著:《毛泽东大智谋》，文化艺
术出版社 1994 年版）

在改造中接受马列

　　"我这个人从前就有过各种非马克思主义的思想，马克思主义是后
来才接受的。"

　　毛泽东曾说:"我是从农村生长出来的孩子，小时也上过私塾，读过孔
孟的书，也信过神，母亲生病也去求过神佛保佑哩! 旧社会的东西对我都产
生过影响。有段时间受到梁启超办的《新民丛报》的影响，觉得改良派也不
错，想向资本主义找出路，走西方富国强兵的路子。十月革命一声炮响，马
列主义传入中国，我才逐步接受了马列主义。"

　　他还说:"拿我们这些人来说，很多人每年都有一些进步，也就是说，
每年都在改造。我这个人从前就有过各种非马克思主义的思想，马克思主义
是后来才接受的。"

　　在崇高的理想推动下，毛泽东不断地探索，在不断的探索过程中，他不
断地否定旧我，也不断地造就新我。他是农家子弟，童年和少年时代接受的
是传统的风俗习惯和孔孟典籍。那时，他曾信过神佛，熟读经书，他超越不
了他所处的环境和历史，他的最早的文化心理曾受过封建主义的影响，他最
早的人格也是传统的。但当他在接受了新思想后，他便抛弃了昨天的我。就
思想历程而言，他曾陶醉于早期改良派学说，后来他又崇拜过康有为、梁启
超，在崇拜康、梁时他又接受了孙中山的学说，当五四新文化运动不断发

展，他马上又成为《新青年》的热心读者，其间，他还接受过无政府主义的思想影响。他经常严格地剖析自己的思想和人生观，当他一旦接受新的进步的思想时，他毫不犹豫扬弃自己曾有过的思想。他曾说，随着研究的日益进步，从前的臆见便"自见其妄"了。

正是在这种自我反思、自我剖析、自我扬弃精神贯穿下，毛泽东在寻找救国救民和人生真理的道路上，通过对各种学说、各种主义、各种思潮的比较和甄别，终于抛弃了各种错误思潮，不断地否定、抛弃、批判改良主义、资产阶级民主主义、无政府主义、自由主义等各种思想和学说，终于确立起了他对马克思主义的坚定信仰。这在他革命的经历中是个重要的转变，也符合人们思想转变的规律。

（参见曹志为：《伟人之初——毛泽东》，浙江人民出版社 1991 年版）

鼓励发展个人长处

"世界上的人有两种：一种是部分才，一种是组织才。我们看人首先就应看他的长处。"

毛泽东说，政治路线确定之后，干部就是决定的因素。因此他非常注意组织工作，并在艰苦的斗争岁月中，总结出许多新鲜经验，从而从组织上保证了革命事业的胜利。

肖三在《毛泽东同志的青少年时代》中写道：有一次毛泽东对同学们说：

"世界上的人有两种：一种是部分才，一种是组织才。前者多而后者少。但每一个人都有他的长处。我们就应该鼓励、发展、运用他的长处，不管那长处是很小的、有限的。我们看人首先就应看他的长处。"

能看到并且鼓励、发展每个人的长处——这是伟大的组织家、革命家毛泽东后来成功的原因之一。（说他的成功，绝不是为他自己个人，而是为了解放中华民族与中国人民的革命事业。）

后来在参加及领导革命运动时，毛泽东曾说过：

"无论跛子、哑子、聋子、瞎子，对革命都有用处。"

后来他又对组织部的工作人员说：

"对一个同志，首先要看他的相同处——他革命，他信仰马克思、列宁主义……然后看他的不同处——有缺点，思想意识上有毛病……"

毛泽东英明的干部政策，和教条主义者及经验主义者之打击坏的"刺激"工作的办法相反，是表扬好的以推动工作。而对落后的，对犯了错误的，或误入歧途的，或尚未觉悟的，无论是党内同志或是党外朋友，他所坚持的方针是："与人为善"、"惩前毖后"、"治病救人"，留有余地，以观后效等。因而赢得了人心、党心，在组织上得到了保证。

毛泽东看人首先看长处，即使是"跛子、哑子、聋子、瞎子"也不嫌弃，而是充分看到他们的长处，发挥他们的作用，为革命事业增加了力量。难怪他所制定的组织路线赢得了广大人民群众的拥护。这是毛泽东干部组织工作正确的根基。

（参见肖三：《毛泽东同志的青少年时代》，
1946 年张家口出版的《北方文化》）

善于讲演革命道理

"三个人打一个人，谁能打得赢？当然是三个人打得赢。所以工农兵联合起来，打遍天下。"

毛泽东不仅是政治家、思想家、军事家，而且是杰出的演说家。他能根据不同的对象，用形象幽默的语言，去打动听众的心扉。在做动员工作时，他常常会用一些浅显的事例去说明深刻的革命道理。

李聚奎讲过一件往事：我第一次见到毛泽东同志是1928年12月9日。那是我们跟随彭德怀同志取得平江起义胜利，成立中国工农红军第五军之后，湖南的敌人集中兵力由岳阳、浏阳、湘阴分三路向平江进攻。红五军经过激战于1928年7月30日撤出平江城，辗转在平江、修水、铜鼓、万载、通城地区，进行游击战争。两个多月的频繁战斗，部队从2000多人减员到700多人。10月间，湘鄂赣三省敌人又对我们发动"会剿"。红五军突出敌人包围后，根据湖南省委指示，一部分兵力由黄公略同志领导留在湘赣边地区坚持斗争，主力则由彭德怀和滕代远同志率领向井冈山革命根据地转移。12月8日，部队到达宁冈县属的茅坪，第二天去新城参加与红四军的会师大会。路上，遇到了红四军的队伍，我们就在路边的田里集合，让红四军先走。这时，一位30来岁，留着长发，目光炯炯，身穿灰色中山服，没有戴帽子，面庞清瘦，身材高大的同志走来了。彭军长连忙给大家介绍说，这就是毛委员。随后，他要求部队安静下来，请毛委员给我们讲话。毛主席在队伍前面走过来走过去，边讲边抽烟，用浓重的湖南乡音讲了很多革命道理。我记得最清楚的是他讲的工农兵联合起来打遍天下的道理。他讲："工农兵弟兄三个，工人是大哥，农民是二哥，兵士是三哥。工农兵占中国总人口的百分之八十五以上。地主资本家是少数，军阀也是少数。"说到这里，他问大家："多数人打少数人，谁能打得赢啊？"我们大声回答："多数人打得赢！"毛委员高兴地说："当然是多数人打得赢。"他又伸出右手的三个指头说："三个人打一个人，谁能打得赢？当然是三个人打得赢。所以工农兵联合起来，打遍天下。"这是我第一次聆听毛主席的讲话，他那平易近人，充满革命乐观主义，用生动形象的比喻讲明深刻革命道理的神态，我一辈子也忘不了。就是这一番话，就是那一身朴实的服饰，那一种让人说不清道不明的气质，就让人感到他是一个伟人，一个了不起的人，崇敬、信赖之情不禁油然而生。而在这之前，虽然彭德怀同志也常常给我们讲，毛泽东同志开辟的井冈山革命根据地是中国革命的旗帜，任凭敌人多么疯狂的围攻清剿，毛泽东同志领导的工农武装割据坚如磐石，朱毛的红四军是我们的榜样。但我们对这些话半信半疑。现在到了井冈山根据地，接触了根据地的群众，见到了毛委员，听了他的讲话，一切都是那么新鲜、亲切、温暖、鼓舞人心，我们的疑问都消失了，都从内心深处感到，彭军长领我们上井冈山这条路走对了。李聚奎回忆的这件事，充分说明了毛泽东富有的讲演天才。

（参见李聚奎：《深切怀念伟大领袖毛泽东》，见《缅怀毛泽东》，中央文献出版社 1993 年版）

政治家的胆识谋略

"梁鸿不因人热。"

1958 年，法国政坛发生了戏剧性的变化，戴高乐出将入相，被推为这个欧洲大陆国家的总统。在此之前，他始终充当法国海外殖民政策辩护人的角色，还强调过君主制的作用，也是冷战的积极推动者，给人印象颇为深刻。

一时间，国际舆论哗然，普遍认为这个欧洲大国的政局变化，将导致整个欧洲向右转。我们国内的一些国际问题专家也持类似的看法。一家有影响的国际问题刊物甚至断言，戴高乐的上台就是法西斯上台。

但毛泽东却未受这人言弥葺的左右，他力排众议，独特地认为：戴高乐其人民族意识、民族精神都很强烈，始终强调国家的尊严和独立，不依傍他人。主张欧洲是欧洲人的欧洲，反对大国的霸权，颇具独立见解。他的当政，对欧洲摆脱美国的控制，推动欧洲中立主义的发展，改变世界政治格局，将会产生极大影响。后来历史的发展，果然证实了毛泽东的卓越预见。

由此可以使人看到，在国际斗争中，把混沌一团的世界，分为若干层次，构成一股中间势力，使之摆脱大国霸权的控制，是于弱小国家的独立解放运动，于当时社会主义国家发展经济十分有利的。毛泽东 20 世纪 70 年代提出的"三个世界"的理论，有一个过程，于 50 年代末已见端倪。

每临"雪压冬云""高天滚滚"等难以把握的局势，每临令人恐惧的险恶境地，与毛泽东生在同一个时代的人，都会深刻地感受到毛泽东想人所未敢想，言人所未敢言，行人所未敢行的过人胆识，特立独行的浩然之气，并为之震惊。对于在毛泽东身边工作的人来说，对于他善于在国内外风云变幻中，敏锐地洞察形势，透过复杂的现象，抓住本质以及他善于从历史的现状和发展中透视未来，把握事物发展方向的政治家的胆识卓见，更是深受教益。

1959 年 6 月 3 日早晨，毛泽东刚刚起床，就跟林克讲起"梁鸿不因人热"的故事。梁鸿是东汉人，少孤家贫，经常独坐，不与人同食。别人先做饭，做毕招呼他说：灶和锅还是热的，快煮饭吧！可他却说：我不用别人的热锅。而是熄灭灶火，自己重新燃薪做饭。毛泽东说：过去我跟孩子们谈过这个故事，但他们年幼，没有印象。林克领会毛泽东是借这个故事，鼓励自己的子女要有志气，不仰仗他人，不人云亦云，要有独立性格，靠自己艰苦创业，不吃别人嚼过的馍。这就是一位政治家所不可缺少的特质。毛泽东讲的虽然是一个历史典故，却透视出他那独立思考，另辟蹊径的远见卓识。

（参见徐新民主编：《在毛泽东身边》，中共中央党校出版社 1993 年版）

性不好束缚的个性

"弟在学校，依兄所教言，孳孳不敢叛，然性不好束缚。"

毛泽东是个有个性的人，不事事循规蹈矩、刻刻板板地生活是毛泽东性格中的又一特征。青年时期他在给教员黎锦熙的信中说："弟在学校，依兄所教言，孳孳不敢叛，然性不好束缚。"

性不好束缚，表现在工作上，就是认准的道理，便坚定不移地坚持下去。绝不随波逐流，任他人左右。毛泽东生性耿直、执拗，绝不轻易放弃自己的主张，即使受打击，被排挤，以至丢官为民，也不受他人意志束缚。他最深恶痛绝的是屈服于他人。

性不好束缚，表现在待人接物上以诚相待，不虚情假意，不讲究繁文缛节。毛泽东与党内同志交往，除久别重逢者外，很少表现出亲热，基本上是不拘礼节的。同志间不掩饰好恶，不曲折违心，言简意赅，直截了当。不搞迎来送往之类的礼节。毛泽东有躺在床上看书看文件的习惯，有时别的领导同志来汇报工作，他也是躺在床上与客人交谈。有时听了几句汇报，才作个手势："坐坐，坐下说。"

如果他是坐在沙发上，党内负责同志来了他基本不往起站，作个手势让同志们也坐，坐下来有什么事说什么事，闲话不多。

对外国客人也是如此。他不喜欢正襟危坐式的会见，他喜欢打破外事活动中的繁文缛节。他与一些外国客人会见往往是在游泳池边的躺椅上，轻松随便。他与赫鲁晓夫是"泡"在游泳池里唇枪舌剑会谈的，边游泳，边"开战"。

对比较熟悉的外国朋友就更随便了。一个溽热的夏天，越南劳动党主席胡志明来到毛泽东住处，两人见面，非常高兴。由于天气太热，尽管挥扇驱汗，仍然是汗水淋漓。胡志明只穿一件背心还觉热不可耐。后来毛泽东让他索性脱掉背心，光着膀子谈话。两个国家高级领导人的谈话竟是光着膀子进行的，这在各国外交史上恐怕也是罕见的。

最能反映他"性不好束缚"的性格是他的书法。毛泽东写字，从来不规规矩矩写在格子里面，也不受横线、竖线的约束。他写字无论用铅笔还是毛笔，都是一样，龙飞凤舞，恣意纵横，任意挥洒，布局协调，自成妙趣，别具一格。在一篇诗文中，最大的字和最小的字的比例可以相差十来倍。字如其人，毛泽东的字就是他性格的写照。反映出他不受任何框子束缚的特性。

毛泽东曾在给彭璜的信中说："略可自慰者，立志真实（有此志而已），自己说的话自己负责，自己做的事自己负责，不愿牺牲真我，不愿自己以自己做傀儡。"这就是他"性不好束缚"的真实记录。

（参见胡哲峰、孙彦编著：《毛泽东谈毛泽东》，
中共中央党校出版社 2000 年版）

逆境中的耐心等待

"我曾是少数派。这种时候，我所做的唯一的事情是等待。"

人的一生不可能是一帆风顺，不如意是十有八九，尤其是从事前无古人的无产阶级革命事业时，更是如此。

毛泽东在青年时就认识到："意志也者，固人生事业之先驱也"。他常扪心自审，认为自己的意志太弱。在 1921 年 1 月给彭璜的信中，他说："弟有一最大缺点而不好意思向人公开者，即意弱是也。兄常谓我意志强，实则

我有自知之明: 知最弱莫如我之意志! 我平日态度不对, 向人总是, 讨人嫌恶, 兄或谓意强, 实则正是我弱的表现。天下惟至柔者至刚, 久知此理, 而自己没有这等本领, 故明知故犯, 不惜反其道而行之, 思之悚栗!"这是毛泽东颇有自知之明的一个例证。

当毛泽东决定要做一件事的时候, 他的意志与自制力都是惊人的。三年灾害时期, 为了与全国人民同甘共苦, 共渡难关, 毛泽东决定"三不吃", 即不吃肉、不吃蛋、吃粮不超定量。一旦下了决心, 决不更改。众所周知, 毛泽东爱吃红烧肉, 这连战争时期有时还能满足的"奢望", 在这时毛泽东硬是"戒了", 硬是在 7 个月时间里做到"三不吃"。整整 7 个月, 这对一个大国的党的主席来讲该是怎样自制和自律啊。

毛泽东在领导弱小的革命武装与强大的敌人的斗争中, 多次濒临险境, 而终于又能转危为安。这与作为领导者的毛泽东个人意志的坚强不无关系。

毛泽东在党内曾多次受到错误打击和迫害。他忠心耿耿为革命奋斗, 打出了一块中央苏区, 却屡招自己内部那些"钦差大臣"们的打击, 甚至落得个连发言权都被剥夺的地步, 只剩下空头政府主席一职。长征时, 差点被做为老弱病残淘汰下来, 留在苏区。命运之神可谓不公矣。但毛泽东并不灰心, 并不放弃自己的观点, 而是耐心地等待。他后来对英国记者冈瑟·斯坦因说过:"我曾是少数派。这种时候, 我所做的唯一的事情是等待。"

人在一生中, 总要受命运之神的捉弄, 生老病死, 是命运之神的打击, 谁也免不了。从政治上说, 在人类社会的各个历史阶段, 总有这样那样处理错误的事。错误路线占统治地位时有, 正确路线占统治地位时也会有。所以, 毛泽东在建国后多次告诫大家, 在受到错误处理时, 要坚持真理, 不要灰心。他引用司马迁的话说:"文王拘而演周易, 仲尼厄而作春秋。屈原放逐, 乃赋离骚。左丘失明, 厥有国语。孙子膑足, 兵法修列, 不韦迁蜀, 世传吕览。韩非囚秦, 说难孤愤, 诗三百篇, 大抵贤圣发愤之所为作也。"

毛泽东总是满怀信心, 以百折不挠、宁折不弯的意志, 迎接人生旅途和革命征途上的一个又一个的挑战, 而不是稍遇挫折便退缩的弱者。

(参见《毛泽东书信选集》, 人民出版社 1984 年版)

制怒要勿现于辞色

"我不是不生气，有时几乎气炸了肺。但我知道应该尽量克制容忍，勿现于辞色。"

中国人历来把自知之明看做君子的道德，认为善知人者必先自知。毛泽东早在青年时代就认识到自知的重要性。他在评论五四前夕各项社会改革的流弊时说道："今天下纷纷，就一面言，本为变革应有事情；就他面言"，则是"诸人本身本领之不足"使然。而自身本领之不足，"此无他，无内省之明，无外观之识而已矣。己之本领何在，此应自知也"。不知道自己到底有多大本领，而要谈变革社会，当然是十分可笑的。中共历史上"左"倾机会主义者屡屡过高估计自己的力量，正在于缺少自知之明。

然而一个人要做到自知之明并不容易。《贞观政要》中就记有所谓"知人既以为难，自知诚亦不易"的古训。自知比知人更难，难就难在它不仅需要理智，而且需要勇气：敢于以挑剔的眼光面对自身的不足。这常常是与自尊心和自信心相冲突的。毛泽东对此深有体会，所以他说"人贵有自知之明"。他经常谈起明代杨椒山的两句诗："遇事虚怀观一是，与人和气察群言"。有一次他对秘书梅白说："我从年轻的时候，就喜欢这两句，并照此去做。这几十年的体会是：头一句'遇事虚怀观一是'，难就难在'遇事'这两个字上，即有时虚怀，有时并不怎么虚怀。第二句'与人和气察群言'，难在'察'字上面。察，不是一般的察颜观色，而是虚心体察，这样才能从群众中吸取智慧和力量。"

尽管"虚怀""自知"有些两难，毛泽东还是做到了一个伟人所能达到的最大限度。他曾反复告诫他的同事和干部："群众是真正的英雄，而我们自己则往往是幼稚可笑的。"有一次他还特地在后面加上一句:"包括我自己"。对于他自己,他历来是有自知之明的。1959 年他在庐山会议上轻易地把彭德怀的"意见书"定性成右倾机会主义,可是后来的事实使他渐渐意识到,自己未必是正确的。结果,他终于对彭德怀说出了这样的话:"也许真理在你手上。"也许是有感于此吧,在 3 年困难时期,他曾叹着气对卫士张仙朋说:"我这个人啊,好处占百分之七十,坏处占百分之三十,就很满足了。我不隐瞒自己的观点,我就是这样一个人,我不是圣人。"即使在林彪大搞个人崇拜的时代,他也是清醒的。他"历来不相信",他的"那几本小书(即林彪所吹嘘的'老三篇')有那样大的神通"。

知道自己不足,还得有勇气改变自己。古人称此为"自胜"、"自制"或"自新"。这是一项更难的修养功夫。自知者,又能自胜,才是真正的强者。古人深明此理,并留下了许多有益的格言。如"自知者英,自胜者雄","欲胜人者先自胜","胜人者有力,自胜者强"。毛泽东也懂得这个胜人与自胜的关系。青年时代,他经常以梁启超"今日之我与昨日之我挑战"的口号来刻苦自励。他还提出要以"明日之我与今日之我挑战"来不断更新自我。

自胜意味着在理智的指导下,对自我的某些本性进行有意识的克制。毛泽东承认自己是个"性不好束缚"的人。他的个性就像他的书法风格一样——他曾自嘲地对萧子升说:"你一个小格子里能写两个字,而我写两个字得占三个格子"。毛泽东在一生中每当遇到不惬之事,总是用克制容忍去对付。苏轼曾说:"所就者大,则必有所忍。"毛泽东的"忍劲"足以使人叹服。为了成就大业,他有时可以忍耐和等待许多年,直到最后达到目的。

嵇康曾把喜怒看做养生五难之一。曾国藩《教子书》言修身养性必须"惩忿窒欲"。毛泽东青年时代一度"独服曾文正",《讲堂录》还记下了所谓"曾文正八本",其中之一便是"养生以少恼怒为本"。恼怒不仅有害身心,而且不利事业。毛泽东知道自己有好动感情、好发脾气的弱点,因此从当上领袖以后就很注意这方面的修养克制。师哲在毛泽东身边先后呆了 18 年,据他说,他从未看到毛泽东发过大脾气。有一次他问毛泽东:"主席,我很佩服你的沉着冷静,有涵养,不发大脾气。"毛说:"我不是不生气,有时几乎气炸了肺。但我知道应该尽量克制容忍,勿现于辞色。"能使快气炸了肺的怒火不溢于言表,绝非一般的修养功夫。

自知和自胜，都是为了达到自强，强大自己的生命力和意志力，以便能够支配自己的命运，在人生的搏击中，能够独立自恃而不倚仗于人。毛泽东继承了中华民族自强不息的优良传统。他在《讲堂录》中写下了这样的话："盖未有力不足以举天下之烦，气不足以练天下之苦，性情不足以扶持天下之一偏，而可以大有为者也。"要成就大业，必须"养其力"而"不为浮誉所惑"，"制其气"而"不与流俗相竞"。这就是毛泽东的性格取向。

（参见萧诗美等:《毛泽东谋略》，湖南出版社1993 年版）

互相体谅不苛求人

"我也忙么，我也是人么，有点脾气的人，我们要互相体谅。"

毛泽东是人不是神，他也有喜怒哀乐，可贵的是他能体谅到人世间的真情。20 世纪 50 年代的一个夏天，在北戴河，毛泽东因赶写一篇文章，已经 2 天 3 晚没有睡觉了。文章写完后，他要上床睡觉。值班卫士为他按摩两腿，先后服侍他吃下 3 次安眠药，毛泽东很快进入梦乡。卫士小心翼翼地退了出去。但是，他忘记关百叶窗。1 个小时后，炎热的阳光照在毛泽东的身上。卫士轻轻地进去，准备关掉百叶窗。谁知百叶窗"咔啦"一声滚落下来。毛泽东被惊醒了。他愤怒地问："哪个？怎么回事？"卫士吓得面无血色。毛泽东坐了起来，继续问："说啊，怎么回事？"卫士回答说："我，我关窗……"毛泽东恼火地说："你蠢！早干什么去了？出去！你不要在这里值班了，你给我站着去！"卫士走出院子立正站好。毛泽东一旦被惊醒，就睡不觉了。几分钟后，他开门出来，带着气对卫士说："你去吧，你不要在这里了，你去把李银桥叫来!"卫士到值班室向李银桥作了汇报。李银桥来到毛泽东的房子里,他知道再让毛泽东上床休息已经不行了,便开始给他梳头,平息心火。过了好大一会儿,毛泽东不再生气。他把卫士叫进来。卫士连连认错。这时毛泽东也意识到自己不应该发脾气,就心平气和地说:"唉,你难,我也难。你有点小错,我的错比你大。我不该发那么大脾气。"卫士深深为毛泽东的真诚所感动,继续作检讨。毛泽东说:"莫怪我。我工作事多,脑子里想事多,睡不容易,烦躁,情绪不容易控制。委屈你了,莫怪我了,我已经认错。我也忙么,我也是人么,有点脾气的人,我们要互相体谅。"

做到勿现于辞色不容易。现于辞色后又勇敢地承认自己的不对,就更难能可贵了。正是这种勇敢正视自己的不足,才会使部下更贴心。俗话说得好,士为知己者死。作为领袖,敢于在普通卫士面前承认自己发错了脾气,请求卫士莫怪他,这多么令人感动!为这样的领袖去赴汤蹈火,更会在所不辞。这就是毛泽东的闪光之处。

(参见雷国珍、吴珏编著:《毛泽东大成智慧》,
当代中国出版社 2001 年版)

克制力与意志较量

"毛泽东此人不可轻视。他嗜烟如命,手执一缕,绵绵不断,据说一天要抽 50 支烟。但他知道我不吸烟,在同我会谈期间,竟然绝不抽一支烟。对他的决心和精神不可小视啊!"

芸芸烟民世界中,毛泽东无疑算得上为中国头号"瘾君子"。毛泽东的烟龄长,烟瘾大,常常手持一柱,不绝如缕。在繁重的工作间隙,他常常是一边工作一边吸烟，他的许多重要思想便是在烟雾缭绕中油然而生的。

毛泽东抽的烟形形色色，战争年代有国民党军队"进贡"的战利品，有农民自种自晒的"旱烟"。新中国成立后抽过"555"牌美国产的烟，有国产"熊猫"、"中华"、"珞珈山"香烟，晚年抽一种特制的"雪茄"烟。毛泽东曾戏称为"吃百家饭，抽百家烟"。可见他对烟的嗜好，一生中从未离开过烟。

可是就在这种浓烟包围的氛围中，他却能一反常态的有惊人之举。

1945年8月28日，毛泽东一行从延安飞抵重庆，举世瞩目的重庆国共谈判拉开了帷幕。在长达43天的谈判中，毛泽东与蒋介石前后会谈共达10次。

和平希望的欢声笑语，取代不了谈判桌上双方为各自所代表的利益而进行的唇枪舌剑、针锋相对。蒋介石表现得彬彬有礼、温文尔雅，毛泽东则泰然自若、轻松幽默。尽管双方竭尽全部心力斗智斗勇，但令人感到震惊的是，毛泽东这一次却没有借助于香烟，以帮助他进行谈判思考！

事后，陈布雷向蒋介石问起毛泽东时，蒋介石深有感触地说："毛泽东此人不可轻视。他嗜烟如命，手执一缕，绵绵不断，据说一天要抽50支烟。但他知道我不吸烟，在同我会谈期间，竟然绝不抽一支烟。对他的决心和精神不可小视啊！"从这件小事上可以看出毛泽东的克制力是常人做不到的。

（参见蒋建农主编：《毛泽东全书》第2卷，河北人民出版社1998年版）

只知其一，不知其二

"人贪得无厌是不好，但人要贪得有厌，那恐怕世界也就不前进了。"

毛泽东看问题常常出乎人们的意料之外，可是细细思量却又充满了辩证法。

有一次，毛主席和护士小孟谈到了俄国的普希金。

"俄国有个诗人普希金，他写了一个童话《渔夫和金鱼的故事》，我很喜欢。"毛主席很少谈到外国的作家，但这次却突然提到了普希金。

"渔夫和金鱼的故事，我上小学时，看过这个动画片，那个贪心的老太婆真是可恶。"

"你要看到那老太婆的贪心，太可恶，你可没有看到这个贪心中有可爱的一面。"毛主席仿佛故意唱反调。

"老太婆老让老头子去向金鱼要这要那，最后还要当女皇，还要让金鱼来服侍她，怎么样？金鱼生气了，老太婆还不是一切都没了，只守着个破木盆。"

"人贪得无厌是不好，但人要贪得有厌，那恐怕世界也就不前进了。你说是不是这个道理，都满足了，到了厌的程度，那还要变革，还要追求什么呢？"

这又是毛泽东的观点，他赞成老太婆的追求，不断的追求。

"主席的看法，老和我们不一样，这个人很怪。"这是孟锦云的结论。

"他就是怪，你说是黑的，他偏要说白，他总喜欢对立。"小张也有同样的看法。

难怪，年轻时代的毛泽东，老师在给他的诗的评语中，就称他为"怪才"。

还是毛泽东常常说的那句话：

"你们这叫只知其一，不知其二。"

"我们老是只知其一，不知其二，您老是又知其一，又知其二。"小孟调皮地回答了毛主席的评论。

毛泽东是个怪才，他的才也许就来自于他的怪。许多看似"怪"的东西里，却充满了唯物辩证的思维方法。

（参见郭金荣：《毛泽东的晚年生活》，教育科学出版社 1993 年版）

主客观世界的改造

> "外因是变化的条件，内因是变化的根据，外因通过内因而起作用。"

哲学是最高的科学。从辩证唯物主义和历史唯物主义的高度来看毛泽东的哲学思想，对马列主义认识论的创新发展，是有突出贡献的。

在 1949 年 5 月召开的中华全国青年第一次代表大会上，周恩来曾向全国青年提出了"学习毛泽东"的口号。他说："毛泽东是在中国的土壤中生长出来的巨大人物。在座的朋友们向全国青年宣传的时候，或者是自己学习的时候，决不要把毛泽东看成一个偶然的、天生的，神秘的、无法学习的领袖。如果这样，我们承认我们的领袖就成了空谈。……我们的领袖是从人民当中生长出来的，是跟中国人民血肉相连的，是跟中国的大地、中国的社会密切相关的，是从中国近百年来和'五四'以来的革命运动、多少年革命历史的经验教训中产生的人民领袖。因此，学习毛泽东必须全面地学习，从他的历史发展来学习，不要只看今天的成就伟大而不看历史的发展。"[①]

毛泽东是一个普通农民的孩子。他为什么能够由一个农民的孩子迅速成长为一个坚定的马克思主义者呢？他是如何走向成功之道的呢？

时势造英雄。当然，这有其客观原因，即环境的影响和时代的造就。在1917 年，十月革命的炮声给中国送来了马列主义，同时，在中国内部的无产阶级日益成长壮大，并开始登上了政治舞台。在这种形势下，接受和学习马列主义真理，并把它和工人运动结合起来，已经成为当时中国的历史潮

---

① 周恩来：《学习毛泽东》，见《周恩来选集》上卷，人民出版社 1980 年版，第 331—332 页。

流。正是在这种浩浩荡荡的历史潮流中，中国最早的一批马克思主义者便应运而生了。他们主要有李大钊、毛泽东、蔡和森、陈潭秋、恽代英、邓中夏、周恩来、董必武等。他们像灿烂的群星，闪烁在中国的大地上。当然，毛泽东是其中最杰出的代表。

然而，"外因是变化的条件，内因是变化的根据，外因通过内因而起作用"。[1] 毛泽东之所以能够在 20 世纪 20 年代初，迅速而彻底地完成世界观的根本转变，成长为一名坚定的马克思主义者，除上述客观原因外，更重要的还有其主观原因，这是决定性的因素，也是毛泽东成长的主观因素。

俗话说，"有志者事竟成"。纵观中外历史，古往今来凡是对人类社会作出巨大贡献的人，都是具有伟大理想和抱负的人。北宋文学家苏轼说："古之立大事者，不惟有超世之才，亦必有坚韧不拔之志。"马克思也说："如果我们选择了最能为人类而工作的职业，重担就不能把我们压倒，因为这是为大家作出的牺牲；那时我们所享受的就不是可怜的、有限的、自私的欢乐，我们的幸福将属于千百万人，我们的事业将悄然无声地存在下去，但是它会永远发挥作用，而面对我们的骨灰，高尚的人们将洒下热泪。"[2] 所谓理想和志气，就是人们所确定的奋斗目标以及为实现这一目标而下的决心。有了理想，有了志气，有了目标，有了决心，它就可以成为鼓舞人们前进的巨大动力。毛泽东之所以能够由一个农民的孩子而成长为一个彻底的坚定的马克思主义者，首先就是由于他从少年时代开始，就明确而牢固地树立了伟大的理想和超凡志气。

毛泽东的童年、少年和青年时期，正是国家民族危急、人民苦难深重的年代。帝国主义的侵略，清朝政府的腐败，军阀连年混战，人民饥寒交迫，在死亡线上挣扎。这些都在毛泽东的脑海里留下了不可磨灭的印象。像长沙饥民的暴动，使他幼小的心灵无法平静，这件事甚至影响了他的一生。他读了《盛世危言》和有关列强瓜分中国的小册子，开始意识到"国家兴亡，匹夫有责"，从而产生了忧国忧民和立志救国救民的思想。后来，在湖南图书馆自修时，他系统地研究了西方资产阶级的社会政治学说，大大开阔了眼

[1] 《毛泽东选集》第一卷，人民出版社 1991 年版，第 302 页。
[2] 《马克思恩格斯全集》第 1 卷，人民出版社 1995 年版，第 459 页。

界，从而下决心"要为全中国痛苦的人、全世界痛苦的人贡献自己全部的力量"。五四运动以后，他接受了马克思主义，决心要为"改造中国与世界"奋斗终生。

正是在这种伟大理想的推动下，他"立志出乡关"，辞别家乡和亲友，去热烈追求救国救民的真理，寻找解救苦难深重的劳动人民的道路，正是在这种伟大理想的推动下，他在湖南第一师范进行了创造性的学习和顽强刻苦的锻炼，从而奠定了学问和身体的坚实基础，也正是在这种伟大理想的推动下，他历尽了千辛万苦，终于找到了马列主义这个百战百胜的思想武器，并运用它为中国人民和世界人民的革命事业，建立了不可磨灭的伟大历史功绩。

毛泽东完成向马克思主义者的转变，在当时并不是走在最先，也不是走得最快，但突出的特点是注重理论和实践相结合。

毛泽东从学生时代开始，给人们最深刻的印象之一，就是在博览群书的同时，注重读书面向社会并勇于实践。早在第一师范读书期间，他就明确认识到"闭门求学，其学无用"，所以不仅要读"有字的书"，而且要读"无字的书"，"欲从天下国家万事万物而学之"。因此，利用暑假间隙，他曾两次到湖南农村进行考察。同时，他还主持了学友会的工作，主办了工人夜校，组织了新民学会，不断扩大实践的范围。

毛泽东从辛亥革命那年起，就养成了天天读报的习惯，时刻关心国家和世界形势的变化，努力把握时代的潮流。如在 1916 年，他就明确指出：不管日本的内阁如何更迭，而日本灭亡中国的政策不会变，日本仍将是"我国劲敌"，"二十年内非一战不足以图存"，不能对它抱任何幻想。后来历史的发展，完全证实了毛泽东的预见。当时毛泽东还没有接受马克思主义，当然他还不能洞悉帝国主义的本质，但由于他对国内外形势了如指掌和对国家民族命运的极度关切，所以仍然能对当时的形势作出精辟的分析。

在五四时期，毛泽东以大无畏的革命气概投入了中国人民反帝反封建的洪流，开始了职业革命家的生涯。他主编了《湘江评论》，满怀着革命的激情，站在时代的高峰呼号；他参加和领导了学生运动、工人运动，向着帝国主义、封建主义和各种强权，进行了英勇的斗争；他开始自觉运用已经初步掌握的马列主义理论，观察和分析在斗争中遇到的各种实际复杂问题，引导群众胜利前进。历史已经证明，毛泽东通过激烈的阶级斗争的实践，逐步认识了社会，积累了丰富的经验，这对于他接受、理解和牢固掌握马列主义的精神实质，有着十分重要的意义。因此，当他一旦读到《共产党宣言》等马列主义的主要著作，就能很快地理解和牢固地把握马列主义的基本观点，不但能迅速地升华为自己的世界观和方法论，而且能卓有成效地指导当时的革命实践。正如他自己回忆所说："记得我在一九二〇年，第一次看了考茨基著的《阶级斗争》，陈望道翻译的《共产党宣言》，和一个英国人作的《社会主义史》，我才知道人类自有史以来就有阶级斗争，阶级斗争是社会发展的原动力，初步地得到认识问题的方法论。可是这些书上，并没有中国的湖南、湖北，也没有中国的蒋介石和陈独秀。我只取了它四个字：'阶级斗争'，老老实实地来开始研究实际的阶级斗争。"① 从这里可以看出，为了解决中国的革命问题，毛泽东找到了马列主义理论；而他一旦找到了马列主义理论，又立即用来指导中国革命的实践。这和那种从书本来到书本去研究马列主义的人，是根本不同的。因此，毛泽东的一个突出特点，就是从青年时代接触马克思主义开始，就注意把马克思主义理论和中国的革命实践相结合，自觉地运用它来研究和回答时代和现实革命斗争中提出的重大问题。

相反，历史也已证明，有人比毛泽东接触马克思主义早得多，或者读马克思主义的书也多得多，但因为他们理论脱离实践，所以马克思主义的书读得很不好，或者根本就没有读懂，结果在革命的紧要关头犯了严重错误，甚至堕落为革命的叛徒。因此，毛泽东曾说："马克思主义的'本本'是要学习的，但是必须同我国的实际情况相结合。我们需要'本本'，但是一定要纠正脱离实际情况的本本主义。"他又说："本本主义的社会科学研究法也同样是最危险的，甚至可能走上反革命的道路，中国有许多专门从书本上讨生活的从事社会科学研究的共产党员，不是一批一批地成了反革命吗，就是明显的证据。"②

毛泽东在 1957 年还说过："我在书本上学了一点马克思主义，初步地改

① 《毛泽东文集》第二卷，人民出版社 1993 年版，第 378 页。
② 《毛泽东选集》第一卷，人民出版社 1991 年版，第 111 页。

造了自己的思想，但是主要的还是在长期阶级斗争中改造过来的。"① 又说："书当然不可不读，但是光读书，还不能解决问题。……学习马克思主义，不但要从书本上学，主要地还要通过阶级斗争、工作实践和接近工农群众，才能真正学到。"② 这些意味深长的话，可以说是他一生学习和运用马列主义的经验总结。

毛泽东正是从青年时期接触马克思主义开始，就在实际上遵循着马列主义的普遍真理和中国革命具体实践相结合的这个正确方向前进，所以后来他在中国革命的长期实践中，才逐步创造了毛泽东思想的科学体系，成为一位举世闻名的伟人。

毛泽东是中国农民的儿子，自幼生长在农村，同农民一起常年在田间劳动过，因而和农民有着天然的、深厚的阶级感情。他少年时代的这种经历，对他后来向工农群众学习，坚定地站在工农大众一边，全心全意为工农大众服务，有着十分密切的关系。在第一师范读书期间，他就自觉地利用假日，经常到农村、工厂去考察。1917 年冬天，他满腔热忱地主办了工人夜校，取得了联系工人的初步经验，同工人阶级建立了最初的感情，并认为应该打破知识分子和工农之间鸿沟分明、相隔相疑的局面，实行知识分子和工人、农民相结合。关于这一点，徐特立曾回忆说："毛泽东同志在学校读书的时候，正当第一次世界大战，民主革命思想弥漫在学校里。他着意研究辛亥革命失败的原因，他的结论是中国知识分子脱离了群众。任何革命，若要成功，革命中的知识分子领袖必须同国内的人民群众密切地联系起来。"这个时候，当然还不能说毛泽东已经完全正确地解决了知识分子和工农相结合的问题，但重要的是，这个和工农相结合的方向已经明确，前进的道路已经打通了。五四运动前后，毛泽东在北京逗留期间，曾两次访问长辛店，深入到近代产业工人比较集中的长辛店机车车辆厂，考察工人的生产和生活状况。在湖南，他不仅在长沙，而且前往醴陵、萍乡、安源，深入到工厂、铁路和矿区进行考察，发动工人组织工会，领导工人进行罢工，把宣传马列主义和工人运动紧密结合起来。在 1922 年至 1923 年的全国第一次工人运动的高潮

---

① 《毛泽东文集》第七卷，人民出版社 1999 年版，第 223 页。

② 《毛泽东文集》第七卷，人民出版社 1999 年版，第 272 页。

中，毛泽东曾集中精力领导了工人运动，并使湖南的工人运动成为全国的一面旗帜。从1925年以后，毛泽东又集中精力从事领导农民运动的工作。

毛泽东正是由于长期地、自觉地实行了知识分子和工农群众相结合的原则，虚心向工农群众学习，拜工农群众为师，所以他的思想感情才发生了深刻的变化，促使他完成了世界观的根本转变。后来，《在延安文艺座谈会上的讲话》一文中，毛泽东曾详细地谈了自己思想感情变化的经验。他说："在这里，我可以说一说我自己感情变化的经验。我是个学生出身的人，在学校养成了一种学生习惯，在一大群肩不能挑手不能提的学生面前做一点劳动的事，比如自己挑行李吧，也觉得不像样子。那时，我觉得世界上干净的人只有知识分子，工人农民总是比较脏的。知识分子的衣服，别人的我可以穿，以为是干净的；工人农民的衣服，我就不愿意穿，以为是脏的。革命了，同工人农民和革命军的战士在一起了，我逐渐熟悉他们，他们也逐渐熟悉了我。这时，只是在这时，我才根本地改变了资产阶级学校所教给我的那种资产阶级的和小资产阶级的感情。这时，拿未曾改造的知识分子和工人农民比较，就觉得知识分子不干净了，最干净的还是工人农民，尽管他们手是黑的，脚上有牛屎，还是比资产阶级和小资产阶级知识分子都干净。这就叫做感情起了变化，由一个阶级变到另一个阶级。"①

毛泽东在纪念五四运动20周年时，又深刻地指出："在中国的民主革命运动中，知识分子是首先觉悟的成分。……然而知识分子如果不和工农民众相结合，则将一事无成。革命的或不革命的或反革命的知识分子的最后的分界，看其是否愿意并且实行和工农民众相结合。他们的最后分界仅仅在这一点，而不在乎口讲什么三民主义或马克思主义。真正的革命者必定是愿意并且实行和工农民众相结合的。"② 这是毛泽东当时对青年们的希望，而实际上也正是他自己实践经验的科学总结，至今仍有重要的现实指导意义。

毛泽东不只在青年时期，而且终身都拜工农为师，自觉地虚心地向工农群众学习。在1941年，他再一次向全党声明："和全党同志共同一起向群众

---

① 《毛泽东选集》第三卷，人民出版社1991年版，第851页。

② 《毛泽东选集》第二卷，人民出版社1991年版，第559页。

学习，继续当一个小学生，这就是我的志愿。"①

自觉地坚定地走知识分子和工农群众相结合的道路，这是青年毛泽东认定的一条真理。

一个人要由资产阶级民主主义者完成向马克思主义者的根本转变，实在不是一件容易的事，必须经过艰苦的长期的自我改造过程。所有的革命者都一样，毛泽东也是如此。他说："我是从农村生长出来的孩子，小时也上过私塾，读过孔孟的书，也信过神，母亲生病也去求过神佛保佑哩！旧社会的东西对我都产生过影响。有段时间受到梁启超办的《新民丛报》的影响，觉得改良派也不错，想向资本主义找出路，走西方富国强兵的路子。十月革命一声炮响，马列主义传入中国，我才逐步接受了马列主义。"他还强调说："哪里有什么生而知之的圣人呀？我也是逐步认识社会，走上革命道路的，最重要的是向社会学习、向群众学习哩！"② 在 1957 年 2 月，毛泽东还说过："拿我们这些人来说，很多人每年都有一些进步，也就是说，每年都在改造。我这个人从前就有过各种非马克思主义的思想，马克思主义是后来才接受的。"③ 这些话清楚地说明，青年毛泽东在清除旧社会各种非无产阶级思想对他的影响，完成向马克思主义者的根本转变，曾经历了一个长期的艰苦的自我改造过程。用他自己的话来说，就是不断地以"今日之我与昨日之我挑战"。

不断地否定"旧我"，预示着"新我"的诞生。他说："今日之我与昨日之我挑战，来日之我与今日之我挑战与否，亦未可知。盖研究日进，前之臆见自见其妄也。顾既腾之以为口说，世方以为贤者之言，奉而行矣，今乃知其为妄，宁不误尽天下？"（毛泽东：1917 年 8 月 23 日给黎锦熙的信）。青年毛泽东就是这样，他从改造中国和世界的高度责任感出发，经常地、严格地解剖自己的思想，不断否定错误，弃旧图新，终于逐步实现了世界观的根本转变。不断地否定"旧我"，这正是作为一个严肃的思想家、革命家最可宝贵的政治品格。

---

① 《毛泽东选集》第三卷，人民出版社 1991 年版，第 791 页。

② 刘斐：《难忘的教诲》，《人民日报》1979 年 1 月 2 日。

③ 《毛泽东文集》第七卷，人民出版社 1999 年版，第 223 页。

1942 年，毛泽东在延安向文艺工作者谈世界观的改造时，他说："要彻底地解决这个问题，非有十年八年的长时间不可。但是时间无论怎样长，我们却必须解决它，必须明确地彻底地解决它。我们的文艺工作者一定要完成这个任务，一定要把立足点移过来，一定要在深入工农兵群众、深入实际斗争的过程中，在学习马克思主义和学习社会的过程中，逐渐地移过来，移到工农兵这方面来，移到无产阶级这方面来。"而如果不"经过长期的甚至是痛苦的磨练"，"没有这个变化，没有这个改造，什么事情都是做不好的，都是格格不入的。"① 这些话当然是他向文艺工作者提出的要求，而实际上也正是他自己改造世界观的经验总结。

毛泽东是在寻找救国和人生真理的过程中，通过对各种主义、各种学说的鉴别、比较而终于抛弃了各种错误思潮，确立起了对马克思主义的坚定信仰。因此，他的世界观转变的过程，也就是不断地否定、抛弃、批判改良主义、无政府主义、资产阶级民主主义、自由主义等思潮的过程，同时，也就是不断地接受、理解、掌握马克思主义的世界观和方法论的过程。

青年毛泽东正是在上述主客观因素的基础上，逐步由一个普通农民的孩子而成长为一名坚定的马克思主义者，由一个爱国主义者成长为一名共产主义者。也正是在这个基础上，后来毛泽东又经过长期的革命斗争实践的锻炼，走向成功之路。

---

① 《毛泽东选集》第三卷，人民出版社 1991 年版，第 857 页。

二、刻苦钻研

　　举世闻名的伟人毛泽东，具有多方面的才智，是一位全才型的统帅，更是历史上罕见的取得成功的布衣领袖。著名物理学家杨振宁说："毛泽东既是一位领导人，同时又是一位高级学者。他对于思维过程，对于各个领域的概念都感兴趣。"他不仅在领导中国人民推翻三座大山压迫的革命实践中，立下了丰功伟绩。而且在各种学科的学术研究领域里，也有一些卓有成效的创新思维和硕果。尤其是他集中全党的智慧，创立的毛泽东思想体系，已被确立为中国共产党的指导思想。

　　毛泽东确实具备高深的学识，超人的智慧，迷人的魅力。这些固然由于天才过人，但是不可忽视的是，他的知识和智慧都是从刻苦学习中一点一滴地积累起来的；他的性格魅力，也是在长期接受科学知识的教育过程中，凭借吸收传统文化中的精华，才逐渐形成的。他终生与书籍结缘，刻苦攻读，与读书学习上存在深层次的关系分不开。刻苦钻研是他智慧的源泉。

　　毛泽东不相信生而知之，只相信学而知之。他把各种有益的书籍都视为珍宝，须臾不肯离开，真正做到了嗜书如命，以书为伴，生命不息，读书不止。他渴求各种知识，把书报视为"贤师"、"显微镜"、"望远镜"、"法宝"。因而如饥似渴的汲取其中有益的营养，经过自己头脑的加工，使自己成为具有渊博知识的杰出的"通世之才"。歌德说过："人不只是靠他生来就拥有的一切，而是靠他从学习中所得到的一切来造就自己。"曾国藩也说过："人之气质由于天性，本难改变，惟读书学习可以改变人。"

　　学习是人生中最大的投资，知识可以改变命运，是成就事业的最大资本。可以说是一切能力中最强的力量。世上很少有年轻时没有打好根基，到后来能成就大业的人。毛泽东所以能取得巨大的成功，正是由于他发奋读书，辛勤耕耘的结果。从青年时代开始，他就充分认识到读书学习的必要性和重要性，因而他能创造条件孜孜不倦的去读书学习。战争年代没有条件能坐下来静静的读书，他是在马背上、磨盘旁，潮湿的窑洞里读的书。有时甚至在农家的小茅草屋里，在土炕油灯下烟熏火燎中读书。建国后条件改善了，他又日以继夜，不间断的读书学习，直至生命的最后时刻也不忘读书学习，给后人留下了十分感人的光辉形象。他读书读出了千军万马，读出了蓬蓬勃勃的新中国，又曾经导演出无数令人惊叹的活剧来。

毛泽东不是守旧的人，他把中国的传统文化真正读懂了，而且做到了真信、真用，活化到现实生活中去。可以说毛泽东是最具魅力的读书专家，他刻苦钻研的精神，是留给后人的十分宝贵的成功学中的遗产。

痴迷看书的读书郎

"我会规规矩矩干活的，但我也要看书。我保证先干活后看书。"

毛泽东少年时有一段曾辍学在家，但他已养成了读书的习惯。这个时期，他对那些讲述农民造反的小说特别感兴趣。

但父亲对此十分看不惯。毛泽东的父亲是一位勤劳的农民，他一生辛勤地在地里耕耘，终于积下一份较为殷实的家业。以父亲的逻辑，只有学到的知识能够变成钱，才是有用的知识，小说就是在讲故事，读来有什么用处呢？因此父亲对待毛泽东读书的态度一直不十分积极，有时甚至故意多给他布置些农活，一方面是想让他接受农家生活的锻炼，早点成为一个好把式；另一方面也是希望做完农活，毛泽东便不会再有精力看书了，心也会安分下来。

毛泽东常常把书带到田里，一有时间便坐到一座古坟后的一棵老树下看书，看得十分入迷。有几次父亲凑巧到地里来，发现了儿子的"秘密"，非常生气。

一天，父亲嘱咐儿子一定要在今天给庄稼上够十五担肥料，临近午饭时间当他来到地里时，发现毛泽东手里拿着一本小说，正看得津津有味，地里的肥只上了一小部分，两只空粪桶安安稳稳地放在他身边。

这下，父亲气坏了，大声地训斥起儿子，说他"只知道看闲书，把庄稼都荒废了。"

毛泽东不甘示弱，反驳父亲说，"今天的期限还没到，没做完布置的工作不能算偷懒。"两人争吵起来。

下午五点钟左右，父亲再次来到田里，发现儿子又坐在那棵老树下读书，连他的到来都没有察觉。看着儿子如此"不务正业"，父亲气不打一处来，他一把夺过毛泽东手里的书，大声说："你真的鬼迷心窍，中了这破书的魔了？我要你一门心思扑在田里，规规矩矩地干活，别再看这些闲书。"

毛泽东看着气愤的父亲，无可奈何地说："我会规规矩矩干活的，但我也要看书。我保证先干活后看书。你要我挑的 15 担肥我都完成了，要是不信，自己到田地数数去。活我干完了，当然可以看书了。"说完，他轻轻从父亲手中拿过被抢走的书，继续读了起来。

父亲慢慢地踱到田里，数了数，果然田里已经上满了肥料。

有一次，毛泽东去野外放牛。他让牛自己去吃草，自己在一个大树荫下看起书来。他读得那样出神，忘记了一切。牛跑到邻人的菜园里吃了不少菜，他也不知道。等邻人发觉后叫喊起来，他才从书中醒过来。连忙放下书本，飞跑过去把牛从菜园里赶出来。虽然忙不迭地向人家道歉，人家还是怒气难消。为了这件事，几乎闹了一场大乱子。后来惊动了毛泽东的父亲，少不了严厉教训儿子一顿，最后还是以赔偿人家了事。

毛泽东除了白天干农活和帮助父亲记账，仍然挤出时间读书，并且常常是在晚上记完账以后读书。父亲十分反对他读这些不能变钱的"废书"；母亲则怕深夜读书有伤身体，出于疼爱儿子也加以反对。父亲并不高兴：一来儿子读的不是经史，再则也得节省灯油啊！毛泽东就用蓝布被子盖住窗户，不让父亲看见灯光。在一间简陋屋子的阁楼上，在豆大的桐油或菜籽油的灯光下，就这样，读了大量的书籍。终于有一天，半夜起床的父亲听到了阁楼上的"哗哗"的翻书声。揭开蓝布被子，父亲发现了正在苦读的毛泽东。父亲大声斥责毛泽东说："石三（毛泽东小名叫石三伢子），你一夜熬掉我一盏灯油，一个月就是好几百文铜钱，这样搞下去，一份家产怕是要败在你的手里！"

母亲听到父亲的斥责声，连忙披着衣服走过来，一边推着父亲回房，一边假装生气说儿子："快把灯熄了睡觉。"毛泽东知道母亲是帮自己解围，乖乖地吹熄了灯，父亲也走下了阁楼。

少年毛泽东就是这样克服一切困难，孜孜不倦的读书学习着。

（参见肖三：《毛泽东同志的青少年时代》，
1946 年张家口出版的《北方文化》）

一张致歉还书便条

"《盛世危言》激起了我恢复学业的愿望。"

1906年，毛泽东刚满13岁，就辍学在家，帮助父亲料理农活。然而，繁重的田间劳动并没有磨灭少年毛泽东的读书意志。每当夜深人静之时，他便悄悄从床上爬起来，关闭窗户，点上油灯，偷偷阅读他能够找到的一切书籍。在浩瀚的书海里，其中有一本书深深地吸引着毛泽东，并令他终身难忘，这就是郑观应的《盛世危言》。这也是他阅读的第一本讨论社会政治问题的著作，阅后深受启发。

他说："《盛世危言》激起了我恢复学业的愿望。同时，对地里的劳动也感到厌倦了。不消说，我父亲是反对这件事的，为此我们发生了口角，最后我从家里出走。"争得了读书的自由。

《盛世危言》是毛泽东的表兄文咏昌从湘棠阁那里借来的。毛泽东深爱这本书，特从表兄处借阅。至今在韶山毛泽东同志纪念馆的展室里，还能看到毛泽东当年的还书便条。这张便条是用毛笔写的：

"咏昌先生：书十一本，内《盛世危言》失布匣，《新民丛报》损去首页，抱歉之至，尚希原谅。泽东敬白。正月十一日。"

这张便条现已成了珍贵文物，我们可以从中看到少年毛泽东读书生活的一个缩影，和向表兄道歉的虔诚的态度。

（参见《毛泽东自传》，解放军文艺出版社2001年版）

研究学术思想进步

　　"思想进步是生活及事业进步之基。使思想进步的唯一方法，是研究学术"。

　　七岁的毛泽东在家乡附近开始了五年私塾的寒窗生涯。在学习"经史子集"的基础上，毛泽东不断扩大阅读范围，接触到一些近代改良主义者的著作，如冯桂芬的《校邠庐抗议》等。这些书对毛泽东的影响十分深刻，从这时起，十六七岁的毛泽东就有了政治忧患意识，深为国家的前途担忧，开始关注、思考国家和民族的现实问题。国家贫弱危亡、人民苦难深重的残酷现实，在毛泽东的心中打下了深深的烙印。质朴的爱国意识，激励毛泽东苦学、博学，从中探索救国救民之路。1910年秋，17岁的毛泽东入学湘乡县东山高等小学堂，他的入学考试作文题目是《言志》，文中表达了青年毛泽东渴望通过学习探求一条救国救民之路的崇高志向。

　　1911年春，毛泽东考入湘乡县驻省中学堂。当时，同盟会所办的《民报》和辛亥革命的爆发，极大地鼓舞着毛泽东。他毅然中断学业，参加了革命军，置身于革命洪流之中。1912年春，毛泽东退出了军队。他深感自己知识贫乏，应当继续求学，便全身心地投入到被他自己称为"自我教育期间"的湖南图书馆的自学生活。半年时间里，他博览群书，除继续加强我国古文史学习外，还比较系统地研究了西方资产阶级启蒙思想家的经典著作和欧洲古典文学。湖南图书馆的自学生活，是毛泽东自觉地、有计划地学习知识、提高思想的活动，这种读书方法，在他的读书生活中占有重要的地位。

　　1913年春，毛泽东考入湖南省立第四师范学校（1914年春并入第一师范）。5年多的师范学习生涯，是青年毛泽东最全面、最系统地学习知识、增长才干的重要时期。他广泛接触进步教师和进步人士，广泛阅读进步报刊，深入研究社会现实。在进步教师徐特立、杨昌济、黎锦熙、袁仲谦、王季范、方维夏等人的培育下和进步刊物《新青年》的影响下，毛泽东获得了学识，提高了思想，增长了能力。

青年毛泽东认识到："思想进步是生活及事业进步之基。使思想进步的唯一方法，是研究学术"。毛泽东的整个青少年时期，都是在孜孜不倦地学习、钻研过程中度过的。他在博学的基础上，结合中国社会现实，树立救国救民的雄心，并在这一崇高志向的激发下，更加勤奋学习，提高认识，丰富思想。经过长期的刻苦学习、研究和比较，毛泽东最终确立了坚定的革命信念，找到了正确的革命道路，成为中国革命知识分子的杰出代表。这正是他不断追求读书学习的必然成果。

（参见孟祥卫：《志在救国救民》，《党史纵横》1999 年第 5 期）

学习之道来自经验

"今日记一事，明日悟一理，积久而成学。高以下基，洪由纤起，在乎人之求之而已。"

1917 年夏天，毛泽东的老同学肖子升订了一个学习笔记本，取名"一切入一"，请毛泽东题词，毛泽东写下如下的句子：

今夫百丈之台，其始则一石尔，由是而二石焉，由是而三石四石以至于万石焉。学问亦然，今日记一事，明日悟一理，积久而成学。高以下基，洪由纤起，在乎人之求之而已。

庀千山之材而为一台，汇百家之流而成一学，取精用宏，根茂实盛，此与夫执一先生之言而姝姝自悦者，区以别矣。

有台而不坚，有学而不精，无以异乎无台与学也。学如何精，视乎积之道而已矣。积之之道，在有条理。

则宜有以条理之，挈其瑰宝，而绝其缁磷焉。又持之以久远，不中途而缀。诚若是，则固百丈之台之基矣！

毛泽东所写的序言，正是他总结了读书学习的经验，有感而发的学习之道。他把这种心得体会概括为：一要积微起纤，日积月累，不要眼高手低，好高骛远；二要广汇百家之流，不要囿于一家之言，偏执于一孔之见；三要梳篦条理，弃其糟粕（绝其缁磷）取其精华（挈其瑰宝），不要囫囵吞枣，生吞活剥；四要持之以恒，锲而不舍，不要一曝十寒，半途而废。这些观点都是青年毛泽东从读书实践中感悟出来的箴言。

（参见《毛泽东早期文稿》（1912.6—1920.11），
湖南出版社 1990 年版）

图书馆里自学生活

"那时进了图书馆，就像牛进了邻人的菜园，尝到了菜的味道，就大口大口地拼命吃。"

除了老师传业、授道、解惑外，自学也很重要。毛泽东懂得书本知识很有限，为了扩大知识面，他非常注重自学。

省立图书馆是毛泽东风雨无阻去自学的地方。图书馆因为地处城郊，位置比较偏僻，所以十分清静，再加上这里树木葱茏，鸟语花香，毛泽东喜欢上这里自学。

馆内的藏书让毛泽东着迷，那里收集有各种中外书籍和报纸杂志。毛泽东后来回忆这一段自学生活时，曾经说："那时进了图书馆，就像牛进了邻人的菜园，尝到了菜的味道，就大口大口地拼命吃。"

每天早晨，毛泽东总是第一个来到图书馆。他找到一本书，坐下来一看就是一个上午。中午图书馆休息，毛泽东就拿上一本自带的书，到外面买两个包子或烧饼，静静地坐在图书馆门前的台阶上，一边吃午餐一边读书。等到下午开门，他又第一个进来，到了晚上闭馆时，最后一个走的，又是毛泽东。无论天气阴晴，毛泽东总是风雨无阻地准时来到图书馆度过一整天。

一天，省立图书馆的两位工作人员接待了惟一的一位读者——毛泽东。不知不觉中，已经到了中午吃饭的时间，图书管理员老金来提醒毛泽东："润之，你真是废寝忘食呀！该吃中饭了。"

毛泽东抱歉地说："哎哟！忘记你们要休息了。"他想了一下，又说："老金，我真舍不得放手，让我中午抓紧看完，下午还你，好吗？"

"好。"老金爽快地说。

毛泽东见老金同意了，高兴地一边站起身来一边说："你关门，我到走廊上看，不妨碍你们中午休息。"

老金一把拉住正要离开的毛泽东，他说："这样冰天雪地，走廊上北风呼呼，哪里看得书哟！这样好了，你吃过中饭来找我，我给你安排个地方。"

毛泽东笑着从口袋里摸出两个馒头，说："我带着饭呢。"

看着这两个馒头老金感叹地说："你抓得真紧啊！"

毛泽东叹了一口气说："没有法子呀！时间，太宝贵了，人世间的好书又有这样多！俗话说得好：一寸光阴一寸金，寸金难买寸光阴！"

为了给毛泽东提供更好的读书环境，老金领着毛泽东来到了图书馆后面的一间小屋，这里大概是图书馆的客房，一般的读者是不能入内的。从此，毛泽东中午有了一个特别安静的读书空间，在这里，他阅读了大量的书籍，每天的阅读时间都在 14 个小时以上，半年内读过的书，比以往 10 年读过的还要多。

1936 年，毛泽东同斯诺谈起自己的这段自学生活时说："在这段自修期间，我读了很多书，学习了世界地理和世界历史。在图书馆里我读了亚当·斯密的《原富》，达尔文的《物种起源》，和约翰·斯密勒的一部关于伦理学的书。……我在认真学习俄、美、英、法等国的历史地理的同时，也穿插阅读了诗歌、小说和古希腊的故事。"毛泽东的渊博知识就是从那时逐渐积累起来的。

（参见高菊村等：《青年毛泽东》，中共党史资料出版社 1990 年版）

储才蓄能建设未来

"为挽救今日中国之危亡，共为建设未来而储才蓄能。"

毛泽东在湖南省立第一师范学校读书时，怀着忧国忧民的沉重心情，为自己订下了十分明确的学习目标：为救国救民而储才蓄能。

当时的中国，内忧外患不断；整个社会风气处于一种萎靡、不健康的状况中。社会上的影响直接作用于学校的青年学生当中，什么"拜金"、"及时行乐"、"安于现状"等等情绪和思潮，吞噬着一个又一个青年学生纯洁的心灵。毛泽东目睹这种悲剧正在蔓延，感到中国未来的建设者们不能听之任之，对社会毒素的侵袭不能麻木不仁。他认为：青年特别是学生，要有高尚的理想，远大的目标，多关心国家及天下大事，把自己的学习与国家的命运、民族的前途、人民的幸福联系起来。

毛泽东在同学朋友当中大声疾呼："现在时局危急，求知的需要迫切，必须抓紧时间、刻苦攻读。"

一次，毛泽东在与同学的聚谈中说道："西方物质文明极盛，遂为衣食住三者所拘，徒供肉欲之发达已耳。若人生仅为衣、食、住三者而已足，是人生太无价值！吾辈必想一最容易之方法，以解经济问题，而后求遂吾人理想之世界主义。"而"现在国民性情，虚伪相崇，奴隶性成，思想狭隘。安得有大哲学革命家，大伦理革命家，如俄之托尔斯泰其人，以洗涤国民之旧思想，开发其新思想。"当同学们问到：当今的中国，如此黑暗混乱，怎样才能实现这远大目标。毛泽东沉思半晌，说道："人之心力与体力合行一事，事未有难成者！"坐在周围的同学无不点头称是。

毛泽东要求自己并激励周围的同学，"为挽救今日中国之危亡，共为建设未来而储才蓄能。"说明毛泽东刻苦学习的目的，是"为挽救今日中国之危亡"，因而具有高度自觉性。其储才蓄能的办法就是抓紧时间，刻苦攻读。

（参见陈道明、许祖花、姚佩莲、胡东编著：《毛泽东幽默趣谈》，山东人民出版社1995年版）

要勇于读无字之书

"闭门求学，其学无用。欲从天下国家万事万物而学之，则汗漫九垓，遍游四宇尚已。"

在学生时代，勤奋地读书，这是一般人多少能办到的事，毛泽东与众不同的地方，便是不但勤于学习，而且讲究实践；不但善于读"死"的书本，而且善于读活的书本，即按照他自己的话说，不但要读有字书，而且要读无字书。这一方面是深受杨昌济的熏陶；另一方面也是受了顾炎武、颜习斋、王船山等的影响；后来则是受了《新青年》的影响。但最根本的还在他有明确的为了改造中国的行动目标。他在当时已经领悟：知而不行，等于不知，只有实践才能产生真知，才能考察自己所知的究竟正确与否；如果不经过刻苦的锻炼，就无法实现自己的抱负和理想。他预计到自己的将来，好比一艘远洋的航船，定将遇到无数险恶的风浪；光有一些书本知识，怎能应付这种命运？正如他在《讲堂录》中记下的："闭门求学，其学无用。欲从天下国家万事万物而学之，则汗漫九垓，遍游四宇尚已。"他最注重的是当代的现实，用他笔记中的话即是，要"通今，读史必重近世"。

青年毛泽东还极看重游学的作用。他在《讲堂录》上这样写道：

游之为益大矣哉！登祝融之峰，一览众山小；泛黄渤之海，启瞬江湖失。马迁（即司马迁）览潇湘，泛西湖，历昆仑，周览名山大川，而其襟怀乃益广。

游者岂徒观览山水而已哉。当识得其名人巨子贤士大夫，所谓友天下之善士也。

自古以来，中国传统文化中还有这样一种观念：不游历名山大川，孤陋寡闻，是写不出大文章的。颜习斋和严复都强调要读无字之书，尤其颜习斋最反对闭门读死书的书呆子。这都对青年毛泽东有深刻的影响。1915年9月6日，毛泽东致萧子升的信中，谈到博学、通识之重要，说王安石变法失败的原因："欲行其意而托于古，注《周礼》、作《字说》，其文章亦傲睨汉唐，如此可谓有专门之学者矣，而卒以败者，无通识，并不周知社会之故，而行不适之策也。"

1917年暑假将要来临的时候，他同在楚怡小学当教员的好朋友萧子升商量，怎样度过漫长的假期。他们定出的度假计划是十分奇特的：去当叫化子（湖南方言：乞丐）！身上一个钱不带，去作长途旅行，靠着乞讨解决吃和住的问题。这样，从社会的最底层来看社会，来看人情世态，必定能够看到许多平日看不到的东西。旧时有穷苦的读书人或失业塾师，到处给大户商号送对联或恭维话，作游学先生，以解饥困，社会上叫作"打秋风"。这是穷秀才一种解决旅途生计的办法：每到一处，遇上商店或者住户，就写一副对联送去，接受一点馈赠。结果，1 个多月"乞讨生活"的游学，没有花一文钱。他们走过许多市镇，经过更多的冷僻农村，一路了解农民和各阶层人民的生活以及社会风俗人情。萧子升放不下架子，向人问路，都要先整整衣服，干咳两声，然后开腔；还只愿进大户人家。毛泽东却态度谦和，谈话亲切，愿意进小户人家，尤其热心于访贫问苦，同什么人都谈得来。这次"游学"，他们漫游了宁乡、安化、益阳、沅江等 5 个县，是一次大丰收，使毛泽东获得了许多书本上学不到的东西。据一师老同学的回忆，他曾将此次游历中一些有意义而有兴趣之事，写寄湖南通俗报发表。

他们在旅途中写的"游学"笔记，第一师范同学好友争相传阅，称赞他们是"身无半文，心忧天下"。这 8 个字，后来就一直成为朋友们对毛泽东的一种亲昵的赞誉。

1920 年，他在给友人的信中提出：要改造中国，首先要了解中国的国情。不仅要了解中国的历史，还要了解中国的现状；不仅要了解中国古今的思想文化，还要了解中国古今的政治经济制度。"吾人如果要在现今的世界稍为尽一点力，当然脱不开'中国'的这个地盘。关于这地盘内的情况，似不可不加以实地的调查及研究。"

人民是毛泽东心中的"上帝"。他相信他们才是真正的英雄，是历史的主人。所以他极重视同人民群众的直接接触，从他们那里，他学到了许多书本上学不到的知识。读无字的书，使毛泽东的理论和实践更加丰富了，生活更加充实了，终于使他实现了人生的价值。

（参见《毛泽东早期文稿》（1912.6—1920.11），湖南出版社 1990 年版；孙宝义等编著：《毛泽东的祖国山河情》，中国文联出版社 2001年版）

读书看报了解大事

　　"从1911年至1927年我上井冈山为止，我从来没有中断过阅读北京、上海和湖南的日报。"

　　毛泽东在一师求学期间，中国社会正处于激烈的动荡之中。清王朝虽被推翻，但复辟与反复辟、专制与共和之间的斗争仍异常激烈。各地军阀占据一方，连年混战。在思想领域，民主与专制、尊孔与反孔新旧二派斗争日益激化。以《新青年》为代表的启蒙思想家脱颖而出，在古老的国度里勇敢地高举民主、自由和科学的大旗。外部世界的局势也动荡不安，欧战正酣，西方国家虽不能倾力掠夺中国，但挂着各种各样外国旗帜的船舰在中国的江面上到处游弋，尤其是日本对中国虎视眈眈。

　　怀着强烈爱国心的毛泽东时刻关注着中国和世界局势的发展和变化，时刻思考着中华民族的前途和命运。

　　他主要依靠报刊和杂志了解当时国际国内的形势。第一师范学生自习室的西头，有一间可以容纳几十人的阅览室，那里有湖南、上海、北京等地出版的报刊。毛泽东天天去看，一看就是一两个钟头。

　　毛泽东看报特别认真。他常常带着地图、字典和笔记本到阅览室。凡属重要材料，不论篇幅有多长，他总是认真阅读，做出摘记。他把从报纸上见到的中外城市、港口、山脉、江河等地理名字，一个个记到笔记本上，然后对照地图，查看清楚，一一用英文注上。同学们觉得奇怪，问他为什么这样做。毛泽东笑着答道，这是一举三得，既能明了时事，又能熟悉地理，还可学习英文。

　　由于时局复杂，同学们经常聚在一起议论，但对一些问题又困惑不解，而毛泽东却了如指掌，他常常向同学们讲述中国和世界的政治、军事局势，说得有条有理，头头是道，并表明自己的观点。有一次，他与萧三在街上相遇，在返校的路上，毛泽东详细地向萧三分析了奥国皇太子为什么在塞尔维亚被杀，德皇威廉二世为什么出兵，德俄、德英、德法为什么宣战，凡尔登如何难攻，英法如何联盟，美国如何乘机大发横财，日本又如何趁火打劫，向袁世凯提出灭亡中国的"二十一条"。萧三听了十分钦佩。

同班同学都称他为时事通，如果有不明了的时事问题，去问他，准能得到解答。

由于他熟读报刊，对时局的发展能作出比较准确的判断和预测。

在延安时，毛泽东曾对斯诺说："我在长沙师范学校的几年，总共只用了160块钱——里面包括我许多次的报名费！在这笔钱里，想必有三分之一花在报纸上，因为订阅费是每月1元。我常常在报摊买书、买杂志。我父亲责骂我浪费。他说这是把钱挥霍在废纸上。可是我养成了读报的习惯，从1911年至1927年我上井冈山为止，我从来没有中断过阅读北京、上海和湖南的日报。"

后来毛泽东说："读书看报，每天都不能少！""一天不读报是缺点，三天不读报是错误。"他甚至指挥部队去抢敌人的报纸，目的是掌握敌人动态的信息。

（参见曹志为：《伟人之初——毛泽东》，浙江人民出版社1991年版）

发奋苦读马列著作

"此书要在大革命时读着，就不会犯错误。"

土地革命战争时期，在毛泽东受到"左"倾教条主义领导者排挤的时候，他的正确主张得不到贯彻实行，而教条主义领导者却动不动引经据典，说马克思、列宁是如何说的。毛泽东因受条件的限制，当时对马列著作确实不如他们读得多，为了坚持自己的正确主张，说服对方，说服党内其他同志，就得有理论武器，这也是使他发愤读马列著作的一个重要原因。1932年4月，红军打下当时福建的第二大城市漳州时，没收了一批军事、政治、科学的书送到总政治部，其中有列宁的《共产主义运动中的"左派"幼稚病》。

在长征途中患病的时候，毛泽东就躺在担架上读《共产主义运动中的"左派"幼稚病》。经过万里长征，书虽然破旧了，但他仍爱不释手，在延安还是经常反复地读。

根据延安时期给毛泽东管过图书的史敬棠回忆，毛泽东在延安仍然经常读《共产主义运动中的"左派"幼稚病》。他用的这本书是经过万里长征从中央苏区带来的，虽然破旧了，仍爱不释手。和读《两个策略》一样，毛泽东在这本书中写了一些批语，有几种不同颜色的笔划的圈、点和杠杠，写有某年某月"初读"，某年某月"二读"，某年某月"三读"的字样。这说明，到那个时候为止，这本书至少已读过三遍了。

彭德怀说：1933年，"接到毛主席寄给我的一本《两个策略》，上面用铅笔写着（大意）：此书要在大革命时读着，就不会犯错误。在这以后不久，他又寄给一本《共产主义运动中的'左派'幼稚病》（这两本书都是打漳州中学时得到的），他又在书上面写着：你看了以前送的那一本书，叫做知其一而不知其二；你看了《共产主义运动中的'左派'幼稚病》才会知道'左'与右同样有危害性。前一本我在当时还不易看懂，后一本比较易看懂些。这两本书，一直带到陕北吴起镇，我随主席先去甘泉十五军团处，某同志清文件时把它烧了，我当时真痛惜不已。"

从彭德怀的这段叙述中可以看出，当时毛泽东结合中国革命的实践经验，对列宁的这两本书有了深刻的理解。一方面，他从理论上认识到大革命失败的原因，就主观方面说，是陈独秀犯了放弃无产阶级对民主革命领导权的右倾投降主义错误；另一方面，从理论上认识了王明"左"倾路线对革命的严重危害性，"左"倾同右倾一样地危害革命事业。彭德怀的这段叙述中还可以说明，为什么毛泽东特别重视列宁的《共产主义运动中的"左派"幼稚病》，反复地学习和研究，并用来教育中国共产党人。到了延安以后，毛泽东广泛地收集马列主义的书籍。为了系统总结中国革命的经验，指导中国革命继续前进，也为了从理论上清理王明"左"倾路线的错误。

1945年，毛泽东在七大上又特别提出要读五本马列著作：其中包括《共产主义运动中的"左派"幼稚病》。该书第二章《布尔什维克成功的基本条件之一》讲的是"无产阶级的无条件的集中制和极严格的纪律"。1942年4月20日，毛泽东在关于整顿三风的报告中直接引述了这一思想。他说：身为党员，铁的纪律就非执行不可，孙行者头上套的箍是金的，列宁论共产党的纪律说纪律是铁的，比孙行者的金箍还厉害，还硬，这是上了书的，《共产主义运动中的"左派"幼稚病》上就有。毛泽东还把列宁论党的纪律列为延安整风的学习文件。

为了克服革命队伍内部存在的无纪律状态和无政府状态，保证革命战争的胜利，1948年4月，在人民解放战争即将转为战略反攻的重要时刻，毛泽东又重读了《共产主义运动中的"左派"幼稚病》的第二章，并在书的封面上写了一个批语："请同志们看此书的第二章，使同志们懂得，必须消灭现在我们工作中的某些严重的无纪律状态或无政府状态。"中宣部及时发出毛泽东这一指示，要求全党认真学习这本书的第二章。用革命的理论指导革命的实际，取得了明显的成效。

（参见徐文钦编著:《毛泽东读书治国》，中央
文献出版社2008年版）

读书方法独具特色

"学与问是不能分开的，只有好学好问的人，才可能有学问。"

　　毛泽东在学习上一贯刻苦、勤奋。在一师学习时，清晨，同学们还未起床，他便借着微弱的晨光，开始了一天的学习生活。课外时间，他或者在自习室看书，或者到学校后山学习，间或有意识地到喧闹之处去练习闹中求静，静中求学。有时，他拿着书本到最热闹的南门口去看，任凭人来人往，声音嘈杂，他只顾自己看书，时而默念，时而朗读，专心致志，旁若无人。夜深人静，同学们都已进入梦乡，他还在走廊上或茶炉室的灯光下看书。有段时间，他自备一盏小灯，下面用一节竹筒垫起，坐在床上看书。求知的欲望，常常使他不顾疲劳，忘记了睡眠。

　　为了满足自己的求知欲望，毛泽东想方设法找书看。他常到城里的书店和旧书铺去，看到合适的书，就买下来。第一师范藏书丰富的图书馆，更是他常去的地方。图书馆里有关社会科学方面的书籍，许多他都借阅过。

　　在学习上，毛泽东还养成了一些好的习惯。他常对同学说，我们称某人有学问，是指他好学好问，学与问是不能分开的，只有好学好问的人，才可能有学问。他不去探究无关重要的奇闻轶事，而喜欢和同学们讨论各种学术问题，切磋琢磨，互相提高。也常列出学习上的疑难和社会改造的问题，向老师请教。

　　毛泽东在学习上有许多好的经验，比如说，做课堂笔记，写读书心得，是毛泽东多年的习惯。凡是在思想上和学习上对他有帮助的，他都认真记录下来。几年的时间，这类笔记和日记便积累了一大网篮，毛泽东把它送回韶山保存，可惜1927年大革命失败后，族人将它烧毁了。现在仅存一本字体十分工整的《讲堂录》，是毛泽东1913年或1914年的课堂笔记。

　　关心时事，注意阅读报纸，是毛泽东读书的一大特点。

　　第一师范的阅报室里，湖南、上海、北京等地有名的报纸，每天都放在报架上，去看报的同学也不少。而每天必到，一看就是一两个钟头的，却只有毛泽东一人。他看报很仔细、认真，有时把地图带去，看看报纸，又查查地图；有时把文章中提到的世界各国的城市、山岳、河流、港口等记下来，然后再查出英文名称。他对同学说，这是一举三得：了解时事，熟悉地理，学习英文。

　　他的同班同学周世钊回忆说："第一师范的同学都称他是'时事通'，如果有不明了的时事问题，找他一谈就解决了；如果在自习室、运动场找他不见，常常在阅报室可以找见他。晚饭后，星期天，他喜欢和班上同学沿着铁路散步，大家看到麓山夕照，湘水归帆，心神轻松开朗。就在这时，他每每为我们分析中国和世界的政治、军事形势，是那么详尽，那么明晰，那么有根有据，特别是谈到列强如何侵略中国，中国为什么被侵略而不能抵抗，青年对救国应负的责任时，同学们的情绪，随着他有感情、有鼓动力的谈话，时而兴奋，时而激昂，时而愤怒。因此，同学们都赞誉他'身无半文，心忧天下'。"大家都称他为"毛奇"。（毛奇是德意志建国时普鲁士一个很有学问，会打仗的将领）说毛泽东是一位"志向非凡，与众不同的人"。

毛泽东非常赞赏徐特立老师的"不动笔墨不看书"的读书方法，他认为凡是读书，必要写心得、做笔记，这是学习的一个好办法。后来，他终生躬行实践，受益无穷。

青少年时期，毛泽东读书学习还创造了一些行之有效的方法，例如："三复四温""挤"和"钻""读无字书""杂书"等。直到晚年毛泽东得了白内障，眼睛看不见东西了，还叫身边的工作人员给他读书，临终前还要读有关日本首相三木的书。他真正做到了生命不息，读书不止，真叫人感动至极。

（参见靳建国编著：《毛泽东》，中国和平出版社 1990 年版）

废寝忘食《论持久战》

"你们先睡吧。我等一会再睡，工作没有搞完，睡不着啊！"

1938 年初，毛泽东在收集了大量的材料，分析了国内外的形势后，开始写作《论持久战》，他已经有两天两夜没有睡觉了，还一个劲儿伏在桌子上写呀写的。实在写得太累太困的时候，才叫卫士们给他打盆水洗洗脸，清醒清醒，或者到院子里转一转，要不就在躺椅上闭上眼睛养一会神，又继续写。饭吃得很少，脸色也不好看。大家生怕主席累病了，便在值班时加倍注意，劝主席多休息。

这天，正好翟作军值班。傍黑的时候，翟作军照例走进主席的房间，给主席点燃两支蜡烛，在主席写字桌上的两头各放了一支。翟作军有意把点蜡的动作放慢些，打算趁机劝主席休息，不料主席在翟作军点蜡的时候，眼睛根本没离开纸和笔。翟作军不便打搅，一声不响退了出来。半夜光景，该是主席吃饭的时候了，翟作军把炊事员准备好的热腾腾的饭菜给主席端去，对主席说："主席吃饭吧。您已经两天两夜没睡觉了，吃完饭，睡会儿吧。"

"你们先睡吧。我等一会再睡，工作没有搞完，睡不着啊！"主席一边说，手中的笔仍在写着。

"主席，您身体不大好，像这样熬夜怎么行啊？吃完饭，睡睡吧！"翟作军进一步用恳求的口气说。

主席抬起头来看了一眼，微笑着说："好，等一会儿就睡。"

翟作军知道不需要再往下说什么了，便走了出来，把门轻轻带上，坐到自己的屋里等着。大约莫过了一顿饭的工夫，估计主席该吃完饭了，想去把碗筷收拾收拾，好让主席睡觉。谁知道推开门一看，主席还在聚精会神地写呢，放在桌子上的饭菜一动没动，只是不冒热气了。翟作军很失望，只好进屋去，把饭菜端出来放到火上热了热，又给主席送去。

"主席，您吃饭吧，天冷，一会就凉了。"翟作军说。

"啊？我还没有吃饭？"主席抬起头，看看眼前的饭菜，好像自己都不大相信，说："好，就吃就吃。"

翟作军又回到自己的屋里，有意多等了一会儿，心想这一回主席总该把饭吃了。哪知道过去一看，饭菜还没动。主席呢，还是低着头在写。那专心劲儿，就好像把整个身心都投到那支笔上去了。翟作军过去看他，他根本就没有发觉。

翟作军心里一阵难受，说不清是啥滋味。眼前这种情况，进去打搅主席显然是不合适的，翟作军只好又回到自己的屋子里。

夜，那么安静，万物都好像睡熟了，只能听到身边几个警卫同志甜甜的均匀的鼾声。可掉过头往主席的屋里看看，蜡烛燃得亮亮的，在跳动的烛光下，毛主席正在为国事操劳。天快亮了，翟作军再一次站起身来到主席屋里去看看，见主席还在写；饭呢，还是一动没动。

毛主席已经连着五六天没睡好觉了。两只眼睛布满了红丝，宽阔的两颊明显地消瘦下来，颧骨凸了出来，脸上浮起一层淡淡的黑色；饭吃得更少了。警卫班几个人心里都火烧火燎地焦急。

到了第七天，又轮到翟作军值班，主席还是不肯休息，继续在写。这时虽然已是初春，天气还是较冷的，夜间坐久了，还冻脚呢，翟作军怕主席冷，弄了盆炭火搁在主席脚边，又想起主席硬板凳坐着累，就到饲养员那里找了条当马垫子用的毛巾毯给主席垫在椅子上。

不知道过了多少时间，翟作军听得主席在叫："警卫员，你来一下。"翟作军刚想站起身向主席的房间里走去，忽然闻到一股破布烂棉花的焦糊味儿，心里在奇怪什么东西烧了，走到主席房里一看，主席正微弯着身子在脱棉鞋，两只脚上还微微在冒青烟！原来是主席的棉鞋烤着了。翟作军赶快伸手帮主席把脚上的鞋脱下来，随手用暖壶的水往鞋上一浇，火灭了，焦糊味儿直冲鼻子。主席的一双棉鞋烧破了好几处，棉花都露了出来。棉鞋是没法穿了，翟作军把主席的单鞋找来让主席换上。

"怎么搞的？我一点也没有觉得就烧了。"主席两眼看着那双烧坏了的棉鞋，一边说，一边哈哈大笑。

翟作军也跟着笑了起来，心想要不是火烧痛了主席的脚，主席怕还不知道鞋烧了呢。

"主席，您该睡睡了。您老不休息，把大家都急坏了。"翟作军抓住这个机会，又劝主席。

"好，好，你们先睡，我等一会就睡。"主席还是那句老话。说完，又埋头写起来，就像刚才什么事情都没发生一样。

过了不多久，翟作军发现主席屋子里的灯果然灭了，知道主席已经躺下，心里不由得一阵轻松。又过了一会儿，翟作军想看看主席是不是已经睡着了，轻轻走了过去，看见主席正侧身躺着，用手在捶自己的腰。主席见了翟作军，忽然问道："你们晚上睡得着吗？""睡得着，还睡不够呢！"的确，翟作军那时年轻，正是贪睡的时候，就老老实实回答了主席。

"唉，还是年轻人好啊，没心事，我就不如你们，我时常睡不着。"

翟作军不知道怎么回答好，一声没吭。过了一会儿，主席又问："翟作军，我问你，你为什么要参加革命哪？""因为家里穷，吃不上饭。"主席听了，点点头说："是啊，要革命，不革命穷人没有饭吃。"说罢，两眼温和地看着翟作军。翟作军心里甜丝丝的，像涂了一层蜜。心想主席多么关心我们穷人的命运啊！

第二天，主席就病倒了：头疼，吃不下饭，也睡不着觉。医生来看了看，说没有旁的病，是累坏了，给主席开了点药，劝主席好好休息。主席吃了药，休息了一天，还没等病全好，又坐到桌边，一手托着头继续写起来了。

大概写到第九天的半夜，主席把翟作军叫去，交给一卷用报纸卷好的卷卷，叫翟作军过延河送到清凉山解放社去。翟作军拿好卷卷，返身回屋子带上枪，就拼命向清凉山跑。一路上，高兴得自己对自己说："这回好了，主席可以好好休息休息了。"

过了三两天，解放社送来了校样，主席拿到手以后，又不分昼夜，反反复复地修改。

又过了些日子，解放社给主席送来了一叠书，书皮上写着《论持久战》几个字。这时，翟作军才知道主席前些日子写的原来是《论持久战》。主席拿到这叠书以后，脸上露出了微笑，吩咐翟作军立即把这些书分送给中央几位首长看，请大家提意见，准备再修改。当翟作军兴高采烈挟着书往外去分送时，窗纸上已经透进白蒙蒙的光，天快亮了。

五月底六月初毛主席在延安正式作了《论持久战》的报告，有力地批驳了当时党内外在抗日战争问题上存在的"亡国论"、"速胜论"等错误思想，坚定了全国人民抗日的意志。

从毛泽东写作《论持久战》的全过程，可以看出民族英雄毛泽东，在中华民族生死存亡的关键时刻，是如何在抗日战争的实践中读书写作，将理论和实践结合起来，去寻求革命胜利的战斗武器的。

（参见孙宝义编著：《毛泽东的读书生涯》，知识出版社1993年版）

读鲁迅的书心相通

　　"我就是爱读鲁迅的书，鲁迅的心和我们是息息相通的。我在延安，夜晚读鲁迅的书，常常忘了睡觉。"

　　如果要问，中国历史上毛泽东最推崇的人是谁，人们可能都会回答是鲁迅。确实是这样，在 1966 年 7 月那封著名的信中，毛泽东写道："我跟鲁迅的心是相通的。我喜欢他那样坦率。"

　　有一次，毛泽东亲自来到冯雪峰的住处，见面以后，就风趣地说："今晚约法三章：一不谈红米南瓜，二不谈地主恶霸，不谈别的，只谈鲁迅。"

　　毛泽东告诉冯雪峰：他很早就读了鲁迅的《狂人日记》、《阿 Q 正传》，鲁迅对群众力量有估计不足的地方，但他看到农民的要求，毫不留情地批评阿 Q 身上的弱点，满腔热情地将阿 Q 的革命要求写出来。我们共产党人和红军干部，许多人看不到，对群众的要求不理会，不支持，应该读一读《阿 Q 正传》。

　　冯雪峰说："有人主张请鲁迅到苏区来。"

　　毛泽东不解地问："为什么？"

　　"担任人民教育委员会主席。"

　　"谁主张的？"

　　"不是什么正式主张，只是随便说说。"

　　"这些人，真是一点也不了解鲁迅。"毛泽东说。

　　在继续深入议论鲁迅的时候，冯雪峰将鲁迅不想离开上海，谢绝到苏联去，认为在岗位上总能打它一枪两枪的想法，原原本本地告诉毛泽东。毛泽东听后很感动，说：这才是真正的鲁迅。

1938年8月，二十卷本《鲁迅全集》第一次在上海出版后，通过党的地下组织，从上海辗转到陕北根据地，毛泽东得到了一套，一直把它放在自己的办公桌旁。尽管当时战事忙碌，环境紧张，但毛泽东总是忙中找闲，在低矮的窑洞里秉烛夜读。他对工作人员说："我就是爱读鲁迅的书，鲁迅的心和我们是息息相通的。我在延安，夜晚读鲁迅的书，常常忘了睡觉。"

通过阅读鲁迅的著作，使毛泽东更加了解了鲁迅的战斗精神，他在《论鲁迅》中说："鲁迅在中国的价值，据我看要算是中国的第一等圣人。孔夫子是封建社会的圣人，鲁迅则是现代中国的圣人。"对鲁迅作了极高的评价。

（参见胡哲峰、孙彦编著：《毛泽东谈毛泽东》，中共中央党校出版社2000年版）

应该看三部古小说

"谁不看完这三部小说，不算中国人。"

1938年10月，党的六中全会休息时，毛泽东对贺龙将军说："中国有三部名小说，《红楼梦》、《水浒传》和《三国演义》，谁不看完这三部小说，不算中国人。"贺龙嚷着说："没看过，没看过，不过我不是外国人！"

毛主席又看看徐海东将军（八路军344旅旅长），问道："海东，你看过这三部小说没有？"徐海东："《三国演义》看过，《水浒传》也看过，这《红楼梦》嘛，不知是什么意思，没看过。"毛主席笑着说："那，你算半个中国人！"

后来，在延安马列学院学习的日子里，徐海东常想起毛主席说的《红楼梦》。他真想找到读一读。星期天回家就向妻子说："你能想办法搞到那本《红楼梦》吗？"妻子从小没上过学，当上红军才学文化。她听人说过，那是一本才子佳人的书，就说："你这个人，还有闲心看这种书？"徐海东说："瞎扯，你看过这本书？"妻子说："马列主义的书我还看不过来呢，我还去看它！"徐海东笑着说："我算半个中国人，你呀，连半个都不到。"

新中国成立后，毛泽东从 20 世纪 50 年代开始就多次推荐人们读《红楼梦》。对此提议，许世友大概说过一些不以为然的话，反映到毛泽东那里，故毛泽东在 1973 年 11 月 17 日同周恩来等人谈话时说："许世友反对读《红楼梦》，说尽是吊膀子。你没有看，怎么知道是吊膀子。你没有调查，就下断语，大概是听什么人说的吧。我则不然，我说它是部政治小说。"接着还引述了小说中的一些话，诸如"坐山观虎斗"，"千里搭长棚，没有不散的宴席"，"不是东风压倒西风，就是西风压倒东风"，等等，来比喻国际形势，又说："'大有大的难处'，特别对我们有用。"

据说，许世友回到南京后，真的找来了《红楼梦》。

毛泽东其实是很赏识许世友的，不光赏识他的战功，还赏识他的忠诚、质朴、重情和坦诚。毛泽东 1971 年 9 月 3 日在杭州曾说："许世友这个人是可以交朋友的。"

许世友虽然忠勇过人，但在建设时期，作为领导干部，如果只知打仗而不知其他，无疑是个缺憾。毛泽东让许世友读《红楼梦》，显然有现实的考虑，意在让他提高文化修养和政治觉悟。

1973 年 12 月 21 日，毛泽东召集军队一些高级将领谈话，讲起了《红楼梦》。他对许世友说："你现在也看《红楼梦》了吗？要看五遍才有发言权呢。……中国古典小说写得好的是这一部，最好的一部。创造了好多文学语言呢。"鼓励许世友成为能文能武的将领。

毛泽东号召读这三部中国小说，目的是作为一个中国人不能不熟悉这些传统文化，这应该是一位完整的中国人不能缺少的一些常识。他就是从这三部古典小说中汲取了不少智慧，打开毛选，其中有许多引用这三部小说的典故。说明他对这几部小说已是娴熟于心，应用自如了。

（参见许文钦编著：《毛泽东读书治国》，中央文献出版社 2008 年版；李树谦编：《毛泽东的文艺世界》，辽宁教育出版社 1993 年版）

每事问是一种美德

"学习上不懂就问才有进步，持这种'每事问'的态度，才是人的美德。"

1938年冬，有一天刚吃过晚饭，几名内务警卫员在毛泽东隔壁的窑洞里，吵吵嚷嚷地在争论问题。毛泽东听到嚷声，信步跨进室内。警卫班长王伦坤急忙喊声："起立！"然后报告主席："我们在讨论学习问题。"

毛泽东挥手示意说："好好好！日习武夜习文，快坐下，我不打搅你们的争论"。随之，毛泽东转身欲走。见此，几名警卫员心里又急起来，他们想留毛泽东跟他们聊聊。但又怕耽误他休息。这时李长培喊了声："主席，我们脑瓜子太笨啦，学习钻不懂"。

毛泽东一只脚刚跨出门外，又立即折身回头过来，笑着说："聪明在于勤奋，勤奋在于好学好问。不懂就要虚心请教别的同志，或者直接来问我呗，我早就对你们说过嘛！"

"讲实话呀，主席您一天忙到晚，我们咋忍心打搅您嘞……"李长培又恭敬地说了几句。

"呃，只要我不开会、阅文件，有人来问我，我能不理睬吗？我这个人就喜欢'敏而好学，不耻下问'的人"。毛泽东高兴地说。

"主席，我们文化低，怕人笑我们'问走火'，讥笑我们连那么简单的问题都搞不懂，还跟主席当啥子警卫员呀。"

"唔，你这样想可坏事了。看不出你们还有点难为情的面子思想。工作上不懂就问才能少出偏差，学习上不懂就问才有进步，持这种'每事问'的态度，才是人的美德。"毛泽东说完后，点燃一支香烟吸着。

"主席，啥子叫'每事问'？"

"嗬，这不就马上提出疑问来了嘛。"毛泽东吸了一口烟，盘膝坐在铺板上，略有所思地讲起来：

"这话出自古书《论语》里的子入太庙'每事问'的典故。说的是有一天孔夫子进入他家鲁国国君的祖庙里，看到祖庙里摆着各种各样的陈列品，孔子对每样东西都要问个清楚。可有些人便在背后嘲笑孔子说：大学问家，看来也并非如此，只不过是个'每事问'罢了。孔子听到后说：'每事问'是一种美德嘛。从此，这种凡有疑问，一问到底，问个水落石出的美德，就一代一代传颂下来。比如清代有个叫戴震的思想家，他年幼读书时就喜欢打破砂锅问到底。有一天，老师讲《大学》，说：'大学之道……这一章叫《经》，是孔子的话，由他的学生曾子记录下来的；以下十章叫《传》，是曾子本人的见解。'这时戴震发问：'老师，你这样讲，根据是什么？'老师回答：'这是宋朝大学者朱熹说的呀！'戴震想了下又问：'孔子和曾子是什么时候人？'老师顿觉戴震提问太浅薄了，便不耐烦地回答：'周朝人呗'。戴震毫无顾忌地再问：'周朝的孔子到宋朝的朱熹相隔多少？'老师屈指一算，说'哎呀，一千六七百年了！'戴震进一步问：'既然相隔那么远的时间，朱熹凭什么根据作出这样的判断的呢？'老师被问得张口结舌，无话可答，只好点头赞叹道：'小子可造，真是个了不起的后生！'从此，'戴震善问'又成了读书人的美德。"

警卫员们听得津津有味。忽然一位警卫员站起来问毛泽东："戴震是男的还是女的呢？"

毛泽东点燃一支香烟后，看了那位警卫员一眼，风趣地回答："要问他的性别嘛，我看跟你一样呗。"大家扑哧笑了起来。

毛泽东笑眯眯地看了看大家，然后又庄重地说：有些问题似乎很简单，但解决了它，就像跨过了一道门槛。如果不把它提出来，会一辈子搞不清楚。"三人行必有吾师焉"。这话也是叫人们遇着问题就请教内行。虚心向人请教，绝不是丢脸的事。相反，有疑不问，不懂装懂，那才是真正难为情的事，终究会丢尽脸面的。

毛泽东讲着讲着，站起身来，朝一位战士跟前走去，问："你说孔夫子老先生每事发问，丢面子没有！"

"没有!"

"对,孔夫子、戴震都没有丢面子,而且孔子至今被人们尊崇为中国古代的大教育家、思想家。我看自古以来的聪明人之所以聪明,一个重要原因,就在于勤学好问。"

毛泽东一看墙上的挂钟已快8点了,便急匆匆地朝自己那间窑洞走去。警卫员们感到毛泽东的这番话使他们开了窍。意在告诉他们在学习上来不得半点马虎,"每事问"确是一种美德。

(参见许祖花、姚佩莲、胡东编著:《毛泽东幽默趣谈》,山东人民出版社1995年版)

只有科学是真学问

"唯有一事向你们建议,趁着年纪尚轻,多向自然科学学习,少谈些政治。"

1939年1月28日,毛泽东在延安发表过一次演说,其中讲了一段很重要的话:"有了学问,好比站在山上,可看到很远很多的东西;没有学问,如在暗沟里走路,摸索不着,那会苦煞人。"

正是由于对知识有这样高的评价,毛泽东一生都在孜孜不倦地追求知识。他不仅自己刻苦读书,还号召干部要养成看书的习惯,让看书占领工作以外的时间。

毛泽东之所以能站得高,看得远,一个很重要的因素,就是他有渊博的学识。

关于学问之事,毛泽东的结论是:只有科学是真学问。

1941 年 1 月 31 日，毛泽东给远在苏联学习的两个儿子写了一封指导他们生活和学习的家书，其中有这样一段话："唯有一事向你们建议，趁着年纪尚轻，多向自然科学学习，少谈些政治。政治是要谈的，但目前以潜心多习自然科学为宜，社会科学辅之。将来可倒置过来，以社会科学为主，自然科学为辅。总之注意科学，只有科学是真学问，将来用处无穷。"

这段充满父爱和望子成才的教子名言，实际上谈到了两个问题：一是政治和科学的关系，一是科学中自然科学和社会科学的关系。

在为儿子指导人生方向时，毛泽东的价值取向是明确的：在政治与科学两者之间，搞政治要以学科学为基础；在自然科学与社会科学的选择上，先以学习自然科学为主，然后再学社会科学。

"只有科学是真学问"，这是毛泽东的肺腑之言。当然，这种认识有一个发展过程。在向斯诺讲述自己青年时代追求新知识的经历时，毛泽东说，他从 1913 年到 1918 年在湖南师范学校求学的 5 年中，想专修社会科学，对自然科学并不特别感兴趣。这是由于当时的特定历史条件和思想认识滞后决定的。

1921 年，新民学会在长沙的会员讨论个人学习计划时，毛泽东说，现在号称有专门学问的人，他的学问，还只算得普通或还不及格，自身决定三十以内只求普通知识，因缺乏数学、物理、化学等自然的基础科学的知识，设法补足。这时，毛泽东已认识到自然科学知识的重要性，深感不足，要设法弥补。

"两年中求学方面，拟从译本及报纸了解世界学术思想的大概。惟做事则不能兼读书，去年下半年，竟完全牺牲了（这是最痛苦的牺牲）。以后想办到每天看一点钟书，一点钟报"。投入社会活动之后，毛泽东开始为工作与学习的矛盾冲突而苦恼了。

当毛泽东明确选择用马克思主义来改造中国与世界的时候，他同时意识到了学习自然科学基础知识的必要性，并不以学生时代对自然科学不甚感兴趣为无所谓，相反，他要设法补足由于这种偏颇而造成的知识结构上的缺陷。

毛泽东说这番话时是 28 岁，离"三十以内"还有两年。现在很难说清那两年中他在多大程度上挤出了学习自然科学基础知识的时间。因为，那是在革命的创业阶段，他担负着紧张繁重的工作，首先是建党工作，使他不得不在读书方面继续作出"最痛苦的牺牲"。然而，毛泽东一生都在尽可能挤出时间，从书籍报纸中了解一点世界自然科学学术思想的"大概"。

"只有科学是真学问"。这是一位革命家和政治领袖对人类文明精华的洞察。

1974 年 5 月 30 日，毛泽东在会见物理学家李政道时说，他为自己没有时间研究自然科学而感到非常遗憾。

"目前以潜心多习自然科学为宜"。从知识发展史的角度看，毛泽东对儿子的这个建议是很有道理的。在人类知识积累的历史发展中，最先成为科学的是自然科学，然后社会科学才成为科学。按照马克思的标准，一门科学，只有当其成功地运用了数学的时候，才成其为科学。社会科学的各部门在成功地运用数学方面有一个发展过程，这个过程在有些部门至今尚未结束。

现实的问题是，如果年轻时没有获得或没能抓住机会，成年后便很难再有充分的时间和条件去系统地学习自然科学知识。在这个问题上，毛泽东是过来人。他告诫年轻人要抓住机会潜心"多习自然科学"，也是一种极其宝贵的经验之谈。

可以这样说，书是毛泽东终生的朋友。直到他的心脏停止跳动前几个小时，他还示意工作人员要读书。书成为他终生的伴侣。

（参见许祖花、姚佩莲、胡东编著：《毛泽东幽默趣谈》，山东人民出版社 1995 年版；徐文钦编著：《毛泽东读书治国》，中央文献出版社 2008 年版）

看《暴风骤雨》入了迷

"我在看一本书，还没看完，有些放不下呢？"

毛泽东酷爱读书，一生手不释卷，这尽人皆知。然而，毛泽东读当代文艺书籍，特别是读当代小说并为之入迷，却是鲜为人知。

1952 年，毛泽东乘专列南巡。白天，他与同行的民主人士李烛尘先生交谈了一整天，到了晚上躺到床上休息时，毛泽东习惯地随手拿起一本书翻看起来。

看着看着便入迷了。他把枕头垫高，一页一页看下去，很久才变换一下姿势。变换姿式眼睛也不离开书。时而侧躺着看，时而仰卧着看。看到深夜1 点，卫士张木奇端来一碗面条请他吃。

他坐起了身，却仍在看书。卫士把面碗摆在他面前，又将筷子插入他右手，他目光盯着书，筷子机械地插入面碗便不动了。右手按着书还在读。卫士不敢打搅，直到毛泽东翻书页时才提醒："主席，吃完再看吧！面条要凉了。"

毛泽东像根本没听见，抓着那一页书翻过来翻过去，反复四五遍。他看的什么书呢？卫士不禁纳起闷来。

"主席，要不……我再给您热热去？"卫士试探着伸手去捧碗。

"嗯，不要。"毛泽东嘴朝碗沿靠近，动作很慢，因为他的眼睛始终是盯着书。呼噜一声，一筷子面条进嘴。偏这时有几个靠近书缝的字看不到，他的一只左手又要把握书又要将书展开一些，便有些力不从心。卫士借机过去帮忙，才看清了那本书，是周立波写的《暴风骤雨》。

毛泽东吃过面条，躺下又看，他看书如饥似渴竟到了这种地步，直到天亮。早晨，他到会客室又见了李烛尘，谈过几句话便说："我在看一本书，还没看完，有些放不下呢？"李烛尘一听说看书，马上明白了，便起身告辞说："主席，你快去看书吧，看完书我们再谈话。"

专列经德州往西南，入兰封县境。毛泽东习惯躺在床上看书，随行的罗瑞卿和滕代远希望毛泽东看一会书能入睡，怕车晃得厉害，便命令停车。毛泽东并没意识到，他完全沉浸在书中，把最后几页读完，才像刚从水中探出头一般长吁一声，揉着太阳穴走到车窗前。

这种认真读书的精神，使身边的工作人员都很感动。

（参见唐䂮编著:《毛泽东与读书学习》，中央文献出版社 2004 年版）

空袭中读屈原《离骚》

"你去，把蜡烛给我点着。"

1953 年 1 月 12 日，毛泽东在一封信里曾写道："我今晚又读了一遍《离骚》，有所领会，心中喜悦。"屈原的《离骚》是楚辞中的名篇，也是我国文学史上一篇杰出的浪漫主义作品，诗中作者强烈的爱国主义热情，以及不屈不挠追求光明与理想的斗争精神吸引着毛泽东。从青年时代直到晚年，即使在战争和空袭的情况下，他都不忘读此类书。

1958 年 1 月 18 日凌晨，毛泽东在南宁冬泳邕江，夜里继续办公。凌晨1 点来钟，空军雷达部队发现国民党飞机向南宁飞来。莫非国民党察知毛泽东正在南宁召开中央工作会议？随行的空军副司令员何庭一大为紧张。须知，南宁没有军用机场和战斗机啊！他用电话紧急联系柳州军用机场，命令空军部队紧急起飞，无论如何要将国民党飞机拦截住！

那天，南宁全城灯火管制。卫士李银桥等涌进毛泽东卧室，请他去防空洞。他把手一挥："我不去。要去你们去。"

"主席，我们要对你的安全负责。"

"蒋介石请我去重庆，我去了，怎么样？我又回来了，他还能怎么样？现在还不如那时安全吗？"毛泽东指住李银桥的鼻子："你去，把蜡烛给我点着。"

李银桥说："不行，主席，还是防备万一好……"

"去！"毛泽东不耐烦了。"把蜡烛点着！国民党的炸弹扔我脚底下，扔我脚底下它就不敢响！我什么时候怕过他们？"

蜡烛点燃了，毛泽东继续看书，他看的是《离骚》，看得聚精会神，津津有味。实在令人敬佩。在灯火管制空袭的情况下，毛泽东却安于泰山般的读书，这不仅需要勇气，也需要有大无畏的胆魄。

（参见唐研编著：《毛泽东与读书学习》，中央文献出版社 2004 年版）

向社会学习转变立场

"看来，我也不是什么生而知之的'圣人'，而是在向社会学习、向群众学习的过程中，逐步走上革命道路的。"

1954 年的一天，被俘的国民党将领郑洞国突然接到一张套红的金字请帖，打开一看，原来是毛泽东送来的，邀请他到中南海去做客。在中南海，他突然对毛泽东说："我有一个问题，您的马列主义为什么学得这样好？"毛泽东听罢一愣，看了郑洞国一会，才笑着说：

"我当年接受马列主义之后，总认为自己已经是革命者了，哪知道一去煤矿，和工人打交道，工人不买账。因为我还是那么一副'学生脸'、'先生样'，也不知道怎样做工人的工作。"

"那时，我成天在铁道上转来转去，心想这样下去怎么行呢？想了很长时间，才有些明白，自己的思想立场还没有真正转变过来嘛！……"毛泽东加重语气说："看来，我也不是什么生而知之的'圣人'，而是在向社会学习、向群众学习的过程中，逐步走上革命道路的。"

毛泽东由此引发开来。他说："一个人的思想总是发展的，立场是可以转变的。只有立场转变了，自觉地放下架子，拜人民为师，这就灵了，学马列主义也就容易学好了。"从毛泽东的这些话中可以看出，他并不把自己看成是天生的"圣人"，而是在实践中通过学习来获得真才实学，才成为知识渊博的领袖。

（参见薛建华：《毛泽东和他的"右派朋友"》，四川人民出版社 1992 年版）

请专家学者进课堂

"今天，我们这些人当小学生，请你们来上一课……"

1955 年，新中国成立后第 6 个年头。国民经济恢复工作已经告一段落。党中央主动把战略眼光集中到新兴的尖端科学上来，这是非常富有远见的指挥艺术。

1 月 14 日，钱三强和地质学家李四光同时被召到总理办公室。周恩来总理告诉他们:"明天毛主席和中央其他领导要听原子能方面的情况,你们做点准备,简明扼要,可以带点铀矿石和简单仪器作点现场演示。"

1月15日,毛泽东亲自主持中央书记处扩大会议,讨论中国原子能事业问题。"今天,我们这些人当小学生,请你们来上一课……"毛泽东风趣地对科学家们说。地质部长李四光汇报了我国铀矿的勘察情况,边讲边取出了黑褐色的铀矿石,大家兴奋地传看着。钱三强简要地讲述了核物理学的研究发展概况,讲了我国近几年的准备工作,然后取出射线探测器,当场作表演。他把铀矿石放在衣袋里,当人走过探测器时,便发出"嘎嘎"的轻微响声。政治家们很感兴趣,他们从现场表演获得了生动的感性知识。

会场气氛十分活跃,时有提问和插话。当钱三强讲述核原理时,毛泽东慢慢地吸着卷烟,和蔼地问:"原子核,是由中子和质子组成的吗?""是这样。""质子、中子,又是什么东西组成的呢?"钱三强一时语塞。这个问题,从来还没有人提出过。"根据现在科学研究的最新成果,"钱三强考虑着回答说:"只知道质子、中子是构成原子的基本粒子。基本粒子,也就是最小的,不可分的。"毛泽东微笑着从容地说:"从哲学的观点来说,物质是无限可分的。质子、中子、电子也应该是可分的。一分为二,对立的统一嘛!你们信不信?""你们不信,反正我信。"毛泽东仍然微笑着,目光中闪着自信,"现在,实验室里还没有做出来,将来,会证明它们是可分的。"这是一项预言,以后的事实证明,它惊人地准确。

毛泽东又说:"信,愿意给我们积极的协助,这很好。我们要尽快把反应堆、加速器建立起来,我们有了人,有了资源,什么奇迹都可以创造出来。苏联能够帮助,这很好。不帮助,我们也一定干得好。"

吃饭的时间到了,餐厅里摆了3桌,毛泽东的右边是彭真,左边是李四光,钱三强坐在他的对面。"三强的父亲,是钱玄同。"彭真向毛泽东介绍,"主席在北大时,见过面没有?""知道。但是没见过面。"毛泽东又对钱三强说:"最近,我看了一本书,序言就是你父亲写的。钱教授在这篇文章里,反驳了他的老师章太炎,他这种勇于追求真理的精神,是很可贵的。"菜上齐了,毛泽东端起酒杯:"预祝我国原子能事业顺利发展,大家共同干杯!"大家起立,在欢快气氛中举起了酒杯。

1956年4月在中央有关会议上,毛泽东表示,在当今世界,如果我们想免遭他人的欺侮，我们就不能不拥有原子弹这种东西！ 1964 年 12 月 16 日，我国成功地爆炸了中国第一颗原子弹。由于毛泽东的重视，我国尖端科学的发展上了一个大台阶。

（参见阿古拉泰编：《一百个名人眼里的毛泽东》，青岛出版社 1993 年版）

日常生活中有哲理

"你应该向它学习，它四季常青。我老了要向它学习，你年轻更得向它学习。"

毛泽东非常欣赏不屈不挠的顽强的斗争精神。

一次，毛泽东在院里散步时，发现一处墙缝里长出一棵小草，站住琢磨一阵，并对身边警卫人员笑着说："你看它多好，不要把它拔掉，它挺倔强，就砖缝里这么点土都能生长，精神是很可贵的"。又一次，毛泽东身边的工作人员陪他在花园里散步，走到两棵松树前，毛泽东让她向松树三鞠躬。

"鞠躬干什么呀？"工作人员不解地说。

毛泽东笑着说："你应该向它学习，它四季常青。我老了要向它学习，你年轻更得向它学习。"说罢，便恭恭敬敬地对着松树行了三鞠躬礼。工作人员也慌忙跟着行礼。

这虽然是一些小事，从中却可以看出毛泽东在日常生活中不断发现，充满哲理的自然现象和社会现象，并引申到理念中。通过联想说明处处留心皆有学问。学习"小草"和"松树"的精神，就是学习它们顽强拼搏，永葆青春的旺盛斗志。

（参见许祖花、姚佩莲、胡东编著：《毛泽东幽
默趣谈》，山东人民出版社 1995 年版）

凭真才实学考学校

升学的事，我不宜于向学校写信。

孙燕又叫孙配君，是毛泽东家里保姆陈玉英的女儿。

她刚生下来时，孙家去抽了个签，说这娃命好，是配君的福，就取了这
个名字。毛泽东写信给她有时也写成"佩君"。

1950 年，孙燕到了上学的年龄。恰好这时毛岸英来湖南省亲，见到了
陈玉英母女，决定小孙燕入保育院学习，但毛岸英未及办好入学手续，就匆
匆北归。

毛岸英回北京后，分别给陈玉英和杨开智、李崇德写信，要她们出面找
有关部门联系，解决入学问题。

在毛岸英的关心下，小孙燕进了保育院学习。

转眼到了 1955 年暑期，学校放假了，孙燕便给毛泽东写信，想进北京，
于是毛泽东给她回信："今年不要来，明年再说罢。"

虽然北京暂时未去成，但小小的孙燕第一次收到别人的来信，而且是全国
人民崇敬与热爱的毛主席的来信，她的高兴，真无法形容。而且毛主席已说明
"明年再说"，看来明年进北京见毛主席大有希望，小孙燕怎能不满怀喜悦呢。

1957 年，孙燕初中毕业了，她喜欢音乐，想去投考音乐专科学校，但
她不懂得具体手续，于是又给毛泽东写了一封很稚气的信，要毛主席替她了

解一下考试的一些具体内容、要求及规定等。

当时她只是想，她不知道的事，毛主席肯定都知道。这封信充分反映了小孙燕的天真和幼稚。

但出乎意料。毛泽东居然又回了信。

接到毛泽东主席的信后，孙燕格外激动，她下定决心，温习功课，考出好成绩，为关心自己的人民领袖争气。她一边温习课，一边在一所学校里代课。

可是这一年下半年，长沙市规定：（一）户口不在长沙的要下放；（二）家庭生活无来源的要下放；（三）本人一时无法找到工作的要下放。当时有人根据三条规定，要孙燕回宁乡农村去，自食其力。其时，孙燕已在一所学校里当代课教师，而且还获得了模范教师的好评。想到就此到乡下，母亲无人照顾，自己也前途莫测，忧急之中，她又向毛泽东写了一封信。

信寄出不久，很快就收到了毛泽东的回信。信寄"长沙市文新桥三号孙配君同志"。

佩君同志：

五月十六日的信收到。已在初中毕业，甚慰。升学的事，我不宜于向学校写信。能否考取，听凭学校。如不能升学，可以在家温课。寄上三百元给你母亲，以后还可寄一些。不要忧虑。

毛泽东
一九五七年六月八日

毛泽东青少年时代为了寻求合适的学校，曾多次考取几个学校，并代别人考试也被录取了，这使他认识到要靠真实本领去参考，而不能靠走后门去入学。建国以后他一直关心教育改革，并坚持不为任何人写信荐举，毛泽东劝孙配君不要凭他写信荐举，而要靠自己刻苦学习凭能力考取学校。从这件事可以看出毛泽东鼓励孩子们靠勤奋学习去考取学校。孙配君在毛主席的教育下，终于以自己的优异成绩考取了理想的学校。

（参见潘相陈编著：《毛泽东家书钩沉》，中共中央党校出版社1997年版）

办好报纸坚持真理

"有了这五不怕的准备，就敢于实事求是，敢于坚持真理了。"

1957 年 6 月 13 日晚，毛主席找吴冷西和胡乔木到他的住所中南海丰泽园菊香书屋谈话。毛主席一开始就告诉吴冷西，中央已经决定调他去人民日报社，同时还兼新华社的工作。谈到如何办报纸时，毛主席讲了一段很长的话。

毛主席说，领导的任务不外决策和用人，治理国家是这样，办报纸也是这样。当时主席还严肃地告诫吴冷西说，你到人民日报工作，要有充分的思想准备，要准备遇到最坏情况，要有"五不怕"的精神准备。这"五不怕"就是：一不怕撤职，二不怕开除党籍，三不怕老婆离婚，四不怕坐牢，五不怕杀头。有了这五不怕的准备，就敢于实事求是，敢于坚持真理了。一个共产党员要经得起受到错误的处分，可能这样对自己反而有益处。毛主席举例说，屈原流放而后有《离骚》，司马迁受腐刑乃发愤著《史记》。他自己也有这个体会。他说到，他讲打游击战的十六字诀时，并没有看过《孙子兵法》。后来王明"左"倾路线领导讥讽说十六字诀来自过时的《孙子兵法》，而反"围剿"打的是现代战争。这时他才找到《孙子兵法》来看。列宁的《国家与革命》也是这时看的。那时他被解除指挥中央红军的职务，就利用空闲看了不少从红军走过的县城中弄来的书籍。

1958 年 1 月 12 日，南宁会议开始，毛主席一上来就讲他近年来一直为工作方法而奋斗。

毛主席详细地讲了战国时代楚国一位文学家宋玉攻击登徒子大夫的手法，攻其一点，不及其余：起因是登徒子大夫在楚襄王面前说宋玉此人"体貌闲丽，口多微辞，又性好色"，希望楚襄王不要让宋玉出入后宫。有一天楚襄王对宋玉说，登徒子大夫说你怎么样怎么样。宋玉回答说，一个绝代佳丽勾引他三年，他都没有上当，可见他并非好色之徒。接着，宋玉攻击登徒子说，登徒子的老婆头发蓬蓬松松，额头前突，耳朵也有毛病，不用张嘴就牙齿外露，走路不成样子而且驼背，身上长疥疮还有痔疮。宋玉问楚襄王：登徒子的老婆丑陋得无以复加，登徒子却那么喜欢她，同她生了五个孩子。请大王仔细想想，究竟是谁好色呢？毛主席说，宋玉终于打赢了这场官司。他采取的方法就是攻其一点，尽量扩大，不及其余的方法。我们不能搞这种方法。整个故事见宋玉写的《登徒子好色赋》。昭明太子把这篇东西收入《文选》，从此登徒子成了好色之徒的代名词，至今不得翻身。

第二天，毛主席把宋玉这篇赋印发给大家看。

1958年4月11日上午，毛主席叫田家英和吴冷西一起同他闲谈。毛主席谈到梁启超时说，梁启超一生有点像虎头蛇尾。他最辉煌的时期是办《时务报》和《清议报》的几年。那时他同康有为力主维新变法。他写的《变法通议》在《时务报》上连载，立论锋利，条理分明，感情奔放，痛快淋漓。加上他的文章一反骈体、桐城、八股之弊，清新平易，传诵一时。他是当时最有号召力的政论家。

毛主席又说，梁启超写政论往往态度不严肃。他讲究文章的气势，但过于铺陈排比；他好纵论中外古今，但往往似是而非。他自己也承认有时是信口开河。

毛主席还谈到，梁启超创办《时务报》，开始确实很辛苦，他自己写评论，又要修改别人来稿，全部编排工作和复校工作都由他一个人承担。后来才增加到七八个人，其中3位主要助手也是广东人。现在我们的报社，动辄数百人、上千人，是不是太多了？

毛主席对梁启超有褒有贬，可见对他的生平比较熟悉，对他的著作也有研究，对办报的甜酸苦辣都很有体会。

在1958年9月30日下午，毛主席的秘书通知吴冷西到丰泽园去。毛主席见面就对吴冷西说，他代新华社写了一条新闻，写的是他谈巡视大江南北的观感，稿子已拿去打字，过一会就可以看到。他叫吴冷西先坐下来谈谈。

毛主席先从他巡视大江南北谈起，说到地方上走走，可以看到许多新鲜的东西，从而引起一些想法，最后形成若干观点。在北京当然也很重要，这是中国的政治中心，是议论多的地方。办报也要听到各方面的议论，写评论才能有所而发。这方面你要学张季鸾。

毛主席说，人们把《大公报》对国民党的作用叫做"小骂大帮忙"，一点也不错。但张季鸾摇着鹅毛扇，到处作座上客。这种眼观六路、耳听八方的观察形势的方法，却是当总编辑的应该学习的。张季鸾这些人办报很有一些办法。例如《大公报》的星期论坛。原来只有报社内的人写稿，后来张季鸾约请许多名流学者写文章，很有些内容。他在延安时就经常看。《大公报》还培养了一批青年记者，范长江是大家知道的，杨刚的美国通讯也很有见地，这两位同志都在人民日报工作过。

毛主席最后说，我们报纸有自己的传统，要保持和发扬优良的传统，但别人的报纸，如解放前的《大公报》，也有他们的好经验，我们也一定要把对他们有益的东西学过来。

通过吴冷西的回忆，可以看出毛泽东对报纸工作不仅重视，而且还有相当深度的研究，因此，能提出许多办好报纸的改革意见。说明毛泽东的知识面非常广泛，因此议论起学问来，几乎成了精通的专家学者。

（参见中央文献研究室编：《治国与读史》，中央文献出版社 2008 年版）

武将要学吕蒙读书

"吕蒙如不折节读书，善用兵，能攻心，怎能充当东吴统帅？"

1958 年 9 月，毛泽东视察安徽，同行的有民主人士张治中和当时任公安部长的罗瑞卿。

一天，毛泽东正在车上阅读《三国志》，张治中和罗瑞卿进来。在闲谈中，毛泽东说起吕蒙发奋读书的故事。

孙权手下的吕蒙，15岁就当兵打仗，以骁勇著称。有一天，孙权对他说：你也算是管事的人了，应该读书长点学问。吕蒙回答说：军机事务都穷于应付，哪有时间读书？孙权一听不高兴了，就说：我难道是让你穷首皓经去当博士吗？只是要懂点历史罢了。要说事多，你比我还多吗？我自统领江东以来，读了历史和诸家兵书，大有收获。你很聪明，难道可以不读？吕蒙听了孙权的话，从此发愤读书。几年后，议起事来，他的上司、读书人出身的鲁肃，有时也得让他几分，并赞扬道：你已不是昔日的"吴下阿蒙"，而当"刮目相看了"！

讲完故事后，毛泽东说："吕蒙是行伍出身，没有文化，很感不便，后来孙权劝他读书，他接受了劝告，勤读苦读，以后当了东吴的统帅。现在我们的高级军官中，百分之八九十都是行伍出身，参加革命后才学文化的，他们不可不读《三国志》的《吕蒙传》。"

毛泽东后来也曾经说："吕蒙如不折节读书，善用兵，能攻心，怎能充当东吴统帅？我们解放军许多将士都是行伍出身的，不可不读《吕蒙传》。"

吕蒙正是通过不断的学习，才成为了孙权鼎足江东过程中一个了不起的重要人物。

毛泽东在读《三国志》时，在《吕蒙传》里有一个批注。

书中说：吕蒙上书孙权说，关羽正带兵攻打樊城，为了防备我率兵从背后袭他，在荆州留下不少兵马。我们可以撤走一些自己的部队，我也以治病为名回到建业，这样关羽就会把他的荆州之兵调往樊城前线，我们再突袭他的后方。

读到这里时，毛泽东在这段话旁批了两个字："诡计。"

"武圣"关羽果然中了后起之秀吕蒙的这一计谋，终至败走麦城，遭吕蒙擒杀。可见读书之益。

吕蒙最终取得了策划并领导袭取荆州战役的胜利，使孙权的势力从局促的江南向长江上游伸展，获得了一片宝贵的战略缓冲地带，同时也解除了来自荆州上游的威胁，为孙权政权的稳定奠定了基础。可以说，正是由于孙权掌握了荆州，使刘备继续扩张的趋势骤然停顿，孙、刘的长期稳定的联盟才成为可能，三国鼎力的局面才基本确定，吕蒙对孙权的最大贡献就在于此，所以孙权后来对吕蒙的早逝十分惋惜并深感沉痛。

早在 1944 年抗日战争时期，毛泽东就明确地指出："没有文化的军队是愚蠢的军队，而愚蠢的军队是不能战胜敌人的。"

（参见许文钦编著:《毛泽东读书治国》，中央文献出版社 2008 年版）

了解志书地方历史

"下轿伊始问志书"。

毛泽东在青年时期就读过顾祖禹的《读史方舆纪要》和不少地方志书。

第二次国内革命战争时期，红军每打下一个县城，毛泽东总是要找来当地的县志来看。1930 年，红军打下了江西兴国县城，毛泽东就住在县图书馆内。当时的共青团兴国县委书记萧华来汇报工作，发现毛泽东正在阅读《兴国县志》，在瑞金时，这部残缺一卷的清代续修的八卷集的《兴国县志》让他觉得如获至宝，仍然带在身边。

后来，即使在环境恶劣、饥寒劳累、战斗频繁的长征途中，毛泽东也没有放弃寻找和阅读地方志书的习惯。有一次部队打了大胜仗，夜间宿营时，他问秘书有无战利品？秘书知道他是抽烟的，于是把前方刚送来的香烟递过去，他连忙摆手说不是这个，搞得秘书疑惑不解。看到秘书的窘境，他笑了："噢，怪我没讲清楚，我要的是书，比如州志啦，县志啦什么的。"秘书这时才弄清楚毛泽东指的战利品是地方志书。自此以后，毛泽东每到一处，秘书和工作人员都为他去找历史、地方志一类的书。以后随着战争的流动转移，地方志搜集得越来越多，他只好抓紧战斗的间隙时间阅读，读完就忍痛扔下，为的是减轻挑夫的负担。但他的记忆力很强，解放后进了城，仍不忘扔掉的地方志书，和工作人员及下属谈话时还经常提及地方志书。

1959 年 7 月 1 日，毛泽东初次来到庐山，下榻于"美庐"（蒋介石、毛泽东在庐山办公和休息的地方）。他稍事休息后，来到客厅。只见书架上，已经完全按照他在中南海丰泽园的习惯，摆好他所需要的书籍。毛泽东浏览了一下书架上的书名，便问随身秘书，这里有没有庐山的志书，秘书回答没有准备这类书籍。毛泽东说："能否借一部给我看看。"

按照当时办公室的分工，借书应由文娱组负责，当时文娱组组长林敏（江西省文化厅副厅长）思考了一下，庐山志有许多种，借哪部适合主席需要呢？当即决定借民国 22 年吴宗慈编纂的《庐山志》。就派殷荫元向庐山图书馆借了一部吴氏《庐山志》往"美庐"送去，交李卫士转呈毛泽东。毛泽东接到打开翻了几页，看了目录。便说，最好还把《庐山续志》借来。这天下午，邵省长和庐山管理局党委书记楼绍明接受了这一任务，立即又通知殷荫元，去图书馆再借一部吴氏《庐山续志稿》，马上送到"美庐"去。

在庐山期间，毛泽东还向工作人员说过，"下轿伊始问志书"的典故：朱熹到南康郡（今江西省星子县）去当郡首，一上任，当地属吏照例到轿前迎接。朱熹下轿的第一句话就问：《南康志》带来没有？搞得大家措手不及，面面相觑。这就是"下车伊始问志书"的由来。朱熹的这个故事传开后，也就有了后人"以志呈阅"的习惯。毛泽东借这故事肯定了朱熹为官重视志书的认识和实践。借以说明志书的重要性和作用。

（参见孙宝义编著：《毛泽东的读书生涯》，知
识出版社 1993 年版）

躺卧读书自然习惯

"郭沫若同志是很能写书的！"

毛泽东的保健医生王鹤滨回忆：毛泽东在工作上不分昼夜、不知疲倦，真是鞠躬尽瘁，日理万机。他在学习上则是手不释卷、好学不息地钻研着、学习着。

毛泽东在睡前、醒后，或工作间隙都手持书卷，津津有味地学习着。

在紫云轩毛泽东的起居室，你会惊讶地看到，在他老人家睡的硬木板双人床上，从头到脚竟放满了整整半床的书籍，就好像是睡在或躺在书堆里，这些书都是毛泽东平时常要看的书。这些书都一叠叠地有秩序地排在床铺的东半侧，等候着他去阅读。每本书看过的部分都夹着密密麻麻的白纸条。上面有的可以看到记录上的铅笔字。这些纸条都有半截垂露在外面，这可能是为了便于查寻。刚看过的书籍如未看完，还要继续看时，则卷着摆放在那里。这些书籍几乎都是线装的古书。毛泽东没有折书页的习惯，这可能与他年轻时在北京图书馆作过馆员有关。这些书我们从来没有动过，更没有翻看过。毛泽东爱读书，爱护书，每日同书作伴，每日与书共寝。一看到这些情况便使我肃然起敬。毛泽东同志爱读书的程度堪称"书为夫人"。于是我推断，毛泽东睡硬板床可能是便于放书。因为睡软床时，由于床面的变动，那些书是无法有秩序地放在那里的，那便会滚落满床，有的会被身体揉坏；同时毛泽东有躺在床上看书的习惯，软床是不能很好地完成这一任务的，是否还有其他的原因，我没有认真地考证过。就是他外出视察工作时，只要"书夫人"随行，住宿时都得需要硬板床。

中国古典著作中，毛泽东推赏司马迁的《史记》。在近代的著作中，毛泽东赞赏鲁迅先生的著作，对郭沫若的著作也很关心。记得一个夏天，毛泽东正在院中休息，坐在翠柏旁边的藤椅上看书。当我走近问候他的健康情况时，他正看得入神，没有回答我提出的问话，而是指着手中的书告诉我。

"郭沫若同志是很能写书的！"

毛泽东除了紧张的工作之外，就是畅游在书的海洋里，享受那书海中发出的波涛，让它们冲击着脑海。推动着思维活动的进展。

毛泽东躺着看书的习惯不知是从何时开始的，他怎样形成的这种习惯，也没有人去考究过。但作为一个保健医生，我倒也考虑过躺着看书在生理学上的意义。躺着看书。这与小学生时代的观点完全相反，也与我这位曾经是眼科医生的看法不同，躺着看书对视力不利，因为很难保持两只眼睛同时处于等距离的状态下看东西。对小学生来说，看书时要求端坐，上身保持笔直的状态，书本的平面应与人的面部平面保持平行，因此要求桌面有个倾斜度，距离保持在30厘米为度。如果看到孩子躺着看书，我会把他们赶起来，让他们坐正看书的。

毛泽东看书的姿式（躺着）合理吗？是生理上的要求，还是不良习惯？从生理要求看来，人体处在卧位时，由于流体力学的关系，以及地心引力的作用，大脑得到的血液流量，当然要比坐着或站着要多，也就是说，大脑得到的营养也多，因而躺着看书的坚持力强，记忆力好，读书效率高，不易疲劳。

这样说来，毛泽东喜欢卧位读书，不是一种不良习惯，而是有一定科学依据的生理上的要求。

毛泽东右侧的床头桌上，放着盏台灯。只要他未在睡眠中，那台灯总是亮着的，伴着他读书。在灯光下的书面被照得很醒目，他半卧着，或叫半坐着；或侧卧着，或用右肘支持着上身的重量，眼睛在灯罩上的阴影里，也有时下放到灯光的领域里读着，读着……毛泽东睡前，多数是在他醒后，当你走近他的寝室时，常会看到他正在全神贯注地阅读着，一点儿也不觉察有人走进来。当他读到有趣之处，常常会使你听到从他那抖动着的喉部迸发出的"格、格、格"的笑声。从王鹤滨的回忆中可以看出刻苦钻研读书的毛泽东。

（参见王鹤滨：《紫云轩主人——我所接触的毛泽东》，中共中央党校出版社1991年版）

读书涉猎面极深广

"就是要采用这种方法，把空气搞得活泼些，使大家不拘束。"

1986 年 9 月 5 日，杨尚昆在中共中央文献研究室召集的一次座谈会上说：

"毛主席有许多事情、许多优点是一般人不了解的。比如毛主席提倡学习，不是说说而已，他买了很多书来读，还把中学物理、化学实验的仪器买来摆在寝室外面。过去曾在中南海瀛台搞过一些展览，例如机械方面的等等，他都亲自去看。

"他不只是参观，还找有关的书来学习。他的求知欲是没有止境的。有一次他外出的时候，李烛尘陪着他，他就跟李烛尘学化学，谈起硫酸是什么成分，他还能写出硫酸的分子式，当时我在旁边，看见毛主席记得很多的化学分子式。他拼命地读书，像二十四史，他至少通读了一遍，其中有些部分读了不止一遍。他外出到哪个省，总要预先对那个省的省志及某些县的县志都翻阅一下。见了省里、县里的干部，他总要先讲讲开玩笑的话。比如到石家庄附近的正定县，他就讲，赵子龙是你们这里人，你们知道不知道？到河南，他就讲关云长不是山西人，是河南人，说关云长本不姓关，因为在河南有了人命案，逃往山西，到了潼关人家问他姓什么，他一下子说不上来，一看这里是潼关，就说我姓关。后来我看到笔记小说上有这样说的，毛主席大概也是从这种书里看来的。像这类的掌故，毛主席知道得很多。他谈这些掌故有什么道理呢？他对我说，就是要采用这种方法，把空气搞得活泼些，使大家不拘束。他一是求知欲强，特别爱学习；再就是记忆力特别好。有的时候记起什么诗、什么词，让别人去查找，他能背出来，而且说的出处也大致不错。国内有些有名的对联他一口气就能背下来，比如昆明大观楼那个 180 个字的长对联，他就能背下来。《红楼梦》中的很多诗词，他也能背。"毛泽东勤奋学习，知识渊博，读书面很广，许多奇闻轶事他都涉猎过。

（参见《杨尚昆回忆录》，中央文献出版社 2001 年版）

一生中爱好是读书

"我要是一天不看书，活在世上就难受。"

毛泽东从青少年时代起一直到晚年，从未间断过读书学习。他读书钻研，真正达到了废寝忘食、如痴如醉的地步，用他自己的话说："使看书占领工作之外的时间。""一天不读报是缺点，三天不读报是错误。""我一生最大的爱好是读书""饭可以一日不吃，觉可以一日不睡，书不可以一日不读。"毛泽东把读书学习当成了生命的第一需要，是生活中的一种常态。伟大的人物，不是天生的天才，更不是后天坐享其成的智慧人物。毛泽东的伟大，首先来源于他对学问的追求。他在学习上的座右铭，就是，生命不息，学习不止，学习比任何享受都富有吸引力；学习比任何事情都重要。毛泽东家里的管理员吴连登回忆说："毛泽东吃饭的时候，桌子旁边有时候摆着书，后面的沙发上也摆着书。2003 年 12 月 25 日上海《新闻晚报》发表文章说是卫生间里也放着书。"

毛泽东对吴连登说："你这个管理员哪，一天不给我饭吃"，他拍拍肚子说："这里还有存货，我要是一天不看书，活在世上就难受。"

1976 年 9 月的毛泽东，已病入膏肓，经常昏迷，但在他逝世前的 8 小时，他还在阅读文件。8日这一天，毛泽东看文件看书11次，共2时50分钟。他是在抢救的情况下看文件看书的：上下肢插着静脉输液管，胸部安有心电监护导线，鼻子里插着鼻饲管，文件和书是由别人用手托着。

（参见徐文钦编著：《毛泽东读书治国》，中央文献出版社2008年版）

临终前仍在读书报

"我一辈子就是爱读书，可现在……"

毛泽东一生酷爱书籍，直到他生命的最后时刻，他依然惦记着书。

毛泽东晚年，在他患了白内障之后，视力极弱，只能用放大镜一点点看，或者由工作人员给他读。一旦视力有所好转，他就开始大量读书。每天他除了睡觉休息，批阅文件，接见外宾，剩下的时间，都用到读书上。有时竟然一天读上十几个小时，仍爱不释手。

毛泽东让警卫员替他准备了两副奇特的眼镜：单腿，一副无左腿，另一副无右腿。这两副镶着金边的花镜，是他侧卧阅读时用的，向左时就戴无左腿的眼镜，向右时就戴无右腿的眼镜。一次，他戴上单腿眼镜，捧着书贪婪地阅读。医务人员看见了，不忍心他再受读书之累，只好把书拿走了，并劝告："主席，为了您的健康，您不要再读了。"在这种时候，毛泽东有些茫然了，他伤感地叹道："我一辈子就是爱读书，可现在……"

后来，他的眼疾越来越严重，只好做了白内障切除手术。病情刚有好转，他又要求看书。医务人员为保证他的眼睛视力的恢复，规定每天只准看15分至30分钟的书或文件。毛泽东满口答应，但一拿起书来就放不下。医生来检查了，他就把书往被子里藏，医生一走开，他又贪婪地读起来。

1976 年 9 月 8 日，毛泽东已处在弥留之际，他长时间地陷入昏迷状态。即使如此，每当他清醒过来，他还是要书看。当时政治局常委、身边的工作人员一直在守护他。他想要一本书，但语音微弱模糊，连最能听懂他的话的秘书，也不明白他说的是什么。他自己着急了，颤巍巍地伸出三个手指头，指指木板床，又用手指在床板上轻轻地敲。一时大家都悟不出是什么意思。这时，一个同志忽然想到国际方面的大事：当时日本的福田派和三木派斗争得很激烈，《参考消息》上发表过有关报道。他从毛泽东伸出三个指头，敲木板床想到'三木'这个名字，忙把想法告诉秘书，秘书从《参考消息》上找到关于三木、福田的报道，一读题目，他的脸上就露出轻松的表情，并微微地点着头。读完这一篇，又读了一篇关于美国当时竞选总统的报道，毛泽东也静静地听着。过了一会儿，他就安详地睡着了。时隔几个小时之后，他的心脏就永远停止了跳动。

临终时，他的身边还放着一本《共产党宣言》。毛泽东真正做到了活到老、学到老，达到了读书是生命的第一需要的崇高境界。

（参见唐研编著：《毛泽东与读书学习》，中央文献出版社 2004 年版）

三、奋斗磨砺

孟子说："故天将降大任于斯人也，必先苦其心志，劳其筋骨，饿其体肤，空乏其身，行拂乱其所为，所以动心忍性，曾益其所不能。"还有一位哲人说："平静的湖水练不出精悍的水手，安逸的环境造不出时代的伟人。"

毛泽东是伟人，也是平凡的人。在他的一生中，既有伟大人物气吞山河、高瞻远瞩、运筹帷幄决胜于千里之外的充分显现，也有平常人喜怒哀乐的情绪，还有平常人可能遇到或根本遇不到的种种坎坷和险难。他脚下光辉而伟大的成功之路，是在充满险难的坎坷之中延伸的。

毛泽东一生中，遇到过无数次险难。有的来自于敌人的追捕、刺杀，有的来自于革命队伍内部的打击和陷害，有的来自于大自然的威胁，有的来自于病魔的折磨……可以说人世间的很有磨难他都经历过。

毛泽东坚持真理，信仰共产主义，心系民众，拯救民族于水火之中。大志和信仰，使他对坚决砸碎旧世界、建立新世界，矢志不渝，勇往直前。这必然引起一切反动派的关注和仇视，尤其是他在共产党内的地位越来越高直至掌千军、握权柄之时，更成为敌人的眼中钉、肉中刺，于是乎，来自敌人的威胁接二连三。中国革命的航船是在风雨中前进的，为了保证其驶向胜利的彼岸，毛泽东一次次拨正航向，同党内各种错误思想进行斗争，同时也遭到了各种"左"和右的错误路线的打击，甚至遭遇到阴谋家、野心家的暗算。中国革命是在极其艰苦的环境中进行的，无论革命根据地的创建、巩固和发展，还是被迫的战略大转移——长征，恶劣的环境和条件严重地威胁着毛泽东和其他同志的生存和斗争。

　　毛泽东一生中，经历了许许多多惊险迭出的场面，有时甚至是九死一生，但都化险为夷，遇难呈祥，让人感到惊叹、神奇。但是，这里并没有什么"上帝"的保佑，而是他的大智大勇和人民群众保护的结果。

　　逆境是一块磨刀石，也是一柄双刃剑。逆境可以磨练人的意志，也可以增长人的智慧和勇气。

　　毛泽东的智慧和勇气，是在不断经历的险难中锻造的。战胜险难的钥匙是勇气，每当毛泽东遇到险难时，他都以非凡的智慧和勇气绕过险滩而踏上坦途。当然，从毛泽东所经历的险难中，还能透视出许许多多的道理，给人以许许多多的思考：为追求理想，他"我将上下而求索"；为追求事业的成功，他"不到长城非好汉"；在世态炎凉中，他"胜似闲庭信步"；在遇到险象时，他"决不临危苟免"；在艰苦的奋斗中，他"三军过后尽开颜"……在成功的艰难路程中，毛泽东给我们提供了战胜困难，走向胜利可资借鉴的一面闪闪发光的镜子和斩妖除怪的利器。

强健的体魄战胜困难

"一个经常注意锻炼身体的人，就不会被风雪严寒所吓倒。"

毛泽东是父母的第三个儿子。他的两个哥哥在襁褓中就因病夭折，他的父母也都是因病在中年时相继去世的，这给毛泽东留下了很深的苦痛回忆，使他从小就意识到身体强健的重要性。

毛泽东的老师杨怀中，学问好，道德好，而且爱好体育运动。他经常教导学生说：一个人要有健康的体魄，才会有充沛的精力，也才有坚强的意志，成为社会上有用的人才。毛泽东受他的影响颇深，自此长年坚持冷水浴。

毛泽东青年时就读的第一师范有个水井，每天清晨，当同学还在酣睡的时候，毛泽东已来到井台上，进行冷水浴。他脱光上身衣服，用刚吊上来的冷井水淋浴，淋了擦，擦了淋，这样反复做上20分钟，直到全身发红发热为止。由夏到秋，由秋到冬，气温一天天下降，他的冷水浴却从来没有间断过，即使是在寒风凛冽的严冬，他仍照常坚持。

有的同学问毛泽东冷水浴有什么好处？他回答：有两样好处。第一，它可以促进血液循环，增强身体的抵抗力，并能强壮筋骨；第二，它可以培养勇猛无畏的气魄和战胜困难的精神。在北风呼啸，滴水成冰的清晨，把冰冷的水一桶桶地往身上浇，这首先需要勇气。他还对同学说：一切锻炼身体的活动，不论是复杂的或简单的，要把它坚持到底。都不是容易的事，关键在于一个人有没有决心和毅力。锻炼贵在坚持，一个经常注意锻炼身体的人，就不会被风雪严寒所吓倒。

毛泽东虽然说的是体育锻炼的事，实际上说的是锻炼意志和毅力。他常说："文明其精神，野蛮其体魄"，也正是这个意思。

（参见辛新：《毛泽东与冷水浴》，《健康报》第
470 期）

水、日、风、雨浴练体魄

> "只有这样，才能使皮肤增加抵抗力，可使全身血液循环加快，既可强筋壮骨，又可练习勇气。"

毛泽东在第一师范时结识了著名教育学家杨怀中先生。杨先生坚决反对腐败生活，提倡民主的科学的新生活，他废止早餐，做深呼吸，一年四季进行冷水浴。这一切都给毛泽东留下了深刻印象。

一天，毛泽东在同学会上约了蔡和森、张昆弟，决定一同到岳麓山下去露营，每人只带一条洗脸毛巾，一把雨伞和一些随身的衣服，在 1916 年暑假，他们开始了行动。

岳麓山与长沙城隔江而望，平日来往人不多，很是幽静。

毛泽东他们三个人来到岳麓山后，每天清晨，毛泽东带头喊着号子在山上跑步运动，然后下山到池塘里或湘江中洗冷水澡。活动完再读书、看报、谈论和思考问题。晚上，他们露宿在草地上，彼此离得远远的，怕呼吸的空气不好……这样坚持到假期结束，回校后，毛泽东和朋友们仍然在学校后山坡、操场里露宿，一直到落霜之后。

毛泽东回校后想："杨先生的运动方式固然好，但范围还比较窄，如果把'浴'的范围扩大该有多好。"思索了一会儿，头脑中攸的一下闪光："在太阳下、在大风中、在大雨中，裸着身体让晒、让吹、让淋。那不是全面锻炼吗？对！马上告诉和森他们，就说进行日浴、风浴、雨浴。"毛泽东瘦长的身影一闪就跑去找朋友们了。毛泽东兴奋地一口气把想法告诉了和森他们那帮朋友，马上得到"追随者"们的赞同。

第二天，天刚蒙蒙亮，毛泽东召集齐了"好友"们，来到操场边的一口井边。高、矮、胖、瘦参差不齐的男同学，七手八脚脱去长衫、裤褂，只穿短裤。毛泽东一声令下，每个人从井里提起一桶冷水放在面前，清莹的井水，触手冰凉，接着一起捧起桶，从头到脚地淋了下去，然后又拿桶，提起水互相泼起水来，虽然没有大吵大闹，却蒸腾着勃勃生机。淋够了，用干毛巾奋力地擦干全身，一直擦到全身皮肤通红才罢手。毛泽东一边擦搓着，一边对同学们说："只有这样，才能使皮肤增加抵抗力，可使全身血液循环加快，既可强筋壮骨，又可练习勇气。"

这样，毛泽东的"好友"由几个人增加到 20 个人，然后在学校中形成一种风气。之后，他们又进行了雨浴和风浴。

大雨中，毛泽东领着同学们在后山操场上淋雨，或者做远距离的步行，让大雨淋个透，边淋边大声地喊着号子，雨幕中的年轻人们，随着毛泽东跑啊、跳啊，挥着手似乎要拨开那灰暗的天空；大风中，迎着呼啸的北风在后山操场上奔跑，或在城墙上天心阁一带散步，让风吹着身体和脸庞，有时还对着风头，扯开喉咙大喊大叫，毛泽东常在风中大声地对同学们说："我们这样做，能锻炼身体，更能锻炼意志。"

毛泽东经过了这样的锻炼，造就了雄伟的气魄，宏大的襟怀和崇高的情操。毛泽东青年时代与"天""地"奋斗，为后来经受长征的艰苦考验，打下了坚实的身体基础。青年毛泽东的体育锻炼活动证明：没有强健的体魄，是经受不起艰苦环境的考验的，更谈不上用充沛的精力去迎接一切高难度的挑战。

（参见许祖范、姚佩莲、胡东编著:《毛泽东幽默趣谈》，山东人民出版社 1995 年版）

农民掩护脱离险境

"我毛泽东这次大难不死，是托两位的福啊！"

1921 年至 1927 年，毛泽东先后四次去板仓。每一次，湖南省反动军阀赵恒惕都闻讯派兵追捕。

有一次，敌人兵临板仓，先封锁了所有路口，后逐户搜查。毛泽东分析了当时的紧急情势，感到暗地脱身有困难，便决定从虎口中出走。他装患"痨病"，躺在轿上，身盖厚棉被，脸上捂严毛巾，让两位农民兄弟抬着，专拣大路走，并从容不迫地越过乡公所门口。当来到一个山口时，一队执行封锁任务的持枪敌人吆喝停轿。一个军官问："干什么去？"一位农民递过一支烟，客客气气地说："我兄弟病得不行了，我们想送到长沙城里看看病。"那人追问："什么病？"这位农民用十分"可怜"的口气说："不瞒长官，我兄弟得的是痨病。"话音刚落，毛泽东咳嗽了几声。另一农民赶快给毛泽东拍背。那家伙怕"痨病鬼"传染，连忙捂嘴驱撵："快走！快走！"两位农民抬起轿子，加快了步伐。不一会儿，来到一个安全的地方落轿。3 个人捂着嘴笑了。"我毛泽东这次大难不死，是托两位的福啊！"毛泽东感谢农民兄弟的帮助。"上天保佑你啊！"两位农民风趣地说。毛泽东与他们亲切握别，预言咱们"后会有期"。

这次，敌人虽费尽心机又没抓到毛泽东。

（参见叶永烈：《面对危难的毛泽东》，海南人民出版社 2004 年版）

机智躲过敌人搜查

"梁队长，我已平安通过贵境，希撤回岗哨，毋自惊扰。"

1926 年秋天，毛泽东回湖南直接指导湖南的农民运动。长沙反动军队司令许克祥密令部下捉拿毛泽东。

盘踞在祜零一带的"铲共队"队长梁正球，得到毛泽东从板仓去浏阳的密报后，放了 9 道明岗，设了 9 道暗卡，下令：凡碰到身材高大的陌生人，一律抓到天王寺由他亲自审问。敌人的行动被我们打入"内部"的同志知道了。我地下党组织立即召开会议，讨论护送毛委员离开板仓的办法。你一言，我一语，最后，大家都同意毛泽东的办法——即从天王寺敌人的眼皮底下坐轿通过。

第二天，一乘华丽的布篷轿来到天王寺。毛委员头戴漂亮礼帽，身穿软缎青长袍，手拿文明杖，嘴叼吕宋烟，端坐轿内。4 个轿夫和 1 个跑轿的穿得也很阔气。2 个背枪的哨兵拦住轿子："干什么的?"跑轿的大大方方地亮出名片，哨兵见名片上印有许克祥的姓名，不敢造次。跑轿人说："我家大老爷是长沙许司令派来找梁队长的，他在家吗?"哨兵说："在家，在家! 请，请!"满脸陪笑地打着手势放行，对轿内坐的"大老爷"既不敢看也不敢问。毛委员安全通过天王寺，加速向浏阳赶去。

中午，梁队长得知"大老爷"通过的情况，大骂哨兵是"饭桶"，挎上驳壳枪训斥道："走，跟我去追'大老爷'!"追到前面的山沟里，远远地看见一顶布篷轿停放在那里。敌人忙飞跑到轿前，梁队长掀开轿帘一看惊呆了：人影不见，留着的纸条上写着："梁队长，我已平安通过贵境，希撤回岗哨，毋自惊扰。毛泽东"。

梁队长一伙气得脸色发青，疯狗般地狂叫着，懊悔被毛泽东在眼皮底下睿智的骗过去了，没有被许克祥捉拿住。毛泽东大智大勇，躲过了敌人的搜查，领导湖南农民运动，燃起了燎原大火，使湖南的农民运动如火如荼地开展起来。

（参见王伯福主编：《毛泽东轶事大观》，山东人民出版社 1997 年版）

虎口脱身秋收暴动

虽然有五六次我已经放弃希望，觉得我一定会再被抓到，可是我还是没有被发现。

1927 年 8 月 30 日，毛泽东出席中共湖南省委常委会议，研究确定秋收暴动的最后计划。决定成立由各军事负责人组成的中共湖南省委前敌委员会，作为暴动的指挥机关，毛泽东任书记。他还受命前往湘赣边界统率工农武装，领导秋收起义。

不料，当他们绕过敌人盘踞的萍乡，进至湖南浏阳与江西铜鼓交界处湘境一侧的张家坊时，身为秋收起义前敌委员会书记的毛泽东却被民团巡逻查房队抓住了。对于这段经历，毛泽东曾向美国记者斯诺做过简要的描述：

当我正在组织军队、奔走于汉阳矿工和农民赤卫队之间的时候，我被一些同国民党勾结的民团抓到了。那时候，国民党的恐怖达到顶点，好几百共产党嫌疑分子被枪杀。那些民团奉命把我押到民团总部去处死。但是我从一个同志那里借了几十块钱，打算贿赂押送的人释放我。普通的士兵都是雇佣兵，我遭到枪决，于他们并没有特别的好处，他们同意释放我，可是负责的队长不允许。于是我决定逃跑。但是直到离民团总部大约二百码的地方，我才得到了机会。我在那地方挣脱出来，跑到田野里去。

这个"机会"是怎样得到的呢？原来，走到半路上，毛泽东佯装脚痛，落在了后面。接着又从口袋里掏出银元，抛撒在地上。见钱眼开的团丁们忙去抢钱，谁也没顾押送的"共党嫌疑"跑不跑。毛泽东和随同的潘心源眼看时机已到，立即分路而逃。结果，潘心源不幸被捕入狱，毛泽东却得以脱险。至于其后的情形，毛泽东后来回忆说：

我跑到一个高地，下面是一个水塘，周围长了很高的草，我在那里躲到太阳落山。士兵们追捕我，还强迫一些农民帮助他们搜寻。有好多次他们走得很近，有一两次我几乎可以碰到他们。虽然有五六次我已经放弃希望，觉得我一定会再被抓到，可是我还是没有被发现。最后，天黑了，他们放弃了搜寻。我马上翻山越岭，连夜赶路。我没有鞋，我的脚损伤得很厉害。路上我遇到一个农民，他同我交了朋友，给我地方住，又领我到了下一乡。我身边有7块钱，买了一双鞋、一把伞和一些吃的。当我最后安全地走到农民赤卫队那里的时候，我的口袋里只剩下两个铜板了。

毛泽东领导农民暴动，遇到惊险的一幕是被民团抓捕到，在押送过程中他临危不惧，愈挫愈勇。最终到达目的地，胜利地领导了秋收起义，为他危难的一生增添了传奇的色彩。

（参见肖显社、沈丽文：《统帅毛泽东》，上海人民出版社2007年版）

逆境中受严峻考验

"这是人命关天的大事，怎能坐视不管？"

在井冈山创立革命根据地和在中央苏区艰苦的实践中，为了坚持真理，抵制错误路线和主张，毛泽东受到错误的排斥，并几次离开了中央领导岗位。特别是还曾四次被错误地撤消了党内和军内职务。此时的毛泽东，无论是心理承受能力，还是对付挫折的办法，都已经达到了常人难以理解的高度。

后来的历史学家们认为，1927年，毛泽东领导秋收起义部队向井冈山进军，是开辟农村包围城市、武装夺取政权道路的开始，在中国革命历史上具有划时代的伟大意义。

然而当时的中共中央却不这样看。就在毛泽东率领起义部队在文家市发兵的当天，中共中央临时政治局在上海召开的扩大会议却指责毛泽东领导的秋收起义是一种"单纯的军事投机的失败"，因而给毛泽东以严厉的批评和处分。

根据中央的指示，1928年3月，中共湘南特委派来了一位"钦差大臣"周鲁。他批评毛泽东"行动太右"，"烧杀太少"。宣布取消前敌委员会，改组为师委，书记何挺颖，毛泽东任师长，师委只管军队中党的机关，对地方党不能过问。等于撤了前敌委员会书记毛泽东之职。尤其使人震惊的是，周鲁还把临时中央开除毛泽东临时政治局候补委员的处分，错误地传达为开除毛泽东党籍。于是，毛泽东成了"党外人士"，连党的支部会议也不能参加。

一个党的创始人、党的高级领导人之一，突然之间，莫名其妙地被开除了党籍。对有的人来说，可能很难接受，有的人也可能会因此而消沉；有的人也可能会因此而自暴自弃，一蹶不振。但毛泽东泰然处之，他坚信自己没有错。他服从组织决定，当起了师长。

这时，中共湖南省委制定了"总暴动"计划，命毛泽东率部从江西进入湘南，支援湘南暴动。毛泽东虽不赞成这样蛮干，但还是服从命令于3月底率部来到湘南。出发之前，毛泽东在中村向指战员发表讲话。他说："上级要我当师长。但是，本人军旅之事，未之学也。可是，中国有句俗话，一个篱笆三个桩，一个好汉三个帮。三个臭皮匠凑成诸葛亮。我们有这么多的战士，这么多的干部，大家都来当参谋长，群策群力，不愁打不好仗。"

就在当时，祸不单行。福建山区的疟疾，也猛烈地攻击了毛泽东，使他患上了恶性疟疾，在缺医少药的那个年月，毛泽东一病数月，甚至几度病危，在死亡线上徘徊！他一会儿像步行在沙漠中，一会儿又像跌进了冰天雪地里。

落选和患病的双重打击，把毛泽东抛到了政治生涯的低谷。这消息辗转传到莫斯科，居然误传为毛泽东病死。1930年3月20日的共产国际公报《国际新闻通讯》上，误登消息，说毛泽东在福建死于肺病，不久，还登了讣告！

毛泽东此时虽心中不快，但并未消沉。他人虽然在山上，心却在山下。他不断地看书、看报纸、看文件，记挂着山下那新生的中华苏维埃共和国的命运。这时的红军正在执行中央攻打中心城市的计划而攻打赣州。所以，每当山下来人，毛泽东总是详细地问起攻打赣州的战况。

红军攻打赣州一月有余，久攻不克，损兵折将。周恩来不得不派出项英风风火火赶往东华山，请毛泽东下山，共商大计。毛泽东听项英介绍完赣州前线的情况之后，便把自己受打击的事忘到脑后，急忙收拾文件，冒雨下山。贺子珍劝他晚走一天，他说："这是人命关天的大事，怎能坐视不管？"

毛泽东经过几天的跋涉，赶到红军集结地江口。在江口，毛泽东参加了周恩来主持的苏区中央局会议。这次会议认可了毛泽东不再攻打赣州的提议。

毛泽东在逆境时坚持真理，耐心等待，一有机会就顽强抗争，终于使党中央在遵义会议上将认识统一到毛泽东主张的正确路线上来，使中国革命转危为安。毛泽东本人也终于从无数打击和冤屈中挺了过来，经受住了常人难以想象的严峻考验。

毛泽东面对挫折，没有退缩，没有消沉，而是愈挫愈奋，这正是他取得成功的重要因素。因为,自古英雄多磨难,从来纨绔少伟男。

所以,对于弱者,逆境磨难是无法逾越的障碍;而对于强者,它更能激发人的斗志,砥砺人的品行,这是成才建业必不可少的锻炼。

(参见雷国珍、吴珏编著:《毛泽东大成智慧》,
当代中国出版社 2001 年版)

险些被瞎火子弹伤

"当年打白匪,从长沙往株洲撤退时,子弹把我的帽子打穿了,裤脚上也钻了两个洞,可连我的毫毛都没伤着……"

1934 年 9 月下旬的一天中午,毛泽东来到于都住处附近的一个村庄,向赤卫队长黄银娃问起了当地的风土人情。黄银娃聊到本村的一个老学究罗志勉时,毛泽东颇有兴趣,便问:"他住在哪儿? 能见到他吗?"

"能,他家离这不远,我带你去!"黄银娃爽快地答道。

罗志勉的家住在村东头的山坡上,孤零零的一座翠竹小院。显得特别幽静。

"到了!"黄银娃指着眼前的小院。推开门,见一位须发如银的老者坐在院当中的石桌旁,正用麻刷在练习书法呢。毛泽东走上前去,恭敬地低声叫道:"罗老先生,你好哇?"老人没有一点反应,继续写着。黄队长抱歉地对毛泽东说:"老先生耳朵聋了,听不见。"毛泽东笑了笑,转身到老先生面前,面带微笑,深深地鞠了一躬。老人抬起头,放下手中的麻刷,双手合抱胸前,说道:"不敢当,不敢当!"

毛泽东拿起麻刷,飞快地在石板上写下一行字:"学生毛泽东特来登门讨教。"老先生一看，不由微微一笑。心想，这位衣着朴素、彬彬有礼的人竟然是大名鼎鼎的毛泽东。他用敬佩的目光打量毛泽东一番，然后起身搬来一把竹椅，让毛泽东坐下，二人聊了起来。从《诗经》谈到《史记》，从秦始皇谈到唐太宗……

兴致未尽，夜幕将要降临。晚霞的余辉把整个山寨笼罩在一抹淡淡的红光中。接着便好像有一张黑色的纱幕轻轻地铺撒在小小的竹院内。

忽然，一个当地农民打扮的中年人，手提一支火铳枪，闪身躲进小院旁的竹林之中。他弯着腰轻轻地分开竹丛，敏捷地靠近小院，几只麻雀被他惊飞了，"喳喳"直叫。

站在小院门旁负责警卫的小张警觉地盯住发出声音的竹林，大声喝道："谁！"

那个人立即趴在地上，一动不动。一阵微风掠过，整个竹林发出一阵瑟瑟的涛声。看来没有人过来。野花、杂草都被压在身下，蚂蚁爬到手上，又延伸到脖子上……他顾不上这些，只是神情紧张地盯住前方。

终于，他看到了目标。他下意识地从竹林中跃起，往前跑了几步，举起枪，对准了毛泽东……

这时，毛泽东和罗老先生仍在兴致勃勃地交谈着，丝毫没有察觉到刚才竹林里发生的一切。

枪声、喊声打断了两人的说话。

警卫员小张闯进院子，上气不接下气地说："报告主席，山上有反水的老俵，警卫班追过去了。"

毛泽东缓缓站起身来，又朝着枪响的方向扫了一眼，对小张说："不要紧张嘛，这是在咱们的家门口！"

"那可不能大意，说不定是冲着主席来的呢。"老先生的脸色发白，声音有些颤抖。

毛泽东叹了一口气，说道："现在是自家人打自家人，这是个悲剧……"忽然，毛泽东把话停了下来，急切对小张说："快！快告诉你们警卫班，不要打死老俵，要劝说他们放下武器，带来见我！"

刚才发生的一切，罗老先生都看在眼里。他为毛泽东临危不惧、遇险不慌的气度所折服。但他对毛泽东的安全却不放心了。

"主席，咱们还是进屋里聊吧！"

"不必了，外边很风凉，没什么事的。老俵反水，这里一定是有什么误解，不然……"毛泽东一边吸着烟，一边分析着。

正在这时，警卫员把"刺客"带来了。

那个人见到毛泽东，就大声叫着："毛泽东，算你命大，我是奔着你来的，可惜，打你那枪是瞎火，不然……"

"不是瞎火也不一定能伤着我。"毛泽东又吸了一口烟，诙谐地说，"当年打白匪，从长沙往株洲撤退时，子弹把我的帽子打穿了，裤脚上也钻了两个洞，可连我的毫毛都没伤着……"毛泽东话题一转："我是你们的政府主席，你为什么要打我？"

"反正我也落到你们的手里了，我就说个痛快！""刺客"歪着脖子说道，"我也是穷苦人，本来我是拥护苏维埃的，可是，你们苏维埃分了我的地，把我也划成了富农……"

毛泽东和大家都明白了。

"你是哪个村的，叫什么名字？"毛泽东和蔼地问道。

"我就是这个村的，叫宋雨来！"

罗老先生一拍大腿，"唉"了一声，"我认识他，他是个好小伙子！"

宋雨来"扑通"一声给毛泽东跪下了，哭着说："主席，我冤枉啊！"

毛泽东命令警卫员："快给宋雨来松绑！"毛泽东把宋雨来扶起来，说道："有什么事慢慢说！"

宋雨来从头到尾说了一遍。原来，宋雨来是个很能干的小伙子，他的粮食产量每年都最多，全家一年能交20多担公粮，生活也比别人富裕一些，按规定，本来可以评上劳动模范，却非但没有评上，在第二次土改时，村苏维埃主席王虎林还把他划了一个富农，不仅分了他家的浮财，还把他家的土地没收后分给了自己的弟弟王啸林。

眼看即将收割的麦田归了王啸林，一气之下，宋雨来放火把麦田烧了个精光。

一夜之间，宋雨来成了破坏苏区建设的现行反革命。王啸林领着赤卫队抓捕他，他逃进了山林。他的老婆为了掩护他而被当场打死了。家破人亡，使宋雨来丧失理智，一心只想报仇。

近日，宋雨来听说苏维埃政府主席毛泽东在竹林村养病，认为他家破人亡是毛泽东制定的政策造成的，于是便来找毛泽东报仇。

毛泽东这才完全明白了事情的缘由，并立即叫人把王虎林找来。

毛泽东狠狠批评了王虎林一顿后，让他两天内把土地还给宋雨来，并对宋雨来说："两天后，他还不把土地还给你，第三天，你就到县城何屋来找我！"

接着，毛泽东迅速写出了土改的政策，告诉王虎林："你带回去，念给全村的群众听，不许改动。要按着这个政策进行土改，错了的要纠正过来。要再出现偏差，拿你算账！"

王虎林神情紧张地说："回去一定照办，不敢再出现错误了！"

这一次惊险遭遇引出了修改土改政策的结果，毛泽东坚决纠正了基层干部犯的"左"倾错误。

（参见赵大义等编著：《险难中的毛泽东》（上），
中央文献出版社 2001 年版）

雪山之巅化羽登仙

"偶然临险地，不信在人间。我们真要化羽而登仙喽！"

夹金山，又名仙姑山，位于宝兴县城西北，懋功之南，是一座海拔4900多米的大雪山。山上终年积雪，空气稀薄，当地人说只有神仙才能飞过此山。由于山上气候变化多端，凶险莫测。当地人也叫它是魔山、死亡之山！

经过8个多月艰苦跋涉的红军，他们不但身体都很弱，而且是食不饱腹，衣不蔽寒，大自然在严重地威胁着他们！

此时毛泽东面容消瘦而憔悴，头发长得几乎齐肩。他长征前患了一次严重的疟疾病，发烧40℃，差点丧命，没等恢复健康就踏上了长征路，开始时还得用担架抬着走。连续8个多月的长途跋涉，还日夜操劳，他的身体也很弱。

毛泽东拄着一根竹竿，和大家一样吃力地攀登着，警卫员小陈和小吴紧跟其后，脚下的白雪发出"吱嘎吱嘎"的响声。他一会儿他从兜里掏出辣椒送到嘴里嚼着，一会儿招呼着从他身边经过的人："加把劲，不要歇着，要一鼓作气，翻过山顶就好了。"其实，他明显感到体力不支，两条腿有千斤重，每迈一步都十分艰难，浑身出着冷汗。爬山，对于他来说，倒算不得什么，但这空气稀薄，变幻无常的天气，加上身体虚弱，他每走一步都是艰难的。当毛泽东快要爬到雪山顶峰的时候，突然一阵狂风从天盖地而来，掀舞着漫天的雪花，凌空四下播洒，冰凉的雪粒灌进他的衣领、衣袖、裤腿，顿时感到冷冽，仿佛像掉进了冰窟窿里一般。风越刮越大，雪粒沙沙直响，打在脸上，像针刺似的疼痛。

忽然，一阵巨大的雪流把毛泽东掀倒，迅即身上盖上了大雪。小陈惊喊道："主席，他……"

小陈和小吴冲上前，把毛泽东从雪里扒出来，扶起，又并排站在毛泽东的前面挡着雪流。

霍地，飓风戛然而止。两个警卫员一边为毛泽东拍打着身上的雪，一边关切地问："主席，没事吧？"

毛泽东说："这算什么，刮倒了，起来了就算了。"又拍着小陈的肩膀，对他俩开玩笑说："要不是你们俩，说不定要被雪盖住了呢！"

狂风阴云过后，又是万里晴空。

毛泽东站在雪山之巅，举目四望，一片琼楼玉宇，随即言道："偶然临险地，不信在人间。我们真要化羽而登仙喽！"

这就是毛泽东用革命的乐观主义战胜困难的一幕壮丽的活剧。

（参见赵大义等编著:《险难中的毛泽东》(上部)，中央文献出版社2001年版）

冒险是胜利的代称

> "你这个'险'冒得好！你将会和那个法国画家一样，成为世界上
> 传奇的人物。"

1936 年 7 月 16 日，毛泽东在保安山城接见美国作家斯诺。晚上，招待斯诺一盘红艳艳的"狼桃"炒辣椒。斯诺好奇地问："啊！保安还有西红柿？"西红柿即是"狼桃"。毛泽东用筷子夹起西红柿，放到斯诺碗里，并即兴说起"西红柿"的来历："西红柿从欧洲传入我们中国，才有几十年，在民间还没有开始大量栽种。传入你们美国，可能比中国还要晚一些吧？"斯诺笑着说："我想不会比中国晚多少，因为西红柿的老家在南美洲秘鲁的森林里。它是 16 世纪才被一个英国公爵从南美洲带到欧洲的。"毛泽东边听边点头，他揣测："听说西红柿原来有个很可怕的名字，叫'狼桃'，是吗？"斯诺说："对，西红柿还未被人们发现能食用之前，就是叫'狼桃'。"毛泽东又说："由于西红柿的枝叶泌出来的汁液气味难闻，一直被人们视为有毒之果。直到 18 世纪末法国的一名画家，在为西红柿写生时，被西红柿艳丽的色泽所吸引，便决定品尝这个可爱又可怕的'狼桃'。他品尝之前，穿好了入殓的衣服，接着就吃了一个。他觉得甜滋滋、酸溜溜的，十分清爽可口，并无难受之感。西红柿的食用之谜被揭开了，迅速风靡世界，成为人们竞相食用的最佳蔬菜。这个名气不大的法国画家也因此成了传奇式的人物。"毛泽东娓娓动听的叙述，引起斯诺的兴趣，他从此明白了"西红柿"饱含一种美妙的寓意。这时，斯诺心情激动，深情地说："主席，我准备到红区来的时候，也下了和那个品尝西红柿的法国画家一样的决心！"毛泽东对斯诺说："你这个'险'冒得好！你将会和那个法国画家一样，成为世界上传奇的人物。"

毛泽东通过对"西红柿"发现能食用的过程，对斯诺的冒险精神，给予了赞扬和推崇。说明"冒险"和成功之间有着密切的联系，没有敢想敢干的斗争精神，是不能达到胜利的彼岸的，因为"无限风光在险峰"。

（参见王伯福主编：《毛泽东轶事大观》，山东
人民出版社 1997 年版）

独胆英雄遇险不惊

"没关系，敌人从西门进来，咱们从南门出去嘛。"

1936 年 5 月端午节前两天的中午，毛泽东工作了一夜，正在休息，忽然，从瓦窑堡西北的安定县川里传来了一阵枪声。没过多久，张云逸参谋长从火线上回来，神色严峻地对被枪声吵醒的毛泽东说："敌军一个正规营和一些地方武装正在围攻瓦窑堡。"当时的情况十分严峻，红军主力西征走了，在瓦窑堡只有一个通讯连和保卫队以及红军大学的学生。张云逸建议说："主席，敌我力量悬殊较大，最好现在就转移。"这时，周恩来也匆匆赶来了，并劝毛泽东转移。毛泽东此时十分镇静，他沉思了片刻，平静地说："不要着急，等后方机关全部转移了，我们再走也不迟。"这时，西门外的枪声、手榴弹及炮弹的爆炸声更加密集，听起来已经很近了，甚至都可以隐约听到双方士兵的呐喊厮杀声。毛泽东还在和周恩来、张云逸商谈工作、处理文件及一些善后事宜。警卫员走进窑洞，恳求道："主席，现在该走了吧？"毛泽东只是轻轻地侧了侧身子，不慌不忙地对警卫员说："没关系，敌人从西门进来，咱们从南门出去嘛。"警卫员只得走出窑洞，爬到窑洞顶上，向前方观察，只见不断冒起股股的尘烟，敌人都快冲进城里了，有的子弹打在

毛泽东住的窑洞上，留下不少枪眼。警卫员急忙下了窑洞，把此时的紧急情况报告给毛泽东。大家再三恳求毛泽东马上动身。毛泽东丝毫没有慌乱的情绪，只是平静地问道："机关都走了没有？"周恩来说："早走了！"张云逸也劝道："主席，动身吧。"

毛泽东又细心地在窑洞里检查了一遍，看看有什么遗落的文件和东西，在肯定没有什么重要东西拉下后，才对周围的人说："好，咱们现在走吧。"

紧急关头，毛泽东就是这样从容不迫地应对敌情。表现出"敌军围困万千重，我自岿然不动"的大无畏英雄气概。

（参见刘学琦主编：《毛泽东佳话三百篇》，书目文献出版社 1993 年版）

手枪走火险酿大祸

要在这件事上吸取教训，引以为戒，教育战士按操典擦拭武器，不要再发生这种事了。

1937 年 7 月的一个晚上 7 点多钟，毛泽东习惯地进入了工作状态，伏在桌上看电文、写著作。暗淡的油灯下，毛泽东的身影一动不动。窑洞外一片漆黑，一片寂静。不知往烟灰缸里扔了多少个烟头，不知往油灯里添了多少次油，一声清脆的鸡叫，使毛泽东放下手中的笔，他向窗外瞥了一眼，自言自语地说："天亮了？亮了！"站起身来，伸了伸腰，在屋里走了几圈后，转身走出房门。

"主席，该休息了！"警卫员关心地说。

"是该休息了！"

毛泽东洗漱完后，简单地吃了点饭，便上炕休息了。

这时警卫员李长培靠着院内的黄土墙坐在了地上，随手把佩带的枪盒移到胸前，掏出了手枪，心里说不出来有多喜欢。他把枪拆了装，装了拆，一遍又一遍地精心擦拭着……

"砰——"

李长培在勾动扳机时，枪响了！原来，他忘记在擦拭枪时把子弹卸下来。枪声在寂静的窑洞院内回荡，显得特别刺耳。更糟的是，子弹竟穿过窗户，射进了毛泽东的那间窑洞！李长培吓呆了，一动不动地站着。

"谁在打枪?!"

毛泽东大声喊道，从语调声中，可以听出他对惊扰了他睡眠的枪声十分生气。

警卫员翟作军听到枪声赶来，顾不上追问枪声的原因，疾步走进毛泽东的窑洞里，看子弹误伤了毛泽东没有。

"为什么打枪?"毛泽东生气地询问刚进门的翟作军。

翟作军知道，毛主席工作了一夜，刚刚睡下。惊醒了主席后，就再也睡不着了。主席跟他们发脾气，十次有九次都是因为干扰了主席睡觉。翟作军看到毛泽东虎着脸，不敢如实回答，支支吾吾地说："可能是哪个愣小子擦枪时不小心走了火吧。"

听说是枪走火，毛泽东没再说什么，又躺下休息了。

看到毛泽东入睡了，翟作军才向李长培问明了原因。接着他蹑手蹑脚地来到窗前，看到子弹穿的圆孔，不由得心里一惊。又看了看子弹打进了窑洞里的墙壁，暗叫道："哎哟我的妈呀！"假若毛泽东晚休息一会儿，假若枪口再低一点点，恐怕……翟作军不敢再往下想了。

这时，几位警卫员也来到了院子里，他们围着李长培东一句西一句地批评、责备他。李长培低着头，一声不吭，眼里浸着悔恨的泪花。

下午3点多钟，毛泽东起了床，当他知道事情的原委后，看了看窗户，又看了看墙壁，连声说道："太危险了！太危险了！"

保卫局的负责人知道此事后，召集警卫员开了会，又一次向大家申明了有关纪律，确保以后不再发生类似事情。会上作出了处分李长培的决定。

毛泽东知道后说："我看不必了。既然小李是无意出错，只要作个检讨，认个错就是了。不过，要在这件事上吸取教训，引以为戒，教育战士按操典擦拭武器，不要再发生这种事了。"

李长培从首长那里得知毛泽东对他免予处分的消息后，心里非常激动，久久说不出话来。过后，他向首长表示："以后不再犯这样的错误了，我要尽心尽力地做好保卫毛主席安全的工作。"

（参见赵大义等编著:《险难中的毛泽东》（下部），中央文献出版社 2001 年版）

婚姻恋爱坚持原则

在青年中要提倡工作第一，绝不能恋爱第一。更不能"若为恋爱故，万事皆可抛。"

在紧张的革命战争年代里，毛泽东很注意男婚女嫁这件事。

黄克功枪杀女青年事件后，为了解决青年男女的恋爱观，1937 年夏末秋初的一天，在延安"府衙门"广场，抗大的人们像往常一样，列队成排地坐在场院平地上听毛主席讲课。毛主席是延安人的教师，素常多是长篇演讲、大型报告，全说的是革命大道理。这一回，专门向青年人讲了恋爱三原则。毛主席当时说了三条：第一个原则即政治上一致的原则。毛泽东说我们现在的革命任务是抗日救国，将来还要实现共产主义，男女之间的爱情首先要有这个基础，我们能爱敌人吗？能同汉奸、卖国贼谈情吗？只有政治上的志同道合，才有可能说到此人可爱不可爱。

第二个原则即是双方自愿，绝非单方面愿意。我们主张男女平等，我们反对男尊女卑，我们反对大男子主义，更不能有变相的强迫。

第三个原则即是不妨碍工作。在青年中要提倡工作第一，绝不能恋爱第一。更不能"若为恋爱故，万事皆可抛。"

有了毛主席讲的三原则，在延安这个新社会的初始，就立下了恋爱之道的章法，使得青年们在反封建、反旧习之后，在既无家庭控制，也无老辈教诲的新生活里，有了新规则。正确处理了人生道路上革命工作与组建家庭之间的关系，使许多革命青年在志同道合的前提下，成为相亲相爱的革命伴侣，在延安兴起了纯洁而又高尚的恋爱观。解决了革命工作与恋爱婚姻之间的关系，使青年恋爱成为树立革命理想，寻找志同道合伴侣的动力。

（参见何启君：《毛主席讲恋爱三原则》，《人民日报》1993年4月25日）

学《西游记》克服险难

"金猴奋起千钧棒，玉宇澄清万里埃。"

1938年4月初，毛泽东在延安城外一个傍山的广场里接见了抗大全校的两千多师生。

毛泽东的讲话是从第三期毕业生谈起的。他微笑着说："你们到抗大来学习，有三个阶段，要上三课：从西安到延安，八百里，这是第一课；在学校里住窑洞，吃小米，出操上课，这算第二课；现在第二课上完了，但重要的还是第三课，这便是到斗争中去学习。"

毛泽东又进一步指示同学们，要大家努力学习和掌握"坚定正确的政治方向，艰苦朴素的工作作风，灵活机动的战略战术"。他引用中国古典小说《西游记》中的人物作譬喻说，唐僧这个人，一心一意去西天取经，遭受了九九八十一难，百折不回，他的方向是坚定不移的。但他也有缺点：麻痹，警惕性不高，敌人换个花样就不认识了。猪八戒有许多缺点，但有一个优点，就是艰苦。臭柿胡同就是他拱开的。孙猴子很灵活，很机动，但他最大的缺点就是方向不坚定。三心二意……毛泽东还特别提到了那匹白马，说："你们别小看了那匹小白龙马，它不图名，不为利，埋头苦干，把唐僧一直驮到西天，把经取回来，这是一种朴素、踏实的作风，是值得我们效法的。"

毛泽东很喜欢爱憎分明、敢于造反、敢于和各种妖魔鬼怪作斗争的孙悟空这一形象。他在一本《西游记》的批注中很赞赏孙悟空敢于违背唐僧"千日行善，善犹不足。一日行恶，恶常有余"的信条，奉行"行善即是除恶，除恶即是行善"的主张。1961年，毛泽东针对当时国际上的反共逆流，在《七律·和郭沫若同志》一诗中，写出"金猴奋起千钧棒，玉宇澄清万里埃，今日欢呼孙大圣，只缘妖雾又重来"的著名诗句，用群众所熟悉的孙悟空的形象，鼓舞人民同邪恶势力作斗争。

毛泽东一生中，多次引用过《西游记》里的故事，引导人们克服千难险阻，用唐僧师徒历经九九八十一难，去取得真经的经验，鼓舞人们的斗争信心和勇气。

（参见李树谦编：《毛泽东的文艺世界》，辽宁教育出版社1993年版）

劳动大学的毕业生

"这就是你在劳动大学的毕业证书！"

毛泽东的长子毛岸英先后在苏联苏雅士官学校快速班，莫斯科列宁军政学校和伏龙芝军事学院学习，并在 1943 年 1 月加入联共（布）党。大学毕业后，毛岸英获得中尉军衔，被任命为坦克连的党代表，参加了苏军的大反攻。在毛岸英回国前夕，斯大林送给他一支枪，作为他参加苏联卫国战争的最高奖赏。

1946 年毛岸英从莫斯科经新疆飞西安，秘密回到延安，回到日夜思念的父亲的身边。19 岁的岸英成了一个生气勃勃、精力充沛的小伙子。

在延安清凉山麓的土家坪，父亲仔细打量着儿子：那英俊秀气的面庞上，特别是开阔的眉宇间，既看得出开慧妈妈的倩影，也有爸爸的遗传特征：天庭饱满。毛泽东满意地笑了。

"岸英，你在苏联长大，国内的生活你不熟悉。你在苏联大学读书，住的是洋学堂，我们中国还有个学堂，这就是农业大学，劳动大学。"

听到这里，岸英早已领会了父亲的心意，便接着说："我离开中国这么久，在苏联大多过的是学校生活，中国农村我不知道，我愿意向农民学习。"

不久，毛泽东了解到毛岸英的心愿后，便给岸英介绍一位劳动模范，指着他对岸英说："这就是校长，你过去吃的是面包牛奶，回来要吃中国的小米，可养人哪！"又指着岸英对劳模说，"我现在给你送一个学生，他住过外国的大学，没住过中国的大学。"

出发那天一早，毛泽东把一件打了补丁的棉衣披在岸英身上，岸英换上爸爸送给他的旧皮底鞋，背包里捆了一袋小米和几斤菜籽、瓜子出发了。

毛泽东送了他一段说："你要和老乡们一同吃，一同住，一同劳动，从开荒一直到收割后，再回来。""好。"岸英爽朗地回答，背着行李走了。

50 多天以后，因胡宗南进犯延安，形势紧张，村长把毛岸英送回到毛泽东身边。毛泽东仔细地打量：只见岸英头上用白羊肚毛巾扎着个英雄结，穿着灰土布汗褂子，两条又粗又阔的胳膊闪着黧黑的油彩，脸上黑不溜秋的，跟陕北青年农民一个样。毛泽东风趣地说："好呀，白胖子成了黑胖子！"

村长赞不绝口地说："岸英是个好后生。他学会了驮粪、刨地、犁、播种这些庄稼活儿，还利用空余时间组织村里的青年人学政治、学文化。山上劳动回来，还总要捎回一捆柴，送给烈军属，岸英在劳动大学毕业啦！"

毛泽东摸了摸儿子的手上一层厚厚的茧子满意地说："这就是你在劳动

大学的毕业证书！"这张毕业证书，再一次证明了毛泽东不溺爱子女，而是通过同劳动人民"三同"，来锻炼儿子去成为对人民有用的人才。

（参见华英编著：《毛泽东的儿女们》，中外文化出版公司1990年版）

风雪路上躲过一劫

"这次你救了我一命。"

1948年4月的一天午饭后，毛泽东、周恩来、任弼时分乘几辆美式吉普车，从晋绥解放区翻越五台山，到晋察冀解放区去。

这天的目的地是台怀镇。正常情况下，从出发地到那里，开车只需2小时。然而一上山，极不顺利：冰冻路滑，乌云蔽日，风雪交加，挡风玻璃上的冰雪难以刮净，加上飞舞的雪花来往冲撞，视线模糊，1个多小时行了不到1公里。为了领袖的安全，战士们跳下车，顶着寒风，清雪开道。到了最高的山坳，风雪更大，路更滑，视线更差。车开不动，战士们用力推，车轮打滑，战士们脱棉衣垫。吉普车的方向盘越发难控，司机周西林手上出了汗，紧握方向盘，行在队伍前。突然，吉普车失控，滑向路边悬崖。周西林连打方向盘仍控制不住，他速闭眼睛，猛踩刹车，狠扳手闸，吉普车在悬崖边上停住了。他急喊一声："快让主席下车！"闫长林连忙打开车门，毛主席下车后，周西林才松了一口气。同志们跑过来，人人吃惊不已，哎呀，汽车到悬崖边了，一个前轮已经悬空。后边的车跟上了，大家把毛主席坐的车拉回路上。毛主席用感谢的口气对司机说："这次你救了我一命。"脸色煞白的周西林连连说："主席命大，主席命大！"车不好开，毛泽东踏着冰雪向山顶走去。

走了一段路，聂荣臻派来迎接的人与毛主席见面了。毛泽东骑上马，驰向台怀镇，躲过了一劫，向胜利又迈进了一步。

（参见王伯福主编：《毛泽东轶事大观》，山东人民出版社1997年版）

战胜病痛锻炼意志

"意志可以克服病情。一定要锻炼意志。"

毛泽东共有过10个子女，在艰难困苦的革命战争年代，大半都夭折或失落了。幸存下来的只有毛岸英、毛岸青兄弟和李敏、李讷两姐妹。但是，毛泽东对他们的教育非常严格，对最小的女儿李讷也是如此。

1947年，李讷才7岁，便跟当兵的一样行军、风餐露宿、经受飞机轰炸，听惯了子弹的啸叫，闻够了硝烟的辛辣。行军之余，举着小搪瓷杯，和众多战士一样，排队从大铁锅里领一份黑豆。

1963年初，李讷在给父亲的信中汇报了自己的思想，谈起课程中学到《庄子·秋水》篇的体会，认为其中的主人公河伯（传说中的黄河水神）鼠目寸光，自高自大，是不可取的。毛泽东看了这封信后，深为女儿的进步感到高兴，立即回信予以鼓励。信是这样写的：

李讷娃：刚发一信，就接了你的信。喜慰无极。你痛苦、忧伤，是极好事，从此你就有希望了。痛苦，忧伤，表示你认真想事，争上游，鼓干劲，一定不可以转到翘尾巴、自以为是、孤僻、看不起人的反面去，主动权就在你的手里了。没人管你了，靠你自己管自己，这就好了，这是大学比中学的好处。中学也有两种人，有社会经验的孩子，有娇生惯养的所谓干部子弟，你就吃了这个亏。现在好了，干部子弟（翘尾巴的）吃不开了，尾巴翘不成了，痛苦来了，改变态度也就来了，这就好了。读了秋水篇，好，你不会再做河伯了，为你祝贺！

1958 年年初，李讷因患急性阑尾炎打针，针头断在肌肉里，连续做了两次手术，引起伤口感染、发烧。毛泽东为此非常担心，工作一通宵，临睡前挥笔草书一信。信中写道：

念你。害病严重时，心旌摇摇，悲观袭来，信心动荡。这是意志不坚决，我也常常如此。病情好转，心情也好转，世界观又改观了，豁然开朗。意志可以克服病情。一定要锻炼意志。你以为如何？……

信末还抄录诗一首："青海长云暗雪山，孤城遥望玉门关。黄沙百战穿金甲，不斩楼兰誓不还。这里有意志。知道吗？"从中可见，毛泽东对下一代的关怀，不时的对李讷进行教导，鼓励她克服困难，锻炼意志，在磨砺中不断成长。

（参见丁晓平：《家世家书家风——毛泽东的亲情世界》，中央文献出版社 2006 年版）

不让女儿搞特殊化

"她们比你们吃苦少，能吃苦的人才能有出息。"

建国初的某一天，毛泽东有一次散步时，与卫士长李银桥有过这样一段对话：

毛泽东问李银桥："你的感觉，是李敏好呢，还是李讷好呢？"

李银桥说："都很好，两个孩子对我们都很尊重。她们没有某些高干子女那种容易表现出的优越感，她们要求自己严格，有上进心。"

毛泽东摇了摇头说："我看她们不如你们有出息，也不如你们有前途。她们比你们吃苦少，能吃苦的人才能有出息。"

李银桥说："主席，你还想叫孩子们怎么吃苦？她们可是比普通人家的子女吃苦多多了！"

毛泽东又摇头："你说得不对。你讲吃苦的时候思想不对头，因为你首先想到她们是我的女儿，所以你给她们定了一个不同一般人家子女的标准。她们不就是吃大食堂吗？大食堂的伙食要比多数农民家庭的伙食好，难道不是这样吗？"

李银桥说："主席，你总找低的比，这不公平。城里人家大多数未必比学校食堂伙食差，我家里就比大食堂的伙食好。"

毛泽东笑着说："你为革命做了贡献么，吃好点人民没意见。她们还没有做贡献呢。人哪，生活上还是跟低的比有好处。不比贡献比享受，那就是没出息了。"

对这两个爱女，毛泽东丝毫不溺爱，总是让她们在各种艰苦的环境中锻炼，过普通人的生活，从不允许搞特殊化。

1947年冬天，毛泽东转战陕北来到杨家沟时，吃粮非常困难，基本上是吃晋绥军区老根据地支援陕北的黑豆。小李讷看到大家的嘴都是黑的，好奇地笑了，对毛泽东说："爸爸你看，阿姨、叔叔们的嘴都是黑的。"

毛泽东对她说："你不要笑，前方解放军叔叔就是靠吃黑豆打胜仗的呀。黑豆好吃，吃了黑豆也能长胖长高。你也应该带上碗筷和阿姨一块去吃黑豆饭。听爸爸的话，你将来一定是个好孩子。"

从此以后，刚刚7岁的小李讷，便和大家一起去大食堂吃盐水煮黑豆。吃了黑豆，会胀肚，不停地放屁，小李讷却从没有叫过苦。行军打仗的时候，她和大家一样风餐露宿，一样地经受飞机轰炸，小小年纪便经受了战争的考验。

解放以后，条件好了，但李敏和李讷一直与警卫战士吃大食堂，没有随父亲一同享受共产党主席的"小灶"。

她们考上大学后，吃住都在学校里，与大家一样睡上下铺，吃清淡的菜。一样挤公共汽车，只有周末才回一趟家。由于学校离家远，卫士们担心女孩子走夜路不安全，便瞒了毛泽东派车去接。先将车子停到僻静处，然后进校找人，出了学校悄悄坐车回家。

毛泽东得知此事后，严厉批评了卫士。卫士争辩："天太黑，女孩子走夜路不安全……"毛泽东便厉声说道："别人的孩子就不是孩子了，别人的孩子能自己回家，我的孩子为什么就不行？"不管卫士如何争辩，毛泽东不容置辩地命令："不许接，说过就要照办，让她们自己骑车子回来。"

1960年，正是国家经济最困难的时候，李讷很少回家。一次卫士尹荆山去看望李讷，小尹看李讷脸色不好，便关切地问是否病了？李讷不好意思地小声说："尹叔叔，我确实很饿……"

卫士长听了汇报后，心中很难过，他搞了一包饼干送给李讷。李讷怕让别人看见，匆匆填了两块在嘴里，把其余的包好，准备慢慢享用。卫士长看着不忍，道："吃吧。我还给你送。"

毛泽东知道后，又是声色俱厉："三令五申，为什么还要搞特殊化？"

"别的家长也有给孩子送东西的……"卫士长小声解释。

"别人可以送，我的孩子一块饼干也不许送！"毛泽东拍着桌子，大声说道："谁叫她是毛泽东的女儿！"

毛泽东就是这样严格要求自己的子女，使她们在艰苦的环境中锻炼成长。

（参见聚生、高里、陈澍：《毛泽东的领袖魅力》，知识出版社1993年版）

毛岸英故乡见乡亲

"不要有架子，要走路回去，要打赤脚回去，到银田寺就下马，代表我回去看看家乡的亲人和革命的前辈。"

1950年5月的一天，毛岸英带着父亲的嘱托，来到了故乡韶山。

岸英来到故乡，一路策马缓行，为故乡的山水陶醉了。他骑马到云湖桥后，将近村口，于是便下马步行进村，因为临行前，毛泽东曾嘱咐他要步行进村，"不要有架子，要走路回去，要打赤脚回去，到银田寺就下马，代表我回去看看家乡的亲人和革命的前辈。"从这里可以看出毛泽东的苦心，他以此种方式来抒发自己对这块沃土上生息的人民的崇敬之情。

韶山人对岸英感到格外亲切，人们评价说，"到底是毛主席的崽，冒得架子，好有礼性的，竟走了20多里山路进村，有马都不骑。"有其父必有其子，上有年岁的人都知道，毛泽东从小是很讲礼性的，作为长子的毛岸英也秉承了父亲的品格，并为此而赢得了乡亲们的交口赞誉。

岸英到韶山后，住在乡政府的所在地毛鉴公祠。他吃的是粗茶淡饭，睡的是板凳架起的木板床。他不辞劳苦，翻山越岭，走村串户，深入田间地头，和乡亲们谈心，了解韶山的生产和生活情况，宣传党的土改方针政策，这使那些老地下党员和老农民自卫军战士想起了毛泽东当年搞农民运动，"点火"韶山冲的情景，人们在心里都夸奖着，"这伢子硬像毛泽东"。

有一天，雨不停地下着，岸英将皮鞋提在手里，赤脚冒雨来到了东茅塘的毛瑞和家里。他发现毛瑞和家的锅里碗里尽是野菜饭，便默默地端起饭碗尝了一大碗，然后含着热泪包了一把，准备带回北京。他从口袋里摸出5万元钱（相当于现在的5元人民币），塞到抱病在床的毛瑞和老人手里，亲切地对老人说："这点小意思，土改没完成，乡亲们日子过得很苦。但请相信，等土改之后，我们可以分到田地，日子会慢慢好起来的。"毛瑞和一家都感动得热泪盈眶，心里都把岸英的形象与那个在南岸读书时分一半午饭给同学吃的少年毛泽东的形象叠在一起。

又有一天，岸英看见一位老人在菜地里施肥，而地里的土沟又高又宽，便上前关切地说："阿公，菜地里的土沟，宽的只要能放下粪桶，两边都泼得到粪就行了，这样，可以充分利用土地呀！"说得这位老农连连点头。又有一次，在上屋场与一位双目失明的老翁同桌就餐，岸英又是为之敬菜添饭，又是为其打水洗脸，老人激动地说："岸英呀，你不愧是毛主席的好孩子，对我这个在旧社会过来的残废人这样关心，叫我怎样感谢才是呢？"岸英恭敬地答道，"邹满阿公，看您老人家说的哪里话，尊敬老人，是我们晚辈应尽的职责呀！"

有一天，毛岸英沿着他爸青少年时代常走的滴水洞盘山水道，来到了他曾祖母的家乡湘乡唐家圫。当他了解到当地人民的生产生活之后便说："现在，刚刚解放不久，各地人民生活还是艰苦的。但是，过好日子在后头哩。"早餐席间，文涧泉老人歉意地说："按我们的风俗，招待贵客最客气的是摆蛋糕席。可是，今天冒做得赢。"岸英接过话头，高兴地指着席上的笋子炒肉、小炒山蕨、青炖蘑菇等具有浓厚韶山风味的菜肴说："这些是名符其实的山珍美味，在北京是很难吃到的。诸位伯父伯母如此费心，小侄实在担当不起呀！小辈唯有以为人民服务的实际行动，来报答父老乡亲的深情厚意。"岸英怀着依依不舍的心情，离开了唐家圫，经梓木冲、黑石寨、翻过芭蕉塘返回韶山冲，返回长沙。

毛岸英此次故乡之行给故土人民带来了深刻的印象，最大的情感满足莫过于此，即岸英的故乡之行是受毛泽东委托的。"父亲派我来看望乡亲们，并问乡亲们好！"短短两句话，在韶山人心目中留下了难以忘却的印象。乡亲们都说："岸英这苦伢子将来一定会有出息的，他继承了毛主席艰苦奋斗的好传统。"

（参见秀娟编著：《毛泽东与亲眷》，中国人民大学出版社 1993 年版）

现在考验你们胆子

"在险风恶浪面前要敢于向困难作抗争。"

1955 年夏天，毛泽东在北戴河住了一段时间。有一天上午 10 点钟，台风过后，云散日出，毛泽东坚持要下海游泳，卫士们和保健医生挡也挡不住了。同志们便作好准备，簇拥着毛泽东奔向大海。

换好了游泳衣，面对着大海，七级大风卷起的泡沫水珠打在毛泽东和同志们身上，绿黑色的海水猛烈翻腾，一道道大浪咆哮着扑向沙岸。毛主席问："你们害怕吗?""不怕!"大家回答。卫士和警卫中队的同志围护在毛泽东周围，冲向大海。一道矗立的水墙推着潮头上飞卷的白沫迎面扑来后又退回去。毛泽东下"命令"式的喊："追，追上它!"大家立即冲入退潮中。然而，退却的潮水与新涌来的大潮相遇了，一个新成的"拱墙"劈头盖脑地打来，一下子把大家卷起推回十几米远的沙滩上。摔倒的同志们坐在沙滩上喊："主席，主席，摔伤没有啊?"毛泽东使劲吐出嘴里的泥沙，指着大海："还真是个对手呢。"毛主席又带领大家冲了上去，接连被大浪几次远远地"扔"回沙滩上。退潮时，大家持续向前冲，终于投入了大海的怀抱。毛主席和同志们一会儿"上山"，一下儿"下谷"。有人喊："快……把救生圈给主席!"

"放心，都不要慌，现在是涨潮……沉住气!只有被冲上岸，不会被拖入海……现在考验你们的胆子呢!"毛主席时断时续地在浪头或浪谷中嘱咐和鼓励大家。

游海结束了，毛泽东在大风大浪中冲浪显示出的英雄本色，激励着周围的同志们，在险风恶浪面前要敢于向困难作抗争。毛泽东用实际行动勉励卫士们要认识到，人类社会就是在大风大浪中渡过来的，要敢于藐视困难，明知山有虎，偏向虎山行，才能磨炼出具有钢筋铁骨般意志和毅力的人才来。

（参见王伯福主编：《毛泽东轶事大观》，山东
人民出版社 1997 年版）

受刺激也是好事情

"我这一辈子就是在刺激中过来的，受刺激也未必不是好事嘛。"

建国后，毛泽东多次谈到自己在历史上受到"左"右倾机会主义者排挤打击的事。1956 年 9 月 10 日，他在中共八大预备会议第二次全体会议上的讲话中谈到，有的同志德才兼备，但没有列上中央委员会名单，对于这事是否公道，他以自己为例，推心置腹说了这样一番话：

"有些话我过去也没有讲过，想在今天跟你们谈一谈。我在第五次代表大会上只有发言权，没有选举权。我这个人也是犯错误不少，但是当时他们又不讲我的错误在哪个地方，只让当个候补代表。第一次代表大会我到了。第二次代表大会没有到。第三次代表大会是在广州开的，又到了，被选为中央委员。第四次代表大会又没有到，丢了中央委员。大概我这个人逢双不吉利。第五次代表大会到了，当候补代表，也很好，被选为候补中央委员。这对于我有坏处没有呢？我说是有好处，没有什么坏处。至于其他，主要是三次'左'倾路线时期，给我的各种处分、打击，包括'开除党籍'、开除政治局候补委员、赶出红军等，有多少次呢？记得起来的有二十次。比如，不选作中央委员，只给发言权不给表决权；撤销一些职务，如中央农民委员会书记、党代表(井冈山时候)、前委书记等。'开除党籍'了又不能不安个职务，就让我当师长。我这个人当师长，就不那么能干，没有学过军事，因为你是

个党外民主人士了，没有办法，我就当了一阵师长。你说开除党籍对于一个人是高兴呀，我就不相信，我就不高兴。井冈山时期一个误传消息来了，说中央开除了我的党籍，这就不能过党的生活了，只能当师长，开支部会我也不能去。后头又听说这是谣传，是开除出政治局，不是开除党籍。啊呀，我这才松了一口气！……那个时候他们认为山里头没有马克思主义，因为我们在山里头，城市里头就有马克思主义。他们就忘记了，他们也来到山上了，而我们从前也是在城里的。我们早到山上二三年，就没有马克思主义了，他们刚刚来，因为是在城市里呆的时间长，就有那么多马克思主义。填表的时候不是要填过去受过什么处罚吗？这些事情，现在填表我都不填，因为这样多，要填一大堆，而且这些没有一条我承认的。"

1964 年 3 月，毛泽东在与外国朋友的一次谈话中说过这样一段话：机会主义者给了我许多封号："一贯的右倾机会主义，世界观就是'狭隘'。我三次被赶出红军，十几次受到严重警告、开除党籍、调动工作、撤销职务之类的处分。我是政治局委员，但是他们却不要我参加中央全会，把我封锁的紧紧的，连鬼都没有一个上门来找我。总之，我成了一个很丑的人，像被抛到大粪坑的木头菩萨那样。"

1975 年，毛泽东劝他身边的护士不要对她在"文化大革命"中的不公正待遇耿耿于怀时说："我的历史上，也曾被戴上过不少帽子，挨整比你挨得还狠呢，鬼都不上门，没有人给我平反，那些帽子早不翼而飞了。"后来他又说："我这一辈子就是在刺激中过来的，受刺激也未必不是好事嘛。"

在逆境中，毛泽东并没有灰心丧气，他抓紧时间，闭门读书，总结革命经验。1957 年他对当年一同战斗过的战友曾志谈起过："我没有吃过洋面包，没有去过苏联，也没有留学别的国家。我提出建立以井冈山根据地为中心的罗霄山脉中段红色政权，实行红色割据的论断，开展'十六字诀'的游击战术和采取迂回打圈战术，一些吃过洋面包的人不信任，认为山沟子里出不了马克思主义。1932 年秋开始，我没有工作，就从漳州以及其他地方搜集来的书籍中，把有关马恩列斯的书通通找了出来，不全不够的就向一些同志借。我就埋头读马列著作，差不多整天看，读了这本，又看那本，有时还交替着看，扎扎实实下功夫，硬是读了两年书。""后来写成的《矛盾论》、《实践论》，就是在这两年读马列著作中形成的。"

毛泽东用事实证明了自己是在革命斗争中，成长起的在政治上成熟的马列主义者。他把"刺激"看成为动力，他很有肚量的认为受点"刺激"未必不是好事，从另一个角度总结出成功的经验。

（参见胡哲峰、孙彦编著：《毛泽东谈毛泽东》，
中共中央党校出版社 2000 年版）

实践证明安贫成事

"安贫者能成事，嚼得菜根百事可做……"

毛泽东在他青年时代，就有"身无半文，心忧天下"的美誉。在井冈山，他和大家一起上山背粮，在延安，他和大家一起开荒种地。他带头自力更生，生活上能省则省，从不浪费一粒米、一根柴。他勤政廉洁，从不讲待遇、搞特殊。1949 年，毛泽东进京前，曾语重心长地说："我们决不当李自成，我们都希望考个好成绩。"他又说："安贫者能成事，嚼得菜根百事可做，我们会考出好成绩。"他一直告诫全党，"夺取全国胜利，这只是万里长征走完了第一步"，"务必使同志们继续保持艰苦奋斗的工作作风。"新中国成立后，他身为国家的主席，吃的是寻常百姓饭，衣服穿了十几年也舍不得丢掉。毛泽东的生活经历深刻说明：苦是坚强之母，人生之师。只有安贫节俭，方能以百折不挠的毅力、一往无前的精神，去排除万难而"百事可做"。

1957 年夏的一天上午，天气闷热。毛泽东准备休息，卫士田云玉在主席那张补了补丁的枕席上放上了看过的旧报纸，给主席服过第一次安眠药，主席躺下了。小田开始替主席按摩两腿。主席挥一下手："天太热，不要搞了，跟我聊会话吧。"

这次聊天，与小田没得到提升两级工资有关系。中南海机关贴的大字报上有给小田的一张。大标题：一登龙门身价十倍。小标题：田云玉哭哭啼啼要两级。主席看完大字报，看着小田说了一句："男儿有泪不轻弹，只是未到提级时啊！"当时小田提一级以后的工资是 43 元。聊天从这事入题。

毛主席说："小田哪，43 元是少了些。不过，比我过去强多了。以前我在北京工作的时候，薪水只有 8 元钱。我到街上吃过一次包子，那包子好吃极了……你们现在经常吃包子吃饺子了吧？"小田点点头。毛主席继续回忆说："有一次我借了人家的钱坐火车去上海，结果在车上打了瞌睡，一双鞋子丢了。"小田问："鞋子穿在脚上还能丢？"毛泽东笑着解释："不是脱了鞋子，光脚丫子缩到椅子上坐么。"小田又问："后来呢？"毛主席回忆："到浦口下车，我才知道鞋子丢了。赤脚进上海是不合适的，城市不比乡村。幸好碰上熟人，又借来钱，买了鞋子买了票，就这才到了上海。"

小田帮毛主席服下第二次安眠药之后，毛主席意味深长地说："安贫者能成事，嚼得菜根百事可做……"毛主席说："我的孩子李敏、李讷，将来肯定不如你们，她们不如你们吃苦多。"

这次闲聊，使小田深受启发，他感到：能为党的事业艰苦奋斗的人，才有光明前途。调整了情绪，心里也感到平衡了。

（参见何虎生编著：《走进中南海》（上册），中共党史出版社 1999 年版；王伯福主编：《毛泽东轶事大观》，山东人民出版社 1993 年版）

苦乐转化的辩证法

"万里长征，千回百折，顺利少于困难不知多少倍，心情是沉郁的。

过了岷山，豁然开朗，转化到了反面，柳暗花明又一村了。"

毛泽东运用对立统一规律观察客观世界，观察一切事物，正确地揭示了苦与乐的辩证统一关系，阐明苦与乐既对立又统一，两者相互对立，相互渗透，苦中有乐，乐中有苦，没有苦也无所谓乐，没有乐也无所谓苦，苦与乐在一定条件下可以相互转化，苦可转化为乐，乐也可转化为苦。人们所讲的"苦尽甘来"，"乐极生悲"等都是说苦与乐在一定条件下，可以相互转化的道理。

毛泽东在 1958 年 12 月说："万里长征，千回百折，顺利少于困难不知多少倍，心情是沉郁的。过了岷山，豁然开朗，转化到了反面，柳暗花明又一村了"。

毛泽东曾指出：革命就得吃苦，不怕苦。怕吃苦，吃不得苦，就别革命。革命不经过艰苦斗争，又怎么能取得革命胜利呢？我们从事任何工作，不经过痛苦的磨炼，不进行艰苦的劳动，或者艰苦的求知，或者艰苦的生活，怎么可能干出优异成绩呢？世界上没有不费任何气力、不吃一点苦就能办成的事。要干出一番事业，要为社会发展或人类作出贡献，就必须艰苦奋斗。"苦尽甘来"。由苦转化为乐，需要经过艰苦努力。怕吃苦，吃不得苦，就不能实现向乐的转化。所以，真正的快乐只能由奋斗的艰苦转化而来。

自然，吃苦不是目的，而是为了变苦为乐。鲁迅说过："人固然应该生存，但为的是进化；也不妨受苦，但为的是解除将来的一切苦；更应战斗，但为的是改革。"这就是说，是为了变苦为乐，为了使人民获得欢乐。以苦为荣，以苦为乐，并不是安于贫苦，去当"苦行僧"，而是为了创造美好的未来感到快乐；现在吃苦，正是为了将来不吃苦、少吃苦而感到苦中有乐；个人和少数人经历困苦，正是为了换得他人和多数人的欢乐和幸福而感到欣慰。倘若吃苦的结果不能给人民带来利益、幸福和欢乐，还有什么"荣"可言呢？老吃苦而不能由苦转化为乐，还有什么"乐"可言呢？这种苦与乐的辩证统一的观点，是毛泽东苦乐观的一个重要特点。

毛泽东在党的八届二中全会上说："要勤俭建国，反对铺张浪费，提倡艰苦朴素、同甘共苦。同志们提出，厂长、校长可以住栅子，我看这个法子好，特别是在困难的时候。我们长征路上过草地，根本没有房子，就那么睡，朱总司令走了 40 天草地，也是那么睡，都过来了。我们的部队，没有粮食，就吃树皮、树叶。同人民有福共享，有祸同当。"

　　毛泽东一生，始终保持巨大的革命热情和伟大的献身精神，始终保持艰苦朴素，同甘共苦的品格。毛泽东在战斗年代，过着极其艰苦的生活。建国以后，环境条件虽有了好转，但他的生活仍是极为俭朴。他对饮食始终要求不高，吃的主食基本上都是粗粮，米饭里加点小米、赤豆或红薯、芋头，有时他吃一碗麦片粥或几个芋头，就是一餐。他身边的医务人员，为了他的健康制定菜谱，都被他拒绝了。毛泽东吃饭时总习惯地敲敲碗盘感叹说："什么时候农民都吃上我这样的饭，那就不得了啦，那就太好啦。"医务人员有时建议他吃点名贵菜肴和补品，以改善和提高他的饮食水平。毛泽东则皱着眉头说："要开国宴呀？你那些菜贵是贵了，贵了不见得就好，不见得就有营养。依我说，人还是五谷杂粮什么都吃的好，小米就是能养人。"

　　毛泽东认为，苦中有乐，苦可转化为乐。同样，乐中也潜伏着苦的因素，也可转化为苦。他在 1944 年 4 月 12 日作的《学习和时局》的报告中指出："我党历史上曾经有过几次表现了大的骄傲，都吃了亏的。……全党同志对于这几次骄傲，几次错误，都要引为鉴戒。近日我们印了郭沫若论李自成的文章，也是叫同志们引为鉴戒，不要重犯胜利时骄傲的错误。"

　　这说明，苦与乐是相互渗透的。胜利、欢乐也潜伏着失败、痛苦的因素，胜利了如不防止骄傲，就会犯错误导致失败，就会吃苦头，就会变乐为苦。因苦得乐，因乐得苦，这是苦与乐相互转化的历史辩证法。我们革命者的任务，就是要创造条件，进行磨砺，毛泽东的苦乐观，体现了艰苦奋斗，苦尽甘来的革命乐观主义精神。促进由苦向乐的转化，防止由乐向苦的转化。这就是他所坚持的唯物辩证法。

（参见王恕焕:《毛泽东的人生哲学》，湖北人民出版社 2003 年版）

不畏咒骂倔强性格

"6 亿 5 千万人民的伟大事业不被帝国主义及其在各国的走狗大骂特骂，那就是不可理解的了。"

毛泽东的机要秘书罗光禄回忆说，毛主席是性格倔强、不向困难低头的人，他可以藐视一切。在他看来，天塌下来，也有办法解决。在日常工作和日常生活中，他充分体现了这种性格。有一次，我们跟随毛主席到杭州，住在刘庄。一天，他老人家生病了，发烧到 38 度。我怕影响他休息，没有给他送文件。几个小时过去后，他竟然在床上问我："罗秘书，你怎么不给我送文件呀？"我答道："主席，您发烧了，该休息一下。"他说："没关系，你送来吧。"当我把文件送进他的卧室时，忍不住劝他说："主席，发烧很难受，我们年轻的都抵抗不住，你烧到 38 度了，要打针吃药，注意休息。"他接过文件就看，还说："这不要紧，我可以到 39 度。"这时我感到内心一阵激动，眼睛也湿乎乎，禁不住当面"表扬"起来："主席，您这种精神真了不起，我非常感动！"他说："这算得了什么？人总是要有点精神的，没有坚强的精神是办不好事的。"

一次在北戴河，海浪很大，那个气势真吓人，一片大浪下来排山倒海，一片大浪上去铺天盖地，看来很危险。警卫人员不放心，不敢让毛主席去游泳。毛主席偏要去。他说大风大浪不可怕，硬是顶着大风大浪游了一回。

毛远新有次跟主席游泳时嫌水冷，毛主席批评他说：水冷一点，你就怕，你还能革命？广西南宁邕江的水温才 17℃，毛主席照样游。他说，除了有鲨鱼的地方，大江大海都能游。到北戴河，到邕江，我都跟随毛主席游过。

谈到毛主席的性格，我又想起为他送诗稿的事。

1959 年 10 月 31 日早晨，毛主席给我留了一张纸条，上写："罗光禄同志：两首诗，每首各伍份，请于今日分送陈、田、胡、邓、林克5 同志为盼！"

我一看，诗是当年 6、7 月间，毛主席巡视长江流域各省时写的《七律·到韶山》和《七律·登庐山》。我即分送给陈伯达、田家英、胡乔木、邓力群、林克五同志。

当时，国际反华势力十分猖獗。毛主席对此表现了一种大无畏的精神。他说：全世界反动派从去年起，咒骂我们，狗血喷头。照我看，好得很！6亿5千万人民的伟大事业不被帝国主义及其在各国的走狗大骂特骂，那就是不可理解的了，他们越骂得凶，我就越高兴。让他们骂上半个世纪吧！那时再看，究竟谁败谁胜？我这首诗，也就是答复那些王八蛋的。

正因为有这个坚强性格，毛主席才有战无不胜、攻无不克的魄力。他脑子里形成了比较成熟的意见，就要坚持，就要说服人们同意，就要人们照办。第一次你不同意，再说第二次，第二次你不同意，他就有些气，第三次再不同意，那就要发大火。谁敢顶他二次三次，那就太危险了。

毛主席不畏强暴，蔑视帝国主义及其走狗的咒骂，给罗光禄留下了不可磨灭的印象。

（参见李敏、高凤、叶利亚主编：《毛泽东身边工作人员的回忆——真实的毛泽东》，中央文献出版社 2006 年版）

四句座右铭显哲理

"在命运的迎头痛击下头破血流但仍不回头"。

这是毛泽东在其爱女李讷毕业时送给她自己喜爱的四句话中的一句。这四句话是：

天将降大任于斯人也，必先苦其心志，劳其筋骨，饿其体肤，空乏其身，行拂乱其所为，所以动心忍性，曾益其所不能。

彻底的唯物主义者是无所畏惧的。

道路是曲折的，前途是光明的。

在命运的迎头痛击下头破血流但仍不回头。

这些话也可以说是毛泽东性格的一个方面。他总是满怀信心，以百折不挠，宁折不弯的意志，迎接人生旅途和革命征途上的一个又一个挑战。

人在一生中间，总要受命运之神的捉弄。生老病死，是命运之神的捉弄，谁也免不了；人生奋斗途中的失败挫折，也可以说是命运之神的打击。人生在世，不如意事常十之八九，可与人言无一二。人的一生不可能都风平浪静，波澜不兴，如果真的如此，人的一生也太没色彩了。美国前总统尼克松说过大意是这样的话，人的一生最可悲的是既没有成功，也没有失败。或许毛泽东欣赏尼克松，是因为他们的性格有着一致之处吧。

既然命运常常是不公正的，一个人，特别是有理想有抱负的人，就要准备挫折与失败，这是人生课题中的应有之义。毛泽东给李讷的这些话实际上囊括了他自己的人生体验。"在命运的迎头痛击下头破血流但仍不回头"，这不正是毛泽东孜孜奋斗一生的真实写照吗！他把这四句话作为座右铭赠送给李讷，意在使李讷按照这四句话去做人行事。这在李讷毕业即将走向社会时，这四句话比什么都珍贵。

（参见陈晋：《毛泽东之魂》，吉林人民出版社1993年版）

项羽自杀实无气节

"我们要学项羽的英雄气节，但不自杀，要干到底。"

项羽乌江自刎这一悲壮的举动，引起了历代诗人的无限情思。人们普遍认为，项羽在斗争中虽然失败了，但他死得壮烈，不失英雄本色，因而是值得歌颂的"人杰"和"鬼雄"。

于季子的"空歌拔山力，羞作渡江人"（《咏项羽》）、李清照的"至今思项羽，不肯过江东"（《乌江》）、胡曾的"乌江不是无船渡，耻向东吴再起兵"（《乌江》），还有一些诸如"乌江耻学鸿门遁，亭长无劳劝渡河。"（《项王》）等诗句，就是这种"人杰"和"鬼雄"观点的典型代表。

作为一位豪气盖世、叱咤风云的英雄人物，项羽的悲剧引申出两个层次的人格意志，一是人格意志是坚韧还是脆弱，在失败时是继续进取还是从此消沉；一是人格境界是崇高还是卑下，在无办法时是选择玉碎还是瓦全。毛泽东对项羽和刘邦都曾做过评价，在毛泽东看来，一个真正的革命者，应该既具有坚韧的人格意志又具有崇高的人格境界。毛泽东早年就曾经说过：对于挑战者来说，宁可失败而被杀，也不自杀。因为自杀对人格的保全有相对价值，而反抗到底即使被杀，却能使身心能力得到最大限度的伸张，"则真天下之至刚勇，而悲剧之最足以印人肺腑的了"。这种选择，在毛泽东看来，无疑具有巨大的、催人向上的、震撼人心的力量。1939 年 4 月 8 日在延安"抗大"的一次演讲中，毛泽东谈到了项羽。他说："项羽是有名的英雄，他在没有办法的时候自杀，也比汪精卫、张国焘好得多。从前有个人作了一首诗，问他你为什么要自杀，可以到江东再去招八千子弟兵来打天下，我们要学项羽的英雄气节，但不自杀，要干到底。"这无疑也是推崇项羽的人格境界而批评他的人格意志。

毛泽东晚年读《历代诗话》，其中有《二乔》一则，从杜牧的《赤壁》说到其《题乌江亭》一诗："胜败兵家未可期，包羞忍辱是男儿。江东子弟多才俊，卷土重来未可知。"评诗者认为："项氏以八千渡江无一还者，谁肯复附之？其不能卷土重来决矣。"毛泽东读至此处，批了四个字："此说亦迂。""迂"在何处？杜牧诗的评者没有超出项羽"无颜见江东父老"的心理局限，并以个人的"面子"问题来揣摩江东父老对暂时失败的英雄的态度，从而把一场声势浩大的楚汉相争的成败完全归之于个人的声誉。

在毛泽东看来，彻底的革命者除了善于把握历史趋势、分析社会时事以外，还必须具备韧性的战斗精神。一切都事在人为。项羽以拔山之力、盖世之气，突起于陇亩之中，没有任何凭借，很快就摧毁了暴秦的政权。于是宰割天下，分封王侯，号称"西楚霸王"。这样一个叱咤风云的英雄人物，如果胸怀宽广，"包羞忍辱"，善于总结经验教训，回到江东，为什么不可以卷土重来呢？在这里，毛泽东对项羽失败后的错误选择，生出了深深的感慨和叹息。毛泽东认为一位英雄人物成功与否，关键是如何正确对待暂时的失败，不能在暂时受挫的情况下，萎靡不振，自甘暴弃，而要振奋精神，重树信心，才能取得最后的胜利。

西楚霸王项羽，是在历史上颇具争议的英雄，如何看待项羽的胜利和失败，项羽为何不肯过江东，他失败后的历史教训，至今还留给人们不尽的沉思。而毛泽东的评议却引来了人们对历史人物评价的不同声音。也可以说是独具慧眼的真知灼见。

（参见《毛泽东早期文稿》（1912.6—1921.11），湖南出版社 1990 年版；阳泓：《毛泽东谈项羽》，《领导文萃》1995 年 3 月）

不向困难低头弯腰

"我们中国人是有志气的，谁也休想让我们低头弯腰。"

1960 年年初，中苏争端升级，赫鲁晓夫突然撕毁了对中国进行技术援助的协议，撤回了全部苏联在华的专家，使中国本来不稳定的经济进一步受到影响。从 1960 年下半年开始，我国进入了三年困难时期。

1959 年国庆后，毛主席南下视察，专列驶入山东时，沿途土地龟裂，旱情严重，进入安徽后，情况更糟。时值秋收时节，广阔的田地里却看不到丰收的景象。10 月 31 日，毛主席的专列来到杭州。

"全国不少地方遭了灾，许多老百姓在挨饿，我们是不是不吃肉，不喝茶了？我们带个头好吗"？毛主席望了望堆满文件电报的办公桌，郑重地向身边工作人员说。

听了主席的话，卫士们你看我，我看你。没有点头也没有摇头。

"人家逼债，我们少吃一点肉，争取两三年内把债还清。"毛主席见大家面有难色，亲切地说。

毛主席大手一挥，严肃地说："我们中国人是有志气的，谁也休想让我们低头弯腰。"

1961 年 2 月，毛主席到浙江视察，住在杭州。

"哟，你看到了吧，主席走路时肩膀一高一低的。"

"主席，这次来瘦多了。"

卫士和服务人员悄悄地议论着。

翌日，几个卫士悄悄商量把他们饲养的一头猪杀了。开饭时卫士把一小碗肉放在毛主席就餐的桌上。

"这肉是哪来的？"毛主席看到桌上的那一碗红烧肉劈头就问。

"主席，这是我们警卫班同志自己饲养的，你吃点吧。"卫士周福民恳切地说。

"小周，你可不能破了我们定的规矩吆。拿回去吧。"

"就这么一小碗，您就吃了吧！"卫士喃喃地说。

"到全国人民都吃上猪肉的时候再吃吧。"毛主席慈祥地笑了笑，意味深长地说。

毛主席说话是算数的。在国家三年困难时期，毛主席六次风尘仆仆到杭州视察，没有吃过一顿红烧肉。

那时，毛主席的主食是山芋加玉米。毛主席在杭州的住地后面有一座小山，山上长着一种叫蕨菜的野菜。稍有空闲，毛主席就拎着篮子，领着身边的秘书、卫士到山坡上挖蕨菜。让伙房的师傅用开水泡瘪、凉拌。餐间，毛主席一边大口嚼着凉拌蕨菜，一边挥动着筷子："大家都来尝尝嘛，我们湖南人最喜欢吃喽！"三年困难时期，党和国家遇到困难。毛主席与全国人民一道，就是这样同甘共苦，共渡难关的。

（参见冯彩英：《谁也休想让我们低头弯腰》，《浙江日报》1993年12月22日）

用饿肚子教育领导

"谁敢饿省委书记啊？省委书记到哪都是'皇帝'，我这就要让他挨饿！"

毛泽东的管理员吴连登回忆说：1962年中央召开会议。各省汇报情况时，开会到很晚，我就去问主席要不要给他们弄点饭。主席说："一人一碗面条！"我说："主席你怎么这么抠门？人家来开会，你都给人吃不饱饭？"主席说："我要让省委书记尝尝，饿肚子是什么滋味！他整天吃得好极了，谁也饿不着他，如果他饿了是什么感觉？他当了省委书记还挨过饿么？那老百姓都吃不上饭是什么感觉?!"主席说："谁敢饿省委书记啊？省委书记到哪都是'皇帝'，我这就要让他挨饿！"毛泽东通过这种办法，逼着省委书记去体察民情，当好领导。

毛泽东身边的工作人员周福明也回忆说：六七十年代，召集中央政治局常委的领导开会经常安排在主席住处，有时开会时间长了赶上大家吃饭时间，主席吩咐下去让厨师做"乌鸦面"，实际上就是我们吃的炸酱面。主席要求为每人准备一碗，多了没有。主席这样做的目的他也说过："我就是让我们党的高级领导到我这儿有吃不饱的感觉，这样就能想到我们的人民有的还在饿肚子呢。"

毛泽东就是用这样的办法，去教育党的干部，时刻不忘人民群众的疾苦，用"饿肚子"去体验艰苦奋斗的重大意义。在这方面毛泽东自身是饱尝山野菜和苦苦菜的益处。

（参见王伯福主编：《毛泽东轶事大观》，山东人民出版社 1997 年版；亓莉：《毛泽东晚年生活琐记》，中央文献出版社 1998 年版）

战火九死一生如昨

"犹记当时烽火里，九死一生如昨。"

1965 年，毛泽东重上井冈山，战地重游，抚今追昔，欣然写下《念奴娇·井冈山》，其中"犹记当时烽火里，九死一生如昨"一句，令人感慨万千。在他的戎马生涯中，井冈山是他百战创业的发祥地，也是他重振雄风的源头。当他需要迎接重大挑战的时刻，他总是想起井冈山。建国后，他没有重返曾战斗了 5 年的中央苏区，没有重返曾生活了 13 年的陕北边区，却独独重上仅战斗生活了 1 年零 3 个月的井冈山，可见井冈山在毛泽东心中的重要位置。在毛泽东留下来的诗作中，光是关于井冈山的就有三首：《西江月·井冈山》、《水调歌头·重上井冈山》、《念奴娇·井冈山》。

井冈山，凝结着毛泽东昨天的辉煌和明天的希冀，这里"险处不须看"，这里"独有豪情"。因为山是毛泽东的发祥地，山是毛泽东的本色。昨天的九死一生都过去了，明天还有什么艰难险阻不能克服呢！这恐怕就是他一生中力量的源泉。也是他依靠井冈山的精神，去战胜艰难险阻的时代最强音。三首咏井冈山的诗词，体现了毛泽东对井冈山精神的怀念和留恋。

1965 年毛泽东重上井冈山，据汪东兴日记记载，5 月 25 日毛泽东对陪同的张平化和刘俊秀说："我离开井冈山已经 38 年了。这次旧地重游，回忆起 38 年前的这段历史，心情总是非常激动的。为了创建这块革命根据地，不少革命先烈牺牲了自己的生命。我早想回井冈山看看，一别就是 38 年啊！我的心情和你们一样高兴、激动。没有过去井冈山艰难的奋斗，就不可能有今天了。"

毛泽东激动不已，继续对大家说："什么事情都是开头难。1927 年 4 月 12 日，蒋介石在上海制造反革命事变，宣布反共。5 月 21 日，发生'马日事变'，反动军阀许克祥在长沙围攻省工会、省农会，捕杀共产党人和革命群众。7 月 15 日，汪精卫又在武汉发动了反革命事变。中国革命遇到了巨大的挫折。1927 年 8 月 7 日，中共中央在汉口召开紧急会议，在这次会议上我被选为中央政治局候补委员。后来曾经把我的政治局候补委员给撤了。还说什么开除党籍了。井冈山人也火了，不服气，为我打抱不平，要向中央写报告。我劝他们不要写了，撤职就撤职，有啥子要紧？他们真开除了我的党籍，我还是要干共产党的。井冈山人听了我的话，很认真地说：'开除了你的党籍，你就不能当党代表了，但师长总还是可以当得吧。'"

毛泽东沉默了片刻，又讲了起来："井冈山是座好山，地形条件好，群众基础好。当时我们在井冈山生活条件是相当艰苦的。住的是破草房，吃的是红米饭、南瓜汤，穿的是百家衣。自己有什么穿什么，没有统一的服装。夜里盖的是禾草，脚上穿的是草鞋。有的同志甚至连草鞋都穿不上，打赤脚。上山下山全靠两条腿。所有吃的、用的东西全靠两肩挑。当时除极少数人说点风凉话，闹点情绪外，大多数人是坚定乐观的，战斗力还是蛮强的。当年 11 月，我们利用军阀混战的有利时机，攻打茶陵县城。红军官兵斗志昂扬，作战勇敢，不到一小时就攻下县城，建立了井冈山地区第一个工农兵政府。1928 年 1 月，我率领部队攻打遂川县城，红军官兵猛打猛冲，一鼓作气攻入城内，取得较大的胜利。当时正值过春节，部队进城后严格遵守纪律，热情宣传群众，并执行'保护工商业利益'等政策，受到群众的拥护和欢迎。"

"经过几次大的战斗后，井冈山周围的永新、莲花等县相继建立起党的组织和工农政权，各区、乡纷纷成立起农会、赤卫队、少先队、妇女会等组织。经过半年的艰苦奋斗，数不清的大小战斗，证明共产党领导的部队是拖不垮、打不烂的。几经失败、周折，我们在井冈山站稳了脚根，扩大了、巩固了井冈山这块革命的根据地。这一段历史，使红军在建立革命根据地的问题上进一步统一了认识。没有井冈山人民的支持，没有井冈山做后方休整地，战斗的胜利就没有保障。所以现在人们说：井冈山革命根据地是中国革命的摇篮。"

毛泽东说："土地革命时期，我们在井冈山建立农村革命根据地，建立起红色政权，点燃了'工农武装割据'的燎原之火。井冈山的斗争，指出了农村包围城市武装夺取政权道路的新方向。当时有人提出井冈山的红旗究竟能打多久的疑问？我们以实践回答了这个问题，坚持了井冈山的革命斗争。井冈山革命斗争的胜利，开辟了中国革命胜利的道路。井冈山革命根据地的建立和斗争的实践，被中国革命的历史证明是正确的，当年方志敏同志在赣东北也创建了革命根据地。他领导的苏区，由于路线、方针对头，广大群众拥护他，赣东北苏区很快扩大成功。浙赣皖苏区，红军队伍也很快壮大起来了。方志敏同志是一位很有理想、很有气魄的革命家。中国革命如果没有这些根据地做后盾，就不可能取得全国的革命胜利。革命成功是多少革命先烈用鲜血和生命换来的。你们应该利用井冈山革命的这些历史，多宣传井冈山的革命传统，让后来的年轻娃娃们了解中国革命的历史。"

提起这些老同志，毛泽东心情有些激动。他说："今天和你们谈及往事，心情激动是当然的。要为中国人民的解放，建立中华人民共和国，没有战斗，没有工作，没有流血，没有牺牲，不去起来推翻反革命政权是不可能的，敌人的几百万军队，是不会自行倒台、自行灭亡的。现在，我们胜利了，要更好地建设社会主义中国，更好地建设社会主义的井冈山。"

（参见胡哲峰、孙彦编著:《毛泽东谈毛泽东》，
中共中央党校出版社 2000 年版）

四、外因助力

韩愈说过："古之学者必有师。师者，所以传道、授业、解惑也。"俗话也说："老师和朋友是成功的助推器"。毛泽东之所以能成为划时代的伟人，除了与生俱来的自身特质和后天的伟大革命斗争实践外，一个重要的原因是：在长达十余年的求学生涯中，为数众多的老师们对他的教导、培养以及对他品格的精心塑造。可以说老师们的培育使他从混沌走向光明。朋友的支持，使他获得了成功的力量。这种外因助推的动力，使他终生受益匪浅。

从私塾的毛宇居、李漱清、毛麓钟，到东山小学的谭咏春、贺岚岗、萧佚名；到省一中的杨昌济、徐特立、方维夏……无不是从思想文化和人格品行和行为上给青少年时代的毛泽东留下了不可磨灭的印象，因此，毛泽东说："生我者父母，教我者党、同志、老师！"

甘于淡泊，安于清贫的老师们，用自己"燃烧着的蜡烛"照亮了毛泽东成长的道路，老师是毛泽东走向人生光辉顶点的引路人和辛勤的园丁。

毛泽东所幸的是，他所遇到的老师们，都是学识渊博、道德高尚，热衷教书育人的"饱学之士"。在他们的熏陶下，开发了毛泽东的智力。再加上毛泽东勤学苦练，思想进步，立志要成为国家栋梁。他交朋结友，组织新民学会、文化书社，参与建党，走向井冈山，进行万里长征……与之共同探索"大本大源"，寻求救国救民的道路。他那种忧国忧民、爱国兴邦、革新社会的远大志向和抱负，必然会形成强大的凝聚力，孕育出灿烂的创新成果。

　　是老师们精心驾驶着教书育人这艘航船，护送着毛泽东乘风破浪，使毛泽东最大限度地发挥了个人的聪明才智，从闭塞的韶山冲，驶向了中国革命的大舞台。

毛氏先贤重教传统

"生我者父母，教我者党、同志、老师！"

毛泽东在读私塾时所跟随的 6 位老师中，有 4 位即毛咏薰、毛宇居、毛简臣和毛麓钟为本家族的人。1904 年秋，毛泽东在关公桥私塾跟随毛咏薰读书，对历史产生了浓厚兴趣；1906 年秋，他在井湾里私塾拜堂兄毛宇居为师，阅读了《春秋公羊传》、《左传》等经史书籍；1909 年下半年，他在乌龟井私塾从毛简臣点读《汉书》、《通鉴纲目》等古籍；1910 年上半年，毛泽东又在东茅塘面山楼私塾跟从毛麓钟学习《史记》、《日知录》等著作，也翻阅了许多时论和新书，还包括毛兰芳、毛麓钟的诗词作品。正是在这些家族先贤们的引导下，毛泽东步入国学之林，初步领略了中华文化的博大精深，也初步具备了作为读书人的涵养和习性。时移势易，特别是 1905 年科举制度被废除，毛泽东未能像他的先辈那样走八股应试的道路，可是，读书求知的精神却已积淀在他的心窝里。

据毛宇居和其他韶山老人回忆，毛泽东读书很认真，尽管对经书不喜欢，但仍能熟读它们。他最喜欢看的是中国的旧小说和关涉现实的时论及新书。少年毛泽东的求知欲非常旺盛，他到处借书来读，包括和尚的经书。韶山冲的书读完了，就跑到湘乡外婆家去借。在停学在家的两年中，他白天下地劳动，晚上还坚持读书到深夜。随着阅读范围的扩大，毛泽东的心飞驰得很远，走出家园的梦想时时萦绕在他的脑际，开始强烈要求要走出闭塞的韶山村。

毛氏家族先贤们的求知精神和重教传统，对毛泽东走出韶山起到了重要作用。1910 年，毛泽东听外家表兄文运昌介绍后，想到湘乡东山高等小学堂继续求学。毛泽东向父亲讲了自己的打算，但父亲坚决反对。那时，毛顺生拟把毛泽东送到湘潭的一家米店当学徒，希望儿子日后充当他在生意上的帮手。哪知毛泽东的志向不是经营一个小店，而是要经营天下。毛泽东为说服父亲，特意把毛麓钟、毛宇居等老师请到家里为自己说话。毛麓钟、毛宇居等认为毛泽东善于读书，将来大有可为，还历数读书的种种好处，劝说毛顺生送儿子上学。毛顺生讲不过大道理，但他很现实地说："泽东是湘潭人，到湘乡读书只怕有界线。"毛麓钟马上答道："现在中国人到外国留学的都很多，何况只到湘乡呢？"在族亲的推动压力面前，毛顺生不得不答应了儿子的要求。

1910 年秋天，毛泽东挑着简单的行李，在表兄文运昌的陪伴下，踏上了外出求学之路。从家族的文化背景中走出的毛泽东，终生博览群书，而毛氏家族先贤们的熏陶，则是毛泽东经纶天下的重要启蒙。

（参见王恕焕著：《毛泽东的人生哲学》，湖北人民出版社 2004 年版）

不忘有晋先师传道

"惊悉有晋先师因病逝世，不胜哀悼，谨此致唁。"

1910 年的一个秋高气爽的日子，东山高等学堂的校园里。来了一位年方 17 岁的求学少年——毛润之，也就是尔后名震天下的毛泽东。

毛泽东入学后，恰好张有晋先生担任他的算术课。这位张先生当年应考举人时，应试的不是八股文，而是数、理、化，于是成了远近闻名的"洋举人"。尽管毛泽东在此之前，没有接触过算术这一学科，但他勤奋好学、悟性极好，再加上张先生倾心指导，毛泽东的算术成绩提高很快。

1911年春，毛泽东经李元甫校长及张有晋等老师的推荐，赴长沙进入湘乡驻省中学读书。

从韶山冲到东山学堂，又从东山到长沙念书，使少年毛泽东学得了知识，增长了见识，也使他大开眼界。在这关系到毛泽东一生命运的转机时期，张有晋起到了一定作用。

1911年10月辛亥革命爆发后，毛泽东离校参加了新军。半年后革命失败，毛泽东又辗转到湖南第一师范读书，此时，张有晋已受聘在该校任教。师生再度重逢，倍感亲切，张先生对毛泽东更加关怀备至。

1918年8月，毛泽东告别恩师，打点简单行囊，踏上了北上的旅途——赴京筹备留法勤工俭学。从此师生两人便中断了联系。

直到1949年新中国成立，当时在妙高峰中学担任校董事长的张有晋致函毛泽东，祝贺中国革命胜利。见到先师的来信，毛泽东异常高兴，他在百忙中亲自回信：

"去年12月19日赐函诵悉，远承教益，极为感谢！谨此奉复，敬颂道安。1950年4月10日。"

从此以后，他们师生又恢复了联系。

收到毛主席的复信不久，长沙教育界知名人士聚会纪念思想家王夫之，成立船山学社，修建纪念馆，商讨请谁题写社名。张有晋建议：最好请毛主席题写社名。于是又寄信给毛泽东，请他赐墨。毛主席欣然命笔，题写了"船山学社"，并复函给老师：

"麓村先生：几次来示均敬悉，甚感谢，遵嘱写下船山学社四字，未知可用否。此覆，顺颂。教祺毛泽东十月二日。"

1952年年初，张有晋因年事已高，自恐难以胜任紧张的教学工作，便赋闲在家。此时，全国规模的土改运动搞得轰轰烈烈，由于家中有些田产，有人说他应划为地主，老人的心情十分沮丧，便去了当时任广西大学经济系主任的次子张人价那里。人价在给毛主席的一封便函中谈及有关家父的情况。毛主席收到信后心里很不好受，很快寄上200元钱，并请有晋老人进京。老人兴奋不已，搭上了去北京的列车。到京后，由毛泽东的秘书田家英负责接待，把他安排在条件较好的惠中饭店居住，并给老人添置了新衣服及床上用品。老人十分感动，示意国家不必如此浪费。田家英告诉张有晋说："这是毛主席嘱托办的，是用主席的稿费支付的。"

1952年8月18日下午，一辆黑色旧式小轿车徐徐开进新华门，停在中南海畔的颐年堂外，一位年过古稀的老人由两位年轻人搀扶着走下轿车。这位老人就是张有晋，两位年轻人是他的孙子张文辉和张文定兄弟。颐年堂门口的台阶上，毛泽东正在等候。他笑容满面的迎上去，和他们一一握手。然后，宾主依次步入颐年堂内。客厅里布置十分朴素，摆着几张一般档次的沙发。毛主席陪着张有晋坐在正面的沙发上，在场的江青和文辉、文定兄弟便在大厅一隅落了座。

晚饭时，毛主席又和客人们一起进餐。席间，毛主席还询问当时湖南的形势，又问问文辉、文定的年龄、学习、工作情况。谈及早年生活，毛泽东感慨道："我曾经也是唯心的，为给母亲治病，也干过求神拜佛的事。"在回忆师生相处的日子时，毛主席兴奋地说：东山和一师的学习，对我影响很大，我很感谢诸位老师。接着，毛主席又问恩师还想不想再教书。有晋老人如实表示："年事已高，不能教了。"不久，有晋先生就接到了由周恩来总理亲自颁发的"中央文史馆馆员"的聘书。那一瞬，老人的双手颤抖着，激动得热泪盈眶，不知说什么好。

老人在京工作的日子里，毛主席经常派人送来礼品，每逢国庆、"五·一"，还要派车来接有晋老人到天安门城楼观礼。

1962年7月，老人在北京宣武门外校场口二条三号寓所仙逝。人惕、人价兄弟（有晋老人的两个儿子）致信敬告毛主席。毛主席甚为悲痛，很快派秘书送去奠仪300元，并复函悼唁：

"人惕、人价二位同志：7月14日来信收到，惊悉有晋先师因病逝世，不胜哀悼，谨此致唁。另奉薄仪一份聊助营奠之资，又及。"

这封唁函的原件至今还收藏在中央档案馆。

毛泽东始终不忘先师的教诲，从对张有晋老师的亲师情上，可以看到知恩图报，和对老师们的敬重之情。

（参见常艳春：《毛泽东与张有晋的师生情》，
《纵横》2002年第4期）

师生间深厚的情谊

"符先生是我们工作中的一面镜子，人走了，镜子还留在我们身边。"

1912 年 2 月，符定一任湖南省立一中校长时，19 岁的毛泽东考取该校第一名。符定一看了毛泽东的《民国成立·百端待理·教育与实业应以何者为要策》的作文答卷，不禁拍案称奇，立即让毛泽东到校长办公室面谈。

符定一望着眼前这位一身农装打扮的学生，很难把他同他的文章联系在一起。

"是这样，凡考第一名的学生，我都要进行复试，所以想请你在我的办公室再写一篇作文。"

"请校长命题。"

"论救国之道。"

毛泽东凝神片刻，挥笔疾书，不到两个时辰，文章一气呵成。

符定一看完这篇立论新颖，文词严谨，气势磅礴的作文，内心赞叹道："真是掷地有声啊！"

"校长，我可以走了吗?"毛泽东问道。

"不，我还想听听你对兴邦治国方面的一些观点。你先坐下来喝杯茶。"

毛泽东喝了一口茶，就开始对民国性质、政权组成、民众问题、民权问题、民生问题、施政方略等等作了一番论述，符定一自始至终没有打断他的发言。

符定一对他的真知灼见，不禁惊讶不已。

1925 年，符定一回长沙省亲，知道湖南军阀赵恒惕多次通缉。军警、特务到处抓捕毛泽东后，立即跑到当时任省政府秘书长的表弟家中，请他想办法劝阻赵恒惕不要抓毛泽东。表弟问他同毛泽东有什么关系时，他说："毛泽东是我最喜欢的一个学生。"表弟如实相告："表哥，你打消这个念头吧。毛泽东是赵恒惕最恨的一个人。赵恒惕曾经咬牙切齿地对我们讲过，在湖南有毛泽东就没有他赵恒惕，必欲杀之而后快。不是表弟不肯帮忙，搞不好还会牵连到你。"符定一见表弟面有难色，只好起身告辞，表弟有些愧疚地开了一张名单并拿出自己的几张名片给他。"表哥，我介绍你去找几个人，他们同赵恒惕都有亲缘关系。"

第二天，符定一准备了几份厚礼去进行疏通，总算把抓毛泽东的限期推迟了20天。这样符定一就有时间去寻找毛泽东。

几天以后，他通过密友在一处偏僻的小巷里找到了毛泽东。师生来不及寒暄，符定一就把20块光洋塞进毛泽东的口袋："赵恒惕的军警、特务到处在抓你，赶快走，后会有期。"

毛泽东连夜登车去了广州。

解放后进入北平后，毛泽东请符定一到家中做客。席间，两人从30多年前的往事，谈到当今。毛泽东感慨地说："老师，我的许多知识都是跟你学来的，你永远是我的老师。"符定一说："不，师生不分先后，应该说，能者为师。如果学生的学问超过了先生，那就是后者为师了。"

"记得36年前，老师考我的那篇《论救国之道》的作文题目，如果再一次摆在我面前，我倒觉得文章比以前难写了。"

"万事开头难嘛！但我相信你会比以前写得更好。不过，我想知道，新中国建立后，你的第一要策是什么？"

"我想，中央目前要抓的头等大事就是召开新中国第一届人民政治协商会议，邀请广大爱国民主人士共商国是，制定一个《共同纲领》。还要召开第一届全国人民代表大会，聘请一大批德高望重、学有专长的民主人士担任政府和人民团体要职。今天请先生来，有劳先生出任中央文史馆馆长一职，不知尊意若何？"

符定一以为毛泽东是为了照顾他，便道："我过去虽然当过你的老师，可我并不会因此向你要官做，你能让我安心编写我的《联绵字典》，我就心满意足了。"

毛泽东哈哈一笑说："老师过虑了。新中国文史馆馆长，要求 3 个条件：一是德高望重，二是学有专长，三是勤勤恳恳。综合这 3 方面的条件，我想非先生莫属了。我是以学生的身份和党中央的名义向先生发出邀请的。我们党需要团结一大批像您这样的饱学之士啊！"经过毛泽东这样一番劝说，符定一终于走马上任了。

符定一逝世后，遗体安葬在八宝山革命公墓。毛泽东深感悲痛地对中央机关的工作人员说："符先生是我们工作中的一面镜子，人走了，镜子还留在我们身边。"纵观毛泽东的一生，他与老师们的关系，一直是密切相关的，恩师对他的保护、影响和成长，起到了不可估量的作用。

（参见杨辉：《毛泽东与老师符定一》，《党史博览》2007 年第 8 期）

图书馆里半年自学

"这是我学习历史上最有价值的半年，增长了知识，提高了觉悟。"

湖南省立图书馆设在长沙浏阳门外的定王台，1912 年秋冬，毛泽东选定了这所图书馆自学。他从省立一中退学后便住在新安巷湘乡会馆。从这里去省立图书馆，往返五华里。他每天步行去图书馆，秋去冬来，风雨无阻，从未间断。而且，他每天去得很早，图书馆一开门，他第一个进去，下午关门，他最后一个出来，中午仅仅休息片刻，买两块米糕充饥，这就算是午餐。这种严格的学习计划和刻苦的精神，使他得益甚大。他曾对斯诺回忆说："我认为这样度过的半年时间，对我是极有价值的。"这种高度肯定的结论在建国后又重述过一次，他对当年的老同学周世钊说："这是我学习历史上最有价值的半年，增长了知识，提高了觉悟。"

湖南省立图书馆建于清代光绪初年，最初由抚臣赵尔巽创设，规模不大。光绪后期稍有发展。1805年（光绪30年）开始派人到日本购书，1806年（光绪31年）抚臣庞鸿书奏建设图书馆，称"查东西各国都会莫不设有图书馆，所以庋藏群籍，输进文明，于劝学育才大有补益，……建设图书馆万不可缓。"并拟定了馆舍扩建后如何开馆和发展的方案。到1912年，一百多年过去了，这所图书馆聚书甚富，中外书刊报纸陈列满目，书林学海之称名不虚传。毛泽东走进图书馆，走进这文化的殿堂，就没有一天放松过阅读。他自己曾风趣地说，那时进了图书馆，就像牛闯进了菜园子，初尝菜味，大口大口拼命地吃。

他在这里有计划地读了严译西方名著和其他很多书籍。中国的经史子集四部群籍、外国的历史、地理、哲学、文学包括诗歌、小说和古希腊的故事，他都广为涉猎。尤其是认真地学习了俄、美、英、法的历史地理，并且还带着浓厚的兴趣研习了一幅世界大地图。

他在图书馆和阅报室度过了很多时间，并和图书管理员熊光楚结为好友。他天天要读报，除常去阅报室，还自己订有报纸。这样，他成了著名的"时事通"。周世钊回忆说："如果在自习室、运动场找不到他，常常在阅报室可以找见他。"午饭后或课间，他常在阅报室，而课毕则常去图书馆借阅书刊。

这样的自学生活，使他的眼界扩大了，心胸更加宽广了。同学们都称他为"时事通"，管他叫"毛奇"，"毛奇"是德意志建国时普鲁士一个很有学问、会打仗的将领。意思是说毛泽东是一位"志向非凡，与众不同的人"。

图书馆这位不会说话的"老师"，使他走出了狭隘的韶山冲，看到了外部世界的新鲜知识，扩大了眼界和胸怀，成为青年政治家。

（参见周世钊：《毛泽东青年时期的几个故事》，《新苗》1958年第9期）

最佩服的锦熙老师

"吾于黎君感之最深，盖自有生至今，能如是道者，一焉而已。"

黎锦熙，字邵西，本是湖南省立第四师范的历史教师，后来，他的学生毛泽东和他一起随学校并入了第一师范。

毛泽东后来说："吾于黎君感之最深，盖自有生至今，能如是道者，一焉而已。"

黎锦熙虽是毛泽东的老师，但他的年龄不过比毛泽东长了 4 岁，加之又是湘潭同乡，所以二人之间很是亲近，他们的关系介于师友之间。虽然只有 4 岁的年龄差，但在 22 岁的毛泽东看来，26 岁的黎锦熙比自己更有学问，更有见识，因此，毛泽东很喜欢向他讨教学问。

黎锦熙读了严复翻译的英国哲学家斯宾塞（1820—1903）著的《群学肄言》后，非常喜欢，就向自己最喜欢的学生和朋友毛泽东推荐，"告以读'缮性'一篇，以自试其思考力及学识程度"。

黎锦熙还向毛泽东推荐过一个刊物《甲寅》，《甲寅》是章士钊在日本东京办的一个刊物，是反对袁世凯称帝的。而当时正是袁世凯积极准备称帝的时候，这就成了师生二人关心和谈论的题目。1915 年 5 月 7 日，日本下最后通牒，逼袁世凯政府接受二十一条，这也是毛泽东同黎锦熙谈论的内容。黎锦熙日记里记下了他们阅读《甲寅》月刊的事。毛泽东对这个刊物很有兴趣，后来还写信托萧子升设法借阅。

黎锦熙在日记里记下了他对毛泽东的印象。例如，1915 年 7 月 31 日，他看了毛泽东的日记之后，记述道："观其日记，甚切实，文理优于章甫（陈昌），笃行两人略同，皆大可造，宜示之以方也。"1917 年 8 月 31 日收到毛泽东的信，称"得润之书，大有见地，非庸碌者"。

我们可以从毛泽东 1915 年 9 月 6 日给萧子升的一封长信中，看出他对黎锦熙的印象，二人时常谈论的内容以及当时受黎锦熙的影响。这封信的开头写道："闻黎君邵西好学，乃往询之，其言若合，而条理加详密焉，入手之法，又甚备而完。吾于黎君感之最深，盖自有生至今，能如是道者，一焉而已。仆问邵西，学乌乎求？学校浊败，舍之以就深山幽泉，读古论籍，以建其础，效康氏、梁任公之所为，然后下山而涉其新。邵西不谓然，此先后倒置也。盖通为专之基，新为旧之基，若政家、事功家之学，尤贵肆应曲当。"毛泽东当年很厌恶学校繁多的课程，他觉得这妨碍了他最喜欢的学科。他向黎锦熙求教，如何解决上课与自修的矛盾。黎锦熙告诉他除了要把文课学好之外，还要学好历史、地理，以及体操、图画、音乐、手工等课，指出了成为通识之才的重要性。

从 1915 年 11 月到 1920 年 6 月，毛泽东给黎锦熙寄了 6 封信。

从这些信中，可以见到毛泽东对黎锦熙的关心。袁世凯一心称帝，许多人都卷入了劝进活动之中。1915 年 11 月 9 日，毛泽东写信劝黎锦熙不要卷入劝进活动，信中写道："方今恶声日高，正义蒙塞，士人丁此大厄，正当龙潜不见，以待有为，不可急图进取。"毛泽东甚至希望黎锦熙早日脱离北京这个是非之地："急归！无恋也。"在信中，毛泽东也表示了自己对黎锦熙的想念："生平不见良师友，得吾兄恨晚，甚愿日日趋前请教。"毛泽东在 1920 年 6 月 7 日的信中说："我对于学问，尚无专究某一种的意思，想用辐射线的方法，门门涉猎一下，颇觉常识不具，难语专攻；集拢常识，加以条贯，便容易达到深湛。斯宾塞最恨'国拘'，我觉得学拘也是大弊。""国拘"是严复翻译的《群学肄言》中用的一个术语，大意是为褊狭的国家观念所拘束；"学拘"是毛泽东仿拟"国拘"造出的一个词语，大意是指学科方面的偏爱偏废导致知识的缺陷。他想怎样避免"学拘"的大弊呢？"文字学、言语学和佛学，我都很想研究，……希望先生遇有关于言语文字学及佛学两类之书，将书名开示与我。多余的印刷物，并请赐寄。收聚了书，总要划一个时间，从事于此。我近来功课，英文、哲学、报，只这三科。哲学从现代三大哲学家（按指杜威、罗素、柏格森）起，渐次进于各家；英文最浅近读本每天念一短课；报则逐日细看，剪下好的材料。我外国文还在孩子时代，不能直接看书，我只想于未出国去的二三年内，用我已经得到的国文一种工具，看新出的报、杂志、丛书及各译本，寻获东方及世界学术思想之大纲要目，以为出国研究的基本。"从中，我们看到此时的毛泽东一方面开始热切地学习马克思主义，另一方面，仍然保持着广泛的学习兴趣和独特的学习方法。

毛泽东在1920年给黎锦熙的信中总结了黎锦熙对他的影响，毛泽东这样写道："先生及死去了的怀中先生（杨昌济，字怀中），都是弘通广大，最所佩服。"可见黎锦熙对他的影响之大，印象之深。

（参见徐文钦编著：《毛泽东读书治国》，中央文献出版社2008年版）

拜师求友访求知音

"弟近年来所有寸进，于书本得者少，于质疑问难得者多。苟舍谈论而专求之书，其陋莫甚，虽至今昏懵如前，未可知也！"

毛泽东青年时代虚心好学，在一师学习时，当时长沙城里有学问的人，或从外地来城讲学的名流学者，毛泽东探知消息和住址后，总是千方百计去拜访、聆教。船山学社是一些具有民族思想的爱国人士讲学论道的场所，他常去听讲；日本友人宫崎寅藏刚到长沙城，他即向其写信，要求见教。宫崎寅藏，号白浪庵滔天，曾积极支持和帮助孙中山领导资产阶级民主革命，与黄兴等交往其深。1916年10月，黄兴在上海病逝，其灵柩归葬于湘。1917年2月，白浪庵滔天由日本专程来长，参加黄兴的葬礼。毛泽东得知这一消息后，即与肖植蕃（即肖三）联名并执笔写信，要求见面请教。信中写道：

白浪滔天先生阁下：久钦高谊，觌面无缘，远道闻风，令人兴起。先生之于黄公，生以精神助之，死以涕泪吊之，今将葬矣，波涛万里，又复临穴送棺。高谊贯于日月，精诚动乎鬼神，此天下所希闻，古今所未有也。植蕃、泽东，湘之学生，尝读诗书，颇立志气。今者愿一望见丰采，聆取宏教。惟先生实赐容接，幸甚，幸甚！

此外，他还采用通信方法交往求教。经杨昌济等介绍，和北京、上海、武汉等地的一些学士名人、老师、同学建立了通信联系。1916年一师高年级同学陈昌日记记载："一月一日早饭后，接润之兄信。读罢甚感！稍去其萎靡气，故人贵有师友也。""四月一日……午前十一时，接润之兄书，并中华杂志。""四月二十八日上八时，接润之兄书，并承赠《汤康梁三先生之时局痛言》一本。"1917年8月31日，黎锦熙在北京接阅毛泽东书信后在日记中记载："下午，……得润之书，大有见地，非庸碌者。"

通过以上各种形式的质疑问难、拜学求教，毛泽东受益匪浅。后来他曾在给友人信中写道："弟近年来所有寸进，于书本得者少，于质疑问难得者多。苟舍谈论而专求之书，其陋莫甚，虽至今昏懵如前，未可知也！"可见他对拜师求友的重视。

（参见《毛泽东早期文稿》，湖南出版社1990
年版；《毛泽东书信集》，中国人民解放军出
版社1984年版）

读北大时同学的帮助

"张新，在我读北大时，你帮了我很多忙，是有恩于我的人，我们还是同学嘛！"

1918 年，毛泽东来到北京，因旅途耽搁错过考期，便住进北大附近的一个学生公寓里，和张圣奘相识了。比张圣奘年长 6 岁的毛泽东对人十分和蔼，同学们都愿和他交朋友。张圣奘和毛泽东都是两湖人，常在一起聊天。毛泽东得知张圣奘是明朝宰相张居正的后裔，便说："你的老祖宗是革新家，他丈量清了天下田亩是一件很了不起的事情。张居正做宰相很公正，改革弊政，赏罚分明，识用人才，用潘季驯治理淮河，用戚继光镇守蓟州，使倭寇不敢侵犯中国，老百姓过上了安定生活。"张圣奘十分钦佩毛泽东熟精明史。

一天，毛泽东向张圣奘说："我来北京很久了，还没有取得入学的资格，虽然我耽误了考期，读一个旁听生总是可以的。张新（圣奘）你的人缘好，能不能为我争到一个旁听生的名额，这样也就算在北大上学。张圣奘满口答应帮忙，当天去找光绪十八年与他父亲同入翰林编修的北大校长蔡元培，细说毛泽东错过考期的事，并为之央求。蔡元培说："好呀，你小小年纪就有了友善的心了。"并答应毛泽东到北大作旁听生。当张圣奘把这一消息告诉毛泽东时，同学们都很高兴，称赞张新会办事情，刘航琛还带头凑了份钱，买了牛肉夹烤馍聚餐，庆贺毛泽东进北大读书。

三个月后的一天。毛泽东上完史学通论课在校园里遇见张圣奘，说："张新，我又遇到一件麻烦事了。我父亲来信说，如果读北大正式生就让我读下去，要是读旁听生就叫我回湖南当米粮铺老板，假如我不听他的话，我父亲就不再寄钱给我了。"张圣奘说："你有什么操心的呢，我借钱给你不就行了！"当同学们知道这个消息，都愿意帮助毛泽东继续读书。毛泽东思考很久，认为借债读书不是办法，既会影响学习，思想又不安定，便又找到张圣奘，提出能不能在北大找一个差事。张圣奘满口答应，找到兼任北大图书馆主任的李大钊教授。听完张圣奘说明缘由后，李大钊说："让我问问图书馆的人事配备，等几天我告诉你。"过了两天，李大钊叫来张圣奘说："图书馆已满员，我们商量了加一个管理员的名额，专在架上取书给读者，每月 8 块大洋的薪水，不知他愿不愿意？"张圣奘把结果告诉毛泽东。毛泽东十分高兴，说："张新，太感谢你了！人家办不到的事，你都办好了。"

毛泽东在图书馆工作非常认真。经人介绍，毛泽东结识了李大钊、范鸿杰、李骏、张秀鸾（女）等知名教授。李大钊组织马克思学说研究会，毛泽东也参加了。1920 年毛泽东离开北京，回到湖南创建了共产主义小组。

　　毛泽东与张圣奘虽然分别，但他们都十分珍惜青年时期相处的那一段友谊。

　　1951 年成渝铁路正进入紧张的施工阶段，各地均有文物发现。为保存、鉴定好文物，邓小平邀张圣奘出任成渝铁路文物考察团长。张圣奘 1951 年 3 月 29 日发现了继北京周口店和山顶洞人头骨化石后的第三颗"资阳人头骨化石"。1953 年中国科学院召开"资阳人头骨化石"学术论证会，郭沫若邀请旧友张圣奘参加论证会。会议期间，由南开中学时的同学周恩来带领张圣奘去中南海拜访北大的同窗毛泽东。

　　毛泽东说："张新，在我读北大时，你帮了我很多忙，是有恩于我的人，我们还是同学嘛！"毛泽东的平易近人感染了张圣奘。加上周恩来与张圣奘在南开同学读书 4 年，且共居一室，气氛十分融洽和热烈。这也是毛泽东走向成功道路的一段难忘的经历。

　　　　　　　　　　　　（参见《解放军报》1993 年 11 月 4 日有关报道）

结交朋友组建学会

　　　　"我的朋友和我只愿意谈论大事——人的天性，人类社会，中国，世界，宇宙！"

　　毛泽东善交朋友，他在进入一师初期，就在同学中结交了一些志同道合的朋友，其中包括蔡和森、何叔衡、张昆弟、陈昌、陈绍休等人。他们大都来自农村，家境比较贫寒，有的自己从事过劳动，城市和乡村小资产阶级日益走向破产和没落的情景，他们都是耳闻目睹的，因而经常聚集在一起研究治学做人的道理，讨论个人和国家的前途命运等问题。

即使如此，毛泽东仍然感到自己身边的朋友少了，活动的范围太窄。他日益认识到，要求得更多的学问，要做一番救国救民的事业，必须联合更多的志同道合者，结成一个团体，才会有力量，才会有所作为。

1915年暑假过后，毛泽东向长沙各学校发出了一则《征友启事》。这是他自己刻蜡纸油印的，只有几百字，内容大意是：愿意和有爱国热情的青年结为朋友，愿意和那些不怕艰苦，不怕困难，能够为国为民献身的志士通信联络。启事最后说，要"效嘤鸣之求，步将伯之呼"，以表示迫切求友的心情。启事的署名是"二十八画生"（毛泽东三字的繁体字共二十八笔画），通信处是"来信由第一师范附属小学陈章甫转交"。在邮寄启事的信封上还注明："请张贴在大家看得见的地方"。

通过几年的努力，在毛泽东周围逐渐聚集了一批志同道合的朋友，其中主要有蔡和森、萧子升、何叔衡、陈昌、张昆弟、罗学瓒、萧子章、罗章龙等十来个人。他们多数是第一师范和长沙各中等学校的学生，也有一些是长沙各中小学的青年教师。这是一群有朝气、有理想的人，是一群态度极端认真、"真心求学，实意做事"的人。他们多数来自农村，深知民间疾苦，和穷人有着深厚的感情；他们没有少爷公子的浮夸作风，也没有某些"读书人"的那种书呆子气；他们勇于反抗旧世界，热心追求新思想，决心树立奋斗和向上的人生观，满怀着为改造国家、改造社会而奋发图强的豪情壮志。正如毛泽东后来对斯诺所说的，"这是一批态度严肃的人，他们不屑于议论身边琐事。他们的一言一行，都一定要有一个目的。他们没有时间谈情说爱，他们认为时局危急，求知的需要迫切，不允许他们去谈论女人或私人问题。……我的朋友和我只愿意谈论大事——人的天性，人类社会，中国，世界，宇宙！"（《西行漫记》第123页）

1918年4月14日在蔡和森的家里召开成立新民学会会议。这次到会的有13人，他们是毛泽东、蔡和森、何叔衡、萧子升、陈绍休、萧子章、邹彝鼎、张昆弟、陈书农、邹蕴真、周明谛、叶兆祯和罗章龙；还有8人因故未能到会，但也是基本会员，他们是陈昌、李维汉、周世钊、罗学瓒、熊光楚、曾以鲁、傅昌钰和彭道良。所以，新民学会最初的会员是21人。

"新民学会"的宗旨是："革新学术，砥砺品行，改良人心风俗"。会章规定，会员必须遵守五条纪律："一、不虚伪；二、不懒惰；三、不浪费；四、不赌博；五、不狎妓。"鉴于学会的部分会员即将毕业，各有所归，为了便于了解外出会员的情况，以利于团体的活动，会章规定："会员对于本会每年负一次以上通函之义务，报告己身及所在地状况与研究心得，以资互益"。会章还对学会的组织机构、会务活动、会址、会费及新会员入会手续，一一作了规定。

新民学会是一些愿为救国救民而求索的青年知识分子集合而成的进步团体，它一开始就充满了勃勃的生机，办事认真，组织严密，因而是一个有希望的、富有战斗力的进步团体，是毛泽东建党前的重要活动。

（参见曹志为、李捷、高路等：《伟人之初毛泽东》，浙江人民出版社 1991 年版）

岳父杨昌济的栽培

"在我的青年时代，杨先生对我有很深的影响，后来在北京成了我的知心朋友。"

杨昌济老师（又名杨怀中），是毛泽东在长沙一师求学时的伦理学教师。他造诣极深，不仅国学底子深厚，而且求学海外，先后在英国、法国、日本留学，潜心研究教育与哲学，探求做人育人之理达十年之久。回国之后，他因愤世嫉俗、不满现状，而弃官不做，决心从教育入手，为国培育人材，于是，当了一师的伦理学教员。

杨老师在教学中，总是循循善诱地教导他的学生们，要有远大理想，要有改革社会，建设新国家的远大抱负；要好好学习本领，认真做事，服务社会，不为个人打算。教育学生要言行一致，言传身教。因此，他很受学生们特别是毛泽东的敬重。杨昌济也发现，在众多积极靠拢他的学生中，毛泽东是最有培养前途的杰出学生，因此，他从各方面给毛泽东以特别的培养，并同徐特立等老师一起，给他以特别的保护。在长期的密切交往中，杨昌济与毛泽东终于结下了特别深厚的情谊，并且这种情谊对毛泽东一生产生了深刻的影响。1918年6月，杨老师应北京大学校长蔡元培的邀请，赴北京大学任伦理学教授。这不得不使师生分别，但时过不久，毛泽东在杨老师的盛邀之下，由湖南长沙首次来到了中国政治文化中心——北京，并在杨老师的帮助下，在北大图书馆当了一名助理员，使他有机会潜心研究马列经典，并结识了李大钊、陈独秀等新文化名人。最终成为一名马克思主义者和中国共产党创始人之一。

但是，就在毛泽东迅速成长的时候，1920年元旦刚过，杨老师不幸病重住进医院，不久谢世。杨老师对学生毛泽东，恩同父母，因此，他去世后，毛泽东极为悲痛，他和北大校长蔡元培等人立即署名向外发了讣告，《讣告》高度称颂先生的品德与才学："先生操行纯洁，笃志嗜学。……吾国学术不发达，绩学之士寥落如晨星。先生固将嗜学终身者，因不假年，生平所志百未逮一。"《讣告》发出后，1月20日，北京教育界，在沙滩北京大学校园内，为杨昌济先生举行了追悼大会。毛泽东在会上以沉痛的声调宣读了《治丧辞》，追念令人敬仰和思念的恩师——杨昌济先生。追悼会开过之后，毛泽东又在紧张的驱逐湖南军阀张敬尧的革命斗争中，抽身陪同杨老师的亲属一同离京，不远千里，将其灵柩护送回长沙板仓故里。

杨老师虽然去世了，但他一直活在毛泽东的心中。只要一有机会，就要提及他。在1936年，美国著名记者斯诺在陕北保安来访毛泽东时，毛泽东特向他介绍了他与杨先生的不寻常关系："在我的青年时代，杨先生对我有很深的影响，后来在北京成了我的知心朋友。"并且解释了成为朋友的原因，这就是"杨老师是一个道德高尚的人。他对自己的伦理学有强烈信仰，努力鼓励学生去做有益于社会的正大光明的人。"

转眼29年过去了，中国革命在共产党的领导下终于胜利了，师生共同生活过多年的湖南长沙解放了。1949年8月5日，毛泽东得知杨师母还健在的喜讯时，抚今追昔，感慨万分，对引导他献身社会献身人类的杨老师格外怀念。可是，人死不得复生，于是，他就将崇敬怀念杨老师的深情，全部倾注于健在的杨师母身上。他立即打电报向她表示诚挚的问候。1949年9月1日，他又特地托人给师母捎去一件皮衣料，要她做成皮袄，以御风寒。举行开国大典后，他又派长子毛岸英专程赴湘看望老人家，并带去人参两棵，要她补养身体。老人家见到前来看望的岸英十分高兴地说："别看你爸爸是个大人物，他也有赤子之心。"全国由供给制改为薪金制后，毛泽东又按月给师母寄去生活费，一直奉养到老人去世。1962年11月，传来师母去世的噩耗，毛泽东非常悲痛，当即挥毫写了吊唁信，并寄去安葬费500元，还嘱咐师母家人将老人与"杨开慧同志同穴"。毛泽东就是这样通过对杨师母的关照，来寄托自己对杨昌济老师的怀念。

（参见汤胜利：《毛泽东尊师二则》，《党史博采》2001年第11期）

结交社会名流学士

"在那些来阅览的人当中，我认识了一些有名的新文化运动头面人物的名字，如傅斯年、罗家伦等，我对他们极有兴趣。我打算去和他们攀谈政治和文化问题"。

1918年9月底，毛泽东第一次到北京，经杨昌济介绍，到李大钊任主任的北京图书馆当助理员。

毛泽东在图书馆的具体工作，是登记来馆看报纸的人的姓名。这是一个微不足道的、被人瞧不起的职位。后来他在回忆自己在图书馆时的状况时，不无伤感地说："我的职位低微，大家都不理我。我的工作中有一项是登记来图书馆读报的人的姓名，可是对他们大多数人来说，我这个人是不存在的。在那些来阅览的人当中，我认识了一些有名的新文化运动头面人物的名字，如傅斯年、罗家伦等，我对他们极有兴趣。我打算去和他们攀谈政治和文化问题，可是他们都是些大忙人，没有时间听一个图书馆助理员说南方话。"

然而，毛泽东并不灰心。北京大学是新思想、新文化孕育传播的园地，思想十分活跃，各种学术团体如雨后春笋，这些给了毛泽东以极大的吸引力。因此，他决意要利用工作之便汲取新知识，结交名流学者。

追求知识的强烈欲望，促使毛泽东在工作之余时常到北京大学去旁听，并参加了北大的哲学研究会和新闻学研究会。在参加这些学会的过程中，毛泽东认识了许多名人学士，像陈公博、谭平山、邵飘萍等人，特别是邵飘萍对他的帮助很大。邵飘萍当时是《京报》的总编辑，新闻学研究会的讲师，主讲有关办报的业务经验。他同毛泽东的关系很密切，在有关新闻工作的业务知识方面给了毛泽东许多帮助。正如毛泽东后来所说："在新闻学会里，我遇到了别的学生，……还有邵飘萍。特别是邵飘萍，对我帮助很大。他是新闻学会的讲师，是一个自由主义，一个具有热烈的理想和优秀品质的人。1926年他被张作霖杀害。"毛泽东参加新闻学研究会的这段经历，对他后来主编《湘江评论》，创办平民通讯社等活动，都有极大的帮助。

在北京，毛泽东除了经常接触李大钊，拜访杨昌济等人外，还常到黎锦熙家去，同他谈论办报的事情及世界问题，讨论第一次世界大战后巴黎和会中的中国地位问题。他还拜访过新文化运动的知名人士陈独秀、胡适、蔡元培等人，同他们讨论新思潮的各种问题。在交谈和接触过程中，毛泽东的崭新思路及表现出来的不凡的抱负、理想和才干，受到了关注和赞扬。李大钊称他是"湖南学生青年的杰出的领袖"，杨昌济称他是"海内人才，前程远大"。

当然，毛泽东也曾受到过冷遇。有一次，他斗胆向胡适提了个问题，胡适问提问的是哪一位，当得知他是一位没有注册的学生时，这位名教授竟傲慢地拒绝与他交谈。这使毛泽东很伤感，但是，毛泽东并没有因此而自卑，农家出身的倔强和忍耐的品质使他不屈服。他仍然不断地向人们请教各种知识，并还以新民学会在京会友的名义请蔡元培、陶孟和、胡适作演讲或解答问题。这样，毛泽东的眼界大为开阔，知识在迅增。

北京之行，对青年毛泽东产生了极其巨大的影响。在这五六个月的时间里，毛泽东求得了新知识，结识了新朋友，增加了新的社会活动经验，开阔了视野，吸收了许多新的思想，开始接触了同他的精神方向最为吻合的马克思主义。并且，直接置身于新文化运动的中心腹地，使青年毛泽东意识到自己正在走上中国现代历史的舞台，即将站到时代潮流的最前列，成为新时代的主人公。

（参见曹志为：《伟人之初——毛泽东》，浙江人民出版社 1991 年版）

真正好老师李大钊

"在北平遇到了一个大好人，就是李大钊同志。"

1949 年 3 月 23 日，毛泽东和中共中央机关从河北省西柏坡迁入北平。将抵达北平时，毛泽东触景生情，无限感慨地对工作人员说："30 年了！30 年前我为了寻求救国救民的真理而奔波。还不错，吃了不少苦头，在北平遇到了一个大好人，就是李大钊同志。在他的帮助下，我才成为一个马列主义者。可惜呀，他已经为革命献出了宝贵的生命。但是，没有他的指点和教导，我今天还不知在哪里呢！"

"他是我真正的好老师"，说出了毛泽东对自己早年引路人的无限敬仰和怀念之情。毛泽东最初是通过阅读《新青年》知道李大钊的。他在第一师范读书时，是《新青年》杂志的热心读者，对李大钊、陈独秀等人的文章常常反复阅读，并摘抄某些文章中的精辟段落。李大钊发表在《新青年》的《青春》、《今》等启蒙作品，是毛泽东和他的朋友醉心阅读的重点文章。

1918 年 9 月，毛泽东来到北京，经杨昌济介绍，在北大图书馆当助理员。而当时馆长正是青年毛泽东久已仰慕的李大钊。毛泽东利用工作之便，经常向李大钊求教，与他畅谈。毛泽东的抱负、理想和才能，也得到李大钊的赞赏，李认为"他是湖南学生青年的杰出领袖"，并介绍他加入少年中国学会、新闻学研究会和哲学研究会等学术团体。

1918 年 11 月 15 日，北京大学在天安门前举办演讲会。李大钊在会上发表了《庶民的胜利》的著名演说。专程赶来听讲的毛泽东听得格外认真。不久，李大钊又在《新青年》发表《布尔什维主义的胜利》一文，热情讴歌十月革命的胜利，满怀信心地指出："试看将来的环球，必是赤旗的世界！"毛泽东更是仔细阅读，十分兴奋。1919 年 5 月，李大钊发表了《我的马克思主义观》，系统介绍了马克思主义。这些文章，使毛泽东初步接触到了马克思主义。

1919 年 12 月底，为了组织驱张运动，毛泽东再次来到北京，并拜访了他的老师李大钊，向他汇报了湖南青年运动的情况。李大钊为进一步引导青年毛泽东走上马克思主义的道路，特意推荐了一批有关共产主义和俄国十月革命的中文书籍。其中有考茨基的《阶级斗争》、马克思和恩格斯的《共产党宣言》节译本及柯卡普写的《社会主义史》等。这些书对青年毛泽东世界观的转变产生了十分深刻的影响。毛泽东读完后，更加树立起了对马克思主义的信仰，转变为一个坚定的马克思主义者。

1920 年 4 月，毛泽东、易礼容在长沙组织文化书社，专门推销新式书报。李大钊得知后，又给予热情支持，主动承担该社在京的信用介绍。而文化书社，则在毛泽东指导下，对与李大钊有关的刊物如《新青年》、《每周评论》、《少年中国》，特别是李大钊著的《五月一日》单行本，给以隆重介绍、广泛传播。所以后来毛泽东一直不忘这位老师，称赞他为"我真正的好老师"。

（参见尹高朝编著：《毛泽东的老师们》，甘肃人民出版社 1996 年版）

革命好伴侣杨开慧

"开慧之死，百身莫赎"。

青年时代的毛泽东为探求救国救民的真理，在湖南第一师范学校学习。他那远大的革命抱负，刻苦好学的精神，俭朴谦虚的作风，坚韧顽强的意志，很快地得到了"欲栽大木柱长天"的杨昌济先生的赞赏。毛泽东也以有怀中先生这样一位品德高尚、学问精深和治学严谨的进步老师而欣慰。

一天，杨昌济先生教学后回到家里，高兴地对家里人说："我在第一师范看到了两个最好的学生，一个是毛泽东，一个是蔡和森。特别是毛泽东，他将来定能成为国家的栋梁。"坐在一旁看书的开慧，听了父亲异乎寻常的称赞，闪着明丽的大眼睛问："爸爸，你怎么知道毛泽东会成为国家的栋梁呢？"

爸爸对女儿天真的提问，报以爽朗的一笑。

"那你怎么不要他到家里来呢？我好向他求教啊！"杨开慧纯真地说出了自己的心里话。

那是一个星期天，杨开慧帮着妈妈刚收拾完家务，只见几位青年学生走进门来。走在前面的青年身材魁伟，雄姿英发，穿着洗旧了的蓝布长衫，炯炯有神的大眼睛亲切地望着她，说："啊，你是小霞？"和蔼的话语，洪亮有力。

杨开慧点了点头。

杨昌济先生听到毛泽东和同学的声音，忙出来迎接："你们来得好早啊，霞，你猜猜，他们是谁？"

杨开慧望望父亲欣喜的脸，又望望大家愉快的神情，她知道，一定是久盼的毛泽东来了，她站起来一笑，转身去泡茶……

这一会见，原本是个人生活中的偶然事件，后来却在中国革命现代史上写下了光辉灿烂的一页。杨开慧成为毛泽东的革命伴侣。

自此以后，青年的毛泽东便常于假日和蔡和森、陈昌、张昆弟、罗学瓒等五六位好友去市里"板仓杨寓"（杨怀中先生家）聚会，或谈治学、做人之道，或纵论天下大事，探求救国救民的真理。常常一攀谈就是一整天，师生都不舍话别。

少年时代的杨开慧，娴静端庄，聪明好学，她深深地被毛泽东和大家欢快热烈、新鲜深刻的谈话所吸引，往往放下手中的功课，成了一名宁静而又热心的"旁听生"。有时她听到兴奋处，忽闪着乌溜溜的大眼睛，抿嘴微笑，有时她听到愤怒处，如剑的眉梢高耸，怒不可遏。她常常帮助母亲为大家准备中饭，跟在父亲身后目送大家远去。

日子长了，杨开慧便同毛泽东等革命同志一道参加讨论：青年为什么要求学，立什么样的志；怎样求学，怎样立志？国家这样贫弱，民众这样贫困，青年应当怎么办？我们的责任是什么？在讨论中，毛泽东对开慧非常关心，经常深入浅出地给她讲革命道理，毛泽东那"粪土当年万户侯"的英雄胆略，使杨开慧深受感染，毛泽东那"改造中国与世界"的伟大抱负，使杨开慧深深仰慕和向往。毛泽东还把自己写的学习笔记给她看，杨开慧也常把自己写的日记和读书笔记送给毛泽东批阅。

那时，杨开慧高兴地阅读了毛泽东的《讲堂录》。这是毛泽东的一本读书心得笔记。文中强调，为人必须有崇高的理想，立一理想，此后一言一动皆符合于此。在谈到学习时，笔记指出：闭门求学，其学无用，欲以天下国家万事万物而学之。毛泽东这种理论联系实际的学风，为杨开慧树立了学习上的榜样。她决心走毛泽东当时就已倡导和实践的德、智、体全面发展的求学道路。

青年时代的毛泽东十分重视锻炼身体，常年坚持冷水浴，常常率领学友到江心的桔子洲、西岸的岳麓山，或登山竞走，或江边漫步，或月夜泛舟，或在墓地寺院餐风露宿，以练身励志。杨开慧也经常与之同往，并学习毛泽东行冷水浴的坚韧精神，夏天过去了，她照样洗。树叶落了，她不间断。寒冬腊月她仍然坚持不息。父亲非常称赞她的这种毅力，杨开慧在作文中表达了自己的抱负，"要救国，就要锻炼强健的身体"。

1917年的一天，毛泽东带着《伦理学原理》来到"板仓杨寓"，杨开慧接过毛泽东手中的书，翻开一看，只见字里行间，天地空白，圈圈点点，笔墨纷呈。她一边高兴地翻阅，一边喜形于色地说："难怪我爸爸总夸奖你，你真是'不动笔墨不看书'呀！"她一页一页地看下去，几乎每一页都写着各种批语：切论；此语甚合吾意；荒谬；陋儒之谈也……开慧不禁问道："为什么你对同一个人写的文章，有的那么称赞，有的却那么批评呢？"

毛泽东看着多思好问的杨开慧，热情地解释道：写书的人总是带着自己伦理的偏见，说的话不可能都是对的。况且古今不同时，事物多变化，我们不应该一味迷信古人和洋人，也不应该全盘否定前人成果。因此我们读书要好生想一想，对的，才相信它；不对的，就应该摒弃它，而且毫不可惜！

在那峥嵘的岁月里，毛泽东的早期革命活动给开慧以深刻影响：工人夜校的招生广告多么感人肺腑，驱逐反动校长的宣言是怎样痛快淋漓，智缴北洋军阀溃兵的枪支多么叫人振奋，反对袁世凯称帝的斗争，是怎样使人欢欣鼓舞；寒暑假步行数千里，深入农村作社会调查，向工农大众宣传革命道理，这是何等令人向往的壮举！那"与天奋斗，其乐无穷；与地奋斗，其乐无穷；与人奋斗，其乐无穷"的雄伟诗句更给杨开慧以无穷的力量。少年时期的杨开慧正是从毛泽东的伟大革命思想和早期革命活动中，汲取了宝贵的政治营养和增长了丰富的学识，在毛泽东指引的革命道路上努力向前。

1918年7月，杨昌济先生看到他寄予希望的国家栋梁——毛泽东、蔡和森等同学已经毕业，于是接受了北京大学的聘请，携家北上，十七岁的杨开慧随家去北京。

1919年7月，杨开慧接连读到了毛泽东在湖南主办的《湘江评论》，她完全被毛泽东那指点江山的革命气概，那激扬文字的反潮流精神振奋了。她反复吟读着："世间什么问题最大？吃饭问题最大，什么力量最强？民众联合的力量最强。什么不要怕？天不要怕，鬼不要怕，死人不要怕，官僚不要怕，军阀不要怕，资本家不要怕。"

青春焕发的杨开慧，感到从未有过的痛快，红润的脸上，闪着昂奋的光彩，心潮久久不能平静。

这年年底，毛泽东率领"驱张运动"代表团，第二次来到了北京。毛泽东刻苦地钻研马克思主义。同时，指导十八岁的杨开慧学习有关马列的书。还常和杨开慧到故宫、北海等处漫步谈心，交谈学习收获体会，研究国家社会的改造问题。在共同的革命理想激励下，杨开慧和毛泽东革命的、战斗的友谊日益深厚。

在毛泽东的直接影响下，杨开慧的一家都融入了当时掀起的研究共产主义的潮流之中。他们一家人会聚在一起，就少不了一场讨论。

一天，杨老夫人接到一封乡下亲戚的来信，不禁感叹地说："一些亲戚的家境，不如过去了，穷了。"

正在桌边认真看书的杨开慧答道："穷了就好，要是成了无产者，更能坚决地参加革命。"

"潮流总是要随时势而变换的，共产主义来了，门板也挡不住。"已在病中的杨昌济先生也禁不住接过话头。说完，他把手边正在阅看的一本英文版的《布尔什维克》期刊递给女儿。

杨开慧欣喜地望着患病的父亲，连忙接过杂志，激动不已地阐述自己的见解：今天的世界，有两个互相对立的阶级，这就是无产阶级和资产阶级，随着资本主义的发展，资产阶级就为自己准备了掘墓人。在俄国，列宁已领导了俄国无产者，打倒了资产阶级，建立了劳农专政的苏维埃国家。过去做奴隶的工农掌了权，做了主人。现在，毛泽东也正在号召我们走俄国革命的道路，这就是我们苦难中国那个光辉灿烂的前程。

杨开慧用初学的马克思主义分析问题的这一席话，说得父亲频频点头，母亲高兴地微笑了。

杨开慧在1929年6月20日写的《六岁到二十八岁》一文中说："听到他许多的事，看见了他许多的文章和日记"，"我就爱上了他"。经过"差不多二年的恋爱生活"，为共产主义奋斗的崇高一致的伟大理想，使在共同的革命斗争中的毛泽东和开慧同志成了亲密无间的战友。为了更好地协助毛泽东开展革命工作，就在这年冬天，开慧同志夹着一个书包，来到湖南第一师范教员宿舍——妙高峰下的青山祠，不坐花轿，不备嫁妆，不用媒妁之言，自由地同毛泽东结了婚。结婚那天，她同毛泽民的爱人王淑南和陈昌的爱人毛秉琴，忙着办了一席六块银元的晚餐，招待在长沙的几位挚友。自由而简朴的新式婚礼，是对封建旧礼教的有力宣战。

在共同追求的理想中，毛泽东和杨开慧成为志同道合的革命伴侣，杨开慧后来并成为毛泽东进行革命活动的得力助手。

杨开慧被反动军阀杀害后，建国以后毛泽东写了一首《蝶恋花》，深切缅怀她的革命壮举，称"开慧之死，百身莫赎"。在接见当年的保姆陈玉英时，毛泽东说："开慧是个好人哩！岸英是个好伢子哩！革命胜利来之不易，我家就牺牲了六个，有的全家都牺牲了。"

（参见郑宜、贾梅编:《毛泽东生活实录1946—1976》，江苏文艺出版社1989年版）

吾爱吾师亦爱真理

> "陈独秀谈他自己信仰的话，在我一生中可能是关键性的一个时期，对我产生了深刻的印象。"

1920年春末夏初，驱张运动取得胜利后，毛泽东在上海和陈独秀谈到组织类似工读互助团"改造湖南联盟"的计划和在湖南创办文化书社等，陈独秀答应为毛泽东周转资金，并建议毛泽东读一点马克思的书。毛泽东回忆说："陈独秀对于我在这方面的兴趣也是很有帮助的……陈独秀谈他自己信仰的话，在我一生中可能是关键性的一个时期，对我产生了深刻的印象。"从中可以看出陈独秀对毛泽东走上革命道路所起的作用。

1920年8月，上海共产主义小组成立后，陈独秀即给毛泽东写信，请毛泽东负责湖南发起组，并给毛泽东寄去了《共产党》月刊和青年团团章。

10月，中国社会主义青年团在上海正式成立，同一个月，毛泽东接到团的章程后，湖南就随即成立了团的组织，在新民学会的成员和第一师范等校进步青年中，是较容易物色到团员的。毛泽东领导的长沙共产主义小组，被陈独秀看做是最得力的地方组织之一。

毛泽东在 1921 年 1 月 21 日致蔡和森的信中说："党一层，陈仲甫（陈独秀）先生等已在进行组织。出版物一层，上海出的《共产党》，你处谅可得到，颇不愧'旗帜鲜明'四字（宣言即陈仲甫所为）。"

1921 年 11 月，陈独秀起草的中央局通告，要求长沙、上海、北京、广州、武汉 5 个区，在近年内各发展组织到 30 人，以便成立地方委员会。由于毛泽东的得力领导和湖南有较好的革命基础，湖南党的组织很快发展到 40 多人，并在衡阳、常德、岳阳等地建立了党的小组。1922 年 5 月，正式成立了湘区委员会，到党的二大召开，全国 121 名党员，湖南就占了三分之一，工人运动更是蓬勃发展起来。陈独秀多次表扬湖南的工作做得好。党的三大报告中，陈独秀高度赞扬了湖南党的工作，认为比其他地区都做得好，特别是工人运动发展得好，所有工会"都在党控制之下"。毛泽东于三次大会上被选为中央委员，于 1923 年 5 月奉调到上海，任党中央的秘书，同陈独秀一同签署中央的文件，一同召开中央的会议。

毛泽东对陈独秀的历史功绩的评价是党内最高的，而且是一贯的。他一分为二地对待陈独秀。而王明等人批判陈独秀，则是一棍子打死，一笔抹煞。

全国解放后，毛泽东对陈独秀的后代很关心，亲自指示政府给予补贴，就是在"文革"中也没有断过。

陈独秀的悲剧，在于他的"书生"气过重。正如他的好友朱蕴山最后赠诗所云："僵死到头终不变，盖棺论定老书生。"毛泽东与他相比，有诗人气度，文人风采，却又完全是一个成熟的政治家。毛泽东懂得怎样处理感情与政治、个人意见与党的主张的关系，当两者发生矛盾时，前者必须服从后者。毛泽东对陈独秀的感情虽然比较深，但他却不可能把自己的意见写到党的决议里。从毛泽东对待陈独秀的情感和处理方式来看，可以用一句话概括："吾爱吾师，亦爱真理"。

（参见俞辉主编：《领袖交往实录系列毛泽东》，四川人民出版社 1992 年版；《毛泽东书信选集》，四川人民出版社 1992 年版）

坚定对马列的信仰

　　"用无产阶级的宇宙观作为观察国家命运的工具，重新考虑自己的问题。走俄国人的路——这就是结论。"

　　毛泽东在《论人民民主专政》一书中说过，自鸦片战争后，先进的中国人都向西方国家寻找真理，学习西方资产阶级民主主义的文化；他自己在学校求学时期，也是努力学过这些东西的。可是"帝国主义的侵略打破了中国人学西方的迷梦。很奇怪，为什么先生老是侵略学生呢？中国人向西方学得很不少，但是行不通，理想总是不能实现。多次奋斗，包括辛亥革命那样全国规模的运动，都失败了。国家的情况一天比一天坏，环境迫使人们活不下去。怀疑产生了，增长了，发展了。"这是毛泽东自己的亲身经历。自辛亥革命后，他就一直不懈地追求救国救民的真理；就在团结同志，寻找正确的革命道路。但是直到"俄国人举行了十月革命，创立了世界上第一个社会主义国家。过去蕴藏在地下为外国人所看不见的伟大的俄国无产阶级和劳动人民的革命精力，在列宁、斯大林领导之下，像火山一样突然爆发出来了，中国人和全人类对俄国人都另眼相看了。这时，也只是在这时，中国人从思想到生活，才出现了一个崭新的时期。"他亲切地感到："十月革命一声炮响，给我们送来了马克思列宁主义。十月革命帮助了全世界的也帮助了中国的先进分子，用无产阶级的宇宙观作为观察国家命运的工具，重新考虑自己的问题。走俄国人的路——这就是结论。"

　　根据毛泽东自己的回忆："我第二次到上海去的时候，曾经同陈独秀讨论我读过的马克思主义书籍。陈独秀谈他自己信仰的那些话，在我一生中可能是关键性的一个时期，对我产生了深刻的印象。"1920 年 7 月，毛泽东回到湖南后，为传播马克思列宁主义做了许多工作。他经常谈到俄国最重要的一条革命经验：要让广大革命群众特别是群众的领袖分子掌握马克思列宁主义这一武器，否则，革命是不可能前进也不可能胜利的。因而刚一回到长沙，他就创办了在全省范围内推销新书报的文化书社，同时在新民学会会员中，开展马克思主义学习活动，从思想上、组织上为建党准备条件。

按照毛泽东当时的信条，就是："凡办一件革命的事，必须有理论为根据；但没有一种运动的继起，这种理论的目的是不能实现的。"他经常指导大家联系中国和湖南的实际情况，学习马克思主义的一般原理，他从来反对读死书，赞成读活书，从来反对将书本当作教条。他多年以来就特别关注报纸，平时在街上走路也常注意看告示。他最留心国内外、省内外当时的实际情况，当学生时就下乡实地考察农村情况，现在又结合马克思主义的研究，特意到萍乡去实际了解工人情况。他认为对周围情况作系统的周密的研究，是一个马克思主义者的经常任务，必须有目的地去研究马克思主义。这种卓越的思想、才能和实际精神，以及五四运动以来一系列革命实践所取得的成就，使毛泽东自然成为湖南的先进分子和革命青年所公认的领袖。

（参见斯诺：《毛泽东自传》，解放军文艺出版社 2001 年版）

王稼祥投关键一票

"如果没有洛甫、王稼祥两个同志从第三次'左'倾路线分化出来，就不能开好遵义会议。"

毛泽东在领导中国革命的过程中，几经挫折和打击，长征开始前几乎被留守苏区，所幸跟随长征后，在遵义会议前，在党内激烈的路线斗争中，毛泽东找到了知已。

王稼祥是党内资深的领导人之一。第五次反"围剿"的失败，红军长征开始后不久的严重受挫，更加深了王稼祥对毛泽东正确领导的认识，以及对"左"倾领导者错误指挥的不满，和对党和红军前途的忧虑。途中他因病伤坐担架随军行动。毛泽东也因病坐担架，与之同行。他们时常谈论党和军队面临的重大问题，都一致认为再这样下去红军就危险了。必须改变眼前危急的局面，必须纠正军事指挥上的错误，改变中央的错误领导。王稼祥把自己和毛泽东的看法与洛甫（张闻天）交换了意见，取得了一致，旋又和聂荣臻交谈了看法。认为博古、李德等人不行，坚决主张请毛泽东出来领导。王稼祥说："我参加了第二次、第三次反'围剿'，两次都取得了那样大的胜利，完全是毛泽东采取诱敌深入、隐蔽部队、突然袭击、先打弱敌、后打强敌、各个击破等一系列战略战术原则指挥的结果"。并表示"到时候要开会，把他们'轰'下来"。聂荣臻也表示赞成。这样，经过王稼祥的酝酿和多方说服争取，1935 年 1 月中共中央在贵州遵义召开了政治局扩大会议。会上，王稼祥旗帜鲜明地支持和赞同毛泽东在会上的发言，批评博古、李德的错误，拥护由毛泽东出来指挥红军。会议增选毛泽东为中央政治局常委，王稼祥也被选为中央政治局委员（此前是政治局候补委员）。随后不久，中央常委分工，毛泽东、王稼祥、周恩来又组成三人军事指挥小组，作为当时红军作战的最高统帅部，指挥红军胜利地完成了战略转移。遵义会议是我党历史上的重要转折，王稼祥在这个历史关键时刻作出了重大贡献。

后来，毛泽东曾多次讲到王稼祥对遵义会议的贡献。1945 年党的"七大"期间，毛泽东曾这样说道："如果没有洛甫、王稼祥两个同志从第三次'左'倾路线分化出来，就不能开好遵义会议。同志们把好的账放在我的名下，但绝不能忘记他们两个人"。"他们两个人是从第三次'左'倾路线中分化出来的，作用很大"。"没有他们的赞助，遵义会议的成功是不可能的。"在"文化大革命"中，毛泽东又说："遵义会议王稼祥投了关键的一票。"保护王稼祥过关。

（参见俞辉等编：《领袖交往实录系列——毛泽东》，四川人民出版社 1992 年版）

对徐特立的尊师情

"您是主席的老师，一日为师，终身是父。您更应该坐上席。"

徐特立是毛泽东在一师读书时的老师，他曾在 1913 年至 1919 年在湖南省立一师任教。

关于毛泽东与徐特立之间的师生情，民间流传许多故事。

1937 年 1 月 30 日，是中华苏维埃共和国中央政府教育部部长徐特立 60 岁生日。这一天，毛泽东主席在延安给徐老师写了生日祝贺信。贺信说："你是我二十年前的先生，你现在仍是我的先生，你将来必定还是我的先生。"贺信高度评价徐老师"是革命第一，工作第一，他人第一"，表示"所有这些方面我都是佩服你的，愿意继续地学习你的，也愿意全党同志学习你"。

建国初，毛泽东日理万机，但仍特地电请在南方的徐老师来中南海做客叙谈。毛泽东备了几样家乡菜为老师洗尘。席间，徐老对毛泽东说："您是全国人民的主席，应该坐上席。"毛泽东谦和地说："您是主席的老师，一日为师，终身是父。您更应该坐上席。"毛主席扶徐老坐上席后，抱歉地说："没有好菜。"徐老对毛泽东准备的一碗青椒、一碗湘笋很感兴趣，他说："人意好，水也甜嘛！"饭后，毛主席把自己的一件呢子大衣送给徐老，说是以表人子之心。徐老接过大衣，激动得流出了热泪。

1950 年春天，中共中央在香山召开中央供给部干部会议。毛主席扶徐老上主席台，还亲自为徐老泡茶、倒水。当徐老作完报告，全体人员起立退场时。毛主席拿过徐老的水杯，将剩下的茶水一饮而尽。对老师的爱戴之情全在剩下的茶水中。毛泽东的这种尊师做法使在场的人都很惊讶和感动。

（参见雷云峰、肖东波编著：《毛泽东修身处世风范》，国际炎黄文化出版社 2003 年版）

划地主好人郭梓阁

　　　　　　"唉，可惜呵！他不能和我见面了，他可是个好人呀！"

　　1952 年 9 月，毛泽东在北京接见少年时的朋友邹普勋和老师李漱清时记起井湾里还有个旧时同窗好友郭梓阁，便问道：

　　"井湾里的郭梓阁还在不在？我读书时，他娘对我很好，还给我梳过辫子呐。"

　　李漱清回答说："郭梓阁还在世。"

　　"那他怎么不和你们一起来呀？"

　　"他家被划了地主，还怎么来看你呀？"毛泽东叹了一口气，说："唉，可惜呵！他不能和我见面了，他可是个好人呀！"

　　20 世纪初，郭梓阁的父亲郭石桥在井湾里自家门前开办了个"福寿全"南货店。毛泽东在井湾里私塾读书时，便经常来店里玩耍。后来，他在湘乡、长沙等地读书，每逢假期回家，也总要来这里拜访老同学，并与郭家兄弟一起看书读报，议论天下之事。有时，他手头拮据，还向郭梓阁借钱用，每每郭梓阁总是解囊相助，决无二言。

　　1925 年，毛泽东以"养病"为名，在韶山开展农民运动，经常与一些骨干来郭家的"福寿全"开会。有一回，毛泽东遭国民党枪兵追捕，一时无法突围，便躲在"福寿全"南食店后面的囤货房里，情况万分紧急。当时，郭梓阁正在清理货架，见毛泽东急匆匆跑来，后有追兵，便佯装无事，将闯进大门的枪兵连哄带骗地撵走了。为了防止枪兵们杀回马枪，郭梓阁立即将毛泽东转藏在郭家祠堂楼上，由媳妇负责送饭，自己在外打哨。晚上，再悄悄地将毛泽东转移，使之安全脱险⋯⋯

在毛泽东的记忆中，郭梓阁不光掩护了他脱险，同时在其他方面也对革命作出过贡献。

那是 1927 年元月。毛泽东再次回到韶山，组织农民协会。在他从韶山去杨林时，经过井湾里，他特地找到郭梓阁，要求郭出任农会司务长，并为农会筹集经费。郭梓阁除了表示积极参加外，还将家里开办的"福寿全"的货物拿出来，供农会兄弟享用。毛泽东当时便说："郭梓阁是个好人。"

不过，在当时那种时代，"好人"可不好当啊！大革命失败后，郭梓阁只好隐居他乡，四处躲藏，从此与毛泽东失去了联系。1937 年，国共合作后，局势略有缓和，郭梓阁才回到家乡，继续经营"福寿全"南货店。由于他经营有方，有所积蓄，至解放前夕，购置有少量田产。解放后，在土地改革运动中，按有关政策标准，他被划为地主成分。

毛泽东知道了这个情况，深深地为他叹惜。

但地主归地主，情义归情义。1952 年 12 月 26 日，毛泽东给郭梓阁写了一封信：

梓阁先生台鉴：

来信收悉，情况不佳。对革命有所贡献，我很了解。今寄上两百元，以作生活弥补。望心安

勿躁。此复

毛泽东

其实，所谓"来信"并不是郭梓阁写的，而是李漱清代笔写的。当时李漱清从北京回去以后，便特地赶到井湾里，将毛泽东如何问起郭家的情况告诉了郭梓阁，并让郭梓阁给毛泽东写一封信。郭梓阁听说毛泽东还在记念着他，心里十分感动，但自己是"地主"之身，觉得没有面子给主席写信。李漱清见此，便代笔写了一封信，信中详细地叙述了郭梓阁的身体和心理状

况。这样，毛泽东在收到来信后立即回了这封信，并寄了 200 元钱。次年，毛泽东得知郭梓阁疾病缠身，生活十分困难，又托中央办公厅秘书室代他写信并寄了 200 元钱，以后，在 60 年代初，毛泽东知道郭梓阁的生活肯定更比一般人困难，在自己带头在中南海不吃肉的情况下，给郭梓阁寄了 200 元钱，并写信安慰他。1964 年前后，有乡亲来北京，毛泽东再次问到郭梓阁的情况，当得知他将不久于人世时，毛泽东唏嘘不已，特地又寄了 300 元钱给他，作为老同学的丧葬之用。临终前，郭梓阁收到了这笔钱，这位行将别世的老人在他的生命的最后时刻说了一句"地主分子"不应该说的话：

"江山应该是毛泽东的！"

毛泽东对郭梓阁的态度，说明了他在如何对待阶级成分上，还是坚持具体问题具体对待的科学分析方法，不忘郭梓阁的贡献，对革命有过功的人，是区别对待，不忘旧情的。其实毛泽东的成功中，也含有郭梓阁的成分。

（参见谢柳青：《毛泽东和他的亲友们》，河北人民出版社 1993 年版）

向启蒙老师敬谢酒

"我那时是个调皮学生，还造过你的反咧，你还记得吗？"

1959 年 6 月 2 日，毛泽东回到了故乡——湖南省湘潭县韶山冲，在家乡住了两天。在安排会见乡亲活动中，包括看望和宴请他少年时代上私塾时的启蒙老师毛宇居老人。

毛泽东一生中有 24 位老师，对他的成长都有特殊的作用。这次回故乡，他在看望毛宇居老师之后，自费办了一桌酒席，邀毛老师等人一起叙谈。席间，毛主席热情地为乡亲们敬酒。当毛主席给老师敬酒时，老人起身慨言："主席敬酒，岂敢岂敢!"毛主席笑容满面地回答："敬老尊师，应该应该!"席间，毛泽东贴到毛居宇老师的耳边悄悄地说："我那时是个调皮学生，还造过你的反咧，你还记得吗?"老人连连点头："记得记得，你是个了不起的高材生!"师生共忆儿时的那段往事，使毛泽东回忆起童年时，被誉为"韶山一支笔"的堂兄和塾师毛宇居对自己的关照：就是这位塾师帮助他走出了韶山冲；就是他冒险珍藏了毛泽东的《祭母文》；就是他冒死保护了毛家的祖坟。在毛泽东的心目中，毛宇居始终是一位德才兼备的恩师。

宴请结束后，毛主席搀扶着老师回家。在送老师回家的小道上，毛主席怕老师摔倒，扶着老师走小路中间，自己走长着杂草的路边。毛老师受到自己的学生——毛泽东主席的如此敬重，感到非常幸福。乡亲们说毛主席没有忘记儿时老师的恩情。这一幕被摄影师永远的记录下来了。

（参见蒋国平：《毛泽东与韶山》，中国青年出版社 1992 年版）

五、实践致用

在这个世界上，被称为藏书家的大有人在，被称之为读书家的也不乏其人，被称之为用书"家"的也不在少数，而把藏书、读书、用书三者汇聚，结于自己一身的，为数并不多。特别是能够把三者结合得很好，为人类作出巨大贡献，创造了莫大精神财富或物质财富，影响了历史进程，进而成为一代杰出领袖，一代伟人，一代巨星，一代"天骄"的，就更微乎其微了。

而毛泽东却是其中之一，可谓佼佼中之佼佼者。

他在藏书、读书方面，为一般人所不及，在用书方面，更是一般人望尘莫及。

在历史上，这叫"经世致用"、学以致用。用毛泽东自己的语言叫理论联系实际，也叫读书与实践结合。

自古以来，人们读书的目的就是多种多样的，有为读书而读书的；有为升官发财、光宗耀祖、出人头地而读书的；有为自己进德修业而读书的；有为消遣或专为生活增加趣味性、知识性而读书的。而毛泽东读书，是为了认识世界、改造世界，为中国人民的千秋大业、为了共产主义的伟大理想而读书的。在这种崇高思想的指导下，毛泽东运用学以致用、理论联系实际的学习方法，取得了举世瞩目、震惊寰宇的成效。

"在其整个政治生涯中，毛泽东将彻底改造中国社会作为自己的目标，旨在将中国人民的力量解放出来。引导他们进行这项事业的是起源于西方的思想，最初是19世纪的自由主义，后来是列宁主义的集体主义。"

毛泽东研讨马列主义，并非为了研读而研读。他所读的马列主义书籍，也并不比他的同代人如蔡和森、邓中夏、瞿秋白，甚至包括陈独秀、王明等人多。但他注重实践，注意理论与实际的结合。他是为了更科学地认识中国的国情、解决中国革命的实际问题而研读马列的。正如他自己说的："这些书上，并没有中国的湖南、湖北，也没有中国的蒋介石和陈独秀。我是取了它四个字'阶级斗争'，老老实实地研究实际的阶级斗争。"

毛泽东读书坚持经世致用、学以致用的原则，到社会主义革命和社会主义建设时期，似乎目的更加明确，目标更加集中了。这就是寻求一条适合中国国情的工业化的道路，建立一套符合中国实际的社会主义经济体系。

在1958年的"大跃进"中，出现了一种否定商品生产的极左观点。为了从理论上解决这个重大问题，说服持否定观点的人，毛泽东下功夫研究了斯大林的《苏联社会主义经济问题》。这个小册子，毛泽东读了许多遍，经他批注的就有四个本子。……他从中国的实际情况出发，突破了斯大林的某些观点。但并没有全盘肯定斯大林这本书，他抓住其中科学的，对我国有用的理论观点，在一定程度上澄清了我国社会主义建设进程中的出现的一些混乱认识问题。

毛泽东读书学以致用、经世致用的最大成果就是把中国古已有之的"共产主义思想"——大同世界的思想，同产生于西方世界的马克思主义——共产主义思想，有机地结合在一起了，并用马列主义原理去解释中国历史和中国的实际问题。这是中国有史以来的一件了不起的伟大成就。毛泽东使马克思主义脱离了其欧洲血统，使它获得了中国的出生证。"毛泽东也迫使西方人认清自己的分量，'看不起中国文化的时代应当完结了'。"

人类已经进入了一个知识爆炸的时代，在这个时代，那种凭借武力占山为王的成功之路已经成为历史，在现代社会，一个人没有知识和智慧，很难获得成功。如果说一个没有文化的军队是愚蠢的军队的话，那么，一个没有文化的人则是一个愚蠢的人，愚蠢的军队是不能战胜敌人的。而愚蠢的人是不可能在知识社会里获得成功的。

毛泽东实践致用的范围是广阔的，涉猎了许多领域，他的经验和教训，很值得后人汲取和借鉴。

刺向清政府的檄文

"这七十二个革命党，为推翻清朝统治，献出了年轻的生命，浩然
之气直贯宇宙！"

1911 年春，毛泽东经过他以前的老师推荐，第一次从韶山乡下来到湖
南省会长沙，进入湘乡驻省中学读书。

他刚到长沙的时候，完全没有政治意识，也不晓得有什么革命党和保皇
党之别，据他回忆说："当时我并不认为皇帝是不好的，只是感到，国家可
能是让那些乱臣贼子搞坏了。"

以后，不断见到长沙街上有被捕的革命党人押走或者被残酷杀害。激起
了他要了解这其中奥秘的兴趣。

在街上和校园里，他不断暗中接到革命党人撒的传单，上面有孙中山的
文章和同盟会纲领：

驱除鞑虏，恢复中华，
建立民国，平均地权！

他也听到民间暗中传播的明朝朱元璋的大军师刘伯温在《烧饼歌》里面
写的那些预言一般的歌谣：

满地龙蛇走马，五洋大闹中华。

"看来朝廷是不行了，革命党恢复大汉，建立民国，满人政权肯定长不

了啦"，毛泽东这样说。那时毛泽东最爱读的是当时国民党元老、书法家、大笔杆子于右任先生主编的革命报纸《民立报》，成了它的热心读者。

有一天，他在《民立报》上读到一条重要消息，说的是4月27日这天，广州的革命党人在一个叫黄兴的湖南革命党首领的组织下，暗中准备发动武装起义。不料被清朝官府发觉了，马上派出大批兵勇去抓，起义者多数疏散隐蔽起来了，但是住在广州源盛米行里的一部分革命党人却被几千名清兵团团包围。他们进行了殊死的抵抗，终因寡不敌众，全部阵亡了。事后，人们去清理了尸体，有七十二具，由慈善堂收敛，安葬在广州城外的黄花岗上，这就是后人所说的"黄花岗七十二烈士"。

毛泽东看到了这条新闻，一连两天都没吃下饭，他很激动，但心里又十分沉重。他对身边的同学说："这七十二个革命党，为推翻清朝统治，献出了年轻的生命，浩然之气直贯宇宙！我是多么钦慕他们，我能为他们做些什么呢？"

第二天晚上，他实在睡不着觉，有想打架的感觉。最后索兴坐在桌前，一口气写出了一篇表示自己强烈的政治见解的具有煽动性的大字报来，他用潇洒的毛笔字将这篇大字报誊清，第二天很早就把它贴在学校的"揭示栏"前。

那张他平生写的第一张大字报，就像一颗炸弹，强烈地震动了学校。一时观者云集，里三层，外三层，挤得水泄不通。

那上面的大意是这样的：

清廷无道，300余年鞑虏横行。毁我纲常，隳我名数。"嘉定之屠"，历历可数；"扬州十日"，血光蔽天！哀我大汉民族，昔有史可法、文天祥英魄，今有黄花岗革命党壮魂。呜呼！血可白流乎？君不见孙文之"驱除鞑虏，恢复中华，建立民国，平均地权"之要义；民族革命、恢复汉官威仪，中国方能跻身列强之中。

吾意决之如下：

速速吁请孙文归国，作民国总统最当也；总理一职非南海康先生莫属，办理外交非梁启超先生莫属……

这篇刺向清政府的檄文贴出，校内群情高涨。一时排满呼声甚高，学生中立志为七十二烈士复仇者日增，但大家同时又为毛泽东担心，怕他遇到生命不测。可是，毛泽东却处之泰然。

一些同学说："毛君润之是吃了豹子胆了。议论朝政，岂不是公开反叛吗，若使抚台衙门晓得了是要砍脑壳的呀！"

这是青年毛泽东第一次公开发表政见。

（参见《毛泽东当年的第一张大字报》，见《毛泽东冒险纪实》，银幕内外杂志社1993年版）

征友集合有志同志

"先从办一实行社会说本位教育说的学校入手"。

毛泽东组织团体的想法最初是受到孙中山同盟会的影响。在一师时期，毛泽东结识了一位姓唐的教员，唐教员常常把一些旧《民报》送给毛泽东阅览。《民报》是孙中山发起组织的同盟会的机关报，通过《民报》，毛泽东了解到同盟会的活动和组织纲领，也开始意识到团体的意义。1915年8月，毛泽东在致萧子升的信中说，人之所以能成为万类之灵，就是因为人有言语的能力，有聚类成群的能力。"今夫人者万类之灵，发声以为言，言而后传其类以为群。"1915年9月6日，毛泽东在致萧子升的另一封信中，赞叹《群学肄言》可作百科之肄言，是为学、为人之道的根本。《群学肄言》是英国社会学家斯宾塞所著《社会学原理》的中文译本。斯宾塞在这部书中不仅阐述了各学科的联系，而且表述了人类社会是一个有机整体的观点。1915年9月15日，陈独秀主编的《青年杂志》第一卷第一号出版，通过杨昌济的介绍，毛泽东很快成了《新青年》的热心读者，他非常喜欢陈独秀和胡适的文章。

新文化运动的先进人物代替了已经被他抛弃了的梁启超和康有为，而一时成了他的楷模。毛泽东在同盟会纲领、斯宾塞的社会学思想以及《新青年》杂志等几种力量的综合影响下，产生了组织团体的念头。这种念头一旦产生，毛泽东就如同获得了新生，感到心情特别畅快。1915年秋，他向长沙各学校发出了一则署名为"二十八画生"的《征友启事》，邀请有志于爱国工作的青年和他联系，并指明要结交能刻苦耐劳、意志坚定、随时准备为国捐躯的青年做朋友。1915年9月27日，毛泽东又写信给萧子升阐明结交朋友的必要与自己的迫切心情，指出，正是由于交友不宽，才使得自己见识不广。少年时见识不广，学问寡成，到了壮年就难以建功立业。要增长见识，就必须广交天下之奇杰。他诚挚地期望自己发自内心的求友呼唤能得到更多同志的反响。然而，令毛泽东焦急的是，启事刊登后数日，应者甚寡。用毛泽东自己的话说："我从这个广告得到的回答一共有三个半人。一个回答来自罗章龙，他后来参加了共产党，接着又转向了。两个回答来自后来变成极端反动的青年。'半'个回答来自一个没有明白表示意见的青年，名叫李立三。"为了扩大征友范围，毛泽东还央求萧子升为他推荐贤才。他还写信给黎锦熙，汇报征友之事的经过："两年以来，求友之心甚炽，夏假后，乃作一启事，张之各校，应者亦五六人。近日，心事稍快惟此耳。"

虽然毛泽东的征友活动进展得很不顺利，但是，他通过这次活动在周围集结了一批学生，并逐渐形成了一个核心组织。这个核心组织后来成为对中国的国事和命运产生广泛影响的新民学会。新民学会成立于1917年冬，毛泽东、蔡和森、萧子升发起，是出于"集合同志，创造新环境"的需要。这个时候，大家都感到有一种共同的责任，那就是如何促进个人及全人类生活的向上。经过多次讨论，大家得出一个结论：要达此目的，必须集合同志，创造新环境。新民学会的会员是一批态度严肃的人，他们不屑于议论身边的琐事，只愿谈论天下大事。他们血气方刚，正值恋爱结婚的黄金年华，通常在这个年龄的青年生活中，议论女性的魅力占有重要的地位。但是，毛泽东和他的同伴们却没有时间谈情说爱。在他们看来，追求知识，为挽救时局的危急尽力比恋爱结婚迫切。

毛泽东结交朋友的愿望是为了弥补自己见识之不足，毛泽东集合同志的举动是为了增强个体的力量，然而，一旦毛泽东产生建立组织的念头，并实际上建立组织的时候，就标志着他开始打破一己观念的束缚，开始冲破个人主义的局限，把成就个人的伟业与拯救民族的危机联结起来，把实现自我的价值与推进人类的幸福联结在一起。

但是，一师时期的毛泽东还不是一个彻底的唯物主义者。在这个时候，他的思想还是自由主义、民主改良主义、空想社会主义等思想的杂烩。他憧憬19世纪的民主，向往乌托邦式社会，梦想过一种"新村式"的社会生活。一师毕业后，毛泽东的"新村计划"及试验就是以上思想的综合反映。

毛泽东的"新村计划"及实验是受新村主义影响的直接产物。新村主义是一种小资产阶级的社会主义学说。它最早产生于日本。1918年日本作家武者小路实笃创办《新村》杂志，宣扬乌托邦思想，主张建立人人平等、互助互爱、共同劳动、共同生活的新村；为了实验新村生活，武者小路实笃还买地建立了第一个新村，从事半工半读。这种学说在当时的日本青年中产生了广泛的影响，被介绍到中国以后，引起了毛泽东的极大兴趣，并产生了根据这种学说在中国进行实践的念头。从一师毕业后，他就积极组织朋友实现这一思想。他与蔡和森、张昆弟、陈书农等人，在省城对岸的岳麓山设工读同志会，从事半耕半读。后因蔡和森、张昆弟等人不能久处湖南，毛泽东本人也有北京之行的任务，工读同志会未能持续下去。1919年春，毛泽东从北京返回湖南，再次产生在岳麓山建设新村的想象，并筹划。"先从办一实行社会说本位教育说的学校入手"。同年冬，他撰写的《学生之工作》即是这种计划中的一章。从《学生之工作》一文看，毛泽东当时所设想的新村，是以新学校、新教育为中心，以新家庭、新学校及新社会连成一块为根本理想的。

毛泽东的新村计划虽带有空想社会主义的成分，但他主张在新村中实行公有原则，提倡互助精神，标志着他此时已冲破了个人主义的狭小圈子，把团体与社会整体利益摆在突出的位置，同时，他打破旧社会，创设新环境的理想与勇气，正是他不断超越现实，超越自我的内在精神力量。为以后他实行社会主义作了充分的思想准备。

（参见张华、黄俊平:《伟人的起步》，浙江人民出版社1996年版）

待人接物五湖四海

"政见不同就要有争论，争论时分清界限是必要的，但今后要少戴帽子为好。"

毛泽东善于与反对过他的同志一道工作。张闻天、任弼时、王稼祥、博古、凯丰等都曾经反对过他的正确主张，甚至在工作中排挤、打击过毛泽东，但他们一旦认识到自己的错误之后，毛泽东便不计前嫌，与他们一道工作。这样的事例很多。毛泽东还重视搞"五湖四海"，他认为，我们党内、军内有各个山头的，这是历史形成的，只有承认山头，才能消灭山头。在工作中，在人事安排上，在待人接物上，毛泽东非常注意不搞小圈子，不搞亲疏厚薄，不搞山头，而提倡"五湖四海"。在抗日战争中，他专门指示对红四方面军的干部在任用上不能歧视，要从德才上考察。1945年4月，在中共六届七中全会上，毛泽东指出：党是政治团体，不是家族或职业团体，都是来自五湖四海，因为政见相同而结合起来的。凡是过去政治上犯过错误的同志，现在都改正了，都要如《决议》所说的像一个和睦的家庭一样。

1921年1月28日，毛泽东在给他的朋友彭璜的信中说："我觉得吾人惟有主义之争，而无私人之争，主义之争，出于不得不争，所争者主义，非私人也，私人之争，世亦多有，则大概是可以相让的。"这表明了毛泽东的是非界线。毛泽东的这种是非观，不仅化解了许多矛盾，而且为党的事业兴旺发达奠定了团结的基础。

（参见《毛泽东书信选集》，人民出版社 1993 年版；胡哲峰、孙彦编著：《毛泽东谈毛泽东》，中共中央党校出版社 2000 年版）

勇做农民运动的王

"农民问题乃国民革命的中心问题。"

毛泽东对中国的农民做了专题调查，他认为：中国人口四万万，农民占百分之八十；中国的"经济中心还在农村"；国民革命的目标不仅是打倒帝国主义及军阀，而是使中国一般人民在政治、经济上均得有自由平等。据此，毛泽东得出结论："农民问题乃国民革命的中心问题。"

"农民不起来参加并拥护国民革命，国民革命不会成功；农民运动不赶速地做起来，农民问题不会解决；农民问题不在现在的革命运动中得到相当的解决，农民不会拥护这个革命。"

毛泽东大声疾呼：搞革命就要刀对刀，枪对枪，要推翻地主武装团防局，必须建立农民自己的武装，刀把子不掌在自己人手里，就会出乱子。因此，必须要有大批的同志"立刻下了决心，向党里要到命令，跑到你那熟悉的或不熟悉的乡村中间去"，"引导他们组织起来；引导他们向土豪劣绅争斗；引导他们与城市的工人学生中小商人合作，建立起联合战线；引导他们参与反帝国主义反军阀的国民革命运动"。

毛泽东所做、所论的这一切，得到了中共中央的重视。1926 年 11 月，他在广州接到了中共中央关于他出任中共中央农民运动委员会书记的通知，旋即偕杨开慧、毛岸英离开广州，登上了开往上海的轮船。沿途耳闻目睹，毛泽东甚为欢欣地发现，和着北伐战争的胜利步伐，农民运动正如暴风骤雨一般迅速遍及中国大地，而这一农民运动高潮的中心又恰在他曾苦心经营的三湘四水。在湖南，全省 75 个县和 2 个特别区中，已有 59 处建立或正在筹建县级农民协会，会员超过了 136 万，能直接领导的群众多达 600 余万。正是这些已经组织起来的农民群众，正在对贪官污吏、土豪劣绅展开史无前例的政治、经济和文化斗争，并不断取得新的胜利。

毛泽东在斗争中，也逐渐成为农民运动的"王"。

（参见肖显社、沈丽文:《统帅毛泽东》，上海人民出版社2007年版）

武装割据的山大王

"它是共产党领导的，有主张，有政策，有办法的'山大王'。"

1927年秋收起义后，工农革命军在文家市胜利会师，9月19日晚，毛泽东在文家市里仁学校召开前敌委员会议，到达文家市的各团主要负责人均参加。会上，毛泽东根据中国社会的特点和当时的政治形势，考虑到革命已处于低潮时期，在敌大我小、敌强我弱的情况下，大城市和交通要道是敌人重兵把守之地，再去攻占中心城市已不可能。因此，要改变原来攻打长沙的计划，将部队转移到敌人统治力量薄弱的农村去，到湘赣边界的大山上去。在那里建立革命根据地，发动农民群众，开展土地革命，坚持武装斗争，保存和发展革命力量。

毛泽东的正确主张，遭到师长余洒度的反对。他坚持要打长沙。总指挥卢德铭支持毛泽东的意见。余洒度听不进毛泽东和卢德铭的意见与劝告，反说退到农村是想当"山大王"。

毛泽东说：我们并不是不要长沙，而是现在不能要。因为，中国的革命，实质上是农民革命。敌人对农村的控制薄弱，有利于我们找个落脚点，深深扎下根来，发展壮大我们的力量。毛泽东还指出，历史上从没有消灭过

"山大王"，如果说我们也要当"山大王"，那么这个"山大王"是特殊的"山大王"，它是共产党领导的，有主张，有政策，有办法的"山大王"，而不是过去的"山大王"。他主张作战略退却，退向农村，退向湘赣粤边境山区。将来湘赣粤三省，任何一省农民暴动时，我们随时都可参加。

会议一直开到深夜，经过激烈的争论，前委否定了"取浏阳直攻长沙"的意见，通过了毛泽东"向萍乡方向退却"沿罗霄山脉南下的主张。

9月20日上午，在里仁学校操场召开工农革命军大会。毛泽东根据前委会议决定，在大会上作了讲话。指出：大革命已经失败，蒋介石、汪精卫正在疯狂地屠杀工农，革命处在低潮时期。但革命高潮肯定还会到来。过去我们的失败，就是吃了没有枪杆子的亏。因此，一定要有革命的武装。现在我们有了自己的武装，就一定要紧握手中的枪，和敌人斗争到底。他满怀信心地指出，秋收起义虽然打了败仗，受了点挫折，但这算不了什么。常言道："胜败乃兵家常事"，"失败是成功之母"。重要的是我们要从失败中总结出经验教训，坚持战斗，继续前进。有的同志说，蒋介石现在力量很大，我们的力量很小，耽心搞不出什么名堂来。依我看，我们并不孤立，我们的斗争有湘、鄂、赣、粤四省广大工农和全国人民的支持；我们的斗争刚刚开始，力量小只是暂时的。不要看敌人貌似强大，只要我们团结紧，继续勇敢地战斗，最后胜利一定属于我们。他打了个比方说，我们好比一块小石头，蒋介石好比一口大水缸，我们这块小石头总有一天会要打烂蒋介石那口大水缸。俗话说得好，"万事开头难"，要革命就不能怕困难，只要我们咬咬牙，挺过这一关，革命总有出头的一天。最后，毛泽东着重指出，目前敌大我小，敌强我弱，长沙这样的城市还不是我们呆的地方。我们必须改变战略，到敌人统治力量薄弱的农村去，养精蓄锐，发展我们的力量。

毛泽东的讲话，鼓舞了战士们的斗志，指明了前进的方向。

毛泽东率领湘赣边界秋收起义部队，转战千里，历尽艰辛，胜利地把工农革命军的红旗插上了井冈山，点燃了"工农武装割据"的星星之火。

毛泽东从韶山到井冈山，年方33岁，风华正茂。他终于找到了施展自己"改造中国"的伟大抱负的用武之地。他和他的战友们以此为起点，率领军民，历尽千难万险，经过多年的奋斗，走出了一条具有中国特色的，农村包围城市，武装夺取政权的革命道路，夺取了新民主主义革命的伟大胜利。

（参见高菊村等：《青年毛泽东》，中共党史资料出版社 1990 年版）

不要小看年轻人才

"不要小看地位低的年轻人"。

在组织队伍发现人才上，毛泽东的组织路线为积聚革命力量，发挥了特殊的作用。其中对于地位低的年轻人，毛泽东一直关心他们中的人才，并且为发现他们中的有才干的年轻人，做了很大的努力。

在一次会议上，毛泽东讲了王实甫《西厢记》中张生和惠明的一段故事：孙飞虎围普救寺，张生要找人送信给他的朋友白马将军来解围。可是无人肯去，于是开群众会议，这时惠明挺身而出，把信送去，搬了兵，解了围。毛泽东说："惠明见义勇为，勇敢胆大，是个坚定之人，希望中国多出点惠明。"

毛泽东还很欣赏红娘。他说，红娘是个有名的人物，是个青年奴隶，为了成全别人，自己受拷打，不屈服，反而把老夫人责备了一顿。你们说，究竟是红娘学问好，还是老夫人的学问好？他希望人们"不要小看地位低的年轻人"。

毛泽东历来重视从社会低层的人和年轻人中，发现人才，打破了论资排辈和鄙视出身低微的人的陋习，从而从工农兵中选用了许多"大老粗"似人物，在革命战争中，这些"大老粗"在实践中锻炼成"将才"，最后靠工农行伍出身的人打出了红彤彤的江山。这和他的"卑贱者最聪明"的理念有密切关系，也为他扩大革命力量找到了最广大的基础源泉。

（参见李树谦编:《毛泽东的文艺世界》，辽宁教育出版社 1993 年版）

抓虱子的战略战术

"这就叫战略上以少胜多，战术上以多胜少！"

1927 年 12 月，工农革命军因敌重兵反扑而被迫撤出茶陵县城。当时面临的形势极为严峻，敌人强数十倍，这仗怎么打法，一时间谁也找不到答案。部队情绪极为低落，不断出现逃跑、叛变等情况。

就在大家都不知何去何从的关键时刻，毛泽东及时准确地提出了打歼灭战的战术思想。为了使这一正确思想深入人心，毛泽东经常深入到战士中间宣传解说，凭着他超人的智慧，把打歼灭战的战术思想描述得绘声绘色、深入浅出。

一天，毛泽东来到陈士榘所在的连队。开始他并没有直接把谈话引入正题，而是亲切地问围拢在身边的指战员:"你们抓虱子，是怎么个抓法?"

听毛委员这么一问，大家都有些丈二和尚摸不着头脑。一边哈哈大笑着，一边回答说:"用手抓呗!"

毛泽东继续问道:"如果你身上有五个虱子，又是怎么个抓法呢?"

陈士榘等人你看看我，我看看你，一时都不知道如何回答。这时，有一个战上说道:"如果有五个虱子的话，那就得一个一个抓啦!"

"对呀! 对呀!"听了那位战士的回答，毛泽东满意地说，"你要是五个

235

虱子同时抓，恐怕连一个也抓不着喽！"说着说着，毛泽东把谈话引入了正题，给陈士榘等人讲要打胜仗必须集中兵力打歼灭战的道理。他一边做着手势，一边说道："五个指头不能同时抓五个虱子，必须收拢手指，一个一个地抓，才能抓得到。当前，我们打仗也是这个道理。现在敌人比我们强大，人家100人，我们才10个人，硬碰硬，根本无法打赢！不过，只要我们的战术对头，10个人也能打赢他100人，你们信不信呀？"

"那怎么打得赢啊？"陈士榘将信将疑地问。

毛泽东摆了摆手，继续说道："当然可以打得赢，你们莫要着急。其实道理很简单，与抓虱子没有什么两样。如果我们10个人同时打他100人，自然打不赢，但我们10个人打他两三个人就没问题了。一次打掉两个，两次就打掉4个，10次就是20个。照这样打下去，这100人不就很快会被我们这十个人消灭吗！"顿了顿，毛泽东提高了声音，"这就叫战略上以少胜多，战术上以多胜少！"

"毛委员讲得太好了！""原来真有打赢的办法啊！"毛泽东短短数语，听来简单，道理却极为深刻，陈士榘等人顿时觉得眼前一亮、茅塞顿开，几乎同时发出了由衷的赞叹。

在以后的战争实践中，陈士榘把毛泽东打歼灭战的战术思想运用得越来越纯熟，先后参与或直接指挥了平型关大捷、洛阳战役、豫东战役、淮海大战等著名战役，战功显赫，成为中国人民解放军中的一代名将。

（参见《党史文苑》2000年第5期有关材料）

革命要有根据地

"革命要有根据地，好像人要有屁股。人假若没有屁股，便不能坐下来。"

1928 年 4 月，蒋介石调动湖南、江西两省的主力部队，拼命围攻毛泽东领导的红军，并且大肆吹嘘：要把红军消灭在井冈山上。

年轻的工农红军，武器非常低劣，当时只有二十八、三十一两个团枪支齐全，是主力军；其他的，如二十九、三十二等几个团的武器，大部是梭镖、长矛，枪支较少。对付那些数量和装备均占优势的敌人，用的是毛泽东首创的游击战术：在这山打了胜仗，便翻到那山休整；等敌人跌跌撞撞追到那山，红军则以逸待劳，趁他们喘息未定哐啷一拳，打他个措手不及，又迅速地转移到山的另一面，练兵和发动群众去了。这样三翻两翻，敌人前后挨打，拖来拖去，晕头转向，只好溃退或被消灭。

井冈山，方圆五百多里，山高崖陡，树密林深，从山下到五井，得走整整一天时间。在这些拖着敌人打的日子里，红军指战员们虽然心里都充满了胜利的快乐。但由于行军作战极其频繁，于是"翻山怕苦"、"打向城市"的思想，也就在少部分同志中产生了，有时流露出来，便自然而然地埋怨起井冈山来，毛泽东了解到这些情绪后，他认为这种思想情绪是和建立农村革命根据地，与反革命作长期、艰苦、残酷而又曲折的武装斗争原则是不相容的。防患于未然，要及早解决它。一个初秋的早晨，毛泽东将全军集合在一个北山脚下，讲建立革命根据地的重要性。

毛泽东说："有人嫌井冈山高，嫌井冈山大，今天东山，明天西山，爬山爬厌了，不愿意再爬它，想打到城市里去。这种思想错了。要知道，井冈山，虽然它磨破了我们的脚，爬酸了我们的腿，但是，它给我们存粮食，给我们作根据地，便于我们机动，便于我们打击敌人。同志们不是都有了一条经验吗？我们每逢爬它一次，就打一次胜仗，消灭一些敌人；如果我们多爬它几次，就会多打几次胜仗，多消灭一些敌人。所以说，这座山，它革命，这座山是革命的山。我们要保护它、爱护它，不要害怕多爬，更不要讨厌它。既然我们有了这样一座革命的山，有党的正确领导，有广大群众的拥护，又有我们全体同志的坚决的革命意志和英勇的斗争精神，敌人的吹嘘就会变成一句反话——不是敌人把我们消灭在井冈山上，而是我们把敌人消灭在这里。"

讲到革命根据地和武装斗争的关系，毛泽东打了一个通俗有趣的比喻："革命要有根据地，好像人要有屁股。人假若没有屁股，便不能坐下来；要是老走着，老站着，定然不会持久；腿走酸了，站软了，就会倒下去。革命有了根据地，才能够有地方休整，恢复气力，补充力量，再继续战斗，扩大发展，走向最后胜利。"

这是毛泽东坚持建立革命根据地，走农村包围城市道路的一条最通俗的解释，它使工农红军战士眼前一亮，更加坚定了胜利的信心。

（参见朱良才：《这座山，它革命！》，见《星火燎原》第 1 集，战士出版社 1979 年版）

长征路上担架"阴谋"

"前面快到遵义了！马上在遵义开个总结性质的会！"

据成功学家的研究，一个正常人每天将花 60%—80% 的时间在"说、听、读、写"等沟通活动上。他们并由此得出结论："人生的幸福就是人情的幸福，人生的丰富就是人缘的丰富，人生的成功就是人际沟通的成功。"

在伟大的中国人民解放事业中，毛泽东一贯强调坚持党的政治领导。疏通引导、思想政治工作正是实现这种领导工作在中国革命这个大舞台上充分施展的主要方法之一。

在长征路上，毛泽东也因病坐担架同王稼祥同行，在宿营和休息时经常交谈，商讨党和红军前途的一些重大问题。有意思的是，担架变成了谈论政治的舞台，为毛泽东重新领导长征、红军免遭覆灭铺平了道路。

这些谈话就是在毛泽东和曾在旧金山当过编缉的洛甫，以及伤口未愈的政治局候补委员、关键的"布尔什维克"王稼祥之间进行。长征初期，王稼祥与毛泽东形影不离。晚上一起宿营，谈呀，谈呀，谈个没完。在担架上和篝火旁的朝夕相处中，毛泽东和王稼祥互相越来越了解，并有机会分析在江西所发生的事情以及长征途中的情况。

第五次反"围剿"以来，革命受到严重的挫折，如何才能使革命摆脱眼下的困境？红军转移以后付出的惨重代价，使红军广大指战员对错误的领导愈来愈不满。干部、战士议论纷纷。

王稼祥在长征路上，曾经几次诚恳地找李德交换过意见，也批评过李德的错误，无奈李德一意孤行，拒不接受。思前想后，一个强烈的愿望在王稼祥头脑里逐渐成熟。在这千钧一发的危急时刻，他必须勇敢地站出来讲话。自己身为军事领导人之一，怎能安心躺在担架上跟随着错误路线节节败退下去呢？

唯一的办法就是设法撤换李德等人的军事领导职务。过湘江后，聂荣臻（红军第一军团政委）也因脚伤感染化脓坐担架，随军委纵队行动。王稼祥也有机会同聂荣臻在一起交换意见。王稼祥认为，应该让毛泽东出来领导。他对博古、李德的领导表示不满，说："到时候要开会，把他们轰下来！"王稼祥的这些意见，得到了聂荣臻的支持和赞同。

王稼祥把心里的设想和毛泽东商量。他两眼发亮，定睛注视着毛泽东，等待着他的回答。毛泽东深深地吸了一口气，点了点头，问道："能行吗？"

"行！能行！"王稼祥爽朗地回答说。

"好哇！这很好！"毛泽东想了一想，嗓音也提高了"前面快到遵义了！马上在遵义开个总结性质的会！"王稼祥见毛泽东支持他的建议，他那消瘦的脸上泛起了希望的红晕。

"那要在开会之前，多多活动活动，做做别人的思想工作，稼祥同志！"

"是的！我一定尽力去办。"王稼祥深知毛泽东自从被李德、王明剥夺了军事领导权以后，正像后来毛泽东自己说的"那时，我毫无发言权，处境困难呀"！

不久毛泽东、洛甫和王稼祥都取得一致意见，他们认为应早召开会议，以解决军事领导权的问题。这件事，被戏称为担架上的"阴谋"。事情发展到这一地步，李德和博古注定要失败了。

遵义会议挽救了党，挽救了革命，挽救了红军。遵义会议，实际上开始了毛泽东为领导的中央的建立，是党的历史上的伟大转折点。从此，中国革命在毛泽东为首的党中央领导下，不断地取得一个又一个的伟大胜利。可见从感情上的沟通到政治上的沟通，是政治家成功的主要渠道之一。

（参见孟庆春：《跟毛泽东学凝聚人心》，当代中国出版社 2002 年版）

长征路上一盏灯笼

"二局是黑夜走路的灯笼，我们是打着这个灯笼长征的，没有二局，长征是很难想象的。"

在中国人民解放军史上，军委二局是专门搞情报工作的，在几次关键的战斗中发挥了重要的作用。

南渡乌江后，军委二局继续发挥秘密"武器"的作用，一再为中央红军的战略转移抢得战略先机。1935 年 4 月 8 日，中央红军穿插至贵阳东面的贵定、高寨等地。

二局又侦得云南方面守备空虚的准确情报。毛泽东等领导人命令红军除留在乌江以北的红九军团外，全部由贵阳、龙里之间南插直入云南，将国民党军围堵红军的 40 万大军抛在了贵州。

进入云南后，二局发生了一个大的变故，参谋陈仲山不幸掉队被俘，随身所带的情报泄露了二局的破译能力。云南军阀龙云急电蒋介石。

报告说：红军已将国民党军各方来往的电报完全翻译成文，无怪红军对国民党军的行动都甚为明了，知所避趋。蒋介石接到报告后，知道所产生的后果严重，立即命令另行编印多种密码，每部电台各发 10 种秘本，每日调换，每 10 日再另发 10 种密码。军委二局的同志则加班加点，通宵达旦地进行研究，以致行军中常常被绊倒，或从马上摔下来，就这样克服了一个又一个难题，破译了大量有价值的密电。

在转战云南的日子里，二局破译了蒋介石企图在云南围堵红军的命令和部署，使红军抢在"追剿"军到达前，于 5 月 9 日全部顺利地北渡金沙江。蒋介石又重新部署，企图叫中央军、滇军、川军配合，在金沙江以北、大渡河以南"围歼"红军，结果电报又被二局破译，红军抢先渡过大渡河，飞夺泸定桥。接着，中央红军又根据二局的情报，攻占川军把守的天全、芦山，保证红军顺利翻越大雪山，与红四方面军胜利会师。

6 月，红一、四方面军会师后，制订了松潘战役计划，计划攻占川北的松潘城，然后取道甘南，建立川陕甘革命根据地。7 月中旬，中央红军攻下松潘附近的毛尔盖。

此时，军委二局从无线电侦察中得知，国民党军胡宗南部主力已在松潘完成集结，薛岳兵团也进至平武地区向胡部靠拢。显然，红军如果再攻打松潘，不但可能打不下来，而且还有被敌"围歼"的危险。于是，中央决定红军改走草地进入甘南，避免了可能出现的重大损失。

在艰苦的长征路上，在曾希圣局长的领导和参与下，二局破译科共破译国民党军各类口令 860 多种，其中曹祥仁破译速度最快，数量最多。

曹祥仁回忆，毛主席曾说，二局是黑夜走路的灯笼，我们是打着这个灯笼长征的，没有二局，长征是很难想象的。

1935 年 6 月，红一方面军翻过夹金山，与红四方面军在四川懋功会师。张国焘知道中央军委二局在战争中是个不可或缺的机构，企图利用他红军总政委的职位挖墙角。为巩固他自己的地位，张国焘在四方面军打击、处决了许多不顺从他的知识分子。

军委二局局长曾希圣的哥哥曾中生是四方面军的参谋长，因意见不同被张国焘残忍杀害，曾希圣对张恨之入骨。于是张国焘便在担任破译科长的曹祥仁身上打主意。

一日张国焘对曹祥仁说，"小曹啊，我看你挺聪明，你到我这边来好不好啊？"曹祥仁没有理他，因为曹祥仁对张国焘早有警觉。中央红军西渡湘江之后。被敌军压缩在西延山区，国民党军包围圈越缩越小。

在此生死攸关之际，中央军委曾在一日之内连发十封十万火急的电报，向位于川陕根据地的红四方面军求援。可张国焘竟全然不理，手握十万大军按兵不动。张国焘究竟是何居心，大可怀疑。曹祥仁当时就在总部，对此心知肚明。

1935 年 9 月 8 日，坐镇左路军的张国焘对右路军原四方面军的部队下达强行南下的秘密命令，并提出"要彻底开展党内斗争"。随右路军行进的作战科副科长吕黎平收到张的电令，马上交给了叶剑英参谋长，火速向毛泽东汇报，毛主席果断率红一、三军团和军委纵队先行北上，并专门嘱咐叶剑英，"二局一定要带上"。

胡立教等同志都回忆，毛主席还特别关照叶剑英：告诉曾希圣、曹祥仁、邹毕兆 3 人先行到三军团驻地。

叶剑英匆匆赶到二局驻地，向曾希圣、曹祥仁、邹毕兆 3 人传达毛主席的指示。9 日晚，曾希圣、曹祥仁、邹毕兆 3 人悄悄离开驻地，先行到达三军团，受到彭德怀军团长的热情欢迎。随后，二局其他同志连夜分批潜行离开宿营地，第二天清晨也到达了三军团，与焦急等待的曹祥仁等 3 人会合，一同跟随毛主席北上。胜利完成了长征的任务。

由于毛泽东对军委二局的重视，因此使二局充分发挥了耳目作用。蒋介石的失算有许多原因，其中主要是毛泽东运用了高超的谍战艺术，使蒋介石始终琢磨不透自己败北的原因，就是因为毛泽东有一盏永不熄灭的"灯盏"。

（参见曹祥云：《毛泽东百战百胜的武器：最神秘的军委二局》，见《旧闻》，内蒙古文史研究会编印）

精深研用《左传》战例

　　　"都是双方强弱不同，弱者先让一步，后发制人，因而战胜的。"

　　《左传》对古代战争的描写，对政治事件的记述，对毛泽东的军事思想和政治思想都曾产生过很大影响。

　　《毛泽东选集》四卷中引用的成语典故和史事，属于《左传》的约有40条。从他对《左传》内容的熟悉，分析的详尽，以及引证次数的频繁，可以看出，青少年时代的毛泽东对《左传》研读的精深和运用的巧妙。

　　例如，毛泽东曾经借《左传》中的文字总结自己的逻辑思想。毛泽东编了一个十六字诀，即"去粗取精、去伪存真、由此及彼、由表及里"。这就清楚、明白多了。毛泽东这十六字诀是一种分析和综合的逻辑方法。运用它就能帮助人们把感性认识上升到理性阶段，就能帮助人们避免思维中的混乱。毛泽东十六字诀中的"去粗取精"即来源于《左传》。在《左传·昭公七年》中写道："郑虽无腆。抑谚曰：蕞尔国，而三世执其政柄，其用物也宏矣，其取精也多矣。"意思是说：郑国虽然不很富裕，还是有句谚语说：小国家，却已三代掌握政权，日常用品也较丰富，可供选取的精美东西也很多。

　　毛泽东在《论持久战》一文中，曾以《左传》中的晋楚城濮之战，来说明主观指导对战争的影响，又曾用宋襄公不肯半渡而击，结果败于楚军的事例，嘲笑了"蠢猪式的仁义道德"，阐述了出其不意、战而胜之的道理。

　　1936年，毛泽东在著名的军事理论著作《中国革命战争的战略问题》一文中，几乎引用了曹刿论战全文，用来说明他所要阐述的军事思想，毛泽东对这一历史的材料，做了现代意义的科学的说明：

　　春秋时候，鲁与齐战，鲁庄公起初不待齐军疲惫就要出战，后来被曹刿阻止了，采取了'敌疲我打'的方针，打胜了齐军，造成了中国战史中弱军战胜强军的有名的战例，请看历史家左丘明的叙述：……当时的情况是弱国抵抗强国。文中指出了战前的政治准备——取信于民，叙述了利于转入反攻的阵地——长勺，叙述了利于开始反攻的时机——彼竭我盈之时，叙述了追击开始的时机——辙乱旗靡之时。虽然是一个不大的战役，却同时是说的战略防御的原则。中国战史中合此原则而取胜的实例是非常之多的。楚汉成皋之战、新汉昆阳之战、袁曹官渡之战、吴魏赤壁之战、吴蜀彝陵之战、秦晋淝水之战等等有名的大战，都是双方强弱不同，弱者先让一步，后发制人，因而战胜的。

　　从 1931 年秋到 1933 年 3 月，中央红军在毛泽东和朱德的指挥下，依靠人民，以弱击强，先后粉碎了蒋介石的第三次、第四次大规模军事围剿，丰富和发展了关于人民战争的战略战术思想，而且创造了世界革命战争史上的奇迹。这一军事思想，在后来毛泽东指挥的抗日战争、解放战争乃至抗美援朝战争中，就更加发挥得得心应手，淋漓尽致。毛泽东利用"曹刿论战"来阐发的战略防御原则，成为毛泽东军事思想的重要组成部分，它在我军战争史上发挥了重要作用，成为我军由弱转强、最终取得全国性胜利的法宝之一。毛泽东从《左传》中的战例得益很多。成为他军事思想重要组成部分之一。

（参见毛泽东:《中国革命战争的战略问题》，见《毛泽东选集》第一卷，人民出版社 1991年版）

独立自主分散作战

"红军此时是支队性质，不起决战的决定作用。"

红军即将开赴抗日前线，面对的是日本帝国主义这样的强敌，是打游击战？还是运动战？这是延安统帅部必须马上作出回答的问题。

毛泽东在历史发展的转折关头，再一次显示出他高瞻远瞩的战略眼光。

他审时度势，经过一番深思熟虑，富有创见地提出了自己的看法：红军不能打阵地战，不能集中作战，而必须执行独立自主的分散作战的游击战争。

这时，红军主力部队已经改编完毕，林彪正在抗大任校长，接到出任115师师长的命令后，立刻从延安赶往洛川，与副师长聂荣臻一起策马来到西安，从这里乘火车奔赴山西前线。

当时在华北战场，日军攻势凌厉。1937年9月20日，又占领了与平型关近在咫尺的灵丘。

平型关，位于山西灵丘县西乔沟一带，是山西东北部古长城的重要隘口，与雁门关同为晋北门户。

为了配合阎锡山部防守长城防线，八路军总部命令120师进至雁门关以西的神池地区，侧击由大同南犯之敌；115师进至平型关以西地区，准备侧击进犯平型关之敌。

这时，一个紧迫而现实的问题摆在了延安统帅部和115师首长的面前：如何使用兵力？是集中兵力打运动战、正规战？还是分散使用打游击战？对此，林彪与毛泽东的意见不太一致。

在1937年9月14日115师抵达原平车站时，林彪曾电告八路军总部朱

成功之道

德、彭德怀、任弼时，提出："344 旅及师直集中大营，准备待敌佯攻大营东之平型关友军阵地时，我相机袭击敌人之左侧后，歼敌一部，以扩大战果。"显然，林彪是想集中兵力打大仗、打运动战。

林彪的电报同时转给了在延安统帅部的毛泽东。

16 日、17 日，毛泽东又给朱德、彭德怀、林彪等人发电，指出："红军此时是支队性质，不起决战的决定作用。"

但是，接连两封电报没能说服林彪，他执意要集中力量打歼灭战，打大仗。

18 日，林彪回电毛泽东，坚持己见。

由于林彪等人的坚持，或许毛泽东觉得他们的意见有些道理，21 日，毛泽东再次致电彭德怀，表示同意林彪将一个旅暂时集中打仗，但同时指出，如果许久还无机可乘时，仍以适时把中心转向群众工作为宜。

25 日，林彪指挥 115 师取得了震惊中外的平型关大捷，歼灭日军坂垣第 5 师团 1000 多人，打破了"皇军"不可战胜的神话。

"平型关大捷"使林彪名声大震。但是，盛誉之下林彪并没有喜形于色，飘飘然，因为他有几个没想到：

一是没想到打日军比打国民党军困难得多。这次战斗歼敌 1000 余人，而自己伤亡 600 多人，而且许多是经过长征的老红军。

林彪曾想抓一些俘虏带到太原去游行，而小鬼子宁可自杀也不投降，结果一个俘虏也没抓到。

二是没想到国民党军如此不配合。林彪在战后说："友军在战斗中的配合，实在太差了。他们自己订出的出击计划，却未能遵守。你打，他旁观。"

三是没想到平型关大捷难以挽救国民党军晋北防御的败局。平型关战后不久，国民党军晋北防线崩溃，日军长驱南下，太原很快沦入敌手。

经此一战，林彪大彻大悟：依靠国民党军抗战没有前途，集中八路军主力打运动战也不行，他再一次折服了毛泽东。

至此，林彪在思想上才真正转了一个弯，开始认识到游击战的战略地位。

（参见《史海》总第 17 期有关材料）

海外发行《论持久战》

"希望此书能在英语各国间唤起若干的同情，为了中国的利益，也为了世界的利益。"

1938 年 5 月 26 日至 6 月 3 日，毛泽东在延安抗日战争研究会用了近十天的时间，讲演了自己写好的《论持久战》的基本内容。

陈云听了毛泽东的讲演后，感到毛泽东讲得非常深刻，非常有说服力，毛泽东的理论对全党、对全国抗战，都有重要指导意义。于是第二天就对毛泽东说：是不是可以在更大一点的范围给干部们讲一讲？毛泽东考虑后，接受了陈云的建议。

但是，毛泽东考虑到，在更大范围去讲，只能是分别到抗大等学校去讲，到延安各党政机关去讲，可是这样做，一是自己非常忙，抽不出来那么多的时间；二是只由自己去讲，听者仍然有限。于是他便决定把讲稿整理出来，先在党内印发。这样，《论持久战》先在延安油印出来，在党内传阅。

可是，延安油印的《论持久战》数量有限，尽管大家争相传看，仍然有许多干部看不到，特别是在前线的干部，得到油印的《论持久战》更难。于是，毛泽东又决定，印成书，公开发表，不光在根据地发表，也可以在国民党统治区发行。

《论持久战》一面世，就在国内外产生了重大影响。程思远先生在回忆中就谈到了《论持久战》在国民党上层的影响。他说："毛泽东《论持久战》刚发表，周恩来就把它的基本精神向白崇禧作了介绍。白崇禧深为赞赏，认为这是克敌制胜的最高战略方针。后来白崇禧又把它向蒋介石转述，蒋也十分赞成。在蒋介石的支持下，白崇禧把《论持久战》的精神归纳成两句话：

'积小胜为大胜，以空间换时间'。并取得了周公的同意，由军事委员会通令全国，作为抗日战争中的战略指导思想。"①

《论持久战》印刷出来不久，周恩来就把书从武汉寄到香港，委托宋庆龄找人翻译。宋庆龄立即找自己亲近的朋友爱泼斯坦等人把《论持久战》翻译成了英文。毛泽东得知后，特意为英文本写了序言。他在序言中写道："希望此书能在英语各国间唤起若干的同情，为了中国的利益，也为了世界的利益。"②

《论持久战》的英文本在海外发行后，得到了国际上的积极响应和高度评价，据说，丘吉尔、罗斯福的案头上，都放着《论持久战》英文本，斯大林的案头上则放着他专门请人翻译成俄文的《论持久战》文稿，可见此书的影响之大。

依法办事惩治腐败

> "那么这次和那次一样，我完全拥护法院判决。"

1940 年，正是陕甘宁边区经济最困难的年头，连毛主席都穿着打了补丁的衣服，饿得十分消瘦，广大战士普遍缺吃少穿，生活很苦。

这年秋初的一天。毛主席带着警卫员去中央医院看望住院的干部和战士，当他看见老战士肖玉壁病得只剩下皮包骨时，很是心疼，便问医生，肖玉壁究竟患了什么病？当班医生告诉毛主席："外表看，肖玉壁百病缠身，其实非常好治，只要给他吃一个月饱饭就行了！"毛主席又问："真是营养这

---

① 程思远：《我的回忆》，华艺出版社 1994 年版，第 131 页。

② 《毛泽东传（1893—1949）》，中央文献出版社 2004 年版，第 495 页。

么缺乏?"医生直率地说:"真的达到了难以维持生命的地步!"毛主席听了，心情很沉重，便当场决定把中央特批给他的每天半斤牛奶的取奶证送给肖玉壁，还嘱咐医生每天清早到中央机关管理处取奶，这样一来，加上后来医院也对肖玉壁更为照顾，结果他很快恢复了健康。

肖玉壁出院以后，上级安排他到清涧县张家畔税务所当主任。

肖玉壁打过多次仗，仅身上留下的伤疤就有 90 多处，可谓战功赫赫。他认为，当个小小主任是大材小用，坚决不服从组织分配，便找毛主席倾诉理由，还解开衣扣对毛主席说:"你数数我身上有多少伤疤!"毛主席一听，火了，便厉声对他说:"我不识数!"

肖玉壁不得已，走马上任了。当时边区政府经济困难，为了在经济上堵塞漏洞，财经制度很严格。

为了及时打击贪污行为，有的根据地还颁布了反贪污法，处分很严厉。肖玉壁权不大，也不是不知道类似法规，但他以功臣自居，不把反贪规定放在眼里。

上任不久，就贪污受贿，同时利用职权，私人做生意，甚至把根据地奇缺的食油、面粉卖给国民党破坏队，影响极坏，民愤很大。案发后，边区政府依法判处他死刑，肖玉壁不服，写信给毛主席求情。

林伯渠把信带给毛主席。毛主席问:"肖玉壁贪污了多少钱?"林伯渠答:"3000 元。"毛主席又问:"他的态度怎样?"林伯渠说:"他给您写了一封信，要求您看在他过去作战有功的情分上，让他上前线，战死在战场上。"毛主席没有看信，又问林伯渠:"你们的态度呢?"林伯渠说:"据我们统计，目前干部队伍贪污腐化犯罪率占 5%，这股风非刹住不可! 不过最后究竟怎样处置肖玉壁，边区政府和西北局都想听听您的意见，所以我特地来请示。"

这时，毛主席沉思了一阵，他想起了黄克功案件。边区法院判处黄克功死刑，黄克功也写信向毛主席求情，但毛主席完全同意法院判决。想到这里，毛泽东对林伯渠说:"你还记得我怎样对待黄克功吧?"林伯渠说:"忘不了!"毛主席接着说:"那么这次和那次一样，我完全拥护法院判决。"

毛泽东不肯徇私情，坚持依法办事，这为当时纠正革命队伍内部的不良作风，防止腐败之风的侵袭，起到了很好的作用。

制定"精兵简政"政策

"这个办法很好，恰恰是改进我们的机关主义、官僚主义、形式主义的对症药。"

1941 年 11 月 6 日，是一个难忘的日子，陕甘宁边区第二届参议会在延安大礼堂隆重开幕。出席会议的有农民、工人、干部、战士和党外民主人士。毛主席出席了开幕式并发表了 30 分钟的重要演说，号召共产党人和党外人士密切合作。他说：为了打倒日本帝国主义，我们有义务与党外人士合作，希望各参议员本着知无不言，言无不尽的精神提意见。在毛主席的号召下，大家开动脑筋，争献抗日救国大计，提出了许多宝贵建议。

议员中有一位个子矮小、两眼炯炯有神、拄拐杖的老人，他就是米脂县参议会议长李鼎铭先生。李鼎铭先生原是米脂县一位有名望的绅士，清朝末年，曾在米脂创办小学，这个小学被当时复古的绅士封闭了，后又做过榆林中学的教员和小学校长，晚年以行医务农为生。他为人正直，同情农工，热爱祖国，拥护共产党团结抗日的政策，被选为米脂县参议会会长、陕甘宁边区第二届参议会议员。毛主席的话深深地打动了李鼎铭先生的心。他根据陕甘宁边区老百姓负担重的情况，提出了一个"精兵简政"方案，其主要内容是：为了更好地完成抗日救国大业，兵要精，政要简，行政机构要以质胜量，提高工作效能。事前有一些民主人士因对共产党能否采纳建议有怀疑，曾数度劝阻他不要提出。但他看到毛主席和党的其他领导人参加大会、小会，找参议员谈话，仔细听取对政府的批评建议，深深感到共产党与党外人士合作是出于至诚，就大胆地提了出来。

"精兵简政"议案提出后，果然受到一些人的批评，他们认为："提倡精兵主义，部队就不能发展。"有的人甚至怀疑李鼎铭先生提出这个方案的动机。而毛主席对这个提案却非常重视。延安隆冬的夜晚，西北风呼呼地刮着，阵阵寒意透过薄薄的窗纸袭来。在微弱的灯光下，毛主席反复翻看着这个提案，拿起红笔把重要的段落圈了起来，又一字一句地抄在自己的本子上，旁边还加上一段批语：这个办法很好，恰恰是改进我们的机关主义、官僚主义、形式主义的对症药。

"精兵简政"议案提交大会讨论时，李鼎铭先生刚发完言，毛主席就站起来，一边鼓掌一边走到台前，极其深刻而生动地阐述了实行精兵简政的必要性，对一些不正确的批评进行了反批评。他说，在抗战初期，采取精兵主义自然是不对的，但现在情况不同了，全面抗战已经四五年了，人民经济有很大困难，而我们的大机关和不精干的部队，又不适合今天的战争环境。教条主义就是不管环境变了，还是死啃不合时宜的条文。同时对党内同志的宗派主义情绪进行了批评，严肃地指出，我们的党是为人民服务的，不论谁提出的意见，只要对人民有好处，我们就照办。

"精兵简政"议案终于在参议会上通过了，毛主席还为《解放日报》写了《一个极其重要的政策》的社论。此后，不仅陕甘宁边区实行了精兵简政，而且党中央还把这项政策推广到党所领导的各抗日根据地去。精兵简政的实施，对于解决"鱼大水小"的矛盾，减轻人民负担，渡过抗日战争最艰苦的阶段，坚持持久抗战，起了重大作用。

经毛主席提议，李鼎铭先生在这次参议会上，被选为陕甘宁边区政府的副主席。不久，他由米脂搬家来延安时，将全部家产献给了当地政府。来延安不久，毛主席就接见了他。那一天刚到黄昏，毛主席就派车接他到杨家岭，亲热地把他迎进土窑洞里，问他搬家的情况。他说，把家产全部献给了国家。毛主席说，留一点吧。他说，一点也不留。毛主席哈哈大笑着说："你真是开明人士。"当时人们把进步士绅称为"开明绅士"，毛主席叫他"开明人士"，这是对他的高度赞扬和肯定。

"精兵简政"的政策，对于当时克服边区的经济困难，解决"鱼大水小"的困难，起到了不可估量的作用。

（参见贾思楠编：《1915—1976——毛泽东人际交往实录》，江苏文艺出版社 1989 年版）

自己动手丰衣足食

"饿死是没有人赞成的，解散也是没有人赞成的，还是自己动手吧！"

1941 年和 1942 年，是世界法西斯势力最为猖獗的年代，也是中国抗日战争极端困难的岁月。由于日寇的野蛮进攻和国民党顽固派包围封锁以及连年的水旱虫灾，再加上根据地地广人稀，财源不丰等方面的原因，导致解放区经济发生严重困难。边区政府和八路军曾经困难到没有油吃，没有纸用，没有鞋穿，没有被盖的地步。在这种情势下，国民党顽固派以为共产党的困难是不可克服的，每天都在企盼和等待着中国共产党领导下的敌后抗日根据地的"垮台"，中国革命又一次处于艰难危急之中。

为了战胜暂时的严重困难，彻底粉碎蒋介石集团对边区的封锁"围剿"，争取抗日战争的最后胜利，1941 年初春，党中央在延安召开了军民大生产动员大会。驻延安地区"抗大"的全体学员、中央直属机关、八路军三五九旅全体指战员参加了这次令人难忘的会议。倾听毛泽东的演讲：

"同志们！目前摆在我们面前的路有三条：一条是眼巴巴地等着饿死；一条是散伙回家不干革命了；还有一条就是自力更生，艰苦奋斗。这三条我们应该走哪一条呢？"讲到这里，毛泽东有意地稍微停顿一下，给听众以思考的余地和选择的时间，然后用充满希望和信赖的目光凝视大家，就像在热切期待大家的光荣选择和正确回答。接着，他又逐条分析道：饿死是没有人赞成的，解散也是没有人赞成的，还是自己动手吧！我们肩负着解放中华民族的重任。只能走自力更生、艰苦奋斗的道路，也只有这一条路是通向光明的路，通向胜利的路。党中央号召全体军民拿起枪杆子、锄把子、笔杆子、自己动手，丰衣足食，建立边区，保卫边区，夺取抗日战争的全面胜利。"

毛泽东简短有力的讲话，在严重困难的时候，使人看到了前途，看到了光明，提高了战胜困难的信心和勇气。与其说是演讲，还不如说是宣战书和动员令。

三五九旅在"一把锄头一支枪，自力更生保中央"的口号号召下，由王震旅长直接率领，开赴荆棘丛生，野狼成群的南泥湾，通过艰苦奋战，终于使荒无人烟的南泥湾变成了"到处是庄稼，遍地是牛羊"的陕北江南，创造了古今中外建军史上屯田开荒生产自救的奇迹。在很大程度上说来，毛泽东慷慨激昂的演讲，对于激励千百万军民拿起枪杆子和锄头投入轰轰烈烈的大生产运动，乃至对于夺取抗日战争的伟大胜利都具有重大的意义。毛泽东的鼓动激励之言正像古人所云："一人之辩，重于九鼎之宝，三寸之舌，强于百万之师。"于是"自力更生""艰苦奋斗"成为共产党人战胜困难的强大武器。

（参见刘光荣主编：《毛泽东的人际关系》，中共中央党校出版社 1992 年版）

向被错整同志道歉

"向你们行个礼，赔个不是。你应该给我还个礼吧，不还礼，我这手就放不下来了。"

1942 年在延安整风和审干中，有人违背整风精神，推行"左"倾路线，大搞"抢救运动"。他们怀疑一切，制造假案，犯了扩大化的错误，结果整了一批干部，伤害了不少好同志。毛泽东发现这一问题后，严于律己，主动承担责任。1945 年年初，在中央党校作报告时，毛泽东说："我是党校的校长，这个党校犯了许多错误，谁人负责？我负责。整个延安犯了许多错误，谁负责？我负责。"他又说："对错误的本身要加以分析，一个叫作坏处，一个叫作好处；坏处是犯了许多错误，好处也就是犯了错误。"他还指出："要从错误中总结经验，给人错戴过帽子的同志，以后再给别人戴帽子时，你就要谨慎；被错戴了帽子的同志，也得了一条经验：就是以后你不要乱给别人戴帽子，因为你自己吃过这个亏，以后要谨慎。"

会上，毛泽东把右手举到帽沿下，对被错戴帽子的同志敬礼说："向你们行个礼，赔个不是。你应该给我还个礼吧，不还礼，我这手就放不下来了。"这时，会场响起了热烈的掌声，人们感动得热泪盈眶。

这还不算，在当年4月召开的党的第七次全国代表大会上，毛泽东又为此作了自我批评："我们在肃反运动中走过弯路，我也走过弯路。这次整风审干，使一些同志受了委屈，我向你们道歉！"为错整的同志消了气，增强了革命队伍内部的团结。

（参见王伯福主编：《毛泽东轶事大观》，山东人民出版社1997年版）

洗耳恭听群众呼声

"有些老百姓不高兴。那时确实公粮太多。要不要反省一下研究研究政策呢？要！"

1942年8月的一天，党和毛泽东领导的陕甘宁边区政府正在一座小礼堂里召开征粮会议。出席会议的主要是边区各县县长，主持会议的是边区政府主席林伯渠。会间，突然狂风乍起，暴雨倾盆，雷电交加，把礼堂的一根大柱子劈成两段，不幸把参加会议的延川县县长李彩云击死。这件纯属偶然的伤亡事件，但一传出，街上的老百姓借此发表议论说，雷公为什么不打死毛泽东？保卫部门知道后，要立即追查说话人的背景和动机，而毛泽东得知这种议论后，并没有大惊小怪地把它看做是什么反对自己的政治事件，更没有派人去追查和抓捕什么"反革命"，而是扪心自问，深刻反思工作中到底有哪些失误和过错，竟然激起群众如此强烈的不满和愤怒！后来通过了解，发现陕北这么个不到一百三四十万人口的地方，一年就征到 20 万大担（每担 300 斤）公粮，显然是公粮征过了头，群众实在承受不了，因而不满，有怨气。毛泽东风趣而郑重地指出，20 万大担公粮，天怨人怒。于是建议马上将公粮从每年 20 万担减征到 16 万担。

后来，在党的"七大"预备会议上，毛泽东这样说："1941 年边区要老百姓出 20 万石公粮，还要运输公盐，负担很重，他们哇哇地叫。那年边区政府开会时打雷。……把李县长给打死了，有人就说，唉呀，雷公为什么没有把毛泽东打死呢？我调查了一番，其原因只有一个，就是公粮太多，有些老百姓不高兴。那时确实公粮太多。要不要反省一下研究研究政策呢？要！"

为了解决边区老百姓的负担，毛泽东号召开展大生产运动，从主席到伙夫，自己动手，努力减轻群众的赋税。毛泽东对群众的呼声和怨声进行了反思，他不仅不看做是反对党和政府的言论，而且把它当作天大的好事。因为开天辟地以来，中国几千年的历史，都是老百姓受官府的气，现在他们敢于在街上议论政府的不是，敢于向政府提出意见，这本身就是很了不起的变化，说明边区的民主开始深入到群众中去了。对这次群众因负担过重而发牢骚讲怪话一事的处理，不仅没有伤害党和领袖的威信，反而使党群关系更加密切，党和毛泽东的形象更加伟大，同时也避免了一场可能由此引发的群众闹事。

毛泽东一生十分关注维护群众的利益，倾听群众的呼声，关心群众的疾苦。他深知，"足寒伤心，良怨伤国"，为政之道在于安民；安民之道，在于察其疾苦。

（参见《毛泽东传（1893—1949）》下册，中央文献出版社 2004 年版）

关心下一代的成长

"革命就靠这一代，没有下一代怎么行呢？"

1942年，在延安中央机关工作的黎侠同志生下了一个女婴取名黎力。由于战事紧张，加之日本帝国主义的封锁，延安生活十分艰苦。刚生下的女婴缺乏营养，经常生病，并在七、八个月时又得了肺炎和肠胃炎。一天饭后黎侠散步，毛主席也散步，便问："娃娃怎么不见了？"黎说："生病了。"毛主席说："你有奶吗？"黎说："从生下孩子我就没有奶。"毛主席说："我那份牛奶给娃娃拿去吧！"黎说："那怎么行呢，你日夜为国家操劳，就这么点营养，她一个小孩算得了什么。"毛主席说："革命就靠这一代，没有下一代怎么行呢？"当时，中央办公厅喂了一头奶牛，是用来照顾中央领导同志的。每天挤一点给中央领导同志分一分。第二天，主席就让他的服务员把他的那份牛奶用酒瓶盛着送来了。黎侠无论如何也不收，坚决让服务员拿回去。服务员拿回去后，毛主席又让送来了，服务员并说："你就让孩子喝了吧！拿回去毛主席是不同意的。"就这样，毛主席的那份牛奶让女婴一直喝了半个月。进城以后，黎侠的女儿黎力在三年级读书时，还曾经以"毛主席给我奶喝"为题写了一篇作文。

从这件生活小事上看，毛泽东对下一代的关心重视，他是把希望寄托在青少年身上。所以在建国后第一次访苏时，对中国留学生们讲："你们是早上八九点钟的太阳"。在毛泽东的一生中他始终把青少年的健康成长放在心中，鼓励支持他们当好革命的接班人，并为此制定了接班人的五条标准。

（参见袁永松主编：《伟人毛泽东》上卷，红旗出版社1997年版）

我党历史几次骄傲

　　"我党历史上曾经有过几次表现了大的骄傲，都是吃了亏的。……全党同志对于这几次骄傲，几次错误，都要引为鉴戒。"

　　1944 年 3 月 19 日至 22 日，重庆《新华日报》连载郭沫若为纪念明末农民起义胜利 300 周年而写的著名史论著作《甲申三百年祭》。此时抗战已处在胜利的前夜，中国革命势力空前发展、壮大。中共南方局为在革命形势迅速发展的时候，抵制和克服革命队伍内部滋长的骄傲情绪，保持清醒的头脑，不再犯胜利时骄傲的错误，组织一组纪念文章，意在通过李自成起义失败的历史教训来教育革命队伍。郭沫若的《甲申三百年祭》就是在这样的意图下写出的。文中不仅以大量的历史事实论述了明王朝灭亡的原因，而且深刻总结了明末李自成起义由胜利转向失败的经验教训，"在过短的时期之内获得了过大的成功，这却使自成以下如牛金星、刘宗敏之流似乎都沉沦进了过分的陶醉去了"。"纷纷然，昏昏然，大家都像以为天下就已经太平无事了的一样"。不修边防，不讲政策策略，军纪败坏，妄杀部属，最终导致一场轰轰烈烈的起义归于失败，连李自成本人也在溃乱中为地主武装所杀害。这一经验，对于领导抗日民族解放战争正在向胜利转化的中国共产党人，具有极为重要的现实意义。文章发表后受到党和人民的热烈欢迎和高度赞扬。仅隔 20 天，毛泽东就在《学习和时局》的报告中提到这篇文章，指出："我党历史上曾经有过几次表现了大的骄傲，都是吃了亏的。……全党同志对于这几次骄傲，几次错误，都要引为鉴戒。近日我们印了郭沫若论李自成的文章，也是叫同志们引为鉴戒，不要重犯胜利时骄傲的错误。"1944 年 8 月下旬，郭沫若收到了周恩来从延安托专人带来的《甲申三百年祭》和《屈原》

的单行本，当天即给毛泽东、周恩来和许多在延安的朋友致函，感谢他们的鼓励和鞭策。12月，郭沫若收到了毛泽东11月21日写的复信，信中说："大示读悉。奖饰过分，十分不敢当；但当努力学习，以副故人期望。武昌分手后，成天在工作堆里，没有读书钻研机会，故对于你的成就，觉得羡慕。你的《甲申三百年祭》，我们把它当作整风文件看待，小胜即骄傲，大胜更骄傲，一次又一次吃亏，如何避免此种毛病，实在值得注意，倘能经过大手笔写一篇太平军经验，会是很有益的；但不敢作正式提议，恐怕太累你。最近看了《反正前后》，和我那时在湖南经历的，几乎一模一样，不成熟的资产阶级革命，那样的结局是不可避免的。此次抗日战争，应该是成熟了的罢，国际条件是很好的，国内靠我们努力。我虽然兢兢业业，生怕出岔子，但说不定岔子从什么地方跑来；你看到了什么错误缺点，希望随时示知。你的史论、史剧有大益于中国人民，只嫌其少，不嫌其多，精神决不会白费的，希望继续努力。恩来同志到后，此间近情当已获悉，兹不一一。我们大家都想和你见面，不知有此机会否？"毛泽东的这封信，款款写来，平易而亲切，谦逊而真挚，既抒发了深沉的怀念之情，又表示了殷切的期望之意。可见，毛泽东为了预防革命即将胜利时犯骄傲自满的错误，及时为全党和各级领导干部敲响了警钟，要他们保持清醒的头脑，防止重犯李自成的错误。

（参见武在平：《从〈甲申三百年祭〉到诗词唱和》、《党史纵横》1994年第3期；《毛泽东书信选集》，人民出版社1984年版）

善于打比方作讲演

"松树有原则性，柳树有灵活性。"

258

　　毛泽东在长期的革命实践活动中，由于接触较多的是没上过学的穷苦工农群众，在宣传马列主义、传播文化知识过程中，他十分注重"启发式"教育，善于用比喻的办法，将复杂的问题深入浅出。以便收到理想的效果。

　　1921年12月，毛泽东和弟弟毛泽民第二次到安源煤矿。在专为工人子弟办的一所夜校里，毛泽东在黑板上写上一个"工"字。解释说，上边的一横线是"天"，下边一条是"地"，中间的竖线代表工人阶级自己，工人是站在地上，顶天立地，整个世界都是工人们的。在这期间，毛泽东还在给湖南长沙人力车夫上的夜校课堂上，运用了"打比方"。他在黑板上先写一个"工"，再在旁边写一个"人"，这两字的合义就是"工人"。然后再写一个"天"。他微笑着告诉车夫如何把"人"字放在"工"的下边构成"天"字。他进一步解释说，如果工人团结起来力量可以顶天。

　　1926年5月至9月，毛泽东担任第六届广州农民运动讲习所所长期间。在为学员讲授他写的《中国社会各阶级的分析》文章中，他把阶级压迫形象地比作一座多层的宝塔。他边讲边在黑板上画了一座宝塔，然后指着宝塔说：你们看，最下层是塔基，有工人、农民，还有小资产阶级，人数最多，受压迫和剥削最深，生活最苦；压在他们上面的一层，是地主阶级、买办阶级，人数不多；再上一层是贪官污吏、土豪劣绅，人数更少；更高一层是军阀；塔顶是帝国主义。他接着说：剥削阶级虽然很凶，但人数很少。只要大家齐心，团结紧，劳苦大众起来斗争，压在工农身上的几重大山就可推翻。百姓齐，泰山移，何愁塔之不倒乎！

　　西安事变和平解决后，许多同志一时不理解。毛泽东在为抗大学员讲课中，用建立民族统一战线的重要意义教育大家，讲了一个"毛驴上山"的故事。他说：陕北毛驴很多，让毛驴上山有三个办法，一拉、二推、三打。蒋介石是不愿意抗战的，我们就采取对付毛驴的办法，拉他、推他，再不干就打他。西安事变就是这样。我们党领导全国人民抗战是矛盾的主要方面。起决定作用的是我们，国共合作是大势所趋。但是，驴子会踢人的，我们又要提防它，这就又要联合又要斗争。毛泽东的讲课发人深思，一方面使干部、学员对矛盾的主要方面有了深刻的理解；另一方面又结合国内政治斗争形势，解决了大家的思想问题，大大激发了抗战的热情。

　　1944年10月25日，毛泽东在延安中央党校大礼堂。向参加第一期党校培训班的营以上干部作重要讲话。他说：同志们这次出去。要能够团结广大党外群众。一个共产党员，要像柳树一样，插到哪里就在哪里活起来。但是柳树也有弱点，就是随风倒，软得很，所以还要学松树。松树的劲大得很。到冬天也不落叶子。松树有原则性，柳树有灵活性。斯大林说过，共产党员是特殊材料制成的。什么是特殊材料呢？就是松树和柳树结合起来，像柳树那样可亲，人人喜欢；像松树那样坚定，稳当可靠。这样人民群众就会成群结队地围绕在我们身边。毛泽东的讲话内容丰富，生动具体，不时被一阵阵热烈的掌声所打断。

毛泽东善于用"打比方"的通俗方法，结合中国革命的实际，把广大人民群众团结起来，共同去奋斗，取得了丰硕的成果。可以说毛泽东是最优秀的演说家，具有高超的讲演艺术。

（参见叶源洪：《毛泽东善于"打比方"》，《老年日报》2008 年 8 月 30 日）

跳出周期率找新路

"我们已经找到了新路，我们能跳出这周期率。这条新路，就是民主。"

1945 年 7 月 1 日，黄炎培和冷遹、褚辅成、章伯钧、左舜生、傅斯年等 6 位国民参政员，应中共中央、毛泽东主席之邀，为推动国共团结商谈，飞赴延安访问。

到机场欢迎的，有毛泽东、周恩来、刘少奇、朱德等党中央领导人和延安各界知名人士多人。当毛泽东和黄炎培握手时，一见如故地说："我们

20多年不见了！"黄炎培愕然，说我们这是第一次见面呀！毛泽东笑着说：1920年5月某日在上海、江苏教育会欢迎杜威博士，你主持会议，在演说中说中国100个中学毕业生，升学的只有多少多少，失业的倒有多少多少。那一大群听众之中有一个毛泽东。黄炎培恍然大悟，盛赞毛泽东好记性。此后，黄炎培每次讲起延安之行，都津津乐道这个有趣的细节，十分自得地说：想不到在这么多听众中，竟有这样一位盖世的英雄豪杰。

毛泽东和黄炎培就是这样戏剧性地开始交往的。

7月4日下午，毛泽东专程邀请黄炎培和冷遹到他家里做客，整整长谈了一个下午。毛泽东谈了整顿三风的运动，说从多年的革命实践中，觉悟到过去的种种错误，就错在中了主观主义、宗派主义和党八股的毒害。他们还探讨了教育学说上的看法。毛泽东问黄炎培：来延安考察了几天有什么感想？黄炎培坦率地说："我生60多年，耳闻的不说，所亲眼看到的，真所谓'其兴也勃焉，其亡也忽焉'。一人、一家、一团体、一地方乃至一国，不少都没有能跳出这周期率的支配力。大凡初时聚精会神，没有一事不用心，没有一人不卖力，也许那时艰难困苦，只有以万死中觅取一生。继而环境渐渐好转了，精神也渐渐放下了。有的因为历时长久，自然地惰性发作，由少数演为多数，到风气界成，虽有大力，无法扭转，并且无法补救。也有因为区域一步步扩大了，它的扩大，有的出于自然发展；有的为功业欲驱使，强求发展，到干部人才渐渐竭蹶，难于应付的时候，环境倒越加复杂起来了，控制力不免薄弱了。一部历史，'政怠宦成'的也有，'人亡政息'的也有，'求荣取辱'的也有。总之，没有能跳出这个周期率。中共诸君从过去到现在，我略略了解了的，就是希望找出一条新路，来跳出这个周期率的支配。"

黄炎培这一席耿耿诤言，掷地有声。

毛泽东高兴地答道："我们已经找到了新路，我们能跳出这周期率。这条新路，就是民主。只有让人民来监督政府，政府才不敢松懈；只有人人起来负责，才不会人亡政息。"

毛泽东的这番话，至今仍是不易的至理名言。

黄炎培接过毛泽东的话说："这话是对的，只有把大政方针决之于公众，个人功业欲才不会发生。只有把每个地方的事，公之于每个地方的人，才能使得地地得人，人人得事，把民主来打破这周期率，怕是有效的。"这次毛泽东和黄炎培探讨的问题很重要，对于兴国治邦有着前瞻性的意义。

（参见许祖范、姚佩莲、胡东编著：《毛泽东幽默趣谈》，山东人民出版社 2005 年版）

吃红烧肉不过分吧

"打胜仗了，我的要求不过分吧？"

1947 年 8 月，沙家店战役胜利结束，歼灭了钟松的第 36 师。从战斗打响，毛泽东三天两夜没出屋，没合眼，既喜悦又极度疲劳。他对卫士组长说："银桥，你想想办法。帮我搞碗红烧肉来好不好？要肥点的。"

李银桥听了毛主席的安排，高兴地说："打了这么大的胜仗，吃碗红烧肉还不应该？我马上去。"毛泽东带着疲倦的神态摇了摇头："不是那个意思。这段时间用脑子太多，你给我吃点肥肉对我脑子有好处。"不久，银桥端来了一碗红烧肉。毛泽东先用鼻子吸香气，他不由自主地慨叹了一句："啊，真香哪。"他拿起筷子，一会儿就吃干净了，"有点馋了……打胜仗了，我的要求不过分吧？"银桥回答："主席的要求太少了。太低了。"从此，李银桥知道毛主席爱吃红烧肉，而且是为了补脑子。每逢大战或者连续几昼夜办公，李银桥就千方百计给毛主席搞一碗红烧肉来。

1948 年 9 月，中央在西柏坡召开了一次政治局会议。会议期间，他工作十分紧张。一天，会议开始前，毛泽东对李银桥说："晚上给我做碗红烧肉吃。"吃晚饭时，李银桥将一碗红烧肉端上来，毛泽东闻了闻，笑了："好，很好。"说着便夹起一块大肥肉放进嘴里，吃得很香，一碗红烧肉很快便吃光了。九月会议开了 6 天，警卫战士为毛泽东做了两次红绕肉。可是，总不能老是不变花样呀！警卫排的同志便出去打猎，打回斑鸠给他炒了吃。毛泽东嘱咐战士们说："你们不要为我吃东西费心费力，一个星期给我吃两次肥肉，那就足矣。"毛泽东爱吃肥肉的习惯进城十几年仍然未变。医生多次劝说，他总是摇头说，你们医生的话不可不听，也不可全听，我几十年的农民生活习惯了，你们不要强迫我。

毛泽东特立独行的思维常常表现在生活习惯上，他对吃喝从不讲究，不去奢望山珍海味，也不去吃高级营养品，在革命战争紧张的战斗间隙，他只要求给碗红烧肉便心满意足了，可见他艰苦朴素生活的一斑。如果拿繁重的工作付出与吃红烧肉比，那根本不成比例。

（参见于俊道主编：《生活中的毛泽东》，解放军出版社 1999 年版；邸延生：《历史的真言——李银桥在毛泽东身边工作纪实》，新华出版社 2000 年版）

极特殊的打麻将法

"打麻将也是一样。就是最坏的'点数'，只要统筹调配，安排使用得当，会以劣代优，以弱胜强。"

除了紧张的工作外，毛泽东在日常生活中也有许多与常人不同生活的地方。

毛泽东打麻将有一个最突出的特点，就是不单纯为玩而玩。他在紧张的读书、工作、写作之余打打麻将，寓工作于娱乐之中，把打麻将看成带休息的思维和工作。新中国成立后，毛泽东偶尔也打打麻将，可是当大家正打在兴头上时，他常突然站起来告退，使大家不知所以然。后来大家才弄明白，原来，毛泽东打麻将既是为了换换脑筋，也是为了清理一下自己思考问题的思路。而在他站起来时，就是已弄清或发现了一个正在考虑的关键问题，故而急忙起身，继续紧张的工作。这习惯是他在革命战争年代中养成的。

毛泽东勤于思考，善于对世间事物进行比对，常能从平凡的事情中悟出许多道理，并把它们和现实社会的政治生活联系起来。而打麻将上，他常会借题发挥，讲一些引人深思的哲理。有一次，毛泽东和叶剑英等人打麻将。开始时，毛泽东幽默地说："咱们今天'搬砖头'喽！"大家以为他只是随口说笑而已，谁知他又连说了几遍"搬砖头喽"、"搬砖头喽"！毛泽东察觉到在座的人不理解，就解释说："打麻将好比面对着这么一堆'砖头'。这堆'砖头'好比一项艰巨的工作。对这项艰巨的工作，不仅要用气力一次次，一摞摞地把它搬完，还要开动脑筋，发挥智慧，施展才干，就像调兵遣将，进攻敌人一样，灵活运用这一块块'砖头'，使它们各得其所，充分发挥作用。你们说，对不对？"大家这才明白他说"搬砖头"的含义，都笑了起来。他接着说："打麻将这里有辩证法，有人一看手中的'点数'不好，就摇头叹气，这种态度，我看不可取。世界上一切事物都不是一成不变的。打麻将也是一样。就是最坏的'点数'，只要统筹调配，安排使用得当，会以劣代优，以弱胜强。相反，胸无全局，调配失利，再好的点数拿在手里，也会转胜为败。最好的也会变成最坏的，最坏的也会变成最好的，事在人为！"说到这里，他爽朗地哈哈大笑。还有一次，他把麻将同反封建迷信联系起来，他说麻将和神一样，都是人做的，目的都有用，不过用处不同。人们打麻将是为了消遣和娱乐，而神则不同。人们创造神是为了征服自然，主宰世界，借他来实现自己的理想。人们创造的龙王就是为了让上天行好事，四方呈吉祥。

毛泽东的"麻将玩法"与众不同，充分显示了毛泽东高深的哲学思维和敏锐的政治眼光，从此也可折射出毛泽东那不同寻常的伟人风采。

（参见林俊超:《毛泽东的"麻将玩法"》,《福建党史月刊》2003 年第 5 期）

导演现代《空城计》

> "我正在城楼观山景，忽听城外乱纷纷，旌旗招展空翻影，原来是司马发来的兵……"

1948 年 10 月间，国民党军在东北战场连遭重创，蒋介石希图在华北挽回一些颜面，于是命令华北"剿总"总司令傅作义偷袭刚被解放的石家庄。当时，中共中央已从陕北来到石家庄附近的平山县西柏坡，我军在北平和石家庄之间没有部署主力部队，石家庄基本是一座空城。

面对敌人的进攻，毛泽东一面命令石家庄附近的地方部队和民兵做好战斗准备，一面唱起了"空城计"。10 月 25 日，他将修改后的第一篇新闻稿交给广播电台。这篇稿揭露了敌军准备偷袭石家庄的阴谋，明确宣布，我华北军民已做好准备，一定要歼灭敢于冒犯之敌。正准备进犯石家庄的敌第 94 军军长郑挺锋听了广播后报告傅作义："昨晚收听广播，得知对方对本军此次袭击石门行动，似有警惕。彼方既有所感，必然预有准备，袭击恐难收效。"此后，毛泽东每隔一天就修改或撰写一篇新闻稿播发。10 月 27 日，广播电台播出了毛泽东撰写的消息《华北各首长号召保石沿线人民，准备还击蒋傅军进扰》，称保石沿线军民已在 3 天内做好战斗准备；10 月 29 日，又播出了毛泽东撰写的一篇口播稿，报道我保石线两侧各县人民群众，决心配合解放军大举歼敌，已完成作战准备，等待敌人到来；10 月 31 日，又播出了毛泽东为新华社撰写的《评蒋傅军梦想偷袭石家庄》，文中警告："整个蒋介石的北方战线，整个傅作义系统，大概只有几个月就要完蛋，他们却还在那里做石家庄的梦。"

接连播出的消息，使敌人大为惊恐。傅作义感到偷袭石家庄的阴谋已经败露，解放军已经做好准备，继续行动无取胜希望，只好命十几万大军后撤，放弃了原先的计划。毛泽东见状，情不自禁地哼起了京剧《空城计》中诸葛亮的唱段："我正在城楼观山景，忽听城外乱纷纷，旌旗招展空翻影，原来是司马发来的兵……"

在军事指挥中，毛泽东成功地导演出一出现代《空城计》，说明了毛泽东大智大勇，具有杰出的指挥天才。

（参见《毛泽东新闻工作文选》，新华出版社1983 年版）

谋划进京防止腐败

"这已经是历史了，我们无力再改变它。可是，我们要从中受到启发。"

西柏坡是毛主席和党中央进入北平，解放全中国的最后一个农村指挥所，指挥三大战役在此，开党的七届二中全会在此。

1948 年的 9 月 12 日至 11 月 2 日，毛泽东和其他 4 位中央书记，在西柏坡指挥东北野战军，进行了辽沈战役。毛泽东指挥制定的作战方针和战略部署，从战役打响之后到结束，共起草了 46 封电报，即指挥命令，发往前线指挥部（加打响之前起草的电报，共为 77 封），连从哪儿"开刀"，他都说到了。

辽沈战役从打响到结束，共用 52 天，林彪的部队，虽然伤亡了 6.9 万余人，却换取了歼灭国民党军 47 万余人的胜利。

辽沈战役结束后的第 4 天，即 11 月 6 日，毛泽东等在西柏坡指挥华东与中原两大野战军，打响了淮海战役。前线指挥部接到毛泽东起草的电报命令共 64 封，其中包括作战方针和各个阶段的作战部署。到第 2 年，即 1949 年的 1 月 10 日结束，历时 66 天，消灭国民党军队 55 万多人。可以说，这是国共双方，最关键的决定胜负的一次大战。

在淮海战役打响后的第 8 天，毛泽东在为新华社写的一篇评论中公布："中国的军事形势现已进入一个新的转折点，即战争双方力量对比已经发生了根本的变化。人民解放军不但在质量上早已占有优势，而且在数量上现在也已经占有优势。这是中国革命的成功和中国和平的实现已经迫近的标志。"这就是说，胜败已经决定，而且停止战争也是很快的事情了。

比淮海战役晚 23 天，11 月 29 日便开始了平津战役，又比淮海战役晚 21 天，即次年的 1 月 31 日结束。毛泽东发往平津前线的电报命令是 89 封，共打了 64 天，歼灭和改编国民党军 52 万余人。

到此，战争虽然还未结束，大局已经定了。毛泽东由陕北刚刚到达华北，住在阜平城南庄、花山时的设想就要实现了。即在五一劳动节口号中提出的，召开新的政治协商会议，成立中华人民共和国的大事。

为此，于 1949 年的 3 月 5 日至 13 日，在西柏坡召开了有名的七届二中全会。毛泽东在会上讲，在新形势下，工作重心必须实行战略转移，即由乡村转移到城市。他还特别讲了，在胜利面前，务必保持谦虚、谨慎、不骄、不躁和艰苦奋斗的作风。

还没进城，他就作了进城后的估计："可能有这样一些共产党人，他们是不曾被拿枪的敌人征服过的，他们在这些敌人面前不愧英雄的称号；但是经不起人们用糖衣裹着的炮弹的攻击，他们在糖弹面前要打败仗。"

毛泽东不仅在会上讲，不仅让大家"务必"警惕，他还在会上提议，给中共领导人，包括各级领导及党员，同时也是给他自己，作了六条规定：

一、不做寿；二、不送礼；三、少敬酒；四、少拍掌；五、不以人名作地名；六、不要把中国同志和马恩列斯平列。

这个会开了 8 天。毛泽东是会议主持人，开会就够忙的了，会外的时间，他还要会见从全国各个战场前来开会的将军们，还要照常跟前线不断地联系，处理日常事务，忙得连睡觉时间都很少，更无其他休息时间。到会议结束，他才恢复傍晚的散步活动。

春天的气息，在西柏坡还是来得很早的。因为村子住在向阳的山弯里，惊蛰一过，桃杏的枝头便慢慢绽开了花蕾，河边的杨柳枝梢也染上了浅浅的一层嫩绿色。走在这刚刚返青发绿的田野上，心情格外感到舒畅。

"小马，你听说过李自成这个人物吗？"毛泽东不仅还想着他在会上讲的话，更想着就要进京的事情。

"听说过"，跟随毛泽东散步的警卫员马汉荣回答。

"你知道李自成是哪里人吗？"毛泽东又问。

"不知道。"

"你应该知道，因为李自成是你的老乡。他不仅是陕北人，而且离你们绥德近得很哩。"

"好像听老人们说过，是米脂人。"小马说得还不敢肯定。

"对啦，就是你们陕北米脂县李继迁寨人。你这位老乡很不简单哩，小时候给财主放过羊，长大了到银川当驿卒，明末崇祯二年起义，原在高迎祥部下为将，因打仗勇敢又有谋略，受到各路领袖拥护，继为闯王。虽数次战败，却数次东山再起，从陕西打向河南、湖北，起义军发展到百万之众，曾在襄阳和西安建立政权，不久又打进了北京城。"

"听说老百姓都拥护他，因为'迎闯王，不纳粮'！"小马说。

"他手下有个叫李岩的，帮他出主意，提出一个'均田免赋'纲领，深得人心，所以起义军的力量才迅速壮大。"

"我小时听老人们讲，说李自成打了18年，可是进了北京只当了18天的皇上。是这样吗？"小马问。

"是这样。确切说是打了15年进的北京，并推翻了明王朝。遗憾的是在北京没住了几天就又被迫撤出了。你知道是为什么吗？"

"听说李自成进了北京城天天吃饺子，不再操心打仗的事，他的将领又抢了吴三桂的女人。等吴三桂搬了清兵打来了，他们措手不及，只好又退出了北京城。"

"这就是李自成的沉痛教训！打进北京，崇祯吊死景山，他们认为万事大吉，天下太平，一些将领自以为了不起，内部闹起斗争，还搞起享受，堕落腐化，能不失败吗！"

"后来呢？李自成退出北京后到哪儿去了？"小马问。

"明将吴三桂勾结清兵入关，李自成迎战失利，率军退至河南、陕西抗击。第二年，他在湖北通山九宫山被地主武装所杀。也有传说，李自成并没有死，在兵败之后隐姓埋名，挑着一副箩筐到了我们湖南临澧，向人借了一间破屋安身。改姓为蒋。即使后者是真，他也是彻底失败了!"

"真惨!"

"这已经是历史了，我们无力再改变它。可是，我们要从中受到启发。现在我们也要进北京了，你想没想过，我们进了北京该怎么办?"毛泽东问。

他们由滹沱河边上返回来，正走在那个广阔的田野上。这儿没有行人，偶尔看到一个背铁锹的老乡，铁锹把儿上挂几块小木板，他们是在闸水浇麦。警卫员小马想了想才回答：

"我们不能像李自成，进了北京天天吃饺子，不再关心打仗的事。可是我想，已经进北京了，也用不着天天再吃小米，伙食总该改善得好点了吧?"

"还有呢?"毛泽东问。

"我们也不能像城里人穿的那么阔气。可我们的补丁衣服不要再穿了，要不人家会笑话我们哩!"

"你这想法，虽然没像李自成要求天天吃饺子，也没像他的将领们争权夺势闹享受，却还是要求要吃好点，穿好点。我们的条件好了以后，生活也自然会逐步好起来的。可我们的小米加步枪的精神，是永远不能忘掉的!"

小马一边听着毛主席的话，一边还想着在转战陕北时吃的黑豆和焐得有了霉味儿的小米。听河北的战士说，抗战 8 年中，他们经常吃的是这种有了霉味儿的小米。因为日军经常"扫荡"抢粮，不得不"坚壁清野"，把粮食埋在地下，小米便全变成了这个味儿。现在还没进京，想起来都不愿再吃了。

他们已经穿过清水沟，走过苇地筒儿，迈上了村中的小石桥。进村了，毛泽东停止了跟警卫员的谈话。但是，看他的神情，仍然在考虑着进京的事情。

在毛泽东的脑海里始终考虑着，在以后的岁月中如何避免重蹈李自成的覆辙。

（参见闫涛:《日出东方》，河南人民出版社1997 年版）

立党为公决不谋私

"许多人介绍工作不能办，人民会要说话的。"

解放初期，文运昌曾给毛泽东主席办公厅主任田家英写了一封信，并随信开了一个14人的名单，都是毛泽东外祖父家的亲戚。这些人或者是毛泽东的表兄表弟，或者是表侄朋友，要求照顾安排工作或保送升学。这份名单不久转到了毛泽东手里。毛泽东看了后说："我不管其他领导人是不是有这样为亲人作安排找位置的事，这种事，我毛泽东是不会答应的。共产党不同于国民党，是因为共产党人是为人民谋福利的，而不是为自己的私利在奋斗。"于是在文运昌开的名单上批道："许多人介绍工作不能办，人民会要说话的。"

毛泽东的批示，完全否定了文运昌的想法，致使他天衣无缝般的安排完全落空。这件事，让文运昌很有些想法。

此后，文运昌的胞弟文南松又写信给毛泽东，请求毛泽东为文运昌介绍安排一个工作。

文南松大毛泽东3岁，当年，少年毛泽东在唐家圫生活时，与文南松年岁相近，玩得最好。文南松生性老实温和，毛泽东少时最同情和关心他。1949年开国大典刚毕，毛泽东的堂弟毛泽连就到了北京。毛泽东在询问唐家圫外婆家的情况时，特别提到"南松表兄是一个老实人，我最敬重他"。毛泽连从北京回来时，毛泽东又把一封信和一张自己的全身照片交给毛泽连，并嘱咐他，"一定要送到唐家圫亲手交给南松表兄"。

按说，文南松要求为胞兄介绍工作的来信，毛泽东无论如何会看在他老实人的份上予以重视吧，可毛泽东的回信，却又让文运昌大失所望：

"运昌兄的工作，不宜由我推荐，宜由他自己在人民中有所表现，取得信任，便有机会参加工作。……"

这就是毛泽东，这就是当了国家主席的，当年在唐家圫与文家兄弟一起摸爬摔打的毛泽东。想不到他对亲友的处事原则竟是如此！

说来这些事情都让文运昌感到费解。文运昌和毛泽东的关系，不仅仅是幼时唐家圫的总角之交，少时东山校的引荐之情，青年时期农运潮中的同志之谊，就是在大革命失败后漫长的岁月里，两人之间的联系也一直未间断过。甚至可以说，文运昌是戎马关山的毛泽东与家乡联系的中间人。1937年底，文运昌收到毛泽东的一封长信。此时已是党的领袖的毛泽东的喜怒哀乐，全在与"运昌吾兄"的叙诉中表露出来：

……接获手书，……快慰莫名。八舅父母仙逝，至深痛惜。诸表兄嫂幸都健在，又是快事。家境艰难，此非一家一人情况，全国大多数人皆然，惟有合群奋斗，驱除日本帝国主义，才有生路……我为全社会出一些力，是把我十分敬爱的外家及我家乡一切穷苦人包括在内的，我十分眷念我外家诸兄弟子侄，及一切穷苦同乡，……我想和兄及诸表兄弟子侄们常通书信，我得你们片纸只字都是欢喜的。不知你知道韶山情形否？有便请通知我乡下亲友，如他们愿意和我通信，我是很喜欢的。但请转知他们，不要来此谋事，因为此处并无薪水。

……我们的工作是很紧张的，但我们都很快乐健康，我的身体比前两年更好了些，请告慰唐家圫诸兄嫂侄子儿女们。并告他们八路军的胜利就是他们大家的胜利，用以安慰大家的困难与艰难。……

从毛泽东这些来信中看得出，他显然将文运昌当做了自己可诉衷肠的人。

只能共患难而不能共富贵吗？毛泽东对文运昌的一连串的态度，说明了他立党为公，不徇私情，严于律己，秉公办事的高风亮节，在党内树立起光辉的典范。由此也可以看出他革命的目的不是为一己之私利，完全是为了全体人民的利益，因此能舍弃一切私心杂念，做到了全心全意为人民服务。

（参见谢柳青：《毛泽东和他的亲友们》，河北人民出版社1993年版）

吃素招待民主人士

"众人拾柴火焰高嘛。共产党靠大家，大家为国家齐心协力，治天下也就不难了……"

1950 年 3 月 10 日，毛泽东由莫斯科返抵北京。在民主党派和无党派人士的迎候队伍中，打头的是梁漱溟。下火车后，毛泽东与前来迎接的党和国家领导人一一握手。走近梁漱溟时，毛泽东认出是他，便大声说道："梁先生，您也到了北京。我们又见面啦！您身体可好？家眷都来了吗？改日请来我家做客，长谈一番，来它个通宵也成！"毛泽东热情友好的态度，使梁深受感动，一时语塞，竟无言以对。

11 日晚上宴会，毛泽东走到梁漱溟的座席前，见他吃素，又不饮酒，便开玩笑说："梁先生坚持食素，清心寡欲，必长寿也！"言罢，当场约定，梁漱溟于次日晚去中南海颐年堂作客。

12 日下午，毛泽东派汽车到西城辟才胡同接梁到中南海。在会客堂，彼此寒暄过后，毛泽东即询问梁漱溟对国事有何想法和意见。梁随口说道："如今共产党得了天下，举国一片欢腾。可是，得天下易而治天下难，这也可算是中国的古训吧。尤其是近百年以来的中国，要长治久安，不容易啊！"毛泽东摆摆手，笑着说："治天下固然难，得天下又谈何容易？"吸了一口烟，毛泽东接着说："众人拾柴火焰高嘛。共产党靠大家，大家为国家齐心协力，治天下也就不难了……"

说话间已到开晚饭的时候，毛泽东请客人入座。梁漱溟忙说："我是食素的，有一两样菜足矣。您喜欢吃什么，请随意，不碍事的。"毛泽东接过话头，兴冲冲地说："我们也统统吃素，因为今天是统一战线嘛！"语意既诙谐又深远，令梁感慨不已。

统一战线是我们党战胜敌人的三大法宝之一，从毛泽东吃素招待民主人士可以看出，毛泽东这位统帅的领导艺术风格。

（参见汪东林：《梁漱溟与毛泽东》，湖北人民出版社 2004 年版）

一封价值千金的电报

"每次作战不要野心勃勃，张口不要太大，只求每一个军在一次作战中歼灭美、伪军一个整营也就够了。"

中国人民志愿军同朝鲜人民军并肩作战，从 1950 年 10 月 25 日至 1951 年 4 月 21 日历经一至四次大规模战役，收复了朝鲜全部领土，歼敌 14.8 万余人。把"联合国军"先是打退到三七线，然后作战略转移，把敌军阻止在"三八"线附近地区。到 1951 年 6 月份，朝鲜战争转入相持局面。为了传达中共中央毛主席指示，总结前四个战役的经验，同时部署开展第五次战役，于 1951 年 4 月 6 日，志愿军常委于金化东北上甘岭，志愿军总部第四个驻地召开了扩大会议。彭老总在这次会议上传达了中共中央、毛主席关于"朝鲜战争准备长期，尽量争取短期"的战争指导方针，总结了前四次战役的经验，提出了打好第五次战役的指导方针和部署。就在这次会后不几天，一天一大早唐志发刚译完来自 ×× 军一份战况报告后，由作战处的一名机要通讯员送给唐志发一份特急电报。唐志发用钥匙开开报夹取出电报一看，是由彭老总签署用复写纸誊写的转发全军署名毛泽东的电报。唐志发接到这份电报后，从头到尾仔细看了一遍。当时心情格外激动，一种荣幸而自豪的责任感油然而生。这份电报的内容是毛主席根据历次作战经验指示志愿军"……每次作战不要野心勃勃,张口不要太大,只求每一个军在一次作战中歼灭美、伪军一个整营也就够了。目前打美、伪军只实行战术的小包围,打小歼灭战,经过打小歼灭战逐步进到打大歼灭战……毛泽东 1951 年 5 月 26 日"。是啊,这份电报太重要了,毛主席这份电报是针对当时在全军各级指挥员当中对敌人估计不足,从上至下都产生了轻敌速胜思想而发来的指示。这份特急电报对于进一步贯彻前些天志愿军党委召开扩大会议上提出的"战争准备长期,尽量争取短期"的战争指导方针,无疑将产生巨大的指导和推动作用。于是唐志发小心翼翼地抓紧时间用密码本逐字逐句逐标点符号翻译完毕后,连续校对两遍。他慎之又慎,细中再细,唯恐发生误差。校后登记装进报夹锁好,交由机要通讯员马上送往电台拍发。当通讯员送报返回将报夹递与唐志发手后,他又取出登记簿,认真地检查收报人的签字和收到的时间,这才放心。各兵团、各兵种、各军师都根据毛主席这份特急电指示,相应调整了战役部署。把原战役中用一个军的兵力吃掉敌人一个团或更多敌人的不切合实际的战役指导思想,按照毛主席这份电报的指示精神端正过来。在全军普遍开展了打小歼灭战的活动。由于有了毛主席这份电报指示的正确军事指导思想,第五次战役以及尔后的夏季防御作战和秋季防御作战,都取得了辉煌战绩。第五次战役打了两个阶段,于 1951 年 6 月 10 日胜利结束。这次战役共歼敌 8.2 万余人,粉碎了"联合国军"在朝鲜半岛"蜂腰部"建立新防线的企图。把战线稳定在"三八线"附近地区,自此之后,朝鲜战争转入了相持的局面。最后取得了胜利,使美帝国主义第一次在没有打胜的战争协议上签了字。抗美援朝是在敌强我弱的情况下取得的胜利,充分说明了毛泽东高超的军事指挥艺术,现代战争中令人震惊的奇迹。

(参见唐志发:《记毛主席一封价值千金的电报》)

重视群众来信来访

"请你持此信去看此信的作者一次，并去师大找负责人谈一下。"

毛泽东生前非常重视人民群众的来信、来访。他每天都要亲自阅读人民群众写给他的每一封信的摘要。重要的信件，还要仔细地阅读全文，指示处理意见。

1950 年，毛泽东收到江苏省无锡师范学校附属小学教员吴启瑞的来信，在信中陈述了她的八个孩子都还年幼，由于经济条件所限，孩子们营养不良，影响他们的发育成长。

毛泽东看完这封来信，提笔复信道：

启瑞先生：

五月来信收到，困难情形，甚为系念。所请准予你的三个小孩加入苏南干部子弟班，减轻你的困难一事，请持此信与当地适当机关的负责同志商量一下，看是否可行。找什么人商量由你酌定，如有必要可去找苏南区党委书记陈丕显同志一商。我是没有不赞成的，就是不知道该子弟班有容纳较多的小孩之可能否？你是八个孩子的母亲，望加保重，并为我问候你的孩子们。

同时，毛泽东又给苏南区党委领导通了信，请当地的有关方面给这位女教师以帮助，减轻她的经济负担。

1951 年 10 月，原北京师范大学某教授的遗孀写信给毛泽东，说其丈夫不幸突然逝世，遗有 3 女 2 子，最大的 15 岁，最小的刚刚 8 个月。她本人是家庭妇女，无职业。而有关方面即停发了她丈夫的薪水。她在信中说：从明天起，米也没有了，煤也没有了。要求将五个孩子免费入托、入学，给本人安置工作。

毛泽东一边看信，一边用铅笔在信上画了许多横道道，然后把信批给原中央办公厅秘书室主任田家英："请你持此信去看此信的作者一次，并去师大找负责人谈一下。汤教授死了，马上停发薪水，对家属又无安置，似不甚妥。办法还是要从师大方面去想，才有出路。"并给《中国数学杂志》总编辑傅种孙写信。傅先生："汤先生追悼会需表示悼唁。"以表示关怀。

田家英立即看望、慰问了这孤儿寡母，询问经济和生活状况，并与学校有关负责同志谈了情况，提出建议。不久，来信人及 5 个孩子都得到了妥善安置。

毛泽东究竟读过多少封群众来信，我们无法统计。仅从披露的二三件就可以看出他对群众来信的重视。

毛泽东就是通过群众来信来了解下情指导工作的。

（参见郑宜、贾梅编：《毛泽东生活实录 1946—1976》，江苏文艺出版社 1989 年版）

擒纵女孟获程莲珍

"好不容易出了一个女匪首，又是少数民族，杀了岂不可惜？"

三国时代，七擒孟获的故事，热情讴歌了蜀国著名政治家诸葛亮对西南边陲少数民族首领宽大怀柔的政策。1700 多年以后，在人民共和国的土地上又出现了共产党的领袖擒纵女孟获——程莲珍的历史巧合。所不同的是，当年的孟获为云南省内彝族首领，而当代女孟获则为贵州省内布依族匪首，而擒纵他（她）们的又是性质根本不同的阶级和政权。

1953 年，贵州匪患已基本肃清，唯有程莲珍这名布依族女匪首仍然逍遥法外。当时的公安机关在通缉令中这样写道："该匪首狡诈多变，行动敏捷，枪法甚精，捉捕时务必提高警惕。"匪首再狡诈也逃不脱人民的法网，通缉令发出不久，剿匪部队终于将她缉拿归案了。

当时按剿匪政策规定，凡是拒不投降自首的敌匪中队长以上的匪首，一经抓获，便依法制裁。像程莲珍这种罪大恶极的匪首，按规定应严惩不贷。

当时贵州省军区党委把程的情况上报到西南军区，这时正值李达参谋长启程赴朝鲜访问，他指示将此案暂时搁一下，留待归国后处理。8 月下旬，李达由朝鲜回国。在京期间，他受到毛泽东的接见。交谈中，李达汇报到了西南地区的剿匪工作，当谈到程莲珍一案的处理意见时，李达向毛泽东汇报说："这个女匪首，下面要求杀"。但毛泽东明确指示："不能杀。"并半庄半谐地指出："好不容易出了一个女匪首，又是少数民族，杀了岂不可惜？""主席的意思是……""人家诸葛亮擒孟获，就敢七擒七纵，我们擒了个程莲珍，为什么就不敢来个八擒八纵？连两擒两纵也不行！总之，不能一擒就杀……"不杀程莲珍不是纵虎归山，而是毛泽东根据贵州剿匪虽已接近尾声，但情况仍很复杂，尤其是有些地方土匪问题与民族问题交织在一起的特殊情况而作出的决策。不杀程莲珍是为了通过教育改造后让她将功赎罪。果然，通过改造教育，脱胎换骨，程莲珍走上了新生之路，在以后的清匪反霸斗争中发挥了特殊的作用。当代女孟获的新生，是毛泽东在处理匪首问题和民族问题上具体问题具体分析，特殊情况特殊处理的又一成功做法。

解放后程莲珍被选上县政协委员，在团结少数民族工作上起到了示范作用。

（参见刘光荣主编：《毛泽东的人际关系》，中共中央党校出版社 1992 年版）

以耳目调查得真情

"我们是社会主义么，我们的农民不该还吃窝头么！不应该么……"

新中国成立以后，作为最高领导人，毛泽东失去了随意接触人民群众的机会，这让他感到相当苦恼，为了摆脱这种人为的阻隔，他想出一个办法，让自己身边的工作人员做"耳目"，探亲访友，外出办事，都要搞社会调查，写书面报告，最终，他调动身边的工作人员组成了一个严密的调查网络，使他能够了解到全国的真实情况。

1955 年 5 月 14 日，毛泽东在中南海丰泽园接见警卫部队时，给警卫战士们规定了三项任务：一、搞好保卫；二、搞好学习；三、做一些社会调查和研究工作。毛泽东特别阐述了搞好社会调查的方法、态度和意义。要求每一个警卫战士回家探亲时，都要搞社会调查。回来要汇报，要写调查报告。

为了解全国的真实情况，特别是农村的真实情况，毛泽东要求警卫他的一中队"要搞成五湖四海"。从全国各专区分别选一个，不要重复。

此后，毛泽东坚持听那些回乡战士的汇报，并亲自批改战士们写的调查报告。

据毛泽东的卫士长李银桥回忆，大约是 1957 年 12 月，警卫战士马维探亲回来，不仅写了调查报告，还带回一个窝头，又黑又硬，掺杂大量粗糙的糠皮。马维把这个窝头交给毛泽东说："我们家乡的农民生活还很苦，他们就是吃这样的窝头，我讲的是实话。"

毛泽东的眉毛一下子拧紧、耸高了，马维的报告对他的震动是显而易见的。接过窝头时，毛泽东的手甚至有些抖。他很费劲地掰开那个窝头。将一块放入口中，他才嚼了几口，眼圈就红了，泪水一下子充满眼眶。第一口咽下，豆大的泪珠便顺着脸颊淌落下来，鼻子也壅塞了。

毛泽东一边哭，一边掰了窝头分给身边的工作人员，说："吃，你们都吃，都要吃一吃。"他哭得很厉害。说话声音很大，又常常语塞，断续道："吃啊，这是农民的口粮，是种粮的人，吃的口粮……"

身边的工作人员都吃了。真难下咽，又不能不咽。泪水涌溢的毛泽东直视着他们，特别看了看为他制定食谱的保健医生。因为毛泽东的饮食一直是粗茶淡饭，以粗粮为主，不肯吃保健医生为他制定的富于营养的高级食品。毛泽东曾敲着他那装着红糙米和小米的饭碗说："全国农民如果都吃上我这样的饭那就很不错了……"

那一天，毛泽东没有吃午饭，也没有吃晚饭。他的"午饭"是在夜里，他的"晚饭"是在早晨。他应该睡觉了，李银桥帮他按摩时，他带着久久思考后仍然困惑的表情对李银桥讲话，又像是对另一个并不存在的人讲话："我们是社会主义么，我们的农民不该还吃窝头么！不应该么……"过了很久，他又说："要想个办法，必须想个办法：怎么样才能加速实现社会主义？"

一连几天，李银桥几次听到毛泽东讲"要想个办法"的话。他与一些中央负责同志讨论，也是要想个办法。

1959年3月，毛泽东在成都会议上提出了"鼓足干劲。力争上游，多快好省地建设社会主义"总路线的基本观点。

一个"窝头"，最终成了促使毛泽东提出"鼓足干劲，力争上游，多快好省地建设社会主义"总路线的一个重要起因。

事情的结果虽然不尽如人意，但毛泽东的出发点却值得我们深思。

（参见邸延生：《历史的真言——李银桥在毛泽东身边工作纪实》，新华出版社2000年版）

为穷棒子社写按语

"我就'周游列国',比孔夫子走得宽,云南、新疆一概'走'到了。"

公元 1955 年,毛泽东主席在一次讨论农业问题的中央会议上说:"我用 11 天工夫,看了 120 几篇报告,包括改文章写按语在内……"他又以他特有的幽默说道:"我就'周游列国',比孔夫子走得宽,云南、新疆一概'走'到了。"实际上,他不是用双脚走,而是在用笔"走"。

这是毛泽东的一种独特的工作方法。1955 年 9 月和 12 月,他抽出来十几天时间,专心致志地阅读了一批来自全国各地的书面报告,然后改文章,写序言、写按语,汇编成了《中国农村的社会主义高潮》一书。这部农村合作化的经典之作发给各级党组织后,不久就在中国大地上掀起了轰轰烈烈的农村合作化高潮。

可以说,毛泽东主席领导的事业是"穷棒子"的事业。他在《中国农村的社会生义高潮》一书中所写的第一篇按语就是为"穷棒子社"写的。毛泽东极有鼓动力地评价道:"遵化县的合作化运动中,有一个王国藩合作社,23 户贫农只有三条驴腿,被人称为'穷棒子社'。他们用自己的努力,在 3 年时间内,'从山上取来'了大批的生产资料,使得有些参观的人感动得下泪。我看这就是我们整个国家的形象。难道六万万穷棒子不能在几十年内,由于自己的努力,变成一个社会主义的又富又强的国家吗?社会的财富是工人、农民和劳动知识分子自己创造的。只要这些人掌握了自己的命运,又有一条马克思列宁主义的路线,不是回避问题,而是用积极的态度去解决问题,任何人间的困难总是可以解决的。"

用典型指导工作，推动工作，这是毛泽东能取得成功的一个法宝。《中国农村的社会主义高潮》一书，就是毛泽东在调查研究的基础上形成的。这本书被称为中国农村社会主义高潮的百科全书，对指导当时全国农业合作化起到了积极的推动作用。

（参见冬民：《"穷棒子"家乡出了大富豪》，《中国人才报》1994年6月5日）

理论创新与时俱进

"看来有些问题要重新解释，经济学和历史唯物论要有新的补充和发展。"

毛泽东很欣赏禅宗六祖慧能，《六祖坛经》一书他经常带在身边。他曾多次向林克谈及六祖慧能。

毛泽东最先说到的是慧能的身世。他生于唐太宗贞观十二年（638年），出身贫寒农家。皈依佛门后，一直是舂米的下等僧。后来，禅宗五祖弘忍寻觅新传人，要众僧作法偈，以观各人的修行。其上座弟子神秀作了一首，深得众僧推崇，但弘忍并不满意。慧能反神秀之意，另作一首，却得到弘忍赏识，受法衣，为禅宗六祖。

毛泽东一字不差地背诵了这两首法偈："身是菩提树，心如明镜台；时时勤拂拭，勿使惹尘埃！""菩提本无树，明镜亦非台；本来无一物，何处惹尘埃？"毛泽东说，后一首是慧能所作，指出世间本无任何事物，故无尘埃可沾；佛本来是清净的，怎么会染上尘埃？这同大乘佛教一切皆空、万法皆空的宗旨最契合，胜神秀一筹。之后，毛泽东又讲了慧能的学说，以及他在中国佛教史上的地位。他说："慧能主张佛性人人皆有，创顿悟成佛说。一方面使繁琐的佛教简易化，一方面使印度传入的佛教中国化。因此，他被视为禅宗的真正创始人，亦是真正的中国佛教的始祖。在他的影响下，印度佛教在中国至高无上的地位动摇了，甚至可以"喝佛骂祖"。后世将他的创新建树称作"佛学革命"。

最初，林克并未领会毛泽东三番五次赞叹慧能的深刻用心。直到他晚年回溯与毛泽东相处的岁月，开始整理、并翻阅了大量与慧能及其学说有关的论述后，林克才感悟到：慧能自幼辛劳勤奋，在建立南宗禅时与北宗禅相对峙，历尽磨难的经历；他不屈尊于无上的偶像，敢于否定传统的规范条文，勇于创新的可贵精神；把外来的宗教中国化，使之符合中国国情的特点，与毛泽东一生追求变革，把马克思主义原理同中国革命实践相结合，并使之中国化、民族化的思想，具有许多相通之处。

林克回忆说："1956年7月16日，主席和我一起读英文本《共产党宣言》，其中1872年德文版序言中有如下一段，'这些基本原理的实际运用，正如《宣言》中所说的，随时随地都要以当时的历史条件为转移'毛主席指着这段文字说：'可惜教条主义者不懂得这个道理。'……毛主席反对将马列理论视为不能再攀的顶峰，几次讲道：'现在我们已经进入社会主义时代，出现了新的一系列的问题，如果不适应新的需要，写出新的著作，形成新的理论，也是不行的。'毛泽东很喜欢读列宁的书，列宁根据俄国革命的具体实践，发展了马克思社会主义革命不可能首先在一国取得成功的论断；而他对斯大林的社会主义经济理论却持不同的看法。"1958年夏，毛主席说：政治经济学和历史唯物论有些问题要重新写。我们解决了一个马克思主义的理论问题，先搞农业，同时搞重工业。我们一反苏联之所为，先搞农业，促进工业发展。先搞绿叶，后搞红花。看来有些问题要重新解释，经济学和历史唯物论要有新的补充和发展。

毛泽东多次与林克谈论慧能的佛学革命，一方面是与林克分享感想体会，表明"中国共产党人要敢于向权威挑战，不让僵死的教条捆住自己的手脚，敢于走前人没走过的路，在自己的实践中，创立适合本国国情的新鲜理论"的道理；另一方面也是通过称赞慧能的佛学革命来教诲和影响林克，希望林克也做一个不被权威教条束缚住手脚的、具有慧能智慧和精神的人。这反映了毛泽东标新立异的理念。

（参见许祖花、姚佩莲、胡东编著:《毛泽东幽
默趣谈》，山东人民出版社 1995 年版）

一次打喷嚏调查会

"我也是身经百战不死，你的一个喷嚏打得死我吗？"

1958 年秋天的一个下午。毛泽东的 1 号专列停在湖北孝感站外。毛泽东要对中央向湖北提的年产 600 亿斤粮食摸摸底。

毛泽东邀请当地的干部与农民代表上车座谈。农民代表晏桃香是个农村姑娘，因开夜车迟到了，且正感冒打喷嚏，人家怕她传染给毛泽东，不让她进来。毛泽东知道了即说:"怕什么，少奇肝炎多年也没有传染给我。进来，小姑娘，请坐。"

晏桃香刚一坐下，不料就打了一个大喷嚏，唾沫星子喷到毛泽东脸上，在坐的人都很紧张，姑娘也脸有惧色，毛泽东赶忙笑着说:"不要紧，我是 60 多岁的老头子，不怕死，人家说身经百战，我也是身经百战不死，你的一个喷嚏打得死我吗？你比美帝国主义厉害？比日本侵略者厉害呀？比蒋委员长厉害吗？"大家听了毛泽东的话，气氛顿时缓和了。

毛泽东又问姑娘:"你为什么感冒？"

晏桃香说:"报告主席……"

"不要报告。大家平起平坐，随便谈心。"毛泽东立即打断说。

"昨晚我通宵开夜车锄棉梗，天亮才通知我开座谈会。一直打喷嚏，来这之前我先吃了药的。"晏桃香说。

毛泽东问她："你们开夜车点灯吗?"

晏桃香答："300 瓦电灯, 20 盏气灯。"

"你赞成开夜车吗?"毛泽东问。

"说实话不赞成, 但上面要我们开夜车, 我是妇联主任, 不能不开。我认为开夜车划不来, 花钱很多, 费力很大, 第二天还打不起精神, 大家都不愿意。"

毛泽东又问："你认为你所在的生产队粮食产量能达到指标么?"

晏桃香大胆地回答："差十万八千里。"

毛泽东又问："那么你想如何办呢?"

晏桃香恳切地说："希望上面实事求是。"

姑娘说出这话很不简单, 在座有的人鼓了掌。也有人汇报说, 事实上老百姓有的已经开始饿饭了。

毛泽东听着听着便流下了泪。接着对大家说："不要同不让她进来的人讲打喷嚏的事。对'皇帝'脸上打喷嚏, 那还了得呵! 我毛泽东是久经考验的人嘛。"

毛泽东的话使大家很受感动。通过开座谈会, 毛泽东了解到一些真实情况。后来在三年自然灾害时, 毛泽东把 1961 年定为调查研究年, 号召全党要加强调查研究, 根据实际情况, 制定切实可行的政策。

(参见许祖花、姚佩莲、胡东编著:《毛泽东幽默趣谈》, 山东人民出版社 1995 年版)

处理人际关系原则

"如果我不是国家主席, 就不会有人给我送礼了。如果你当了国家主席，他们也会送你的。"

毛泽东进驻延安以后，特别是建国以后，国内外人士给毛泽东赠送的礼品不计其数，无所不包。仅从一份 1958 年到 1959 年的部分礼品清单来看，就有收音机、摄影软片、立体幻灯机、兔毛背心、雨衣、地毯、枕席、龙须草席、海产标本、人参、鹿茸、酒杯等 40 余种。其中不少是个人送的。

对于礼品，毛泽东的原则是照章交公，以理驭情。由于形成了制度，所以许多礼品未给毛泽东过目，便已由中央办公厅秘书室、中央警卫局及身边的工作人员办理了交公手续。韶山毛泽东纪念馆现保存着几份处理礼品清单。清单上详细记载了送礼者、送礼时间、送礼的数量和种类，以及礼品的处理情况，以备查考。据毛泽东身边的一位工作人员回忆，他经常看到外国领导人把珍贵礼品送给毛泽东，而毛泽东只欣赏一下，便嘱咐交公。工作人员认为这些东西是送给主席个人的，劝主席留用一些。而毛泽东则说："不行，这是送给国家主席的。如果我不是国家主席，就不会有人给我送礼了。如果你当了国家主席，他们也会送你的。"

当然，说毛泽东没有接受过一件礼物，这也不符合历史实际。在韶山毛泽东纪念馆珍藏的毛泽东遗物中，便有郭沫若送给他的手表，齐白石送给他的砚台，西哈努克亲王送给他的黑色公文包等东西。毛泽东接受这些礼物，在很大程度上在于毛泽东与这些人有着特殊的友谊，同时也与毛泽东的个人雅好有关。毛泽东还有个说法叫：公事论理、私事论情。对于患难朋友的友情，他是很珍惜，很看重的。这就是毛泽东在日常生活中，如何处理人际关系交往中的原则。

（参见雨箭：《毛泽东的"受礼"观》，《党史博览》总第 37 期）

做人做事决不失言

> "到一个月不还，我失信。不到一个月催讨，他们失信，谁失信都不好。"

说话算数，决不食言，这是毛泽东的显著性格。

1959 年后毛泽东退居二线，与民主人士有了更多的来往时间。听说黄炎培先生有一本王羲之的"真迹"，毛泽东借来看，说好借一个月。毛泽东对这幅"真迹"爱不释手，常看着字迹琢磨，有时又抓起笔来对照着练，取其所长，领会神韵，消化吸收，变成自己的东西。大概是它太珍贵，黄炎培很不放心。借出一星期便频频打电话询问。毛泽东不高兴了："怎么也学会逼债了？不是讲好一个月吗？我给他数着呢！"

当知道不是催要，而是随便问问后，毛泽东的语气才转缓和，"到一个月不还，我失信。不到一个月催讨，他们失信，谁失信都不好。"

到了一个月，毛泽东将王羲之这本"真迹"用木板小心翼翼夹好，交给卫士："送还吧，零点必须送到。"

1947 年 3 月，胡宗南重兵进攻陕北。毛泽东退出延安时立下誓言："我们在延安住了十来年，一直处在和平环境。现在一有战争就走，我无颜对陕北乡亲，日后也不好再见面。我决定和陕北老百姓在一起，不打败胡宗南决不过黄河"。8 月，胡宗南重兵对中央机关紧追不舍，形势异常紧张。中央机关来到黄河边上，毛泽东不走了，直到周恩来说明，前面是葭芦河，过葭芦河不是过黄河。因为葭芦河在这里入黄河，老百姓叫它"黄河汊"。这样，毛泽东才过了葭芦河。在转战陕北最紧张的日子里，他始终没有跨过黄河一步。

直到第二年 3 月,西北野战军一举攻克宜川,全歼胡宗南主力整编第 29 军 3 万余人,从而改变西北战场形势后,毛泽东才在周恩来的劝说下依依惜别生活了 13 年的陕北,东渡黄河,前往华北与中央工委会合。决不失言是毛泽东做人、处事的准则。

（参见郑宜、贾梅编:《毛泽东生活实录 1946—1976》,江苏文艺出版社 1989 年版;牛兴华等:《延安时代的毛泽东》,陕西人民出版社1999 年版）

中南海里听真情

"不碰上你,怕是没有人敢向我提供这么真实的情况了。"

贺风生的祖母是毛泽东的姑母,他的父亲贺晓秋和毛泽东是姑表兄弟。贺晓秋童年时代曾和毛泽东同窗五载,后又追随毛泽东参加韶山农民运动,并两次冒着生命危险搭救过毛泽东,还送光洋以作路费。这一切毛泽东记忆犹新。

1960 年农历十一月二十八日,贺风生来到北京中南海对警卫战士说:"我要找毛泽东主席。"并拿出一张大队介绍信和一封 1950 年毛泽东写给贺晓秋的信。这封情真意切的信使贺风生迈进了新华门。

七天后,招待所长告诉贺风生,毛主席请他去做客,并说汇报什么最好有个提纲,这使贺激动的心翻腾起来。

老父弥留之际叮嘱他,要让毛主席了解基层的真实情况。真话说多了,会不会气坏毛主席身体?贺在矛盾中被接到毛主席的会客室。他冲口说道:

"主席，你晓得乡里的情况吗？还有刮'五风'和干部的坏作风吗。你想不想听听这方面的情况。"毛主席说："你回去回忆一下，下次专门听你谈，越具体越好，要真实情况，骂娘也告诉我，只有贺晓秋的儿子才有这么好的礼物送给我。"

　　几天后贺又见毛泽东，当客厅里只剩下这表叔表侄俩时，贺从布袋中掏出一沓油印食堂餐券递给毛泽东说："吃食堂饿死人啦！食堂不散我就不回去了。"毛泽东立刻说："好一个当头炮，讲下去。""下面真有人骂娘呢。"贺考虑得很全面。他从解放一直讲到高级社，说农民干劲大，生活好，感谢共产党毛主席。说着话题一变"大跃进"来了，搞公社化一家一户的房子都拆了搞居民点。铁锅砸了炼钢铁，小灶拆了积土肥，一个中队一个食堂，吃不饱，男人大肚子，女人没崽生，瘦得风都吹得起。""你这个生产队长呢？"毛主席问。"我有饱饭吃就不来找您了。食堂不散我就住这里不走了。"贺风生还说他们那里围垦造田，强迫老百姓饿着肚子干，风雪天光着膀子才叫鼓干劲。现在的干部都兴放卫星，实际上是浮夸卫星，硬说亩产几千斤，鬼都笑落牙齿。经过一阵犹豫，贺风生又说："我们那里兴挖人家祖坟，说是为大跃进改造吨良田，尸骨乱丢不讲人道，我娘的尸骨到现在也找不到。"毛泽东气愤了："共产党讲人道，也是爹娘养的。国民党挖我的祖坟我也气愤呢！"

　　这次谈话达3个多小时。

　　将回湖南之际毛泽东又接见了他并说："感谢你为中央提供了最有价值的情况。"又说："我给你两个权利，有困难随时找我，有情况随时告诉我。"并肯定地说："食堂要解散。"之后毛主席又送他出新华门。

　　贺风生二进中南海是1966年10月2日。10月7日毛主席接见他，他劈头就问："听说'文化大革命'是您发动的？""怎么啦？"毛泽东吃惊了。"下面又在骂娘啦，我这个叫化子出身的也有高帽子戴脑壳上了。""你贺风生还是那么可爱。"毛泽东笑着说。"如今硬是乱哒套，县委书记看芦苇，吊儿郎当的当司令，这些您晓得不？"毛泽东看他很急，嘱他坐下来慢慢说。"现在是人整人，带长字的都是走资派，都要戴高帽，我这个生产队长是最小的走资派，洋铁皮的喇叭筒糊上纸就是现成的高帽，不戴就打。"

　　"县委书记当然是特殊待遇，十几斤重的铁盘头上一戴他就是最大的走资派，头磨破了流血流汗，造反派还哈哈大笑，这人不是没一点良心了吗？"你没夸大吧？"毛主席严肃地问。"还怕我说假话，不光当官的挨整，一个老农贴在堂屋的主席像被风刮掉也挨了斗。"贺风生有些急不可待了。又说："供主席像，供红宝书，瞎子家里也一样。农民最怕背语录，可干什么也得背。看病要背救死扶伤实行革命人道主义；吃饭要背勤俭节约；开会记工分要背扫帚不到灰尘照例不会自己跑掉；有些人吵架都背革命不是请客吃饭，不能那样文质彬彬。背不出来的就罚站，农民是越站越没精神，就越背不出来。"

毛泽东问："你能背得出好多语录呢？""我是宁愿去耕田也不愿背语录，我就经常挨整。"当贺风生说到下面的人供毛泽东为活菩萨时，毛主席风趣地说："怪不得我天天打喷嚏，是你们在骂我啊！"毛主席接着问："你是什么态度？"贺说："我是明人不做暗事，一没宝书台，二没石膏像，宝书发了没看过几回，认不得字，这个为人民服务的语录牌我倒喜欢，一直戴着。"

毛泽东对贺反映的情况很感兴趣，他说："不碰上你，怕是没有人敢向我提供这么真实的情况了。"又鼓励他多读书多担重担。最后毛泽东说："我看你还要当几年支部书记。"对他敢于讲真话，给他提供的真实情况，表示非常满意。

（参见《共和国珍闻》，延边大学出版社 1993 年版）

调查研究解决忧愁

"我的经验历来如此，凡是忧愁没有办法的时候，就去调查研究。"

1961年毛泽东在号召全党大兴调查研究之风时，曾在3月召开的广州会议上讲了一段他在作战中间做调查的故事。他说：

"我的经验历来如此，凡是忧愁没有办法的时候，就去调查研究。一经调查研究，办法就出来了，问题就解决了。打仗也是这样，凡是没有办法的时候，就去调查研究。在第二次反'围剿'的时候，兵少觉得很不好办，开头不了解情况，每天忧愁。我跟彭德怀两个人到白云山上跑了一天，察看地形，看了很多地方。我对彭德怀说，把你的三军团全部打包抄，敌人一定会垮下去。一军团打正面，那时还有四军、三军，可以打正面、打两路。如果不去看呢？就每天忧愁，就不知如何打法。"

20世纪50年代中期，为了寻找一条适合中国情况的建设社会主义的道路，毛泽东曾用一个半月的时间，做了一次系统的经济问题调查，写出《论十大关系》这样有分量的理论著作。他还多次外出视察，了解各地的社会情况和工农业生产状况。足迹遍及大江南北。他曾这样评价外出视察：我在北京住久了，就觉得脑子空了，一出北京，就又有了东西。

毛泽东一直认为，一个人光有书本知识不行，一定要投身到社会生活中去学习实际的知识，这是最丰富最生动的知识。他说，刘邦为什么能打败项羽？因为刘邦同贵族出身的项羽不同，比较熟悉社会生活，了解人民心理。屈原如果继续当官，他的文章就没有了。因为丢了官，才有可能接近下层社会生活，才有可能产生像《离骚》这样好的文学作品。还说，孙中山是中国民族民主革命的领袖，他的三民主义，不是从学校的书本里学的，而是在学校外面的大学校里学的。马克思的学问也不是在学校的书本里学到的，是在英国、法国、德国看书看事而学的。所看的事，有资产阶级和无产阶级打仗，有法国资产阶级革命、巴黎公社革命和英国劳工运动，还了解了中国革命，后来写了许多书，成为马克思主义的创始人。这里，毛泽东将读无字书，向社会做调查作为丰富知识，提高能力的一个重要内容。

对于社会调查，毛泽东认为"这是比什么大学还要高明的学校"。在社会这个大学校里可以学到许多无法从书本上得到的知识。

在调查方法上，毛泽东非常赞赏明人杨继盛的诗中所说的："遇事虚怀观一是，与人和气察群言。"50年代，他在庐山对人说："我从年轻的时候，就喜欢这两句。并照着去做。这几十年的体会是：头一句'遇事虚怀观一是',难就难在'虚怀'这两个字上,即有时是虚怀,有时并不怎么虚怀。第二句'与人和气察群言'难在'察'字上面。察,不是一般的察颜观色,而是虚心体察,这样才能从群言中吸取智慧和力量。"

毛泽东把调查研究看成是解决挫折和困难唯一的科学方法和武器。

(参见胡哲峰、孙彦编著:《毛泽东谈毛泽东》,
中共中央党校出版社 2000 年版)

谈笑风生与人结缘

"你这个小丫头好狠喔,一声不吭就扎我一针。"

一个女护士第一次给毛泽东验血,紧张得不得了。毛泽东见她这样,就说:"你这个小丫头好狠喔,一声不吭就扎我一针。"那个护士笑了,周围的人都笑了,空气顿时轻松欢快起来。北京大学中文系讲师芦荻第一次来到毛泽东身边为他读书(此时毛泽东患老年性白内障),心情自是异常的兴奋和激动。见面后,毛泽东笑问她是否很喜欢秋天,见她愕然,又微笑着问她可会背刘禹锡的《西塞山怀古》一诗,并与她共同吟诵,原来,毛泽东是用这首诗的最后一句"今逢四海为家日,故垒萧萧芦荻秋"来幽默地说到她的名字,使她在这样一个比较轻松的话题中,把紧张激动的心情平静下来。毛泽东经常就是这样,几句风趣话就把领袖与普通人之间的那堵无形的墙推倒了。

1961 年,英国元帅蒙哥马利访华。当时的西方世界把毛泽东描绘成"一个残酷无情的暴君"。未识"庐山真面目"的蒙哥马利在与毛泽东会晤前好奇之中多少有点紧张。当他的手与毛泽东握在一起时,迎着他的一双深邃的

291

黑眼睛是和善的。这时印度总理尼赫鲁的话不由地从他脑海中冒了出来：毛泽东的样子像一位和蔼的老伯伯。"你知道你在同一个'侵略者'谈话吗？你在同一个'侵略者'谈话。在联合国我国被扣上这样的称号。你是否在乎同一个'侵略者'谈话呢？"毛泽东的第一句话就幽默得令他吃惊。蒙哥马利当然知道，联合国曾经通过决议，谴责中国"侵略"朝鲜。他怎么也想不到，毛泽东会用近似玩笑的口吻，提出这样的问题。趣味盎然的对话，很快缩短了两人之间的"东西方距离"。毛泽东在延安时常与来访者畅谈不倦。一次，一位老教授在与毛泽东会见后显得特别激动，他说："我去见主席，主席拿出纸烟来招待，可不巧烟吸完了，只剩下一支。你想主席怎么办？他自己吸不请客当然不好；拿来请客，自己不吸也不好。于是毛泽东主席将这支纸烟分成两半，给我半支。他自己吸半支。事虽小，却可看出毛主席待人热情、诚恳而又亲切。"

诙谐、幽默是思想、学识、智慧和灵感在语言中的结晶，人的智力不发展到一定程度，就很难有幽默。幽默实际上是人们智慧从容有余的产物。毛泽东是语言大师，他在日常生活中经常用诙谐幽默来缩短与人之间的距离，在谈笑风生中与人结缘，毛泽东的衍名艺术，会使人产生亲切、美好、热情的效果。所以人们总会得出毛泽东是一位"和蔼的老伯伯"的印象。

（参见张瑞敏：《毛泽东待人接物的艺术特色》，《领导科学》1991年第4期）

实行集体民主决策

"哪有一个人说了就算数的道理呢？"

毛泽东 1962 年 1 月 30 日在扩大的中央工作会议上说：

"有这样的情况：一切事情，第一书记一个人说了就算数。这是很错误的。哪有一个人说了就算数的道理呢？我这是指的大事，不是指有了决议之后的日常工作。只要是大事，就得集体讨论，认真地听取不同的意见，认真地对于复杂的情况和不同的意见加以分析。要想到事情的几种可能性，估计情况的几个方面，好的和坏的，顺利的和困难的，可能办到的和不可能办到的。尽可能地慎重一些，周到一些。如果不是这样，就是一人称霸。这样的第一书记，应当叫做霸王，不是民主集中制的'班长'。从前有个项羽，叫做西楚霸王，他就不爱听别人的不同意见。他那里有个范增，给他出过些主意，可是项羽不听范增的话。……我们现在有些第一书记，连封建时代的刘邦都不如，倒有点像项羽。这些同志如果不改，最后要垮台的。不是有一出戏叫《霸王别姬》吗？这些同志如果总是不改，难免有一天要'别姬'就是了。（笑声）我为什么要讲得这样厉害呢？是想讲得挖苦一点，对一些同志戳得痛一点，让这些同志好好地想一想，最好有两天睡不着觉。他们如果睡得着觉，我就不高兴，因为他们还没有被戳痛。"

毛泽东用历史故事说明实行民主集中制的必要性，使领导干部认识到独霸专行的危害性，从而改进作风，实行集体民主决策。这既是一种思想方法，也是一种科学的领导方法。

（参见《建国以来毛泽东文稿》第 10 册，中央文献出版社 1996 年版）

我们应向牡丹致敬

"这个老太婆的命令不对嘛，违反了自然界的规律，牡丹就是不听

她的。”

在日常生活中，毛泽东经常用一些自然界里生物的动态变化，来说明一些富有哲理的事务。

在“文化大革命”中，毛泽东曾嘱咐工作人员把院里的盆花都撤了，唯独留下几株大牡丹。工作人员问毛泽东：“为什么还留下这株牡丹呢？”

毛泽东笑着说：“树立一个对立面嘛。这里面有个故事。唐朝有个武则天，有一天她下了道命令，叫御花园的百花在一个早上统统开放。其他的花都遵命开了，唯有牡丹不开。武则天一见大怒，喝令太监把牡丹连根拔起，推出午门‘斩首’。结果刀劈不折，斧砍不断，又架火烧，也烧不死。无奈只得弃置路旁。而牡丹却说：‘此地不留爷，自有留爷处，处处不留爷，爷去投八路’。”讲到这里，毛泽东笑了笑说：“好呀，没有人要我要，于是，我就把它请到这里来了。”

“牡丹为什么不开呀？”工作人员问。

毛泽东说：“这个老太婆的命令不对嘛，违反了自然界的规律，牡丹就是不听她的。”

“这是真的吗？”工作人员又问。

毛泽东又说：“你听着就是了。你能照牡丹那样做就行了。我们应当向牡丹致敬。”

这是毛泽东尊重自然规律，通过一段历史小故事，来说明不能随意下命令，反对主观主义的领导作风，寓意深长而易懂。

（参见许祖花、姚佩莲、胡东编著：《毛泽东幽默趣谈》，山东人民出版社1995年版）

靠总结经验吃饭

"我是靠总结经验吃饭的。"

毛泽东是一位改变了中国社会面貌、影响了世界历史进程的巨人。毛泽东由一个普通的农家子弟成长为叱咤风云、扭转乾坤的历史巨人，其成功的秘密何在？

1964年8月29日，毛泽东会见尼泊尔教育代表团。代表团团长潘迪说："能够同您这样一位伟大人物会见，我们教育代表团的全体团员都感到非常高兴和十分幸福。我们无法用语言来表达这种快乐。"毛泽东说："谢谢。我没有什么伟大，跟你们差不多，在某些方面可能比你们差一些。"

在会见过程中，团员马拉问："您能不能告诉我们，您所以这样伟大的秘密是什么？您怎么能够这么伟大？您力量的源泉是什么？以便让我们多少学得一点。"

毛泽东坦率地回答道："我已经说过，我没有什么伟大，就是从老百姓那里学了一点知识而已。当然，我们也学了一点马克思主义。但是单学马克思主义还不行，要从中国的特点和事实来研究中国问题。"

"力量的源泉是人民群众，不反映人民群众的要求，哪一个也不行。要在人民群众那里学得知识，制定政策，然后再去教育人民群众。所以要想当先生，就得先当学生。"

1965年7月26日，毛泽东在中南海接见刚从海外归来的原国民党代总统李宗仁先生和夫人。接见时，李的秘书程思远先生作陪。在谈话过程中，毛泽东主动向程先生发问："你知道我靠什么吃饭吗？"程一时茫然，不知所对，说："不知道。"毛缓缓道："我是靠总结经验吃饭的。以前我们人民解放军打仗，在每个战役后，总来一次总结经验，发扬优点，克服缺点，然后轻装上阵，乘胜前进，从胜利走向胜利，终于建立了中华人民共和国。"

毛泽东还说过："任何英雄豪杰，他的思想、意见、计划、办法，只能是客观世界的反映，其原料或者半成品只能来自人民群众的实践中，或者自己的科学试验中，他的头脑只能作为一个加工工厂而起制成完成品的作用，否则是一点用处也没有的。人脑制成的这种完成品，究竟合用不合用，正确不正确，还得交由人民群众去考验。"

毛泽东的这几次谈话明确地道出了他一生的成功秘诀："我是靠总结经验吃饭的。"

（参见胡哲峰、孙彦编著：《毛泽东谈毛泽东》，
中共中央党校出版社 1993 年版）

不要秘书参政专政

"不要秘书参政，更不要秘书专政，你到我身边来，不能干扰我。"

毛泽东一生中都主张"不要秘书参政"。据梅白《在毛主席身边的日子里》里回忆说：1956 年 7 月，毛泽东到湖北。我那时是省委副秘书长，省委书记处办公室主任。叶子龙向王任重提出，主席身边需要一个人，主席的意思是要一个本地人。任重说："叫梅白去。"这样，我就来到了毛主席的身边。

毛泽东住在东湖甲舍。他开会有一个习惯，就是不要秘书参加。他还对罗瑞卿说："罗长子，你不要搞神秘主义，妨碍我接近群众。"毛主席又对我说："小梅，你来我身边，我高兴。但不要什么研究研究，审查审查，要随便。有一个人除我上厕所外，都可以随时来见。"我问他："这个人是谁，是

不是李达同志?"

毛主席又说:"他是一大代表,我没叫他李达同志,叫鹤鸣兄。他叫我润之,这是我们两个湖南人,两个一大代表之间的互相称呼。"他又说:"不要秘书参政,更不要秘书专政,你到我身边来,不能干扰我,你可以做那些减少我的劳动,增加你的智慧的工作。"

1971年,毛泽东在外地巡视期间,同沿途各地负责同志谈话时说:"庐山会议上讲了要读马、列的书。我希望你们今后多读点书。高级干部连什么是唯物论,什么是唯心论都不懂,怎么行呢?读马、列的书,不好懂,怎么办?可以请先生帮。你们都是书记,你们还要当学生。我现在天天当学生,每天看两本参考资料,所以懂得点国际知识。"

"我一向不赞成自己的老婆当自己工作单位的办公室主任。林彪那里,是叶群当办公室主任,他们四个人向林彪请示问题都要经过她。做工作要靠自己动手,亲自看,亲自批。不要靠秘书,不要把秘书搞那么大的权。我的秘书只搞收收发发,文件拿来自己选,自己看,要办的自己写,免得误事。"

1971年7月9日,毛泽东在中南海听取周恩来、熊向晖汇报与基辛格会谈的情况时,问熊向晖,有秘书没有,写报告、起草文件是否亲自动手。

熊向晖说他是自己动手。

毛泽东说:"那好,我这里的文件,就是一个秘书管。她的任务就是收收发发。文件来了,我自己挑选重要的看。需要提点意见的,我自己动手写,从来不让秘书代劳。"

"共产党员一要动手,二要动口。动口动手,就是要动脑筋,现在一些大官、小官,自己不动手,不动口,不动脑筋,什么事都靠秘书,听说连科长都有秘书,搞'秘书专政'。有的人让自己的老婆当自己的办公室主任,这不是共产党的作风,是国民党的作风。"

毛泽东在《工作方法六十条》中说:"重要的文件不要委托二把手、三把手写,要自己动手,或者合作起来做。""不可以一切依赖秘书,或者'二排议员'。要以自己动手为主,别人帮助为辅,不要让秘书制度成为一般制度,不应当设秘书的人不许设秘书。一切依赖秘书,这是革命意志衰退的一种表现。"

毛泽东不让秘书参政,目的在于促进领导干部努力学习,积极钻研,提高自己的领导素质，以便胜任自己所担负的领导责任。这与某些领导者过分依靠秘书，靠二排议员工作，养成了不动脑筋的坏作风，是格格不入的。

> （参见《建国以来毛泽东文稿》第 13 册，中央文献出版社 1998 年版；熊向晖：《历史的注脚——回忆毛泽东、周恩来及四帅》，中共中央党校出版社 1995 年版）

王任重重到韶山村

> "你夸大了吧？我记得我种这里的田时，一亩只产得两、三百斤，现在能产五百斤已算不错了。"

1987 年 2 月 17 日，全国人大常委会副委员长王任重偕夫人到韶山参观，受到当地干部群众的热烈欢迎。

王任重 1959 年 6 月曾经跟随毛泽东回韶山。屈指一算：28 年过去了，当时的情景历历在目，但此刻的心境却迥然不同了。

王任重怀着复杂的心理感受来到毛泽东故居瞻仰。1959 年 6 月 26 日，他紧随毛泽东身后，在这里听他指点大好河山。那时，他是毛泽东宠爱的人物。触景生情，王任重不禁回忆起毛泽东回乡的情景。他跟人们说，那一年，毛主席就在这里说，他曾经在小楼上召开过秘密会议，建立了韶山党支部。往事不可谏，来者犹可追。韶山支部如今流芳千秋，但毛泽东却与世长辞了。面对熟悉的小屋，王任重感慨万千。

乘车来到滴水洞。王任重不禁想起那场使自己蒙受屈辱的"文革"来。毛泽东发起这场运动后，曾经在这里匿居了十天。但是，个人的不幸，并不能责怪毛泽东。王任重说，毛泽东是世界上最伟大的人物，他的贡献，他的才华，他的诗词和书法，到目前为止是无可比拟的。如果他老人家不搞"文革"，不犯这个错误，那就更伟大了。

当天下午，王任重来到毛泽东纪念馆参观。他认真地观看陈列，深感这几年变化很大，比以前实事求是了。他觉得，毛泽东在世时是神，很孤独的神；只有死后，才渐渐恢复为人，很实在的人。

参观纪念馆后，王任重准备题词留念。他想了想，最后还是决定重题他随毛泽东回乡时的旧作："韶山风光依旧，人世几经沧桑，壮志已成大业，何须衣锦还乡。"他一边写，一边说：旧诗重题有新意呢。王任重之所以这么说，是因为这首题词在"文革"中几乎断送了他的政治生命。当时，王任重自以为这首打油诗很不错，便公开发表了。但没有想到，"文革"一开始，就有人从这首诗里找麻烦。他们说，这是反毛主席的诗。有了这条罪状，王任重想赖也赖不掉。于是，用他自己的话说"我就遭到了批判"。王任重至今想起这件事还很感冤屈。他为纪念馆题完词后，将笔一丢，指着四句诗说："你们看，我这是反动诗吗？我是陪毛主席回韶山的，我怎么反对毛主席呢?!"他接着说："毛主席是人民的领袖，他身穿一件白衬衫，头戴一顶草帽，走村访问农民，视察农业生产，怎么是衣锦还乡呢？"别人错理解了衣锦还乡。

"文革"这场浩劫已经离他远去了，但王任重回想起来，终觉如梦如幻。他不理解，敬爱的毛主席为什么要这么做。

王任重走到纪念馆门口，见到了一个老熟人。此人是韶山风云人物毛继生。王任重握住毛继生的手，说："老朋友了，还记得你。"1959年6月，毛泽东回乡时，这位毛继生是韶山公社书记，毛泽东管他叫"山神爷"。王任重清楚地记得当年毛泽东询问韶山农业生产的情景。那天，毛泽东指着土地冲自家门口的水田问毛继生："这样的田可以产多少斤一亩？"毛继生不敢说少了，回答道：1000多斤。毛泽东听了很不高兴，说道：你夸大了吧？我记得我种这里的田时，一亩只产得两、三百斤，现在能产五百斤已算不错了。王任重知道，毛主席并不欣赏"浮夸风"、"高指标"，但他想，为什么自己那时也谎报了那么多数字呢？

王任重忽然想起该问一下毛继生的近况。他说：你现在哪儿工作呀？毛说："离休了，在家种田"。王任重听了，觉得有些惆怅。他又问：现在的田一亩产多少啊？毛说：1600 斤。王任重睁大了眼睛，不大相信似地说：真的有这么多吗？毛继生笑了，回答道：现在不兴虚报了。

王任重回到宾馆，一边收拾行装，一边说，这次来韶山，感受特别多；下次来，一定要多住些日子。这是他重温历史的一块有意义的地方。

这段历史说明了人们的认识也是螺旋式上升的。1958 年的 1000 斤和 1987 年的 1600 斤，说明了随着科学技术的突飞猛进，有些设想是可以达到的。不过超越历史和现实，过早的操之过急，是会造成失误的，这个历史教训，很值得后人深思。

（参见刘建国等：《韶山的昨天与今天》，湖南文艺出版社 1993 年版）

六、人生价值

　　人活着究竟干什么？人生的价值在哪里？这是一个亘古以来就存在的恒久的历史问题。这是在每个时代里每个人都面临和需要深化理解的问题。

　　人来到这个世界上不是单纯为了吃喝玩乐，满足个人的私欲。而是为国家和人民贡献自己的毕生精力，"先天下之忧而忧，后天下之乐而乐"，为后人留下一点有意义的东西。唐朝时尚有《凌烟阁》，记载着君臣们生前的功绩，以示他们的警世价值。

　　毛泽东的一生是伟大光荣的一生，他终生立党为公，全心全意为人民服务，真正做到了"鞠躬尽瘁，死而后已"。他毕生用创新的实践，继承发展了马列主义，在革命和建设中，不断地开拓前进，使中国特色的社会主义事业蓬勃发展，在创新活动中，不仅实现了自己的人生价值，而且在完善自己的过程中，对中国人民作出了非凡的贡献，从而成为一个完美的"大写的人"。尽管晚年有些失误，但仍不失为冠军级人物。

　　人们常说：有的人活着，他却死了；有的人死了，他却活着。诚哉斯言！毛泽东的一生对我们中国人来说，立了德，立了言、立了功，是三不朽在近现代中国最好的体现。

　　龚忠武说："他是中国历史上甚至人类历史上，一个罕见的具有军事、哲学、文学、政治等多方面综合性超凡才华的旷世奇才。"

　　毛泽东青年时代曾对自己做过预言，他说："吾死之后，置吾身于历史之中，使后人见之，皆知吾确然有以自完。后人见吾之完满如此，亦自加吾以芳名，然而非吾之所喜悦，以其属之后来，非躬之现实也。"毛泽东是现

301

实主义者，不计较个人的功名利禄，他曾对身边的工作人员说："我这个人啊，好处占百分之七十，坏处占百分之三十，就很满足了，我不隐瞒自己的观点，我就是这样一个人，我不是圣人。"又说："我这个人啊，只要为人民留点文章就行了。"

粉碎"四人帮"后，邓小平同志科学的评价毛泽东说："毛泽东思想这个旗帜丢不得。丢掉了这个旗帜，实际上就否定了我们党的光辉历史。"①

胡锦涛总书记《在纪念毛泽东同志诞辰 110 周年座谈会上的讲话》中说："中国出了个毛泽东，这是中国共产党的骄傲，是中国人民的骄傲，是中华民族的骄傲。""在任何时候任何情况下都要始终高举毛泽东思想的伟大旗帜。"

在人民的心目中毛泽东的丰功伟绩，将是永远的丰碑。他给中国人民留下了珍贵的遗产。正如德国著名诗人歌德说："你若喜爱自己的价值，你就得给世界创造价值。"毛泽东冲破了几千年来束缚人们思想的封建伦理，创造了崭新的人生价值观。

---

① 《邓小平文选》第二卷，人民出版社 1994 年版，第 298 页。

向往理想不乏行动

"小不谨，则大事败矣。"

青年毛泽东通过观察认为：凡事从小做起，从一起步并不是一件容易的事，"人立身有一难事，即精细是也"，但是，如果能做到事事都不忽略，则由小至大，何惧不能成为圣贤呢？朱子可谓古之圣贤之人，然而朱子的圣贤不也是铢积寸累取得的吗？他告诫自己，"小不谨，则大事败矣"，每做一事，都有价值，每为一书，必有益处。他不仅自己奉行克勤小物的原则，而且鼓励他的好友也应从一开始。1917 年，萧子升在毛泽东的影响下，把他的读书笔记命名为《一切入一》，并请毛泽东为此书作序。毛泽东循着一切入一的思想逻辑在序言中写道："今夫百丈之台，其始则一石耳，由是而二石焉，由是而三石四石，以至于万石焉。"筑台是这样，做学问也如此。"今日记一事，明日悟一理，积久而成学。高以下基，洪由纤起"，关键在于你是否具有锲而不舍的追求精神。毛泽东由此引发出这样的深思：人的价值并非在目的达到时才算实现，人在追求达到目的的过程中，每时每刻都在实现着自己的价值。

毛泽东极不赞成"目的论"，他说："从前之人，莫不以为事未至最终之目的，即为无甚价值。因之在未达目的之前毫无生意，视其所行之一段路若废物焉。"其实不然，人们只要认准了目的，那么为了实现此目的，每一步路都有价值。"有一日之生活即有一日之价值，使人不畏死，上寿百年亦可也，即死亦可也。"毛泽东不以成败论价值，而以行为论价值，这是人生价值论的一大变革。他把行动与价值紧紧联结在一起，既克服了"行而无果"所产生的悲观主义，又避免了"向往理想而缺乏行动"的空想主义，有力地说明了青年毛泽东在实践人生哲学中的一大特色。

（参见张华、黄俊平：《伟人的起步》，浙江人
民出版社 1996 年版）

《圣哲画像记》的启示

　　　　"愚于近人，独服曾文正。"

　　对于历史人物，毛泽东明确表示推崇的不多，而曾国藩则是这其中的一
个。1917 年 8 月 23 日，毛泽东在给黎锦熙的信中写道："愚于近人，独服曾
文正。观其收拾洪杨一役，完满无缺。使以今人易其位，其能知彼之完满
乎？"曾文正即曾国藩；收拾洪杨一役，即是指曾国藩打败洪秀全、杨秀清
领导的太平天国起义军的事。

　　之所以"独服曾文正"，这与毛泽东阅读曾国藩的著作文章有很大关系。

　　早在湘乡东山学堂读书时，毛泽东就批读过《曾文正公全集》。现韶山
毛主席纪念馆尚收藏有清光绪年间传忠书局木刻本《曾文正公全集·家书》
的第 4、6、7、9 卷，每卷的扉页上都有毛泽东手书的"咏芝珍藏"。在毛泽
东早年读书笔记《讲堂录》中，就有许多涉及到曾国藩文章的内容。如：

　　涤生日记，言士要转移世风，当重两义：曰厚曰实。厚者勿忌人；实则
不说大话，不好虚名，不行架空之事，不谈过高之理。

　　精神心思，愈用愈灵，用心则小物能辟大理。

　　少年须有朝气，否则暮气中之。暮气之来，乘疏懒之隙也，故曰怠惰
者，生之坟墓。

曾文正八本：读古书以训诂为本，作诗文以声调为本，养生以少恼怒为本，事亲以得欢心为本，居家以不晏起为本，立身以不妄语为本，做官以不要钱为本，行军以不扰民为本。

从前种种譬如昨日死，以后种种譬如今日生。

1915 年 6 月 25 日，毛泽东在致湘生信中说道："尝见曾文正家书有云：吾阅性理书时，又好作文章；作文章时，又参以他务，以致百不一成。此言岂非金玉！"

在《体育之研究》一文中，毛泽东对曾国藩锻炼身体的方法也很赞赏："曾文正行临睡洗脚、食后千步之法，得益不少。"

在另一篇文章中，他称曾国藩为"吾之先民"。文中说："三湘七泽，惟楚有材"，"呜呼湖南！鬻熊开国，稍启其封。曾、左，吾之先民，黄、蔡，邦之模范。"

毛泽东对曾国藩著述甚为熟悉，曾国藩日记、家书及曾氏编纂的《经史百家杂钞》，他在文中多有引用和摘录。如现在人们都很熟悉的话"不问收获，只问耕耘"就脱胎于曾氏日记中所记的箴言："不为圣贤，便为禽兽；莫问收获，但问耕耘。"毛泽东在《伦理学原理》批注中写下了"不问收获，只问耕耘"8 个字。后来在延安，他还向一些干部提议阅读《曾文正公家书》。曾国藩曾在军务倥偬之际写下《圣哲画像记》，毛当时的听课笔记本《讲堂录》中，提到了曾国藩的《圣哲画像记》，曾文中说："书籍之浩浩，……余既自度其不逮，乃择古今圣哲 30 余人，命儿子纪泽图其遗像，都为一卷，藏之家塾。后嗣有志读书，取足于此，不必广心博骛。"这 30 余人为："文周孔孟，班马左庄，葛陆范马，周程朱张，韩柳欧曾，李杜苏黄，许郑杜马，顾秦姚王，32 人。"而程指程氏兄弟，实为 33 人，这其中有不少人出现在《讲堂录》中。青年毛泽东深受这 32 位圣哲的影响，把他们奉为楷模，对他形成新的人生价值观有很大的启迪作用。

（参见《毛泽东早期文稿》，湖南出版社 1990 年版；胡哲峰、孙彦编著：《毛泽东谈毛泽东》，中共中央党校出版社 2000 年版）

自我实现人生价值

　　"我印象最深的教员是杨昌济，他是从英国回来的留学生，后来我同他的生活有密切的关系。他对自己的伦理学有强烈信仰，努力鼓励学生立志做有益于社会的正大光明的人。"

　　杨昌济自幼喜读孔孟之书，饱受中国正统文化的熏陶。他从1903年东渡日本留学开始，在国外共度过了十个春秋。先后在日本、英国、德国、瑞士等国学习或考察，在精通中学的基础上，又较系统学习和掌握了西方的哲学、伦理学和教育学，真正做到了学贯中西、博古通今。在哲学上，他推崇宋明理学，把朱熹的"理"和黑格尔的绝对精神结合起来；在伦理学上，融合儒家"内圣外王"的思想与英国新黑格尔主义者格林的"自我实现"说，倡导"自我实现"，标举"公共心之个人主义"。他认为"体魄界之中心点，吾身是也；灵魂界之中心点，吾心之灵是也。总之，天地万物，以吾为主"。杨昌济不仅在理论上阐述自我的价值，而且在日常生活中注重磨练自我的意志。他做事勤恳，崇尚劳动，菲薄衣食，惜时如金，并时时事事以曾国藩为榜样，严于律己，持之以恒。杨昌济在留居长沙的五年多时间里，以其渊博的知识、高尚的人格和强烈的爱国心吸引和影响了一大批青年学子。在这批青年学子中，尤以毛泽东深得杨昌济的器重。有资料记载，杨先生在长沙五年，弟子数以千百计，"尤欣赏毛泽东、蔡林彬"。在这种不同寻常的师生关系中，青年毛泽东的思想自然会受到杨先生的影响。毛泽东后来在同斯诺的一次谈话中回忆一师生活时说："给我印象最深的教员是杨昌济，他是从英国回来的留学生，后来我同他的生活有密切的关系。他教授伦理学，是一个唯心主义者，一个道德高尚的人。他对自己的伦理学有强烈信仰，努力鼓励学生立志做有益于社会的正大光明的人。"在毛泽东青年时代，可以说杨昌济对他有很深的影响。

杨昌济对青年毛泽东人生哲学的影响主要表现在三个方面。其一，杨昌济对圣贤豪杰的推崇促使青年毛泽东产生"圣贤救世"的人生理想。杨昌济推崇孔子、伊尹等古代圣贤，同时对曾国藩等近代人物亦赞羡不已。并把曾国藩和宋代的范仲淹同列为"办事而兼传教"的人，并且拿曾国藩的例子来勉励毛泽东成为圣贤。其二，杨昌济的修身主张是毛泽东"无我论"思想的理论来源之一。杨先生肯定佛学无我论，并以毒蛇螫手、壮士断腕为例子喻意做人要以天下大事为己任。毛泽东受其影响，并在《讲堂录》中有与此相呼应的记载。其三，杨昌济对毛泽东影响最大的，要数他介绍的格林的"自我实现论"、康德的人生哲学、泡尔生的唯我论。

1917 年下期至 1918 年上期，杨昌济在湖南一师本科毕业班开设伦理学课程，并选用德国康德主义者泡尔生所著的《伦理学原理》为教材。这本书充满着二元论色彩的伦理观点，试图调和直觉与经验、动机与效果、义务与欲望、利己与利他等。毛泽东在阅读此书的过程中，作了大量批注。这些批注的内容，有的是提要，有的是表示赞同或否定的态度，而大量的则是受书中有关论述的启发所发挥的见解。《伦理学原理》对毛泽东的影响可以从他自己的两次谈话中得到说明。一次是毛泽东在 1936 年同斯诺的谈话。他说，我在杨昌济的影响和帮助下，读了蔡元培翻译的《伦理学原理》，我受到这本书的启发，写了一篇题为《心之力》的文章。杨昌济从他的唯心主义观点出发，高度赞扬了我的那篇文章。他给了我 100 分。一次是毛泽东 1950 年 9 月同周世钊的谈话。他说："我当时喜欢读这本书，有什么意见和感想就随时写在书上，现在看来，这些话好些不正确了。""只因那时，我们学的都是唯心论一派的学说，一旦接触一点唯物论的东西，就觉得很新颖，很有道理，越读越觉得有趣味。它使我对于批判读过的书、分析所接触的问题，得到了新的启发和帮助。"青年毛泽东在与泡尔生人生哲学思想的多次撞击中，不断地批判、吸收、融合泡尔生的观点，

完成了由"无我论"向"唯我论"的思想转变。

青年毛泽东在重新界定主体与宇宙之间的关系时，首先提出：主体是宇宙的一部分。他说："人类者与本体有直接关系，而为其一部分，人类之意

识，亦即与本体之意识相贯通，本体或名之曰神。"毛泽东进而认为，人类既然是宇宙本体的一部分，那么人类就必然为自然律所支配。在《伦理学原理》中，泡尔生指出："且如人类男女之异体，其原因虽未之详，而决非人所能自主，然则人类不能脱自然律之管辖，固已明矣。"毛泽东很赞同泡氏的主张，在对这段话的旁批中说："人为自然律所支配，与予见合。"人作为宇宙的一部分，不仅为自然律所支配，而且要依赖自然界获取生存的资料。"自我之构成——皆须待外界之资料，吾人一毫不能跳出此自我以外之世界。"

青年毛泽东虽然承认人为自然界所支配，但他同时认为人在自然面前并不是毫无作用的。"吾人亦有规定自然之力，吾人之力虽微，而不能谓其无影响。自然若除去吾人，即顿失其完全。吾人之于自然也，若个人之于国民，然个人受国民种种之影响，而即为国民之一部分，国民除去个人亦失其势力矣。"在青年毛泽东看来，主体虽然是宇宙的一部分，但具有规定宇宙之力，宇宙中正是因为有了人，才显得有意义。在此，主体已获得了全新的涵义。

毛泽东认为，个人有无上之价值，百般之价值依个人而存，假使无个人（或个体）则无宇宙，故谓个人之价值大于宇宙之价值可也。在他看来，个人的价值决定团体、社会、国家及整个宇宙的价值。"人一身乃集许多小个体而成，社会乃集许多个人而成，国家乃集许多社会而成。""故个人、社会、国家皆个人也，宇宙亦一个人也。故谓世无团体，只有个人，亦无不可。"既然个人有无上之价值，那么凡是压抑个性，贬低、否定、违背个人价值和妨碍个人价值实现的势力都应遭到抨击。宗教人生哲学宣扬人的价值是上帝赋予的，鼓吹道德律令出于神之命令，要求人们按照神的命令行事。对于这种说教，毛泽东斥之为"奴之心理"。他坚决否定神的"命令"，指出："服从神何不服从己，己即神也，己以外尚有所谓神乎？"在毛泽东看来，服从本体的价值远比不上服从主体的价值大，而主体的活动又要服从自我的活动。

毛泽东总结说："盖我即宇宙也。各除去我，即无宇宙。各我集合，即成宇宙，而各我又以我而存，苟无我何有各我哉。"由此毛泽东描画出我（主体）与宇宙（本体）的连锁关系：我（个体）——各我（团体）——宇宙。

正是这种连锁关系决定了我（个体）在整个宇宙中的突出地位。"是故，宇宙间可尊者惟我也，可畏者惟我也，可服从者惟我也。"在"我"之外别无可尊，即使存在，也是由我推而得之；在"我"之外别无可畏，即使存在，也是由我推之；在"我"之外无可服从，即使存在，同样是因我而起。他认为，一切存在都是因我而起，一切事物因"我"的存在才赋有价值。显然，这是一种"唯我论"思想。

从"唯我论"观点出发，青年毛泽东对泡尔生所宣扬的有碍于主体价值实现及个性发展的国家主义观点作了分析和驳斥。国家主义是资产阶级民族主义的一种表现，宣扬"民族优越论"和"国家至上"，这种主张在19世纪下半叶的德国思想界相当流行。泡尔生受其影响，在《伦理学原理》中写道："国民者，实际连合而生存，其与各人之关系，犹躯干之于四肢。四肢由躯干发生，其有生命也，由于躯体之有生命也。"泡尔生把国家比作躯干，个人比作四肢，认为个人的生命依赖于国民的生命，整体利益大于个体利益，个人应服从国家。毛泽东在《批注》中对泡尔生所持的"国家有机体说"给予针锋相对的批判。他认为，国民的生存固然是彼此关联的，离开了这种关联任何个体就会失却生命，但这种现象恰好说明个体的存在与国民总体的存在是同一过程的两个方面。泡尔生割裂个体与国民的有机联系，硬说国民的生命先于个体生命而发生，是形而上学的观点。毛泽东接着分析道，国民的政治生活与文化生活，都是人类社会进化以后的事，然而在国民的政治、文化生活出现以前，人类就已经存在了。如果非要在国民与各人之间划分出产生的顺序的话，那么这顺序只能是先有各人才有国民。国民的生命是各人生活的总和。国民是各人的集合，而非国民派生各人。

青年毛泽东的上述观点，与一师初期有关个体与社会、主体与宇宙之关系的阐述截然相反。他不再把本源看成是宇宙生存和发展的中心，而是把主体看成是宇宙的中心，认为宇宙间的一切事物皆因人而起，无主体，宇宙就会变得毫无意义；他不再把维护整体社会的利益视为最高尚的行为，而把突出个体（我）的作用视为一切。在他看来，正是由于个体的存在，团体的存在才有可能，进而才有社会，才有宇宙。在这个意义上说，自我具有最高价值，我就是宇宙。青年毛泽东把主体从宇宙客体的重重包裹中解脱出来，把个体自我从社会整体的牢牢束缚中释放出来，为他下一步弘扬个人主义奠定了基础，也标志着其人生价值思想的重大转折。

（参见张华、黄俊平:《伟人的起步》，浙江人
民出版社 1996 年版）

做办事兼传教之人

"当今之世，宜有大气量人，从哲学、伦理学入手，改造哲学，改
造伦理学，根本上变换全国之思想。"

毛泽东早在青年时代就对"古代奸雄意气之为，以手腕智计为牢笼一世
之具"的做法嗤之以鼻。甚至像拿破仑那样的盖世英豪，他也不以为然。他
所崇拜的人物，不是那种虽有大功大名但却欠于品德的豪杰或帝王，而是德
业俱全，万世师表的圣贤。《讲堂录》用王船山和杨昌济的两句诗表达了毛
泽东的价值取向。王船山说:"有豪杰而不圣贤者，未有圣贤而不豪杰者。"
杨昌济说得更明白:"帝王一代帝王，圣贤百代帝王。"帝王的能耐无论怎么
强大，也只能建功业于当代，死后难保江山易主。圣贤则可以依靠其精神主
宰千秋百世，死后自然是万世师表。

帝王说到底还是"办事之人"，只有功业，没有主义。圣贤属于"传教
之人"，张载所谓"为万世开太平"，就是传教之人的理想事业。当然还有第
三类人:办事兼传教。这是毛泽东最为理想的事业。只办事不传教，其事难
以持久;只传教不办事，其教难以广远。

宋代人将韩琦（北宋大臣）与范仲淹并称，清代人将曾国藩与左宗棠并
称。但在毛泽东看来，韩、左不过是办事之人，范、曾则是办事兼传教之
人。他与黎锦熙议论时人袁世凯、孙中山、康有为、曾国藩等名流，得出的

结论是：“愚于近人，独服曾文正”。为什么独服曾文正？因为曾既会办事，又善传教，达到了所谓立功、立德、立言“三不朽”的境界。

这种君师合一、德业俱全的人生理想，支配着毛泽东的一生。早年，他针对中国人“思想太旧，道德太坏”的积弊，提出“当今之世，宜有大气量人，从哲学、伦理学入手，改造哲学，改造伦理学，根本上变换全国之思想。此如大纛一张，万夫走集；雷电一震，阴噎皆开，则沛乎不可御矣！”

后来，他又认识到革命的根本问题是政权问题，有了政权便有了一切，没有政权，纵有大气量，好主义，仍然推广不开。于是他开始领兵打仗，一步步夺取全国政权，并在夺取政权的实践中创造了一套中国式马克思主义。毛泽东的一生都在追求做“办事兼传教”之人，这样，他就成为既有大气量的圣贤，又有大功业的豪杰了。这就是青年毛泽东所追求的价值理念。

（参见《毛泽东早期文稿》（1912.6—1921.11），
湖南出版社 1990 年版）

乐观进取的人生观

　　“大风卷海，波澜纵横，登舟者引以为壮，况生死之大波澜何独不
　　知引以为壮乎！”

无论个体具有多么巨大的价值，总要面临死亡的挑战。青年毛泽东对人类生死的看法，自有其独到之处，他根据物质和精神不灭的道理，认为人类无所谓生死，只有物质与精神的聚散而已。因此，死亡不可怕，而是一种别开生面的人生境界。

毛泽东在读泡尔生《伦理学原理·论生死》时，明确指出生死乃自然法

则之一。人类要营造历史之生活。非有生死循环不可。不死之人类，只能营造非历史之生活。"惟土石不死，然则人类将欲营土石之生活乎？"人类是自然界的一部分，必然受自然法则的支配，有生必有死也就是自然界中成毁法则的体现。即使是中年早逝，生无几时而夭折，疾疫蔓延致死者，"其死既有故，则其故即所以解释之点也"。

在青年毛泽东看来，生不过是精神与物质的团聚，衰老死亡只是它们的解散而已，而且重要的是散于此，聚于彼，死于此，生于彼。生系未生，死为未死，"有何可惧哉"？正是在这种聚散的循环交替中，新旧世界，不同的生活达到变易和转换。毛泽东把人的生死这一自然现象引申到国家兴亡等社会现象，抒发了打破"旧宇宙而得新宇宙"的豪迈气概，"国家有灭亡。乃国家现象之变化，土地未灭亡，人民未灭亡也。国家有变化，乃国家日新之机，社会进化所必需也"。毛泽东认为，要变化民质，改变社会，必先打破一个旧社会，而后才能再造一个新社会。"使其如物质之由毁而成，如孩儿之从母腹胎生也。"国家如此，民族如此，人类也如此。纵观世界各国的历史，各种大革命都是涤旧布新，都是生死成毁的大变化，人们之所以盼望其毁，是因为只有毁了旧宇宙才能得到新宇宙。

人们通常把死视为人生最大的灾难，无论何人都不免于死，视死亡为最大的痛苦。但毛泽东认为："吾人未有死亡经验，如何知其有痛苦？且吾以理推之，以为死之事未必痛苦也。"因为生与死虽为截然不同的两大界，但两大界之间存在着不间断的桥梁。由生到死是一个渐变的过程，在这个渐变的过程中，生界与死界的距离逐渐缩短，人的身体逐渐萎缩，当生与死重合为一点时，人就会安然寿终。人在这种自然状态下，跨越了从生到死的界限，根本无所谓痛苦。人之所以畏死，并不因为死有什么痛苦，而是因为从生到死的变化巨大。人由生界到死界，其人生过程发生了质的转变，但这种质变是渐变积累到一定程度而自然发生的，不足为惧。

就一般而言，人对于任何事物都有一种好奇心，对死也是这样。死不仅无可畏惧，而且通过死，人生获得了一种新的体验。"死也者，亦吾有生以来一未尝经验之奇事也，何独不之好乎？"不要说死没有痛苦，即使有痛苦，这种痛苦也是一种奇境。人死之后，前途黑暗不可知，然黑暗不知之世界，又是一大奇境。并且从生到死的巨大变化，是人在生界难以追寻的，"于人生之世界所不能遇者，乃以一死遇之，岂不重可贵乎？"毛泽东认为，体验这种奇境，经历这种巨变，常使人产生悲壮之感，"大风卷海，波澜纵横，登舟者引以为壮，况生死之大波澜何独不知引以为壮乎！"

青年毛泽东的生死逻辑，有点像庄子的齐生死论。庄子由其自然论的观点出发，认为生死犹如昼夜，都是自然变化而不得不然的，因此，生不必悦，死不必恶。生是气之聚合，没有什么可欢乐的，死乃气之散，也不应该有什么可悲哀的，"生也死之徒，死也生之始，……若死生为徒，吾又何患"。既然生只是暂时的，生必终于死，那么生也没有什么可欢悦的。

青年毛泽东的生死观，远远超脱了悲剧氛围，体现了乐观进取的人生态度。这与他在时空观上，承认空间，否定时间，强调现在，反对追思过去与幻想未来的现实主义精神有密切联系。他认为，人类只生活在现在，"处处皆现实"，过去的生活也是现实，未来的生活也是现实，空间的转化，人世的迁移，只是个空间问题，只是个成毁问题，无所谓时间，就是无所谓死亡。一旦把时间和死亡视为空间的扩展迁移，在主体心理上所唤起的，就是敢于正视生死的宽阔胸怀与视死如归的崇高意识。

青年毛泽东把生死看成是自然界的一条法则，这就抹掉了神学家、迷信论者涂在生死问题上的种种神秘色彩，也反映了青年毛泽东在泡尔生心物二元论的影响下，逐渐抛开其思想中原有的唯心主义成分，把唯物主义的颗粒撒播在自己的观念中。

1965年，晚年的毛泽东在一次谈话中说："人为什么要死？这是自然规律，森林寿命比较长，也不过几千年，没有死，那还了得，如果今天还看到孔夫子，地球就装不下了。赞成庄子的办法，死了妻子，鼓盆而歌，死了人要开庆祝会，庆祝辩证法的胜利。辩证法的生命就是不断走向反面，人类最后也要到末日，宗教家说末日是悲观吓人，我们说人类死亡是产生比人类更进步的东西。恩格斯说：要从必然王国到自由王国，自由是对必然的理解。这句话不完全，只讲了一半，下面不讲了，单理解就自由了？自由是必然的理解和必然的改造，还要做工作。列宁讲过，凡事可以（以原子为例）分，庄子说：'一尺之棰，日取其半，万世不竭'这是真理，如果有竭就没有科学了。万物总有发展的，是无限的，所以科学家一万万年以后还有工作做，很欣赏《自然辩证法通讯》上坂田昌一的那篇基本粒子的文章，以前没有看到过这样的文章，是辩证唯物主义的。"

《在成都会议上的讲话》中，毛泽东又说："事物总是有始有终的，只有两个无限，时间和空间无限。无限是由有限构成的，各种东西都是逐步发展、逐步变动的。讲这些，是为了解放思想，把思想活泼一下。脑子一固定，就很危险。要教育干部，中央、省、地、县四级干部很重要，包括各个系统，有几十万人。要多想，不要死背经典著作，而要开动脑筋，使思想活泼起来。"

青年毛泽东所探讨的人生的生死观与价值观很有哲学上的意义。

（参见张华、黄俊平：《伟人的起步》，浙江人
民出版社 1996 年版）

处理人际关系等距离

"我们领导革命也要从认识山头、承认山头、照顾山头，到消灭山头，克服山头主义"。

在处理党内外人际关系上，毛泽东有一条公正的原则。即通常所说的"一碗水端平"。毛泽东曾经引用过一句话叫做"党内无派，千奇百怪"。中国共产党长期从事武装斗争，各解放区彼此隔绝，在党中央宏观指引下，各根据地又不得不各自独立作战，求生存求发展，"山头"不少。对此，毛泽东认为，首先要有正确认识。他说，《水浒》中农民聚义，群雄割据，占据了好多山头，如清风山、桃花山、二龙山等，最后汇集到梁山泊，建立了一支武装，共同抵抗官军。这支队伍来自各个山头，但统帅得很好。我们领导革命也要从认识山头、承认山头、照顾山头，到消灭山头，克服山头主义。

学习《西游记》唐僧、孙悟空、猪八戒、沙和尚去西天取经的经验，虽然中途闹了点不团结，但是经过互相帮助，还是团结起来，克服了艰难险阻，战胜了妖魔鬼怪，终于到达了西天，取来了经，成了佛。至于克服山头的办法，他说，中国有个传统的做法。两个小孩打架，做父母的总首先把自己的孩子骂几句，甚至打几下，然后安慰对方的孩子，才能平息纠纷，我们要学习老百姓这种处理"山头"问题的办法。

毛泽东作为党的领袖，尽量避免同某一个或几个重要的党、政、军负责人发展超出同志和战友关系的私人情谊，同志关系就是同志关系，尽量避免在同志关系上夹杂过于浓厚的个人感情。比如和周恩来，合作共事几十年，甚至毛泽东的衣食住行都无时无刻不得到周恩来的直接关心和照料，毛泽东住的房间多数是周恩来选择的；战争年代和非常时期，毛泽东要走的路，周恩来常要先走一段看看是否安全；毛泽东吃的饭，周恩来时时要过问，他们的情谊应该是非常深厚了。每当关键时刻，毛泽东总是信任地将大权交给周恩来。对于党内同志，毛泽东一般情况下不搞迎客送客之类的礼节。他有躺在床上办公的习惯。有时党、政、军的主要领导同志来请示汇报工作，他也并不起身，继续批阅文件，有时听了几句汇报，才作个手势："坐么，坐下说。"如果他是坐在沙发上，党内同志来了他也基本上不站起来，作个手势让同志们坐，坐下后有什么事就说什么事，闲话不多。即使对于较长时间没见过面的老同志，毛泽东也只是起身迎送握手，一般不迈出门坎，除非客人来时他本来是站在屋子外，否则是不出屋的。

毛泽东在处理人际关系时，不搞远近亲疏，裙带关系，而是出以公心，秉公而处，既表现出共产党人的高风亮节。又贯彻了"等距离"的原则。在党内树立起同志关系高于一切的观念。

（参见刘光荣主编：《毛泽东的人际艺术》，中共中央党校出版社 1992 年版）

毛泽东青少年传奇

　　"无事'翻翻古'也有趣味，我在政治上帮助你，不过你要研究调查一些历史事实才能写东西。"

　　1939年春，在与毛泽东的一次交谈中，萧三说，自己在苏联时写过主席的传记，想再继续增补、修改，假如主席不反对"翻古"就希望能详细谈谈。

　　毛主席说："无事'翻翻古'也有趣味，我在政治上帮助你，不过你要研究调查一些历史事实才能写东西。把一些历史事实写出一部小说来，拿一个人作引线，那是有味的。"

　　写毛泽东传记这个历史性话题就这样被提出来了。

　　1942年，中央直属机关学习小组组长王若飞要萧三向干部报告毛主席生平事迹，萧三接连讲了两个下午。

　　1943年秋，任弼时郑重地嘱咐萧三："写一本毛主席传，以庆祝他的五十大寿。"胡乔木也极力赞助此事，为保证写作时间，还为萧三免除了一些会议。原希望在12月下旬完成，毛主席坚决不肯做寿，那本传记也未如期完成。但是，萧三却为此遍访了在延安的许多老同志，搜集了大量的素材，并在报刊上陆续发表了一些关于毛主席的革命活动的文章。

　　最初发表的是《毛泽东同志的初期革命活动》，发表在1944年7月1日和2日两天的《解放日报》上，受到读者的热烈欢迎。可是，毛主席却几次传话，让萧三停止写他个人。最后，他还亲自劝萧三多写群众。

　　萧三争辩说："我这是自己补课，并且写你和党的斗争历史（二者是不可分的），有重大教育意义……"

毛主席便不作声了。

从此，萧三便以中共内部研究毛泽东生平的第一位专家的面貌出现。

1946年1月，他对张家口1200个青年师生作了"向一个好学的人——毛泽东主席学习"的报告。

1946年张家口出版的《北方文化》月刊第一号上发表了萧三写的《毛泽东同志传略》。

1946年7月1日，即中共建党25周年纪念日，张家口《晋察冀日报》刊发了萧三写的《大革命时代的毛泽东同志》。

1946年12月下旬，晋察冀边区党委召集大会庆祝毛主席五十三岁大寿，萧三在会上作了一个关于毛泽东生平的报告。

1946—1947年华北解放区出版的《时代青年》又刊发了萧三写的《毛泽东同志的儿童时代》、《毛泽东的青少年时代》。

1949年春，萧三写出了《毛泽东同志的青少年时代》一书，经当时中央宣传部部长陆定一审查批准后出版发行。由于这是中共方面写出的第一本毛泽东传记，又是官方正式出版，影响很大，很快被译成日、德、英、印地、捷、匈等文出版，法文作了摘译。

1954年，萧三又进一步编写出《毛泽东同志青少年时代和初期革命活动》一书，中国青年出版社出版。

毛主席逝世后，年届80高龄的萧三，又重新握笔，再次修改了1954年写出的那本书，1980年，该书又由中国青年出版社正式出版。

除斯诺写的《毛泽东自传》外，由中国人写毛泽东传记，萧三可以说是第一人。他对毛泽东青少年时代秉笔直书，做出了客观的评介，这是一本了解毛泽东青少年时代十分珍贵的传记，从一个侧面反映出毛泽东的初期革命活动。

（参见李树谦编:《毛泽东的文艺世界》，辽宁教育出版社1993年版）

可贵的是以身殉志

"在革命的大浪潮中遇到困难便动摇退缩的人在历史上是有的。"

在抗日民族战争的艰苦的岁月里，毛泽东多次倡导宁死不屈、宁折不弯的气节和精神，并常借一些"以身殉志"的古人对干部进行教育。1938年春，张国焘借到陕西中部县（今黄陵县）祭黄帝陵之机，私自逃离，后又在武汉公开声明脱离共产党，投靠国民党。事情发生后，毛泽东要求全党把这件事作为教训："每个共产党员应该不像他那样，半途放下旗子，要坚定政治方向，牺牲一切而奋斗到底，反对开小差。"1939年4月8日，毛泽东在抗大工作总结大会上演讲说："多少共产党员被捕杀头，这是威武不能屈。但是尚有一部分叛徒起先信仰马克思主义，而且做工作，但一旦威武来了，就屈服，带路捉人，什么都做。一种人被捉了，要杀就杀，这种英雄的人中国历史上很多，有文天祥、项羽、岳飞，决不投降，他们就有这种骨气。这些叛徒就没有这种骨气，所以平素讲得天花乱坠，是没有用的。"第二天，他在抗大第四期第三大队开学典礼上勉励大家：到老到死，都不动摇，不退缩。革命的过程，像在波涛汹涌的江河中行船，怯懦者常常会动摇起来，不知所措。在革命的大浪潮中遇到困难便动摇退缩的人在历史上是有的。毛泽东希望大家勇往直前，为了全国四万万五千万同胞牺牲一切。第一个决心是要牺牲升官，第二个决心是要牺牲发财，第三要下一个牺牲自己生命的最后决心。在七大上的一次讲话中，毛泽东以洪秀全的太平天国为例，表示宁可失败，决不投降。太平天国那么多人最后战死在南京。讲到这里，他非常激动。讲这个话既表示一种决心，也带有一种誓师的味道。

毛泽东崇敬一切为真理、为正义、为民族、为国家牺牲的英烈，这也是他的人格选择。建国后，他读《新唐书·徐有功传》，不禁为徐有功耿直公正，不计得失，不畏权贵，守法护法，为法献身的精神所打动。徐有功在一次被弹劾罢官又被启用时，给武则天写了一份奏折，其中有这样一段："臣闻鹿走山林而命系庖厨者，势固自然。陛下以法官用臣，臣守正行，必坐死矣。"意谓：我听说生活在山林里的鹿，很难逃脱被猎杀，成为厨房里制成佳肴的不幸命运。今陛下任我为法官，我守法护法，行正道，必像山林间的鹿一样，必死于非命。毛泽东读了这段话，十分动情地写了这样一段批语："'命系庖厨'，何足惜哉，此言不当。岳飞、文天祥、曾静、戴名世、瞿秋白、方志敏、邓演达、杨虎城、闻一多诸辈，以身殉志。不亦伟乎！"

毛泽东一口气写下了古今九个"以身殉志"的志士的名字，用生命的价值来说明，这些人的共同特点是为正义、为真理、为信仰而不惜牺牲生命的高贵品质。毛泽东推崇的就是他们这种"以身殉志"的崇高气节。

（参见胡哲峰、孙彦编著:《毛泽东谈毛泽东》，
中共中央党校出版社 2000 年版）

为人民死比泰山重

"张思德同志是为人民利益而死的，他的死是比泰山还要重的……"

1944 年 9 月，秋风吹着满山遍野的金黄色的谷穗沙沙地响，枣园里梨树挂满了青油油的肥大果实，把树枝都压得喘不过气来，人们都怀着欢乐的心情，庆幸边区大丰收的景象。不幸得很！在这欢乐的日子里，却给中央警备团和枣园的同志们，带来了一件沉痛的噩耗：在安塞担任警卫的第二排炊事员张思德同志光荣牺牲了！

张思德个头大，身体壮，在警卫工作中，他沉默寡言，吃苦耐劳，勤勤恳恳，任劳任怨。样样工作都很出色。

中央决定为1945年在延安召开党的第七次代表大会作准备，中央办公厅请求中央警备团支援烧炭打窑有经验的人，去安塞县山里指导解决代表们的烤火问题。张思德是烧炭能手，团部就派他带领另外二名同志去接受任务。9月5日，天下大雨，张思德和另一个同志一块挖一个新的炭窑时，因土质松软，加上雨水渗透，出现塌方。在这紧急情况下。张思德不顾危险，不怕牺牲，把另一同志拼力推出窑外，而自己却被压在厚厚的土层中，不幸为革命献出了年青的生命，那年他才29岁。

张思德牺牲的经过报告了毛泽东。他沉痛地说："前方打仗死人是没有办法的。后方生产劳动死人是不应该啊！"又听说，警备团战士们情绪很激动，认为张思德二万五千里长征都胜利走过来了，如今却在安塞山里倒下了，太可惜了。

毛泽东问警卫队长古远兴："你向团首长报告了没有么？"

"还没有。"

"这不行。应该向吴烈团长报告安排后事。"并扳着手指作了明确指示："第一，把人挖出来后，给他洗干净，换上新军装；第二，搞口好棺材装殓起来；第三，要开个追悼会，我要去悼念讲话。"

9月8日下午两点多钟，全团指战员都怀着沉痛的心情，集合在枣园沟口大操场上，中央直属机关杨家岭、王家坪、枣园的同志们也抬着花圈参加了这个大会。会场充满着严肃、寂静的气氛，到处是惋惜声、感叹声。会场西边崖畔上的土台子上，搭起了布棚，台前挂着"追悼张思德同志大会"的横额，周围放满了各单位自己制作的各色各样的花圈，其中也有枣园文工团献上黄白鲜花制成的花圈，毛泽东献来的花圈放置在台口中心地方，上面有他亲笔题写的"永垂不朽"4个大字。台里挂着一面镰刀斧头的鲜红的党旗，在这伟大鲜明的旗帜下，挂着张思德同志的遗像。

当人们刚刚到齐，毛泽东从他枣园的住窑内缓缓地走了出来，微微低着头向大会场走来。毛泽东穿一身从长征时候穿到现在的青色粗布夹袄，已洗得变成了深灰色，衣袖上和裤腿上都补了好些补钉。同样颜色的八角帽上，还留着红五星明显的痕迹。李克农和杨尚昆陪同毛主席登上台以后，就静静地站着，全场更沉静得连呼吸都听得清楚，充满着严肃、沉痛的气氛。

追悼大会就在这时开始了。全体肃立，唱着庄严的国际歌。

毛泽东亲手拿起他自己题名的花圈，献在张思德同志的遗像前，向烈士默哀了很久。台下很多人都淌下泪来。同张思德一道长征，共同战斗多年的老战友伤心得哭出声来。毛泽东慢慢地走到台前，以沉痛、激动的语气向大家说："我们共产党和党所领导的八路军、新四军，是革命的队伍，我们这个队伍完全是为着解放人民的，是彻底地为人民的利益工作的。张思德同志就是我们这个队伍中的一个同志。人总是要死的，但死的意义有不同，中国古时候有个文学家叫做司马迁的说过：'人固有一死，或重于泰山，或轻于鸿毛。'为人民利益而死，就比泰山还重，替法西斯卖力，替剥削人民和压迫人民的人去死，就比鸿毛还轻。张思德同志是为人民利益而死的，他的死是比泰山还要重的……"

这就是毛泽东在枣园沟口作的后来影响几代人的著名演讲——《为人民服务》。这篇光辉著作阐发了对人生理解与人生价值的最高取向：全心全意为人民利益而奋斗，为伟大的理想而献身的精神，这才是人生最辉煌的前程。

为个人私利而死，则死得卑微。资产阶级个人利己主义者，把个人利益看得高于一切，把自己的利益作为一切行为的出发点和归宿。这种思想的恶性发展，利禄熏心，就会走上贪污盗窃、腐化堕落的道路。这样的人，生得渺小，死的卑微。正如彭德怀所说的："一个人如果只为自己活着，那就不如死掉，这种人死后很快就被人淡忘，像他根本没有来到这个人世间一样。"这是彭老总的人生信条，也是至理名言。

（参见徐新民主编：《在毛泽东身边》，中共中央党校出版社 1993 年版；王恕焕：《毛泽东的人生哲学》，湖北人民出版社 2003 年版）

共产党人的婚恋观

"看来漂亮靠不住，还得靠理想。"

毛岸英从苏联回到延安后不久，江青即动了帮岸英找对象的念头。当时"抗大"有位北平来的傅姓女学生，长得很漂亮，尤其是在延安，更显得风姿出众。有次江青把岸英和傅小姐都约到她那里，高高兴兴地玩了一天，岸英觉得很满意。

傅小姐走后，江青兴冲冲去向毛泽东说。毛泽东却摇头了："见一面就定终身，太轻率了吧？你叫岸英来。"

毛岸英见了父亲，红着脸表态："我觉得人挺不错的……"

毛泽东笑了，不失幽默地说："不漂亮不聪明你也不会动心，这一条我理解。可是，见了漂亮的聪明的你就都动心，这一条我可就不敢理解你了。"他见岸英沉默不语，又严肃地说："除了漂亮，你还了解她吗？她刚从北平来，我们什么也不了解。一定要慎重，不能轻率。"

果然，没过多久，傅小姐离开了艰苦的延安，跑回了北平，还在报纸上写文章辱骂延安和共产党。

毛泽东又找来岸英，谆谆教导："看来漂亮靠不住，还得靠理想。"

男婚女嫁是人生中的一件大事，如何能处理好这个问题，毛泽东主张站在革命理想的高度上，就会显现出不同的衡量标准和价值尺度。毛泽东自己与杨开慧就是在为共产主义而奋斗的志同道合的斗争中，结为连理枝的。所以毛泽东在毛岸英选择对象时，提醒他一定要注意政治标准，不能只看漂亮不漂亮，还得靠理想。

（参见谭逻松、张其俊编：《毛泽东的幽默故事》，同心出版社 1995 年版）

事物总是后来居上

"人家喊万岁，我说我 52 岁。当然不可能也不应该有什么万岁。"

毛泽东在中国共产党第七次全国代表大会预备会议上的报告中说：

"共产党里头闹别扭的有两个主义：一个教条主义，一个经验主义。这个决议上说我曾受了多少次的打击，我说要勾掉。还有说反罗明路线就是打击我的，事实上也是这样，但是把它勾掉好，不必写这些。我这个人也犯过错误。1927 年我写过一篇文章，有马克思主义的观点，但是在经济问题上缺乏马克思主义的观点，所以经济问题写错了。此外，在 20 多年的工作中，无论在军事、政治各方面，或在党务工作方面，我都犯了许多错误。这些东西都没写上去，不写并不是否定它。因为按照真实历史，真实情形，我是有错误的。又如最近写决议案，写过多少次，不是大家提意见，就写不这样完备。我们大家都是半殖民地半封建社会出来的人，只有这样多的一点知识，这样大的一点本领。说我毫无本领，一点也不懂马列，那我也不同意。一个托派分子，过去是共产党员，名叫叶青，他说毛泽东这个人一点马列主义也没有，只有一个主义叫做毛泽东主义，代表农民小资产阶级的主义。这我不赞成。好像我这里没有，他那里倒有很多马列主义，甚至都在他那里。说我马列主义成了堆，那也不是。人家喊万岁，我说我 52 岁。当然不可能也不应该有什么万岁，但总是引出一个任务来，即还要前进，要再长大一点。说懂一点马列主义，也引出一个任务来，也是要前进。全世界自古以来，没有任何学问、任何东西是完全的，是再不向前发展的。地球是在发展的，太阳是在发展的，这就是世界。停止了发展就不是世界。整个宇宙不晓得经过多少万万年，现在比过去是进步了。地球上出了生物，出了动物，出了人类。

人类又有几十万年的历史，出了文明社会，出了资本主义社会，出了社会主义社会。马克思主义宇宙观教给我们，要懂得将来还要进步到一个共产主义社会。中国经过新民主主义社会，将来还要进步，直到阶级没有了，政党也不要了，共产党、国民党一概不要，八路军、新四军也不要了。太阳、地球在很远的将来也都有一天要毁灭。旧的东西毁灭了又有新的产生。有马克思主义观点的人，一定要这样看问题。但今天要政治不要？要。什么是政治？孙中山说，政治就是众人之事。从科学上说来他这话不对。他这话只有一个革命意义，即是反封建，因为封建社会的政治是皇帝一人专制。但原始共产社会有众人，没有政治。政治是从奴隶社会才开始有的。从一定意义上讲，政治就是阶级斗争。恩格斯说阶级斗争有三种：政治斗争、经济斗争、理论斗争。后面两种斗争也都含有政治性质。马克思主义者应该有这种观点，这是彻底革命的观点。

因此，我们要经过战争，经过阶级斗争，要放手发展壮大共产党，壮大八路军、新四军。

"人世间的事总是不完全的，儿子比老子完全一些，孙子比儿子完全一些，后来居上。"

毛泽东运用自己的辩证唯物主义观点，阐述了事物发展后来居上的道理。只有用发展的观点，变化的观点去观察事物，才能得出科学正确的结论。毛泽东在七大报告中所讲的这些观点，说明人类社会是不断发展进步的。

（参见《毛泽东在七大的报告和讲话集》，中央文献出版社 1995 年版）

生的伟大死的光荣

"刘胡兰的事迹要告诉新华社播发，号召全国各解放区，组织学习刘胡兰！"

刘胡兰是山西文水县人，原名刘富兰，1932年10月8日出生于山西省文水县的一个农民家庭。刘胡兰8岁上村小学，10岁起参加儿童团。她多次主动上前线为八路军送弹药，救护伤员。抗日战争胜利后，刘胡兰参加了中共文水县委举办的"妇女干部训练班"。回村后她担任了村妇女救国会秘书。1946年5月，刘胡兰调任第五区"抗联"妇女干事。同年6月，刘胡兰被吸收为中共预备党员。入党后不久，刘胡兰就参加了区委组织的土地改革工作组，回云周西村领导土改运动，正确地执行了党的路线方针政策，出色地完成了任务。

1946年秋天，国民党军队大举进攻陕甘宁边区，住文水一带的八路军调往晋西作战，阎锡山趁机扫荡晋中平川，形势恶化。为了保存革命力量，减少不必要的牺牲，中共文水县委根据上级指示，决定留少数干部组织"武工队"，坚持敌后斗争，大批干部转移上山，刘胡兰也接到上山的通知。但经过锻炼逐渐成熟起来的刘胡兰，想到自己年龄小易于隐蔽，敌后工作更需要她，请求留下来坚持斗争，上级批准了她的请求。

刘胡兰，这位年仅14岁的女共产党员，在极其恶劣的环境下，往来奔走于敌占区与自己的家乡，秘密发动群众，配合地方武装打击敌人。

1947年1月12日，刘胡兰因叛徒出卖而被国民党还乡团逮捕。当敌人一手指着铡刀，一边对刘胡兰说："你自首不自首？"

这时的刘胡兰，早已将生死置之度外。她轻蔑地看了看敌人指着的那把血淋淋的铡刀，毫不畏惧地说："要我自首办不到!"

"你还不到 15 岁，难道你就不怕死?"

"怕死不当共产党，我死也不自首，决不投降!"

说完，就朝敌人的刑场走去。

刘胡兰从容地躺在洒满烈士鲜血的冰冷的铡刀上，面朝东，一边深情地望向她的亲人们，一边高呼：中国共产党万岁! 毛主席万岁!

叛徒胆怯了，敌人害怕了，全场骚动了。

刘胡兰，中国共产党的优秀党员，人民的好女儿，就这样为共产主义的信仰而献出了她那还不到 15 岁的生命。

1947 年 3 月 25 日，毛泽东率领中共中央领导机关转移到了子长县的王家坪，任弼时把从吕梁区党委副书记解学恭等那里听来的情况向毛泽东作了汇报。

毛泽东被年纪轻轻的刘胡兰为了国家、民族和人民的解放事业视死如归、慷慨赴死的精神所感动。他最欣赏这样的人，欣赏这样的骨气，特别是听说刘胡兰还是一个不到 15 岁的姑娘时，心情更是激动。

毛泽东打断任弼时的话："她是共产党员吗?"

任弼时回答："是中国共产党预备党员，入党不到半年，年纪不到 15 岁。听解学恭介绍，她是为了救全村的老百姓而自己走向敌人铡刀的。在敌人的铡刀下，她还对乡亲们说，最后的胜利一定属于我们，并高呼中国共产党万岁! 毛主席万岁!"

听到这里，毛泽东的眼睛红了，并不断轻声地念着："刘胡兰，刘胡兰!"

任弼时见毛泽东如此动情，便趁机说："吕梁区党委的解学恭对我说，想请您为刘胡兰同志的英雄牺牲题词，既表示对她的纪念，也可有利于他们开展宣传刘胡兰的事迹，进行爱国主义教育，激励广大群众行动起来，打败国民党反动派的进攻。"

毛泽东沉思了一会儿，然后长长地吁了一口气，慢慢地从桌子上拿起笔，在砚台上蘸了蘸，挥笔写下了 8 个大字："生的伟大，死的光荣!"

毛泽东放下笔后，又对任弼时和秘书说："刘胡兰的事迹要告诉新华社播发，号召全国各解放区，组织学习刘胡兰!"

"生的伟大，死的光荣"，虽然只有 8 个字，但却明确展示出了毛泽东生死观的深刻内涵，揭示了毛泽东生死观的科学价值意蕴。

（参见唐春元：《毛泽东妙释生死价值观》，《党史博采》2008 年第 3 期）

关羽的弱点是自负

"关羽的弱点是自负凌人，以致发展到上当受骗，大意失荆州。"

关羽是毛泽东十分关注的三国人物之一。在人生的不同阶段，他对关羽的观察越来越深刻，评价也有微妙的变化。

毛泽东 13 岁开始读《三国演义》时，就对关羽的故事产生浓厚的兴趣。他曾经效仿桃园三结义，与同学萧子升、蔡和森友善，称为"三个豪杰"。"豪杰"一词，是毛泽东采用《三国演义》里的常用语，表示不仅有力量和勇气，而且智慧过人，品德高尚。1917 年夏天，毛泽东徒步游学旅行，在前往安化县城途中，看到路边亭柱子上有一副赞颂关羽的楹联：刘为兄张为弟，兄弟们分君分臣，异姓结成亲骨肉；吴之仇魏之恨，仇恨中有忠有义，单刀匹马汉江山。他把这副对联抄录在自己的日记里。在青年毛泽东的心目中，关羽的形象无疑是高大的。

随着革命经历的日益丰富，毛泽东对关羽的认识和评价也逐渐全面、深刻。

1932 年初，毛泽东在与程子华谈话时说："关羽的弱点是自负凌人，以致发展到上当受骗，大意失荆州。"

1941 年 1 月，皖南事变发生后，毛泽东又谈到了关羽。他说：关羽这个人虽然过五关斩六将，威震华夏，但孤傲自大。刘备封关、张、赵、马、黄五虎大将时,关羽怒曰:翼德吾弟也;孟起世代名家;子龙久随吾兄,即吾弟也;位与吾相并,可也。黄忠何等人,敢与吾同列?大丈夫终不与老卒为伍!当孙权派诸葛瑾为儿子向关羽女儿求婚,以结秦晋之好,共伐曹操时,关羽勃然大怒,曰:吾虎女安肯嫁犬子乎!不看汝弟(诸葛亮)之面,立斩汝首!再休多言。诸葛瑾抱头鼠窜而去。孙权便攻占了荆州,孙刘联盟瓦解。

1949年,在解决绥远问题期间,毛泽东曾经对薄一波等人讲过:清朝所以能统治中国260余年,就因为满族统治者一开始就制定了一条统一战线政策,用汉人和其他少数民族的人,以少数团结了多数。《三国演义》中的关云长,大体上是不懂统一战线的,这个人并不高明,对待盟军搞关门主义。

建国后,毛泽东经常以关羽"走麦城"为例,提醒中共干部特别是高级干部要谦虚,不要骄傲。

到了晚年,毛泽东对关羽基本上持否定态度。他有一个判断,认为关羽的形象是统治阶级吹出来的。

毛泽东对关羽的研究十分深入。他所讲述的关羽不姓关的故事,甚至连一些专家学者也未注意到。1954年,毛泽东漫步在杭州九溪十八涧,给陪同的浙江省公安厅厅长王芳讲起了关羽不姓关的故事。他说:关公是指关为姓。关公自小很讲义气,一次为朋友打抱不平,在家乡杀了人。他知道杀人是要吃官司的,便立即逃了出来,打算出潼关,以甩掉官府的追捕。他日夜兼程,来到潼关时,还不到五更天,关门紧闭。好不容易熬到开关了,却又犯了愁。那时,官府有一项规定,凡过关的人都要进行登记。这可怎么办?千万不能报出真实姓名啊,眼看就轮到他了。他心急如焚地望着这高大森严的关门,忽然来了灵感,在关门前,我何不就说自己姓关呢。这就是指关为姓的由来。这个故事,毛泽东也分别和周谷城、谈家桢、赵超构、杨尚昆等人说过。这些都说明毛泽东借用历史人物关羽,为现实生活服务,这就是他历来所主张的"历史的经验值得注意"。关羽刚愎自大,在这方面是不值得人们学习的。不同时期对关羽的评价,说明了毛泽东评价历史人物是有原则的,对关羽的弱点看得很清楚,一直没有脱离"自负凌人"的看法。

(参见《毛泽东如何看待关羽》,《书刊报》
2007年4月9—15日)

进城三天批三件事

"要想做脱离人民群众的事，什么时候都可以找到借口！"

1949 年 3 月 25 日早晨，毛泽东和党中央其他领导在清华园站下火车，沿途马路两旁站满了观看的群众和担任警卫的哨兵。哨兵端着上刺刀的枪，背向马路，枪口朝前，一个个站在固定的位置上，戒备森严。对此毛泽东非常生气，一到住地就严肃地批评说："警卫是怎样布置的？北平人民来欢迎我们，我们却枪口对着他们；他们盼望我们来解放，可一见面就给人家一个下马威，这样做，太不尽情理了！"负责警卫的部队当时考虑：北京是和平解放，为确保党中央首长绝对安全，不得不采取这一警卫方式。毛泽东反而更加严厉地批评说："我就不信坏人敢在众目睽睽下行凶！"停了停，毛泽东语气缓和下来说："我们办事处理问题，万不可只考虑自己，而伤害人民群众的感情。"

进入北平后，毛泽东住在香山双清院。为便于哨兵夜间值勤，在香山和卧佛寺山野间拉起电灯，夜间灯火照得通亮。进城第二天的晚上，毛泽东脸色沉了下来指出："国民党为了军事用电，把老百姓家里的电灯掐了，把工厂的电断了，给人民生活造成困难，给工人造成失业。我们说什么也不能这样。"次日，所拉设的电灯绝大部分拆除，只留下办公室和宿舍必要的照明灯。

进城的第三天晚上，食堂加餐四菜一汤，毛泽东颇有感触地批评说："碗里有饭，不能光往自己的嘴里扒拉，市民的粮食早被国民党抢光了，他们不少人在饿肚子。如果这样吃下去，不用多久，我们的餐桌上的菜饭就将会摆满，到那时，我们把为人民服务喊得越响，人民群众越恨我们。"这时，有人告诉他这次改善伙食，是为了庆祝搬迁的胜利。毛泽东听了更加生气地批评说："要想做脱离人民群众的事，什么时候都可以找到借口！"

这就是毛泽东进北平三天三次批评三件事的故事。

从这里可以看出毛泽东的价值观，是建立在完全彻底为人民服务的基础上的。群众观点和群众路线是毛泽东处理日常生活中所遇的一切问题的钥匙。

出身草莽不可忘本

> "你这个朱光上皇，你要给我加冕而称为王霸吗？朱光，我们出身草莽，不可忘本！"

新中国建国伊始，中共中央从各地抽调干部充实各地政权。1949年9月，中共长春市委书记朱光奉调到广州工作，他趁路经北京南下履新之便，特地登门拜访他的老上级朱德总司令。在朱德家里，朱光自由自在，无拘无束，十分潇洒。一天清晨，他正和朱德在庭院中散步，住在隔壁的毛泽东悠闲自得地信步走来，一眼瞥见朱光不觉一怔。未等朱德开口，毛泽东便爽朗地问道：

"你，是哪一个？"

"我，朱光是也。"朱光答道。

"好，你好，朱光，……你还认识我吗？"

"哪个不认识你——中外皆知的伟大人物，鼎鼎大名，谁人不知，哪个不晓。"

"那么，你为何看朱总司令而不看我？"毛泽东又问。

"因为我与朱总司令同宗、同姓，宗派山头。"

"你既然把我划外，难道你不怕我见外，把你忘记吗?!"

"你忘不了我朱光!"

"为何忘不了?"

"因为我还没有给你演出《奥赛罗》呢。"

毛泽东听罢开怀大笑。

朱光自知"理亏"，应毛泽东之邀，来到他的住处。

二人在中南海毛泽东住处畅谈起来。朱光乘兴抒情，书诗一首:"四载风云塞北行，肩钜跋涉愧才浅。如今身是南归客，回首山川觉有情。"

落款署"朱光于1949年建国前夕古都中南海书法家之府。"毛泽东看罢提笔对个别单字作了修改，将"法"字改为"癖"，把"府"字改为"家"。

朱光见此不以为然地说:"主席，何必如此。过不了几日，你就是一国之主了。我尚且故隐其讳，否则，我不该写'主席府'了吗?"

你这个朱光上皇，你要给我加冕而称为王霸吗?朱光，我们出身草莽，不可忘本!明天也罢，明年也罢，千万代也罢，你我始终如一，要祸福与共，甘苦共尝，同称同志，同叫背枪的、当兵的。多少年，我们当兵的，来无踪，去无影，行无定所。时至今日，我们的人民、我们党胜利了，有了"家"。我指的不是书法家之类的"家"，这个"家"、那个"家"，只是说以"府"称"家"的"家"，人生一世，保全一"家"，足矣、足矣……。

毛泽东说着，百感交集，声色俱厉。朱光感到失言，有些后悔。显然，这是毛泽东在特意表示他的义正辞严，反对称"皇"道"帝"。反对把自己当成封建帝王，在人民头上作威作福，而是甘于做人民群众的孺子牛，为人民鞠躬尽瘁，死而后已，这就是毛泽东的人生本色。难怪登庐山时他不肯坐轿，因为他认为那是骑在人民头上作威作福。

（参见叶心瑜:《毛泽东在1934—1936》，新华出版社1993年版）

不能拿我当菩萨拜

"写革命、写长征，我都赞成，但不能拿我毛泽东当菩萨拜哟！"

50 年代初期，杨尚昆的夫人李伯钊创作了歌剧《长征》。上演时，毛泽东和中央许多领导同志观看了演出。剧场内，反响强烈，特别是剧中出现毛泽东的艺术形象时，剧场内更是掌声雷动，一片欢腾。

演出结束后，中央一些领导对这出戏给予充分肯定，赞扬这是一出好戏。的确，李伯钊对毛泽东的了解比较多，因而敢于涉足最高领袖领导革命的领域，成功地进行了艺术创作。而看了这出戏的毛泽东，当场并没有发表评论。

事后，毛泽东让女儿向李伯钊转达了他的意见："写革命、写长征，我都赞成，但不能拿我毛泽东当菩萨拜哟！党内有那么多好同志，许多人还牺牲了生命。就拿长征来说，有几个方面军哩，有那么多领导同志哩，应当写朱德同志、周恩来同志、任弼时同志，写几个方面军的同志，没有他们，我毛泽东独龙能下雨吗？光写我怎么行哩？"

1966 年 10 月 7 日，当家乡贺凤生到北京向毛泽东反映，下面的人供毛泽东为活菩萨时，毛泽东反复告诫："不能拿我当菩萨拜"。

这是毛泽东在建国初期告诫，反对个人崇拜的一些小事，很发人深省。也说明了毛泽东谦虚谨慎，在成绩面前不肯独揽功劳的高贵品质。

（参见王伯福主编：《毛泽东轶事大观》，山东人民出版社 1997 年版）

牢记苟富贵毋相忘

"咯还记不得！'苟富贵，毋相忘'嘛！"

1950 年，全国工农劳动模范代表大会期间，当有一位代表大声和毛泽东打招呼时，毛泽东亲热地朝对方肩头送去一拳，高兴地接上了话："'罗瞎子'，是你呀！""罗瞎子"激动得眼泪直往下掉："老毛，您到底还记得我这个小萝卜头！"毛泽东笑着回答道："咯还记不得！'苟富贵，毋相忘'嘛！"

毛泽东与这位"罗瞎子"最早的故事是发生在大革命时期。

有一次，毛泽东到苏区的一个乡里搞调查，毛泽东问乡长的名字时，对方自报家门——"罗瞎子"。

毛泽东不禁失声笑道："这个名字是绰号，你总得还有个真名呀！"

确实，"罗瞎子"是个绰号。只因他自幼家贫，没上过学，斗大的字也认不得一筐，是个名副其实的"睁眼瞎"，才落下了这个绰号。

"罗瞎子"连连摇头说："不，就叫'罗瞎子'，从小就这么叫了。如今在乡政府当主席，更不能叫官名。要不，人家会说我摆架子哩！再说，自家人这样称呼我，无拘无束，怪亲热的。"

"说得好，'苟富贵，毋相忘'！就是日后革命成功了，我们也不能像陈胜那样忘了自己共过患难的父老兄弟。"毛泽东赞叹道。

"罗瞎子"听了后却似懂非懂的。

接着，毛泽东便很风趣地讲了《史记》中记载的陈胜的故事。说他称王以后，家乡的父老去找他，只因为在殿上直呼了他的小名，这陈胜便恼羞成怒。

"罗瞎子"听了，哈哈大笑，摇着毛泽东的手说："要是你以后当了皇帝，不，要是革命成功了，你管天下，我该怎么称呼呢？"

"那你照样喊我老毛就是！"

"我记着你的话了。"

新中国成立后，"罗瞎子"被选为出席全国劳模大会的代表，来到了北京。当毛泽东快走近他时，他抢前一步，说出了自己早就想好的那句话。

毛泽东真的做到了"苟富贵，毋相忘"。他不曾忘记患难与共的父老乡亲，也不忘共过患难的旧日师友。"罗瞎子"就是他兑现的承诺。始终把自己放在与平民百姓平等的位置上。没有与群众形成隔阂。

（参见许祖花、姚佩莲、胡东编著：《毛泽东幽默趣谈》，山东人民出版社 1995 年版）

不忘民族英雄岳飞

"岳飞是个大好人，岳家又没有一个当汉奸的——都保持了岳飞的爱国主义气节，好！"

1952 年 11 月 1 日，毛泽东视察黄河流域，在回京途中访问安阳。从新乡到安阳，要穿越淇县、浚县和民族英雄——岳飞故里汤阴站。

毛泽东中途突然提出："到了汤阴站，我要下车去看岳庙！"

不到九点，专列进入汤阴站后，徐徐地停了下来。

汤阴站台的东南方向，有一片歌颂岳飞的碑林。在这片碑林中，有个典雅的小亭子，亭子中央有一尊最高最大的碑叫《岳忠武王故里》——指路碑，为 1942 年（民国 30 年）汤阴县知事张直主持所镌刻。

毛泽东走上小亭，站在《岳忠武王故里》碑的正面，端详着《岳忠武王故里》六个圆润、奔放的大字，微微点头称赞，而后匆匆转向碑的左侧，寂读《七言律》，回首转向碑的右侧，少视"镌碑经过"，转向碑阴停下脚步，观赏了片刻，尔后小声念起了隶书《岳忠武王故里》的碑文："宋岳飞，字鹏举，汤阴人……"

碑的正文念完之后，毛泽东的眼神盯着被用锤子击在署名处的 24 个小坑坑，摇了摇头遗憾地问当地公安局长："这八个立碑人的名字为什么都给打掉了？"

"他们都是汉奸。群众恨他们，才给打掉的"

"汉奸想借岳飞给他自己扬名于世么，这是历史，不必打掉，留下来让他们做反面教员，人民的眼睛是雪亮的，他们还是遗臭万年。"

上午 9 点多钟，汤阴县县长王庭文听说："车站有人召见"，匆匆赶来。

毛泽东在询问了汤阴县的一般情况后，向王庭文提出了他所关心的问题：

"岳庙里都有些啥子建筑？"

王庭文详细介绍了岳庙的建筑群后说："岳庙的'碑碣石刻'，现有近百块。"

"那里有岳飞的《满江红》吗？"毛泽东急切地问。

"有啊，有。"

"你看过吗？"

"看过，看过，我还会背呢！"

"好啊，能让我听听吗？"

王庭文操着河北口音，很流畅地背诵了起来。

"诸葛亮的《出师表》你也会背吗？"

"会。"

说着，王庭文又诵："先帝创业未半，而中道崩殂。今天下三分，益州疲敝，此诚危急存亡之秋也。……"

"哈哈，你这个县长的脑子不错呀，背得很熟的。现在岳庙怎么样，还好吗？"

"战争年代，岳庙也遭到了破坏，解放后，我们拿 1500 多公斤小米的费用，维修了一下。"

"你们给人民办了一件好事。"毛泽东又说:"还应当搞些钱,把坏了的地方修一修,保持古庙的静穆才好。"说到这里,毛泽东又突然问道:"岳家有后代没有?现在表现怎样?"

"岳家有后代,表现也好。"

王庭文继续说:"据我们所查,岳家没有一个当过汉奸的。"

"很好,很好。"

毛泽东赞扬着说:"岳飞是个大好人,岳家又没有一个当汉奸的——都保持了岳飞的爱国主义气节,好!"

毛泽东对民族英雄岳飞是极其敬重的,即使是晚年在身体多病的情况下也念念不忘岳飞的感人精神。1975年8月,在毛泽东将要做眼睛白内障手术时,他对于生老病死总是抱着乐观、自然的态度,仍以满怀信心和壮志凌云,让身边的工作人员去放岳飞的《满江红》。这首曲子是上海昆曲剧院演员岳美缇演唱的,歌曲高亢、有力,充分表达了一个爱国志士的宽广胸怀和伟大抱负。毛泽东听着铿锵的乐曲,迈着蹒跚的步子,从容乐观,在手术过程中,他仔细倾听着:"怒发冲冠,凭栏处,潇潇雨歇。抬望眼,仰天长啸,壮怀激烈。三十功名尘与土,八千里路云和月,莫等闲白了少年头,空悲切……"乐曲的谐音表达了他乐观的情绪和无所畏惧的心态,同时也驱散了医护人员给领袖实施手术的紧张气氛。显而易见,岳飞在毛泽东心目中的地位和作用一直是很重要的。他崇尚的是岳飞的爱国主义精神和民族英雄的高大形象,这也是他追求的人生目的。

(参见孙宝义、张同锡编著:《毛泽东的祖国山河情》,中国文联出版社2001年版)

带头不要大元帅衔

"根据国际国内的经验，这个大元帅我不能要，穿上大元帅的制服不舒服啊！"

实行军衔制，是中国人民解放军实现现代化和正规化的一项重要措施。1953年2月17日，中央军委决定成立军衔实施委员会，下设办公室负责主持全军实行军衔制的具体筹划以及军装制式、军衔标识的设计组织等工作。1954年秋天，军官制服和军衔标识基本确定下来并特别订做了一批样品军服，佩上不同的军衔标识，分别"穿"在木制的模特身上，放在中南海小礼堂里，等待毛泽东和中央军委的审定。

军衔等级的设置，依据的是苏联红军的军衔制度。苏联有"大元帅"衔，斯大林即受此衔。中央军委决定在中国人民解放军的军衔等级之外特设"大元帅"衔，特别授予毛泽东。军衔办公室精心设计的"大元帅"服，佩上军衔标识，摆放在小礼堂最显眼的位置。

一天上午，毛泽东、朱德、刘少奇、周恩来、彭德怀等来小礼堂审定军装样式和军衔标识。彭德怀说："样子嘛，是见过的了。今天就是要看看穿起来怎么样，有没有一点威武之师的气派！"军衔办公室负责人李平引导毛泽东来到身穿"大元帅"服的模特前，毛泽东一边抽烟，一边打量"大元帅"，李平向毛泽东介绍："主席，这是大元帅服。"毛泽东脸上露出不以为然的样子，诙谐地说："大元帅？你靠边站吧！"一句话，逗得朱德、刘少奇、周恩来、彭德怀等人哈哈大笑。毛泽东浏览了一下其他的元帅服和将军服后说："要从节约的原则出发，样式好看、统一、正规，又节约。"

以毛泽东几十年军事生涯的经历和对军队建设所做出的巨大贡献，在初评方案中，毛泽东被评为大元帅。毛泽东听了彭德怀汇报他评为大元帅的方案说："根据国际国内的经验，这个大元帅我不能要，穿上大元帅的制服不舒服啊！"经过讨论，大家认为毛泽东高瞻远瞩，深谋远虑，一致赞同他的意见。

在一次全国人大常委会上，有些常委又提出，毛泽东应授予大元帅衔，就像斯大林大元帅那样，周恩来和邓小平也应授予元帅衔。对此，刘少奇、彭真在会上作了说明。他们说，这个建议是合理的、正确的。在酝酿建立军衔制的过程中，就有很多人建议如此做。但是，毛泽东已任党和国家主席，周恩来已任政府总理，邓小平已任党中央总书记，而现在又是和平时期，他们三人都表示不要军衔了。党中央和中央军委反复考虑，同意他们的意见。当然，将来在特殊情况下，例如发生了大规模战争，有了必要，仍可授予他们军衔，比方毛泽东就可出任大元帅，统率全军战斗。这个说明为全国人大常委会所接受。

毛泽东主动提出不要大元帅军衔，大大推动了授衔工作的顺利进行。最后评出了 10 个元帅，10 个大将，57 个上将及一大批中将、少将。

这是历史上少有的论功行赏，不计职衔的突出例子。毛泽东的表率作用使这次评衔工作顺利圆满地完成了。

（参见黄允升编：《开国领袖毛泽东逸事》，中央文献出版社 1999 年版）

唯我独能是有害的

"世界上的事情，就是不能有这种唯我独能的思想。"

在一片颂歌盈耳的赞美声中,毛泽东能保持清醒的头脑,敢于暴露自己的弱点,为人们树立了不论是有何等地位的人,都应有自知之明。

1956年,毛泽东第一次畅游长江后回到北京,风趣地对保健医生朱仲丽说:"人不可逞能啊!这次在长江游的时间太长了,已经感到全身疲乏,还要逞能继续游,要不是叶子龙(毛泽东的秘书)叫我上船,我只怕淹死了!"

朱仲丽笑着说:"我不相信,您很会游泳。"

毛泽东说:"你不相信,群众也不会相信,这种心情我理解,所以,我就越游越起劲嘛!"

"人们争着看您的勇敢和毅力哩。"朱仲丽说。

毛泽东接话:"唔!这一下子坏事了。我被娇宠了,世界上的事情,就是不能有这种唯我独能的思想。这次好险,幸亏有人下命令,也亏得我服从了命令。"

这是毛泽东觉察到了自己的弱点,从强行游泳上认识到唯我独能是有害的。这也是毛泽东有自知之明,敢于暴露自己的弱点的一次自我表现。说明毛泽东对自己也是一分为二的。

(参见许祖花、姚佩莲、胡东编著:《毛泽东幽默趣谈》,山东人民出版社1995年版)

希望后人给三七开

"我不隐瞒自己的观点,我就是这样一个人,我不是圣人。"

毛泽东认为,一个人只要做工作,没有不犯错误的。马恩列斯都犯过错误，如果不犯错误，为什么他们的手稿常常改了又改呢？改了又改就是因为原来有些观点不完全正确，不那么完备、准确嘛。他多次讲他也犯过错误。1962 年 1 月，他在"七千人大会"上诚恳地说："凡是中央犯的错误，直接的归我负责，间接的我也有份，因为我是中央主席。我不是要别人推卸责任，其他一些同志也有责任，但是第一个负责的应当是我。"又说："如果有人说，有哪一位同志，比如说中央的任何同志，比如说我自己，对于中国革命的规律，在一开始的时候就完全认识了，那是吹牛，你们切记不要信，没有那回事。"

1959 年 9 月，毛泽东在一次会议上又说："人非圣贤，孰能无过。我也是一个甚为不足的人。很有些时候，我自己不喜欢我自己。马克思主义各部门学问，没有学好。外国文，没有学通。经济工作，刚刚开始学。但我决心学，不死不休。对于这些，我也要改，也要进取。那时，见马克思的时候，我的心情就会顺畅一些了。"

1961 年毛泽东与他的卫士张仙朋谈话，曾经感叹地说："我这个人啊，好处占百分之七十，坏处占百分之三十，就很满足了。我不隐瞒自己的观点，我就是这样一个人，我不是圣人。"

1976 年毛泽东在离别人世的前几个月，他曾深沉地总结道："人生 70 古来稀，我 80 多了，人老总想后事，中国有句古话叫盖棺论定，我虽未盖棺也快了，总可以定论了吧！我一生干了两件事，一是与蒋介石斗了那么几十年，把他赶到那么几个海岛上去了，抗战八年把日本人请回老家去了。对这些事情异议的人不多。只有那么几个人，在我身边叽叽喳喳，无非是讲我没早收回那几个海岛罢了。另一件事就是发动'文化大革命'。这件事拥护的人不多，反对的人不少。这两件事都没有完，这笔遗产得交给下一代。"

毛泽东对自己是实事求是的，也是有自知之明的。他既不认为自己是完人、圣人，也不无原则的过分谦虚。他希望后人能够给他"三七开"的估计，若是这样，他也就心满意足了。

（参见周溯源编著：《毛泽东评点古今人物》，
红旗出版社 1998 年版）

毛选是全党的智慧

> "我这个人就是不想冒险，先讲一讲，看一看反应，再作修改，然后发表。"

1960 年《毛泽东选集》第 4 卷出版后，第 5 卷就已经有了一个清样本。但毛泽东本人明确表示暂不愿出版。他多次表示，他在社会主义时期的著作究竟行不行，还有待于更多的实践的检验。编好的清样本，他没有过目，也未能问世。"文化大革命"期间曾两次编辑过第 5 卷，但均未能出版。

毛泽东之所以不同意出版第 5 卷，其主要考虑就是他觉得对社会主义建设的规律并未完全掌握，还有很大的盲目性。需要对自己的著作采取一种等一等、看一看的态度，经过实践和时间的检验。1957 年 5 月，毛泽东与新华社社长吴冷西谈对新闻工作的意见时说：有些消息，是我们自己做的事情，不登报、不广播。如禁止鸦片烟，又如轰轰烈烈的新区土地改革，我们就没有发消息。这也是一种"无闻"。随即将话题转到自己的文章上来：我的一些讲话，当时并没有公开发表。1955 年关于农业合作化的讲话，过了 3 个月才发表；今年 2 月在最高国务会议上的讲话，已经过了 3 个月，还在修改，也许下个月才能发表。这不是"旧闻"吗？还有去年 4 月讲的"十大关系"，已经 1 年多了，也还不准备发表，将来发表也是"旧闻"。有时修改多次还不满意，只好不发表。

当 20 世纪 50 年代中期，抛弃了苏联模式后，毛泽东便下决心探索一条中国式的社会主义建设道路。但他也清楚地知道，社会主义建设的总路线虽然提出来了，但并没有完全形成。他说，许多东西自己就是将信将疑的，比如多快好省、鼓足干劲，力争上游这些东西究竟对不对，十大关系究竟对不对，我看至少还要看5年。我们证明了的东西只有一条，就是革命，至于建设，还没有证明，只是有了初步的东西。对建设道路，毛泽东心里没有底，这是他不愿出版第5卷的主要原因。

1960年，斯诺要毛泽东讲讲中国建设的长期计划，毛泽东说："不晓得"。斯诺说："你讲话太谨慎。"毛泽东说："不是什么谨慎不谨慎，我就是不晓得呀，就是没有经验呀。"

毛泽东又说："你知道，对于政治、军事，对于阶级斗争，我们有一套经验，有一套方针、政策和办法；至于社会主义建设，过去没有干过，还没有经验。你会说，不是已经干了11年了吗？是干了11年，可是还缺乏知识，还缺乏经验，就算开始有了一点，也还不多。"

1964年3月他对薄一波说：毛选怎么是我的！这是血的著作。……毛选里的这些东西，是群众教给我们的，是付出了流血牺牲的代价的。又说：1921年建党后，经过了14年，牺牲了多少党员、干部，吃了很多苦头，才懂得了如何处理党内关系、党外关系，学会走群众路线。不经过那些斗争，我的那些文章也写不出来。毛泽东把《毛选》看成是全党智慧的结晶，是烈士用鲜血换来的经验，对毛泽东思想体系做了准确的定位。

（参见周溯源编著：《毛泽东评点古今人物》，
红旗出版社1998年版）

金无足赤人无完人

"金无足赤，人无完人么，今后改正就是了。"

叶子龙在毛泽东身边工作了27年，是毛泽东的"五大秘书"之一，他在《叶子龙回忆录》中说：

1962年初夏的一天，毛泽东与我进行了一次长谈。他提出，你最好离开中南海，他说："你跟了我20多年，很不容易。你还有前途，到任何地方都要努力工作。"他还说："我快70岁了，人活70古来稀。你也不年轻了，这里不是长久之计，对你们的进步不利，走也好。"他还说："我死以后，你会看到人们对我的评价，二八开，三七开，随它去！自有后人评判。你也是三七开，有缺点，这不要紧，金无足赤，人无完人么，今后改正就是了。"

他最后说："你自由了，我还要坚守阵地。你我一起这么多年，互相知底，就不多说了。"

谈话后，他破例把我送出门外，并主动提出一起照个相。这是我27年中第一次也是最后一次与毛泽东单独合影。

从此，我告别了毛泽东，离开了中南海，再也没有回来。这次谈话成为叶子龙终身难忘的记忆。"金无足赤，人无完人"也成为叶子龙评价一个人的功过是非的座右铭。

（参见《叶子龙回忆录》，中央文献出版社
2000年版）

三大志愿未能如愿

"我也有些好高骛远，我要骑马沿黄河走一趟，可是脱不开，一直不能如愿。"

1961年8月在庐山，有一天毛泽东和他的卫士张仙朋聊天，谈他的志向，他说，我有三大志愿：一是要下放去搞一年工业，搞一年农业，搞半年商业，这样使我多调查研究，了解情况，我不当官僚主义，对全国干部也是一个推动；二是要骑马到黄河、长江两岸进行实地考察，我对地质方面缺少知识，要请一位地质学家，还要请一位历史学家和文学家一起去；三是最后写一部书，把我的一生写进去，把我的缺点、错误统统写进去，让全世界人民去评论我究竟是好人，还是坏人。

毛泽东的志愿大致有两类，一类是与中国革命和建设前途紧密相关的，一类是具有个人色彩的志愿和想法。越到晚年，他谈论志愿的兴趣也越大，仿佛是以此来抒解心中的遗憾。作为一名耄耋老人，他深知自己来日无多，但他雄心不老，正像他非常欣赏的曹操的诗《步出夏门行》中所描述的那样："老骥伏枥，志在千里，烈士暮年，壮心不已。"毛泽东始终是个"壮心不已"的人。

从他谈到的许多志愿中，我们仍能感受到他"志在千里"的"壮心"在跳动。

毛泽东曾经非常惋惜的说到自己的志愿："我也有些好高骛远，我要骑马沿黄河走一趟，可是脱不开，一直不能如愿。"他还说："我想收集中国战争史的材料""我要写一部自辛亥革命到蒋介石登台的大事纪""我很想请二三年假学习自然科学"，他还说："我想把中国要紧的事情办定。"

对毛泽东的这些理想，黄克诚有着很中肯的评价：

"毛泽东为人民事业是紧张操心了一辈子的。从大革命失败以后，他就苦心焦虑，经常昼夜不眠地考虑问题。1958年我同他接触时，就感到他脑子已经紧张过度了。脑子紧张过度了，就容易出差错。毛主席晚年的雄心壮志仍然非常之大，想在自己这一生中把本来要几百年才能办到的事情，在几年、几十年之内办到，结果就出了一些乱子。尽管这些乱子给我们党和人民带来了不幸和创伤，但从他的本意来讲，还是想把人民的事情办好，把革命事业推向前进。他为了这个理想操劳了一辈子。毛主席所犯的错误是一个伟大革命家的错误。"

（参见胡哲峰、孙彦编著：《毛泽东谈毛泽东》，
中共中央党校出版社2000年版）

没人骂是不正常的

"我今天也想声明一下，我就是犯过许多错误的。"

一个人能不能正确对待自己的错误和失误，是检验其胸怀和度量的试金石。

1977 年 5 月邓小平在一次谈话中谈到，毛泽东同志自己多次说过，他有些话讲错了。他说，一个人只要做工作，没有不犯错误的。

在延安召开的党的七大预备会上，毛泽东说："至于犯过错误，那也不是一两个人，大家都犯过错误的，我也有过错误的。错误人人皆有，各人大小不同。""在 20 多年的工作中，无论在军事上、政治上，在党务工作方面，我都犯了许多错误，其数目有几十打，几百打。""我这个人也犯过错误。1927 年我写过一篇文章，有马克思主义的观点，但是在经济问题上缺乏马克思主义的观点，所以经济问题我写错了。"在七大关于选举方针的报告中，他又说："我今天也想声明一下，我就是犯过许多错误的。"

1962 年 1 月，毛泽东在扩大的中央工作会议（即"七千人大会"）上诚恳地向全党说：

"有了错误，一定要作自我批评，要让人家讲话，让人家批评。去年 6 月 12 号，在中央北京工作会议的最后一天，我讲了自己的缺点和错误。我说，请同志们传达到各省、各地方去。事后知道，许多地方没有传达。似乎我的错误就可以隐瞒，而且应当隐瞒。同志们，不能隐瞒。凡是中央犯的错误，直接的归我负责，间接的我也有份，因为我是中央主席。我不是要别人推卸责任，其他一些同志也有责任，但是第一个负责的应当是我。"

60 年代初，有一次毛泽东去湖南，专列驶动后，许多工作人员与毛泽东一起聊天。

那次李敏刚代毛泽东给亲人扫了墓。聊天时，李敏说了一个情况，说扫墓时还听到有人骂毛泽东。恰好列车服务员姚淑贤走了进来。毛泽东坦然地笑着说："小姚，我女儿回去扫墓，说还有人骂我呢。"

姚淑贤条件反射一般嚷起来："肯定是阶级敌人！"

毛泽东仍然在笑，摇摇头说："不对，不能说的这么绝对。有人骂是正常的，没人骂是不正常的。骂我的人有坏人，也有好人。好人有时也会骂人的。因为我也不是一贯正确么。"停了片刻，他带着思索的表情继续说下去，语气变得深沉缓慢："蒋介石挖过我的祖坟，共产党也曾把我开除一边，不让我作事。革命不是容易事，革命就要舍得出。他们挖了祖坟，迷信，我不是还是很好吗？我还是毛泽东么。现在人民又给我父母修了坟，也很好。我也是个人，毛泽东也是个人。人总是要死的，我也是要死的。什么高瞻远瞩，不是那么回事。我死后，我搞的这些东西也会有人骂，有些也会被实践证明不对。我是人，是人就有错误。但我有信念，我还是要革命，别人骂什么我也还是要革命……"毛泽东对自己做了客观公正的评价。

（参见胡哲峰、孙彦编著：《毛泽东谈毛泽东》，
中共中央党校出版社 2000 年版）

情与钱的不同价值

"你还记得，我不摸钱，我就讨厌钱。"

毛泽东最讨厌钱，他是如何对待"钱"的呢？毛泽东曾经和蒋介石握手，但是毛泽东从来不摸钱。毛泽东在延安不摸钱，转战陕北不摸钱，进城后更

不去摸钱，这让人很费解。

记得 20 世纪 50 年代。张瑞岐给毛泽东来信，说回家后遇到困难了。老张是陕北籍战士，转战陕北期间一直在警卫排。他年纪较大，把毛泽东护送到北京后，就解甲归田，娶妻生子了。毛泽东是很恋旧的，一见信立刻吩咐寄钱。

毛泽东经常从生活上关心身边的工作人员，李银桥为他开列的经济支出表，专有一项就是帮助生活困难的同志。毛泽东支援同志的钱，若是从工资的结余存款中拿，就由李银桥负责。若是从稿费中支出，就由秘书负责。

那次是由李银桥从工资节余的存款中取出几百元，装入一个牛皮纸袋送毛泽东过目，以便他放心。

毛泽东正在看文件，见李银桥递来牛皮纸袋，像接公文一样接过去，准备掏出来看。

"给老张的钱，主席过过目吧。"

李银桥的话音未落，毛泽东神色有变，就像无意中抓了一只癞蛤蟆那么糟糕，一下子把牛皮纸袋扔开了。

"拿开！交代了，你就办，谁叫你拿来的？"毛泽东皱起眉头搓手，好像指头脏污了，"我不摸钱，以后你要注意呢！"

不久，转战陕北时期的警卫战士李二亭又从家乡来信叫苦，毛泽东马上吩咐寄钱。这一次李银桥再没拿去让他过目。

1964 年李银桥已经离开毛泽东去天津工作。那年夏天李银桥去北京看望他老人家。毛泽东听说李银桥家乡遭了灾，吩咐秘书从他稿费中支出 1000 元帮助他。秘书将钱装进牛皮纸袋放到毛泽东的桌子上。

毛泽东远远比划手势："你拿去，可以解决一些困难。"

"不行，主席，我不缺钱，我不能要。"李银桥连连摇头。毛泽东多次帮助过李银桥，李银桥实在不好意思。

"怎么，你是要让我摸钱吗？"毛泽东作出抓那只牛皮纸袋的样子。

"不，不，我要，我自己拿。"李银桥赶紧拿起了那装有 1000 元钱的牛皮纸袋。

"这就对了。你还记得，我不摸钱，我就讨厌钱。"

生活在世上的人，谁都离不开钱。但毛泽东却把钱看得很轻，他生不是为了追求钱财，不是为了发家致富，而是把目标定在解放劳苦大众身上。因此他常常鄙视钱，粪土当年万户侯，号召人们像白雪一样洁身自好，做一个脱离了低级趣味、有益于人民的高尚的人。这种人生观引导了无数革命先烈抛头颅，洒热血，为中华民族的新生，真正作到了心底无私天地宽，鞠躬尽瘁，留得美名天下扬。在毛泽东的心目中"钱"的价值有了另外的解读。

（参见权延赤：《走下神坛的毛泽东》，中外文化出版公司 1989 年版）

向人类文化精华学

> "我已经说过，我没有什么伟大。就是从老百姓那里学了一点知识而已。"

毛泽东 1964 年 8 月 29 日接见尼泊尔教育代表团时，代表团团长潘迪说："能够同您这样一位伟大人物会见，我们教育代表团的全体团员都感到非常高兴和十分幸福。我们无法用语言来表达这种快乐。"毛泽东说："谢谢。我没有什么伟大，跟你们差不多，在某些方面可能比你们差一些。"在会见过程中，团员马拉问："您能不能告诉我们，您所以这样伟大的秘密是什么？您怎么能够这样伟大？您力量的源泉是什么？以便我们多少学得一点。"

毛泽东坦率地说："我已经说过，我没有什么伟大。就是从老百姓那里学了一点知识而已。当然我们也学了一点马克思主义。但是单学马克思主义还不行，要从中国的特点和事实出发来研究中国问题。力量的源泉是人民群众。不反映人民群众的要求，哪一个也不行。要在人民群众那里学得知识，制定政策，然后再去教育人民群众。所以要当先生，就得先当学生。"

毛泽东是一位杰出的马克思主义者。但这决不是有什么神的因素所致。他曾经针对那种把个人神化的观点特别强调地说："哪里有什么生而知之的圣人呀？我也是逐步认识社会、走上革命道路的"。"我是从农村生长出来的孩子，小时也上过私塾，读过孔孟的书，也信过神，母亲生病也去求过神佛保佑哩！旧社会的东西对我都产生过影响，有段时间受到梁启超办的《新民丛报》的影响，觉得改良派也不错，想向资本主义找出路，走西方富国强兵的路子。十月革命一声炮响，马列主义传入中国，我才逐步接受了马列主义"。毛泽东接受马列主义，是那样入心，那样坚信不疑，那样准确地加以运用，是因为他接下来着重指出的："最重要的是向社会学习、向群众学习哩！"

1936 年，他在《中国革命战争的战略问题》一文里说："说学习和使用不容易，是说学得彻底，用得纯熟不容易。说老百姓很快可以变成军人，是说此二门并不难入。把二者结合起来，用得着中国一句老话：'世上无难事，只怕有心人'，入门既不难，深造也是办得到的，只要有心，只要善于学习罢了。"

1956 年，他在党的八大开幕词里谈到建设社会主义问题时又指出要善于学习。他说："要把一个落后的农业的中国改变成为一个先进的工业化的中国，我们面前的工作是很艰苦的，我们的经验是很不够的。因此，必须善于学习。"

努力学习，是毛泽东成为一代伟人的成因，他的学习有一个突出的特点，为吸取和提炼人类文化精华，曾作过艰苦的努力。他既在原有的文化环境中成长，又在他不断追求的新的文化环境中成长，在长沙期间曾多次选择学校，进行游学和寻访，结交精英，这些都是追求良好文化环境的努力。此外，他还在创造新的良好文化环境，如建"读书会"，设图书馆等。毛泽东之所以成为毛泽东，既是时代所造就，又是他积极吸取和提炼人类文化精华的结果。《盛世危言》使他感到"国家兴亡，匹夫有责"，从而产生了救国救民的大志。可是立志与实现其志，完全是两个过程。如果没有积极吸取和提炼人类文化精华的努力和成功，从而创造正确的革命理论，他便不会成为伟人。历史之所以选择了毛泽东，他的这种努力和成功是不可或缺的。正如他尖锐地批评某些机会主义者时说的："他们只有一个改造世界或改造中国或改造华北或改造城市的主观愿望，而没有一个像样的图样，他们的图样不是科学的，而是主观随意的，是一塌糊涂的。他们"却妄欲充当人们的向导，真是所谓'盲人骑瞎马，夜半临深池'了。"所以他常常强调革命热情和科学精神的结合。而科学精神是离不开吸取和提炼人类文化精华的。

要吸取和提炼人类文化精华，就不论中国的，外国的，古代的，当代的，意识形态的，非意识形态的，包括西方现代科学技术和管理技术等，均不可舍弃。列宁坚决反对割断历史和闭关自守，尖锐地批评那种"臆造自己的特殊的文化，把自己关在与世隔绝的组织中"的做法。他以马克思主义的成就来证明吸收和改造人类文化一切有价值的东西的重要性。他说："马克思主义这一革命无产阶级的思想体系赢得了世界历史性的意义，是因为它并没有抛弃资产阶级时代最宝贵的成就，相反，却吸收和改造了两千年来人类思想和文化发展中一切有价值的东西。"因此，他认为应千方百计利用人类一切优秀文化成果。在社会主义建设时期，他认为应敢于提向外国学习的口号，他说："我们的方针是，一切民族，一切国家的长处都要学，政治、经济、科学、技术、文学、艺术的一切真正好的东西都要学。""自然科学方面，我们比较落后，特别要努力向外国学习。"他认为资本主义国家先进的科学技术和企业管理方法中合乎科学的方面都要学。当然，"不加分析地一概排斥"和"不加分析地一概照搬，都不是马克思主义的态度"。但是总归还应向人家学习。在《论十大关系》中，他说："一万年都要学习嘛！这有什么不好呢？"

紧紧地抓住人类文化精华，吸取、传播、利用它，是毛泽东的一个极为重要的特点，也是他引导中国革命走向胜利的重要原因和领导建设中国先进文化的必备条件。这样不断地吸取，传播和利用人类文化精华，为中国革命和建设所用，为改造中国和改造世界所用，这就是毛泽东之所以伟大，之所以成功的一个重要根源。

（参见权延赤:《走下神坛的毛泽东》，中外文化出版公司 1989 年版）

四个伟大只要一个

"因为我历来是当教员的，现在还是当教员。其他的一概去掉。"

毛泽东生前不但一贯重视教育、尊师敬贤，而且自己还当过四次教师。

他曾在湖南省立第一师范主办的工人夜校首次登坛讲课。1917年上学期，第一师范主办了工人夜校，到了下学期时，由于夜校办得不景气，就出现了办与不办的争论。当时在该校读书并担任学友会总务兼教育研究部部长的毛泽东，力主夜校应该继续办下去。他说："我国现状，社会中坚实为大多数失学之国民。"取得继续办下去的一致意见后，他于1917年10月亲自起草了《工人夜校招生广告》。11月9日夜校开学后，毛泽东不但事无巨细地操劳，而且还兼任甲班的历史课。由于他组织工作事必躬亲，课又讲得深入浅出，通俗易懂，故深受学生的欢迎。

1919年春，毛泽东经周世钊先生的引荐，到修业小学担任了历史教员。此间，毛泽东在教好课的同时，还把主要精力放在了反帝反封建的政治宣传活动上。后来被李大钊称为全国"最有分量、最有见解的刊物"即由毛泽东主编的《湘江评论》，就是他在修业小学教书期间创办的。

1920年7月，从上海回到长沙的毛泽东，由他的老师，原一师国文教员，当时任省长公署秘书长的易培基举荐，担任了一师附属小学的主事。主事即为现在的小学校长。在任期间，他首先建立了由一批思想进步、品德高尚、学识渊博的学者为骨干的教师队伍，还坚持抓教改，重视文体活动，使这所学校成了一所教育与生产劳动相结合的学校。

1921年下学期，由于毛泽东把附小办得名声在外，易培基对他更加钦佩，于是就破格聘请他兼任师范部第22班的国语教员。在高手云集的一师教员中，毛泽东这样年轻的师范生是第一个。但由于毛泽东知识渊博，讲课又生动有趣，使学生们对他佩服得五体投地。有时在毛泽东讲课时，外班的学生都放弃本班的课，去听他的讲课，常常是教室里被挤得水泄不通。

1970年12月18日斯诺访问毛泽东时，当谈到"四个伟大"时，毛泽东说："比如什么'四个伟大'，讨嫌！总有一天要统统去掉，只剩下一个，就是教员。因为我历来是当教员的，现在还是当教员。其他的一概去掉。"

由此可见，毛泽东对其他头衔的嫌弃，而独独对"教员"的重视程度，这也许与他的教员生涯有关。

标新立异常人举动

"发愣干什么？我也是人哪！"

毛泽东是一个极富幽默感的领袖人物，这种幽默在不同场合与形势下，有不同表现。就比如走路吧，毛泽东只是在大庭广众之下，才改成庄严或稳健的步子。平时他非常喜欢晃肩扭腰，手舞足蹈，全身活动着走路，很有些像公园里某些活动着的老人。他办公常常一坐十几小时，全身发僵，走路时就想活动一下全身。每当他从卧室出来去颐年堂参加会议时，短短一段路也要晃肩扭腰，手舞足蹈地走路，当他手舞足蹈时，还要有声有色地呼吸，并且朝跟随的卫士递个眼色，那是无声的幽默："发愣干什么？我也是人哪！"

有些文章把毛泽东描绘成神秘的人物，实际上毛泽东也是有喜怒哀乐，也有七情六欲，从这些生活小事上看，毛泽东是人不是神，他的一举一动也体现出人的共性，不过这些异乎寻常的举动，常常反映出他标新立异的思维和别于常人的举动。

（参见许祖花、姚佩莲、胡东编著:《毛泽东幽
默趣谈》，山东人民出版社 1995 年版）

领袖高呼人民万岁

"你们谁能给我找出一个活一万岁的?"

1973 年 12 月 26 日，是毛泽东 80 岁生日，他身边的工作人员要向他老人家祝贺生日。按照当时的说法，吴连登脱口说了一句:"毛主席，我们祝您万寿无疆!"毛泽东听了，先跟吴连登开玩笑:"是咸城人啊! 是我身边那盏不灭的灯啊!"逗得大家直笑。忽然，毛泽东严肃起来，说:"刚才你说的那句话是屁话。哪有活一万岁的? 人活一百岁就不得了了。"他望望大家:"你们谁能给我找出一个活一万岁的?"大家都瞠目结舌，面面相觑。

有一次，毛泽东要看我国原子弹爆炸成功的纪录片，吴连登几经周折，从解放军总参谋部借到片子。当放映到爆炸成功时，画面上出现了群众欢呼"毛主席万岁"的盛大场面和高唱毛主席语录"下定决心，不怕牺牲，排除万除，去争取胜利"的镜头，大家看得正来劲，毛泽东却挥挥手说:"不看了，不看了。"老人家一脸的不高兴。恰好这时放映机出了点毛病，停演了一会儿。毛泽东借这个机会说，这样宣传不好，中国原子弹爆炸成功不是靠学习语录，而是靠科学、靠工程技术人员的艰苦奋斗、发愤图强。有段时间，毛泽东吃不好、睡不好。工作人员不清楚是什么原因，就问毛泽东是不是饭菜没做好。他摇摇头，沉思一会说:"1958 年大跃进，急于求成，我们

353

犯了很严重的错误，杀猪、砍树、吃大锅饭，还搞了一个打麻雀，这样再加上苏联逼债，一下子就把国家搞穷了。我作为主席要负主要责任。"

毛泽东在天安门城楼上出席重大活动，每当听到人民群众的欢呼声时，他都情不自禁地脱帽振臂高呼"人民万岁！"据说，毛泽东是中外领导人中喊"人民万岁"的第一人。

尽管人民对毛泽东的评价极高，但毛泽东还是有自己的观点的，他对工作中存在的问题还是有比较清醒的认识的，所以在同身边工作人员议论时对自己做出了实事求是的评价。

（参见李敏、高风叶利亚主编：《毛泽东身边工作人员的回忆——真实的毛泽东》，中央文献出版社 2006 年版）

不把个人看成圣人

"其实离了我，地球照样转。"

毛泽东的威望在中国人民群众的心目中是至高无上的。过去有一首歌唱道："毛主席走遍全国，山也乐来水也乐……"所以，毛泽东每到一地，总是被群众前呼后拥地推着往前走。欢迎的人们拉着他的手，握了又握，亲了又亲。有时候甚至把毛泽东的身子推到前面去了，可他的手还被后面的群众拉着收不回来。警卫人员怕毛泽东的手臂拉脱了臼，就赶忙说服人们把手放脱、扒开。有几次，毛泽东当时就说："不要伤群众的心啊！"

1974 年 7 月，毛泽东已 80 高龄，又身患重病，走路都十分困难，上下汽车要几个人帮扶。但他还坚持视察了湖北、湖南、浙江、江西等地。直到

1975 年 4 月才回到北京。回京后不久，毛泽东的眼病进一步恶化，动了手术。病刚有些好转。他就说："等我的眼睛好了，还要下去看看。"

身边人员见毛泽东的身体还没有全好，就劝他休息、养好病，他却风趣地说："我这一辈子就吃亏在认识几个字上，其实离了我，地球照样转。唐朝有个大诗人刘禹锡说过，'沉舟侧畔千帆过，病树前头万木春'嘛。可是，说是说又由不得我啊，谁叫我是共产党员呢！"

毛泽东就是这样从容不迫的对待生死，从不把个人看成超乎常人的天才和圣人。

（参见许祖花、姚佩莲、胡东编著：《毛泽东幽默趣谈》，山东人民出版社 1995 年版）

改变尼克松的一周

"我看还是世界改变了他。要不，他隔海骂了我们好多年，为什么又要飞到北京来？"

中美上海公报发布以后，西方新闻界发表了种种评价。法新社说"改变世界的一周"应该是"改变尼克松的一周"；《底特律自由新闻报》说，"他们得到台湾，我们得到蛋卷儿"；《费城公报》说，"尼克松飞回美国，在台湾问题上让步"。也有不少肯定的报道：《费城问询报》说，"从短期看，尼克松付出的代价比得到的多；但从长远看，他也许获得了远比付出代价更有价值的东西"；《基督教科学箴言报》说，"尼克松总统所同意的就是他早已决定要做的事"……

飞机上的我国记者都在谈论着外国记者的反应，这是我国记者第一次接触那么多外国的记者。

周总理操劳了1个星期，也没有借飞行机会在前舱休息。他来到后舱看望记者们。

新华社记者问："总理，有个美国记者报道尼克松访华的结果，用乒乓球的比数来比喻，中国对美国，21比2。可以报道么？"

周总理听了哈哈一笑，问："是哪个记者？"

"美联社记者卡洛。"

周总理摆了摆手："人家可以那么写，我们不能那么说。公报只是一个起点，我们要学会把眼光看到未来。"

有记者问："总理，外电评论，这次是你导演的外交杰作。"

周总理严肃地说："不。不能那么说。这是主席的英明，主席的功劳。这次乒乓外交我就没看准，是主席决定的。打开中美关系还是靠主席的英明决策。到底主席是主席，我们是我们。"

周恩来回到北京后，当即驱车前往中南海，到丰泽园向毛泽东汇报。

毛泽东穿着睡衣，躺在木板床上。床上里侧摆满了书。毛泽东的头靠在垫得很高的枕头上。

走到床边的周恩来问："主席，你困么？"

"不困，你说吧。"

"尼克松很高兴地走了。他说这一周改变了世界。"周恩来汇报说。

"哦?! 是他改变了世界？哈哈。"毛泽东伸手拿起一支雪茄，秘书给他点上火。他深深地吸了一口，将烟喷出来，说，"我看还是世界改变了他。要不，他隔海骂了我们好多年，为什么又要飞到北京来？"

周恩来又说："尼克松临走时还一再表示，希望能在美国与我们再次相会。他们国务院提出了一个邀请我们访美的名单。"

毛泽东说："那青天白日旗不落，我们怎么去？公报是发表了，路还长哪！我和你，怕都看不到那一天啦。"

周恩来默然无语地看着毛泽东。

毛泽东有点喘，咳了两声。女秘书为他拍了几下背。他缓过气来，又深吸了一口烟，盯着手中的雪茄烟卷，自嘲地说：

"还说改变世界哪，我几次要改变吸烟的习惯，都改不了。"

毛泽东的话意味深长，似乎还有一些潜台词。这一次胜利改变了世界的格局。

（参见陈敦德：《毛泽东·尼克松在 1972》，解
放军文艺出版社 1997 年版）

为大中华面孔自豪

"我生着一副大中华面孔。"

对毛泽东的仪态举止、神色表情、气质风度了解较多的要算长期为毛泽东拍照留影的摄影师了。让我们跟着摄影师的镜头仔细端详毛泽东那别具风采的形象。"在我接触到的领袖人物中，毛泽东是极富诱惑力的。这不仅因为他在历史上的无法替代的重要性，而且也因为他感情热烈、表情丰富。而这种热烈和丰富绝不是没有限度的，相反，他讲课效果好恰恰是因为他能牢牢控制自己，又能够自然地深入角色，表现出真实的感情色彩。他的湖南湘潭口音北方同志不易听懂，但他那种腔调在北方人听来又好像一首歌曲那样迷人，他的成功和业绩配了那件旧衣服上的大小补丁，使他更加笼罩在一层神秘的迷雾中。他可以恰到好处地做出一些简捷有力的手势，可以激情磅礴地将头向一个方向一甩又一甩，让满头长发像黑色火焰一样闪烁起来。他可以随心所欲地让所有的听众同他一道高兴、激动或者悲哀、愤怒。在我捕捉镜头时，深深感到：他之所以能鼓舞起群众的心，是因为他本人首先为他所奋斗的理想所激励。他头脑里的一切都是活生生的，所以他的形象、他的语言，也是活生生的。在我的眼中，他是一首神秘而磅礴的诗。"透过摄影师回忆的镜头，出现在人们面前的是一位神情凝重、态度热情、举止随和、表情丰富、动作敏捷而稳健、面容和蔼可亲的人民领袖。这一切使毛泽东的形象光彩照人，语言行为更具魅力和特色。毛泽东曾骄傲的对尼克松的女儿和女婿说："我生着一副大中华面孔。"这是他的特殊感情、特殊风度，任何人不具备的大中华脸。这种自豪感是毛泽东所特有的，更是代表中华民族的大中华面孔的优越感。

（参见刘光荣主编：《毛泽东的人际关系》，中共中央党校出版社 1992 年版）

辩证唯物的生死观

"这也许是我过的最后一个国庆节了，最后一个'十·一'了。"

1975 年 10 月 1 日这一天，晚年毛泽东和护士孟锦云探讨了许多与人生有关的问题。孟锦云回忆说，这天上午，毛泽东正静静地靠在床头，一改往日的一有余暇，便嗜书如命，手不释卷的习惯，尽管没有睡去，却也并不看书，只是静静地靠在那里，似乎很平静又很疲惫，似乎没有意识到今天是什么日子。

对于自己的身体状况，恐怕最清楚的还是自己了。更何况，毛泽东又是那样一位极有自知之明的人。尽管他曾认定"自信人生二百年"，尽管他在 78 岁的高龄，还在波涛汹涌的长江中尽情畅游，击水为乐。但从两三年以前，他便感到身体确实不行了。他常说："看人老不老，先看走和跑，现在不要说跑，走路都吃力啰！"

尽管他的才思敏捷，记忆力也依然如故，但也许正因为如此，那依然敏捷的才思和不见衰退的记忆，和那日渐衰弱下去的身体，形成了极强烈的反差。这一自身无法解决的矛盾，常使他无可奈何。他可以战胜一切，但这一切里，并不包括身体的衰弱和疾病的侵袭。

在江西中央苏区，在长征路上，他也曾大病过几场，有时身体虚弱得走不动一步路，只能躺在担架上行军。可那时，他却总是坚信，这一切都会过去，并且也真的过去了。相当差的伙食和医疗条件，在拼命抽烟中一熬就是几个通宵，风餐露宿，艰苦卓绝，都不在话下。革命不成功，马克思是不会向他招手的。那时的生命力是何等旺盛啊！

但这几年的不断大病，使他的体质每况愈下，他开始相信病只会越来越重，身体是不会有大起色的了。

26 年的岁月，弹指一挥间，人生的征途，又是多么漫长。不知为什么，开国大典的情景，却是那么清晰地浮现在他的脑海，一切都历历在目。每个细节都震撼着他的心灵，都激起他庄严的情感，那是生命力和意志力的闪光啊！

那是 26 年前的金秋，毛泽东穿过陕北高原的硝烟、踏过黄河的滚滚波涛，来到了北京。

1949 年 10 月 1 日，下午 2 点 55 分，毛泽东身着黄色呢制服，和其他领导人沿着天安门城楼的西侧古砖梯道，登上了天安门。他的脚步迈得那样轻松，又是那样重，他的心胸里热浪在翻滚。革命之初，也许他并不去多想能否成功。既然选定了目标，便只顾风雨兼程；也许他并不去想未来的道路是平坦还是泥泞，只要勇往直前，一切都在意料之中。

毛泽东站在天安门的城楼上，向全世界庄严宣告："中华人民共和国中央人民政府成立了！"那声音庄严激昂，如隆隆春雷在 960 万平方公里的土地上滚滚而过。回响在广漠的宇宙空间，中华人民共和国诞生了，如同一轮朝日，光芒四射。

毛泽东在天安门城楼上，用力按动了那颗升旗的电钮，他清清楚楚看到了那面五星红旗徐徐上升，他清清楚楚看到了成千上万双眼睛，用期待热烈的目光投向那面上升的红旗。蓝天、白云、五星红旗。他看到一个独立、民主、和平、统一的人民共和国诞生了，他的鼻微微翕动，泪水在眼窝里打转，终于变成大颗的泪珠，扑簌扑簌地顺着脸颊滚落。

突然，静坐在一旁的护士小孟听到毛泽东一句非常清晰的话，像是自言自语，又像是在对小孟说的，尽管这话依旧带有很浓的湖南口音，可小孟依然听得非常真切。

小孟注视着毛泽东的脸，那张脸是那样地严肃而又平静，眼神里流露出一种无法压抑亦或也无须压抑的深沉与多情，那眼神是在凝视着前方，仿佛这种凝视是抒发他此时无限感慨的最好的方式。好一会儿，毛泽东才略略转过脸，望着小孟再一次重复那句话：

"这可能是我的最后一个'十·一'了吧！"

这话依然是那样清晰，依然是那样肯定，那样令人回味。

小孟听了，不假思索地冲着毛泽东说："怎么会呢？您别胡想了。"

毛泽东缓缓地反问一句："怎么不会呢？怎么叫胡想呢？哪有不死的人呢？毛泽东岂能例外，死神面前，一律平等，万寿无疆，天大的唯心主义。"

看到毛泽东是笑着说的，小孟也没有什么顾忌，接着他的话也说开了："主席，今天是国庆节，是个大喜的日子，应该高兴才对，您别提那些死不死的事了。"

听了小孟的话，毛泽东不但没有嗔怪，而是依然平静地说："孟夫子啊，我看你怕死噢。说说都怕，至少是个小小的唯心主义者。"

说到这里，毛泽东还边说边伸出右手的小拇指："这么个小小的唯心主义者，你怎么知道我不高兴，国庆节是个大喜的日子，可也得讲实话呀，这个世界上，哪一刻不在生，不在死啊！这叫生死不已，新陈代谢嘛。"

小孟听到毛泽东又在谈人生哲学了。她曾记得在毛泽东的一个讲话里，看到过他关于生死的观点，毛泽东曾讲过，老人死了，应该开庆祝会，庆祝辩证法的胜利。当时她很想不通，但她现在随着与毛泽东接触谈话的增多，已逐步理解了些。

毛泽东停了一会儿，突然话锋一转，又谈起来："你们这个年龄，可真是让人羡慕得很，恐怕你到我这个年龄，也会有同感。"

小孟听了，便接着说："我们有什么值得羡慕，什么成绩都没有，主席，您年轻的时候，想到过要建立一个共和国，当主席吗？"

毛泽东听了，高兴地回答："我可不是刘伯温，能前知500年，后知500载，那时候，既不晓得建立一个什么共和国，更不曾想到要当什么主席，当时，想的只是国家兴亡，匹夫有责，本人不过是匹夫而已，很多事情，是水到渠成嘛。"

小孟听了毛泽东的议论，也来了兴致："'文化大革命'，我们文工团里的年轻人，一起来造反，野心可大啦，真想造反成功，当个什么，有些人就是狂妄无知。"

毛泽东听了，并不接着小孟的话题，而是用深沉的语调说："我们这个共和国，来之不易噢，死了多少人？有些人，比你现在还要年轻些，十几岁的娃娃，没见到共和国是什么样子，许多人连名字都没留下。"

这时，小孟看到毛泽东的眼圈有些湿润了，她知道，毛泽东是极易动感情的，特别是他想起那些牺牲的战友时，这种情感尤为强烈，甚至达到不能自制的程度。看着眼前的情景，小孟真有点不知说什么好，甚至莫名其妙地后悔自己不该说那些话，愣愣地坐在那里。

毛泽东很快便觉察到小孟的情绪变化，他微笑地说："怎么回事，晴转多云啦？"

小孟心直口快地回答："我刚才的话可能不该说，您的身体还是少动感情好。"

小孟说到这里，又觉得这句话也好像有什么不妥，总觉得硬梆梆的，想再解释一下，可一下子又想不出说什么话，同时，又担心引起毛泽东的误会。

没想到毛泽东却说："我这一辈子就是在刺激中过来的，受刺激也未必不是好事嘛。"

毛泽东的讲话，始终有一种与众不同，自然而然，而又耐人寻思的哲学意味。

尽管小孟没有读过几本哲学书，可毛泽东谈话中那股浓厚的哲学意味，小孟还是感觉到了的。今天，小孟不知为什么，和毛泽东谈了自己的感觉："主席，您讲的话，总有那么一股子哲学味。"

毛泽东一听到哲学，他的兴致特别高："不是我的话里有哲学，这个世界就充满了哲学，军事、政治、经济，哪个没有哲学？你信不信？反正我信。"

小孟进中南海之后，多次听到毛泽东对世界的万事万物的议论，毛泽东常常表示自己对大千世界的看法："我们生活的这个大千世界，一曰大，二曰千奇百怪。生活在这样的世界里，人也应该高大点为好，不要僵死，要见怪不怪，一句话，顺其自然。"

以前毛泽东还向小孟提到过汉朝的贾谊："汉朝有个贾谊，写过一篇《鹏鸟赋》，我读过十几遍，还想读，文章不长，可意境不俗。"

今天，毛泽东又谈起贾谊的这篇文章来："不少人就是想不开这个道理，人无百年寿，常怀千年忧，一天到晚想那些办不到的事情，连办得到的事情也耽误啰！秦皇、汉武都想长生不老，到头来，落得个'万里长城今犹在，不见当年秦始皇'，其实，任何事物都不过是一个过程，人的一生也不过如此，有始必有终。"

毛泽东的谈话是那样的轻松、自然、幽默，没有一丝伤感。这时，小孟看到毛泽东那已明显衰老的脸上，显出了少有的光彩，特别是那眼神，更是显出一种异样的神采，那是一种藐视一切，敢于当家作主，不知恐惧为何物的神采，那是一种对于死亡也敢于悠然一笑的神采。

无论从年龄，还是从经历上讲，毛泽东做小孟的长辈，都是当之无愧的，而此时，在毛泽东的眼里，小孟也的的确确像自己的孩子一样。毛泽东尽管有自己的孩子，可他们难得一来，倒是这些警卫、护士，像他的孩子一样，整日和他在一起，望着小孟那孩子般的脸，他不知从哪里来的兴致，对小孟说："我给你讲个故事，爱听吧？"

小孟听说毛泽东要讲故事，高兴得不住地点头。

毛泽东讲起故事，那语调缓慢而柔和："这故事，你只有从我这里才能听到，哪本书上都没有。那还是没上井冈山的时候，秋收暴动以后，我们连打了几个败仗。人不断地跑，连师长都不辞而别了，人心乱得很噢，当时，就有人说：'还是散了吧，就这么几个人，能顶什么用？'有一天，队伍到了一个镇子上，大伙休息的时候，一群人又聚在一起议论散伙的事。当时，就有人问我：'毛委员，凭我们这几个人，这几条枪，革命能成功吗？'我对他们说：'就这几个人，这几条枪，用不完，绰绰有余，愿走的都可以走，不信，咱们有言在先，到庆祝革命胜利的那天，我们肯定死不光。'1949年开国大典后，我又见到了几位当时听过我讲这话的人，没想到，他们还记得那些话。现在，井冈山的老人不多啰。"

讲到这里，毛泽东似乎又沉浸在往事的回忆之中了。小孟也被毛泽东那独有的乐观感染了，她听得津津有味。

过了好一会儿，毛泽东才又像回到现实中来，侧着身子问："1949年你几岁，还不记事吧？以后，你也会像我今天这样，也会给人像讲我的昨天一样，讲我们的今天，那时候，我们这些老头子，都统统去见马克思啰。"

小孟发现今天毛泽东的话很多，她能理解：今天，国庆节，作为共和国的创建者——毛泽东，肯定是思绪万千，感慨颇多，肯定要回顾起那些遥远的战斗岁月，但她不想让他再说下去了，她怕这样会使他吃不消，过分疲劳，小孟说："您今天可别太累了，您睡会儿觉吧。"

没想到毛泽东反问一句："你怎么知道我累了？"

的确，小孟知道，人只有干不爱干的事时，才会觉得累，人想干的事，他是不容易觉得累的。她记得毛泽东曾说过："你看我老看书，一天天地看书，连个姿势都不变一下，一定会觉得累，其实，看得入迷，不但不会觉得累，那还是一种很好的休息，难得的享受哩！"

小孟便又带着好奇地问："主席，开国大典那段时间里，您肯定忙吧？"

提到开国大典，毛泽东神采又飞扬了："那段时间，真是忙得很，百废待兴，百业待举，国徽、国旗、宪法、政府机构、人事安排，哪样不要考虑？不要研究？一个会议接着一个会议，国际国内，党内党外，为公事忙，私事也不少忙，还要忙里偷闲，看一看书。真是忙得不亦乐乎。我这个人不怕忙，就怕不忙。那时，家乡的人也不断来，他们觉得我是个天大的官啰，好像这个国家已经成了我的私产，国家就是我的，想怎么样就怎么样，我也难办得很，但家乡人都通情达理，我们的人民，都是非常好的人民。"

小孟知道，毛泽东在开国大典那天，在许许多多的群众场面，他不止一次地呼喊过：人民万岁！那是真诚的呼喊。

毛泽东又说："我们这个国家，这个党，几起几落，多灾多难，可又大难不死，为什么？因为我们总是和大多数人站在一起。"……

1975年10月1日这天，尽管毛泽东没有像20世纪50、60年代那样，在天安门城楼上向人民挥手致意，没有在人民的欢呼声中检阅他亲手缔造的共和国的队伍，可他并没有忘记他们——他的人民，他的国家，他们的命运。这对毛泽东来说，是一种不受任何干扰的信念，这也是给予他的信心，给予他力量的源泉。

　　小孟在毛泽东度过的那个最后的国庆节里，深深地感觉到，尽管毛泽东在他的晚年，有过这样那样的失误。可中国人民依然怀念和尊敬他，那原因恐怕就在于他的人生哲学和唯物辩证的生死观。他所揭示的哲理发人深省，耐人寻味。尤其是他的一段名言："不要总以为缺了你就不行，没你在世界上，地球就不会转？党就不存在？你以为张屠夫死了，人家就要吃带毛的猪肉吗？不必担心什么人死。谁的死会真正成为一个巨大损失呢？马克思、恩格斯、列宁、斯大林，他们不都死了吗？革命还要继续下去。"正如美国作家R.特里尔所说的：毛泽东自身的闹钟敲出的谐音与社会的闹钟敲出的不一致。这正说明了毛泽东的思维不同于一般人。他的人生价值观充满了唯物辩证法。

　　　　　　　　　　（参见郭金荣:《毛泽东的晚年生活》，教育科
　　　　　　　　　　　学出版社 1993 年版）

以平和态度对生死

　　"我并不希望死，我希望能亲眼看到帝国主义的末日。但是，如果我不得不死，我不怕。"

1976 年 5 月以后，毛泽东的健康状况明显恶化了。

6 月初，毛泽东突然患心肌梗塞，幸亏及时抢救，才脱离危险。

毛泽东的病情趋于平稳，稍有好转，不愉快的事情接踵而来，朱德逝世、唐山大地震的消息一个个传入。此刻的毛泽东心境是很悲凉的。

他要张玉凤找出南北朝时著名文学家庾信的《枯树赋》。

张玉凤按照毛泽东的示意，连续读了两遍。毛泽东静静地听着、随

诵着。

紧接着，他自己一句一字地吟诵着：

> 此树婆娑，
> 生意尽矣！
> 至如白鹿贞松，
> 青牛文梓，
> 根柢盘魄，
> 山崖表里。
> 桂何事而销亡？
> 桐何为而半死？
> ……
> 昔年种柳，
> 依依汉南；
> 今看摇落，
> 凄凉江潭。
> 树犹如此，
> 人何以堪！

庾信的《枯树赋》，抒发的是英雄暮年的凄凉情感，反映的是在自然规律面前无可奈何的失落心态。青年时代的理想、抱负和事业的成功，皆成历史。英雄暮年，壮心不已。自然规律，不可抗拒。

稍许，毛泽东让张玉凤看书，他又吟诵一遍。

遵照医嘱，张玉凤阻止了毛泽东继续吟诵，怕他过分动感情，多说话。其实，那天毛泽东的精神很好。

"至今想起，还十分遗憾！"十几年后，张玉凤后悔地说。

毛泽东吟诵《枯树赋》，虽然是他当时的心态和情感的抒发，但他并不怕死。他从1957年开始，就谈论关于死的问题。

1957年，在莫斯科，64岁的毛泽东对一群朝气蓬勃的青年留学生说："要完成这个任务（赶超英国）还要15年或更多一些时间，这个责任就落在你们身上。我也有个五年计划，再活五年，如果再活 15 年就心满意足了。能超额完成当然要好。但是天有不测风云，人有旦夕祸福，这也是自然辩证法，要是孔夫子还不死，两千多年的人还不死，那还成什么世界！所以我开始和你们说了，世界是属于你们的，中国的前途是属于你们的。"

1959 年 3 月 13 日。武汉东湖的石屋别墅。毛泽东会见美国记者安娜·路易斯·斯特朗、杜波依斯等人并设午宴招待。

"我已 66 岁了，我可能会病死，也可能乘飞机遇难，或是被蒋的某些特务分子暗杀。然而，怕死是没用的。怕死不能制止死亡，只能导致死亡。我并不希望死，我希望能亲眼看到帝国主义的末日。但是，如果我不得不死，我不怕。"这就是毛泽东对生死问题的根本态度。

1961 年 9 月 22 日、24 日，毛泽东在武昌两次会见英国元帅蒙哥马利。

毛泽东说："元帅是特别人物，相信能活到 100 岁再去见上帝。我不能，我现在只有一个五年计划，到 73 岁去见上帝。我的上帝是马克思，他也许要找我。"

蒙哥马利说："马克思可以等一等，这里更需要你。"

毛泽东说："中国有句话，七十三、八十四，阎王不请自己去。"

接着，毛泽东说："我已准备了五种死法：被敌人开枪打死，坐飞机摔死，坐火车翻车压死，游泳时淹死，生病被细菌杀死。"

1964 年，毛泽东对阿尔及利亚客人说：帝国主义分子前不久还叫嚣中国政府要垮台，现在不做声了，因为还没有垮台。不过我就要垮台了，要去见马克思了，医生也不能保证我还能活多少年。

1965 年，毛泽东在人民大会堂会见他的美国朋友斯诺，并共进晚餐。

斯诺说："说到你的健康，我们过去还没有谈过，从今晚来判断，你的身体很好。"

毛泽东说："这点也许还有疑问，我很快就要准备见上帝了，你相信吗？"

然后，毛泽东又谈起两个弟弟被杀。接下来，又谈到自己一生中的多次险难。谈得很深情，谈得很着实。

1970 年 12 月 18 日，毛泽东在中南海他的住所又同斯诺共进早餐，并一直谈到下午 1 点。

毛泽东说："我不久就要见上帝，这是无可逃避的，每个人总要去见上帝的。"

1973年11月，在中南海毛泽东的住所，他会见了澳大利亚总理惠特拉姆。毛泽东步履蹒跚，向客人抱怨自己的腿行走不方便了。

毛泽东说："我和周总理都活不到革命结束的那一天，我的疾病在身。"

周恩来插话："他只是膝盖有点风湿痛。"

毛泽东说："我已和上帝打过招呼了，准备见上帝。"

1975年7月，泰国总理克立在中南海拜会毛泽东，此时毛泽东已步履艰难。

毛泽东说："你不怕我吧？蒋介石和西方骂我是土匪、罪犯、杀人犯。我快死了。"

克立说："不可能。"

毛泽东说："为什么？"

克立说："世界不能失去像你这样的第一号'坏人'。"

1976年元旦，尼克松的女儿朱莉·尼克松和女婿戴维·艾森豪威尔在中南海拜会毛泽东。

毛泽东对朱莉说："马上给你爸爸写信，说我想念他，邀请他到中国来访。"

护士送来了药。毛泽东喝完后，望着杯子说："我老了，我的负担太重了。"

戴维说："你的心仍然年轻。"

毛泽东的目光僵滞了许久，说："一个人如果负担太重的话，死是最好的解脱办法。"

此后不久，尼克松应毛泽东的邀请再次访华。

他的印象是："1976年，我再次访华时，毛泽东的健康状况已严重恶化了。""但他的思想依然那样敏捷、深邃。""由于帕金森氏病的侵袭，毛泽东的行动当时已很困难，他不再是体魄健壮的人了。这位82岁的、步履蹒跚的伟人，现在变成了一个拖着步子的老人。"

毛泽东确实年迈体衰，重病在身。对死神将至，他也感到无可奈何。但细细品味毛泽东自1957年以来谈论的生与死，我们又会感到一个伟大哲人的那种超然与平和。一生中经历过无数险难又获得惊天动地业绩的毛泽东，他无疑是悟透了生老病死是不可抗拒的自然规律。他赞成唯物辩证法的胜利。

（参见赵大义等编著：《险难中的毛泽东》（下部），中央文献出版社 2001 年版）

巴基斯坦总统声明

"吾死之后，置吾之身于历史之中，使后人见之，皆知吾确然有以自完。后人见吾之完满如此。"

早在青年时代，毛泽东就对自己的一生做过预言，他说："吾死之后，置吾之身于历史之中，使后人见之，皆知吾确然有以自完。后人见吾之完满如此，亦自加吾以芳名，然而非吾之所喜悦，以其属之后来，非吾躬之现实也。"1976 年 9 月 9 日毛泽东逝世后，世界各友好国家首脑，纷纷发来唁电，给以高度评价。

布托·佐勒菲卡尔·阿里，是巴基斯坦前总统。他在 1976 年毛泽东逝世后发表的声明中说：

"像毛泽东那样的人物，在一个世纪，也许一千年里只能产生一位，他们占领了舞台，以天才的灵感写下了历史的篇章。毫无疑问，毛泽东是巨人中的巨人。他使历史显得渺小。他的强有力的影响在全世界亿万男女的心中留下了印记。毛泽东是革命的儿子，是革命的精髓，确实是革命的旋律和传奇，是震动世界的出色的新秩序的最高缔造者。

"毛泽东没有死，他永垂不朽。他的思想将继续指导各国人民和各民族的命运，一直到太阳永远不再升起。如果仅仅是从中国的范围来衡量他的划时代的功绩，那将有损于对这位非凡人物的纪念。当然，他为中国及其八亿人民做了了不起的事情，但是毛泽东也是一位崇高的世界领袖。他对当代局势发展的贡献是没有人可以比拟的。

"今天，全世界都哀悼毛泽东的逝世，但是到明天黎明，都将起来歌唱颂扬他不朽的赞歌。我的思想和感情，像我的同胞一样，极为悲恸沉痛。这位人物的谦虚和幽默，他的光荣和伟大，他的英勇和胜利，将永垂青史。

"毛泽东的名字将永远是穷人和被压迫者的伟大而正义的事业的同义语，是人类反对压迫和剥削的斗争的光辉象征，是对殖民主义和帝国主义的胜利的标志——'是幻觉还是梦境？日出雾散，是梦还是醒？'我们巴基斯坦将永远怀着敬意纪念不朽的毛泽东。"

（参见李锐:《毛泽东的早年与晚年》，贵州人民出版社 2011 年版；布托的声明选自《中国出了个毛泽东》，解放军出版社 1991 年版）

艰苦朴素奋斗生涯

"你们真是多此一举！"

刘斌珍在中南海丰泽园参加了毛泽东同志的遗物的清理工作。她说："毛主席床头放着 3 个枕头，据介绍：毛主席晚年常卧床读书和批阅文件，这个高枕头是坐在床上时作靠背用的；右角这个小枕头，是需要从上拿笔、端水时，手腕可撑在上面；这个长枕头才是躺下看书或睡觉时用的。尤其是最后几年，毛主席几乎全在床上。工作人员换洗床单，只能趁他偶尔下床的极短时间内，尽快完成。要是稍慢或未将书放回原处，他就会不高兴地说上一句："你们真是多此一举！"毛主席还有一种特制的小枕头，是放在沙发靠背上睡觉用的。因为他有时坐在沙发上看书时间太长，看着看着，太累了，就靠在沙发上打个盹。工作人员为便于他睡眠，特制了这种两边高，中间低的枕头。"

在清理毛主席的遗物中我们发现有不少的假衣领、假袖口。原来，毛主席平时穿着根本不讲究，他的标准是以省时、方便、舒适为原则，所以穿睡衣、踏拖鞋的时候多。因此，当要见客人或出席重大活动场合，便使出这种乔装打扮之法了。遗物中还有不少旧热水袋，那也是为了省时、方便而用的。脚感到凉，工作人员马上灌两袋热水，放在办公桌下，主席不动身，将脚踏在上面就解决了问题。若感觉热。脚将热水袋往旁一拨就行，一点都不耽误工作。

毛泽东用的手表是欧米茄牌。据介绍这块表还是1945年8月毛主席赴重庆谈判时，郭沫若送给他的。这年8月28日，毛主席亲赴重庆，与国民党进行谈判。当时在重庆迎接毛主席的郭沫若极为心细，他见毛主席手腕上未戴表，心想毛主席前来从事决定国家前途命运的大事，谈判时，没有手表会很不方便。于是赶紧取下自己的手表送给毛主席。毛主席也未推辞，欣然戴上。从那时起，毛主席就一直使用这块手表。时间一长，表底发黄，字母都模糊了，表带也破了。工作人员建议毛主席换块表，毛主席不同意。在毛主席的生活账上，还有1964年、1970年修表开支的记载呢。

毛泽东还有一副眼镜——棕色架子，较厚的老花镜片。"这是周总理送给毛主席的！"事情是这样的：那是1974年，毛主席发现自己的视力下降很快，周总理知道后，也非常着急，他亲自请专家来会诊。8月，正式诊断为老年白内障，需手术治疗。但这种病要经过初发期、膨胀期，到成熟期时，才能实施手术。所以先只能配戴较合适的眼镜，提高点视力。于是周总理拿出了这副眼镜送给毛主席，并嘱咐工作人员说："这副眼镜，我戴了多年，是较为合适的一副，送给主席试试，如行，就留下；不适合，立即告我，我再想办法为主席重配配。"

从毛泽东的这些遗物中，可以看出他简朴的生活原貌。毛泽东的一生所追求的目的，不是物质享受，也不是为了亲属的私利，而是把全部精力投放在为人民求解放，建设社会主义的崇高事业中去，用这样的价值观去衡量对毛泽东为什么总要过艰苦朴素的生活就好理解了。

（参见韶山毛泽东同志纪念馆编：《毛泽东遗物事典》，红旗出版社 1996 年版）

美国尼克松的评价

"在我身上有些虎气是为主，也有些猴气，是为次。"

有一位在毛泽东身边工作的同志认真地说，崇拜毛泽东的，不仅是中国人，有些"老外"比中国人还崇拜。有的人来中国访问，一定要见毛主席，如果没有见到就不肯走，就不高兴，认为他的访问不圆满。

毛泽东以他独具的魅力吸引着各种各样的人——包括他的对手。

尼克松对毛泽东的评价，在他的著作中已经写了不少。我们这里有他下台以后来中国访问时，他和毛泽东最后见面的回忆，颇能说明问题。毛泽东在讲到自己的性格时说过，他一半是虎，一半是猴。无情的一面和狂热的理想主义的一面在他身上交替出现。（毛泽东在致江青的信中说："在我身上有些虎气，是为主；也有些猴气，是为次。"）

尼克松说："作为中国的马克思、列宁和斯大林，毛泽东以其高超的战略洞察力，灵活的战术和令人望而生畏的暴力手段，在历史上留下了不可磨灭的痕迹。

"单凭他的洞察力和冷酷无情，毛泽东是不可能在中国取得成功的。他同时还具有能够吸引狂热追随者的领袖人物的超人魅力，以及藐视巨大困难的意志力。毛泽东的领导才能来自于他的坚强意志。我见到他时，感到他们的意志力或多或少是天生就有的。他大部分生动的诗歌是在长征途中或长征以后写成的。他在描写使人振奋的斗争场面，特别是描写残酷的斗争场面时，运用了鼓舞意志的手法，使人读起来感到增添了力量。由于具有这些品质，他才有可能激励他的同志们去完成像长征这样的史诗般的业绩，使他的同志们成为一支几乎是不可战胜的队伍。"

美国前总统尼克松，对毛泽东的评价是由衷的，因此，两位伟人才能使中美建交，打破了历史上的僵局。由此可见，对毛泽东的领袖地位，也得到了不同意识形态国家的领导人的公认。

（参见理查德·尼克松：《一半是虎，一半是猴》，见郭思敏编：《我眼中的毛泽东》，河北人民出版社 1990 年版）

掌握权力拥有思想

"把自己塑造成既掌握权力又拥有思想这一类人物。"

日本学者竹内实对毛泽东做了一番分析评价，竹内实先生认为，在中国久的历史上，英雄豪杰，贤人义士、明君能丞，多不胜数。但要真正称得上是历史的伟人改变了中华民族发展道路和方向的，只能是四位伟人，他们依次是秦始皇、孔子、毛泽东和邓小平。

为什么选秦始皇呢？竹内实指出了两个理由：一个是因为秦始皇统一了中国，一个是秦始皇为英雄豪杰们提供了一个政治活动的舞台。前者奠定了统一中国的基础，后者确定了政治活动的框架。中国历代王朝的荣枯盛衰，实际上都是因为有始皇帝提供的舞台才能演出一幕幕的历史剧（同时也是现代剧）来。

"中国历史第二人，要算孔子。"

竹内实认为，孔子的历史地位首先由孔子及其文化对汉民族形成的影响奠定的。由于孔子的存在，中华世界才具有"中华文明"的面貌。如果没有孔子，那中华世界只能是一个由汉民族、满民族和蒙古民族等相互胡乱厮杀的战场。孔子使得中华民族凝聚为一个文化上的有机整体。在这个方面，孔子的影响正好填补了秦始皇的不足。这是孔子对中华民族的最为伟大的贡献。

如果把始皇帝作为权力政治的第一人的话，那么，孔子就是没有权力的精神世界的第一人。秦始皇和孔子是中国历史上的两个有代表性的人物。在中华世界的历史潮流中，拥有权力的皇帝和没有权力只有权威的孔子形成一种绝妙的配合，也可以说是形成了微妙的均衡。

竹内实特别指出，毛泽东是中国历史上的第三人。

毛泽东集秦始皇与孔子于一身。他"使这两人合为一体而引人注目"。他"把自己塑造成既掌握权力又拥有思想这一类人物"。他"把一个国家放到了历史舞台上"。

竹内实对毛泽东的评价，在一定意义上符合毛泽东一生的自觉体认，符合毛泽东的领导风格。

在毛泽东看来，帝王说到底还是"办事之人"，只有功业没有路线，没有主义。圣贤属于"传教之人"，传教理想，启人心智。但是只办事不传教，其事难以持久；只传教不办事，其教难以广远。因此，还得有第三类人，办事兼传教。这是毛泽东最为理想的事业。毛泽东一生都自觉追求这种君师合一、德业俱全的人生境界。在领兵打仗的过程中，不论是偏处井冈山的一隅，还是迎接夺取全国政权的胜利，他始终坚持其马克思主义的信念，坚持用马克思主义的路线、方针和政策教育队伍，并在实践中创造了一套中国式的马克思主义。在毛泽东看来，夺取全国政权的胜利并不是他的最终目的，这只是"万里长征走完了第一步"。夺取政权只是为在全国推广贯彻其新主张、新路线做准备。这是何等的胸怀气量。难怪他在《沁园春·雪》中，雄视古今，睥睨六合，高唱"数风流人物，还看今朝"。与满足于文治武功的历朝历代开国君主不同，毛泽东的领导活动不仅创造了中国历史，给世界人民也留下了深刻印象。法国总统德斯坦把毛泽东与法国人民尊敬的戴高乐将军相比，指出现代社会的国家领导人并不体现一种哲学思想，他们只解决一些问题，诸如经济、社会、军事等等。毛泽东却体现了一种哲学思想，并努力把它付诸行动。巴基斯坦总统布托在毛泽东逝世后发表声明，称毛泽东是巨人中的巨人，毛泽东的名字将永远是穷人和被压迫者的伟大而正义的事业的同义语，是人类反对压迫和剥削的斗争的光辉象征，是对殖民主义和帝国主义的胜利的标志。

（参见刘峰、路杰主编：《跟毛泽东学领导》，红旗出版社 2001 年版）

中国特色的领导人

"毛泽东自己说过他要做马克思加秦始皇式的领导。"

迈克尔·H.哈特是美国学者。他按照自己量定的标准，在全球范围内精心评选出从古至今 100 个对人类历史的进程产生过巨大影响的人物，20 世纪 70 年代末撰写了《历史上最有影响的 100 人》一书，成为一部"颇为裨益的简明世界史"和"记载着许多历史伟人的、自成体系的杰出传记"。在这部"能使每家图书馆增添光彩的参考书"中，作者采用比较研究的方式，将毛泽东列在了"对毛有重大影响"的先辈列宁和"对中国的影响已长达约 2200 多年"的秦始皇等人之后。

迈克尔·H.哈特说："评价一个当代政治人物的长期影响总是有点儿不太容易，为了估计出毛在本册中的名次，把他与其他一些杰出的领袖人物作个比较或许是有帮助的。毛泽东排列略高于华盛顿，因为毛给国内带来的变化看来比华盛顿使国内发生的变化更加重要。毛排列的名次比拿破仑、亚历山大等高不少，因为他对将来的影响看来可能比这些人要大得多。

"毛泽东和列宁之间的比较也是显而易见的。毛统治的时间比列宁要长得多，统治的人口比其他国家也多得多（事实上如果考虑到毛掌权的时间，他统治的人口比历史上任何其他人都多得多）。但列宁是毛的先辈，对毛有重大的影响，他在俄国建立了共产主义，为随后在中国建设共产主义开拓了道路。

"与毛的功绩最相当的是秦始皇，两者都是中国人，都是在自己的国家实行一系列革命改造的掌舵人。秦始皇排在毛之前，因为前者对中国的影响已长达约 2200 多年。虽然从长远的观点来看，毛所带来的变化可能甚至会具有更大的意义，但我们还难以确定他的影响会持续多久。"

毛泽东自己说过他要做马克思加秦始皇式的领导，曾号召过后人要超过马克思。富有创新意识，不囿于条条框框的束缚。

（参见阿古拉泰主编：《一百个名人眼里的毛泽东》，青岛出版社 1993 年版）

在法国人的心目中

"法国有一群毛泽东的'专业粉丝'。这群人数量很大，且几乎个个是名人。"

在欧洲，法国人对毛泽东的了解也许是最多的。从市井小民到名人政要，知道毛泽东的法国人，就像知道拿破仑的中国人一样普遍。

时常与法国人聊起毛泽东。他们都能聊上两句，而且通常都很准确。法国电视二台每周都有一个《大家都这么讲》的对话节目。一次，中国变性舞蹈家金鑫应邀来做节目。那天，金鑫穿了一身军服似的套装。主持人打趣说："毛泽东的时代都过去那么久了，您怎么还穿军装？"金鑫聪明地答道："看好了，这可是香奈尔！"主持人哈哈大笑，他明白金鑫是在说：法国人抄袭了中国毛泽东时代的时髦词汇。

一位主持人竟能随口冒出"毛泽东的时代词汇"，可见法国人对毛泽东了解之深。

一些在法华人调侃说，法国有一群毛泽东的"专业粉丝"。这群人数量很大，且几乎个个是名人。这些"专业粉丝"是怎样形成的呢？1968年，法国发生"五月风暴"。"风暴"从巴黎大学开始，大批学生集会抗议反越战，学生遭逮捕。抗议活动在短时间内迅速扩大，不久后，全法学生都加入其中，上千万工人也行动起来。心理学家热拉尔·米勒就是当年的一名抗议学生。如今，他仍是毛泽东的崇拜者。他说："20世纪60年代，毛泽东思想对法国青年简直是种'诱惑'，它激起了法国青年的反叛精神和改变世界的愿望。"与他一样，"很多青年都崇拜毛泽东"，因为毛泽东领导的中国敢于同强权作斗争，不屈服于外部压力。毛泽东的这种精神，成为当年抗议活动的重要动力之一。

当年的那批青年学生，如今有很多都成了法国社会的名流，比如：著名的社会活动家贝尔纳·德博尔，《解放报》刚刚离任的总编塞尔日·朱利，2007年大选热门人物之一霍郎德·卡斯托，心理学家热拉尔·米勒，左派无产阶级组织领袖阿兰·热斯马尔……数不胜数。

法国国际问题专家称，毛泽东影响了整整一代法国人。也有人说，毛泽东的影响不限于一代法国人，因为当年的那批青年人，如今早已为人父母，他们会将自己对毛泽东的情结，在言传身教中传给子女。可见毛泽东在法国人心目中深远的影响。

（参见《老年日报》2012年1月21日有关材料）

主要参考书目

《布托的声明》，见《中国出了个毛泽东》，解放军出版社 1991 年版。

《共和国珍闻》，延边大学出版社 1993 年版。

《红墙内的女秘书》，《关东作家》1999 年总第 144 期。

《建国以来毛泽东文稿》第 7 册，中央文献出版社 1992 年版。

《建国以来毛泽东文稿》第 10 册，中央文献出版社 1996 年版。

《建国以来毛泽东文稿》第 13 册，中央文献出版社 1998 年版。

《毛泽东传（1893—1949)》下册，中央文献出版社 1996 年版。

《毛泽东当年的第一张大字报》，见《毛泽东冒险纪实》，银幕内外杂志社 1993 年版。

《毛泽东如何看待关羽》，《书刊报》2007 年 4 月 9—15 日。

《毛泽东书信集》，中国人民解放军出版社 1984 年版。

《毛泽东书信选集》，人民出版社 1983 年版。

《毛泽东文集》第一至八卷，人民出版社 1993—1999 年版。

《毛泽东新闻工作文选》，新华出版社 1983 年版。

《毛泽东选集》第一至四卷，人民出版社 1991 年版。

《毛泽东在七大的报告和讲话集》，中央文献出版社 1995 年版。

《毛泽东早期文稿》(1912.6—1921.11)，湖南出版社 1990 年版。

《毛泽东哲学批注集》，中共中央党校出版社 1988 年版。

《毛泽东著作选读》上、下册，人民出版社 1986 年版。

《毛泽东自传》，解放军文艺出版社 2001 年版。

《美国友好人士斯诺访华文章》，三联书店 1971 年版。

《十年一梦——前上海市委书记徐景贤"文革"回忆录》，《党史文献》

2005 年第 4 期。

《叶子龙回忆录》，中央文献出版社 2000 年版。

阿古拉泰主编：《一百个名人眼里的毛泽东》，青岛出版社 1993 年版。

埃德加·斯诺：《记毛泽东回忆写作〈实践论〉、〈矛盾论〉、〈漫长的革命〉》，上海人民出版社 1975 年版。

埃德加·斯诺：《漫长的革命——紫禁城上话中国》，新疆大学出版社 1994 年版。

彬子编：《毛泽东的感情世界》，吉林人民出版社 1990 年版。

曹志为：《伟人之初——毛泽东》，浙江人民出版社 1991 年版。

柴宇球编著：《毛泽东大智谋》，文化艺术出版社 1994 年版。

常艳春：《毛泽东与张有晋的师生情》，《领导文萃》2002 年第 7 期。

陈敦德：《毛泽东·尼克松在 1972》，解放军文艺出版社 1997 年版。

陈晋：《毛泽东的文化性格》，中国青年出版社 1991 年版。

陈晋：《毛泽东之魂》，吉林人民出版社 1993 年版。

陈首涛：《三次登门为求学》，见《毛泽东和党外朋友们》，团结出版社 1996 年版。

陈新明编著：《领袖情——毛泽东与周世钊》，中共中央党校出版社 1997 年版。

程思远：《难忘的一天》，见《我眼中的毛泽东》，河北人民出版社 1990 年版。

程思远：《我的回忆》，华艺出版社 1994 年版。

邸延生：《历史的真言——李银桥在毛泽东身边工作纪实》，新华出版社 2000 年版。

丁晓平：《家世家书家风——毛泽东的亲情世界》，中央文献出版社 2006 年版。

冬民：《"穷棒子"家乡出了大富豪》，《中国人才报》1994 年 6 月 5 日。

范忠程主编：《博览群书的毛泽东》，湖南出版社 1994 年版。

冯彩英：《谁也休想让我们低头弯腰》，《浙江日报》1993 年 12 月 22 日。

高菊村等：《青年毛泽东》，中共党史资出版社 1990 年版。

郭金荣：《毛泽东的晚年生活》，教育科学出版社 1992 年版。

何虎生编著：《走进中南海》上册，中共党史出版社1999年版。

何启君：《毛主席讲恋爱三原则》，《人民日报》1993年4月25日。

胡长明：《毛泽东成为一代伟人的"秘密"》，《党史博览》1999年第9期。

胡忆肖、胡兴武、畅青编著：《毛泽东诗词白话全译》，武汉出版社1996年版。

胡哲峰、孙彦编著：《毛泽东谈毛泽东》，中共中央党校出版社2000年版。

华敏编：《第一次见到毛泽东》，中央文献出版社2000年版。

华英编著：《毛泽东的儿女们》，中外文化出版公司1990年版。

黄允升主编：《开国领袖毛泽东逸事》，中央文献出版社1999年版。

贾思保编：《毛泽东人际交往录（1915—1976）》，江苏文艺出版社1989年版。

蒋国平：《毛泽东与韶山》，中国青年出版社1992年版。

蒋建农主编：《毛泽东全书》第2卷，河北人民出版社1998年版。

金冲及主编：《毛泽东传（1893—1949）》，中央文献出版社1996年版。

金旺：《毛泽东怎样对待秘书林克》，《中华魂》2007年第9期。

靳建国编著：《毛泽东》，中国和平出版社1990年版。

竞鸿、吴华编著：《毛泽东生平实录》，吉林人民出版社1992年版。

聚生、高里、陈澍：《毛泽东的领袖魅力》，知识出版社1993年版。

柯延主编：《毛泽东的历程》上册，解放军文艺出版社1996年版。

雷国珍、吴珏编著：《毛泽东大成智慧》，当代中国出版社2001年版。

雷云峰、肖东波编著：《毛泽东修身处世风范》，国际炎黄文化出版社2003年版。

李德才：《毛泽东的治学方法》，《党史纵横》1996年第3期。

李家骥回忆，杨庆旺整理：《我做毛泽东卫士十三年》，中央文献出版社1988年版。

李聚奎：《深切怀念伟大领袖毛泽东》，见《缅怀毛泽东》，中央文献出版社1993年版。

李敏、高风、叶利亚主编：《毛泽东身边工作人员的回忆——真实的毛泽东》，中央文献出版社2006年版。

李锐：《毛泽东的早年与晚年》，贵州人民出版社 2011 年版。

李锐：《毛泽东早年读书生活》，辽宁人民出版社 1992 年版。

李锐：《三十岁以前的毛泽东》，广东人民出版社 1997 年版。

李树谦编：《毛泽东的文艺世界》，辽宁教育出版社 1993 年版。

理查德·尼克松：《一半是虎，一半是猴》，河北人民出版社 1990 年版。

刘峰、路杰主编：《跟毛泽东学领导》，红旗出版社 2001 年版。

刘光荣主编：《毛泽东的人际艺术》，中共中央党校出版社 1992 年版。

刘建国等：《韶山的昨天与今天》，湖南文艺出版社 1993 年版。

刘秋果：《毛泽东的国文老师袁吉六》，《党史文汇》第 128 期。

刘学琦主编：《毛泽东佳话三百篇》，书目文献出版社 1993 年版。

毛阿毛：《石破惊天——毛主席复活了!》，《韶山报特刊》2003 年 12 月 26 日。

孟庆春：《跟毛泽东学凝聚人心》，当代中国出版社 2002 年版。

牛兴华等：《延安时代的毛泽东》，陕西人民出版社 1999 年版。

潘相陈编著：《毛泽东家书钩沉》，中共中央党校出版社 1997 年版。

亓莉：《毛泽东晚年生活琐记》，中央文献出版社 1998 年版。

权延赤：《走下神坛的毛泽东》，中外文化出版公司 1989 年版。

任澍白：《毛泽东早期心路历程》，中央文献出版社 1994 年版。

韶山毛泽东同志纪念馆编：《毛泽东遗物事典》，红旗出版社 1996 年版。

斯诺：《毛泽东自传》，解放军文艺出版社 2001 年版。

孙宝义、刘春增、邹桂兰、李凯旗编著：《毛泽东谈读书学习》，中央文献出版社 2008 年版。

孙宝义、刘春增、邹桂兰编著：《毛泽东的读书人生》，中央文献出版社 2006 年版。

孙宝义、邹桂兰编著：《毛泽东的衍名艺术》，中央文献出版社 2006 年版。

孙宝义编著：《毛泽东的读书生涯》，知识出版社 1993 年版。

孙宝义等编著：《毛泽东的祖国山河情》：中国文联出版社 2001 年版。

谭逻松、张其俊编：《毛泽东的幽默故事》，同心出版社 1995 年版。

汤胜利：《毛泽东尊师记》，中共安徽铜陵市委党校史教研室。

唐春元：《毛泽东妙释生死价值观》，《党史博采》2008年第3期。

汪东林：《梁漱溟与毛泽东》，湖北人民出版社2004年版。

汪东兴：《汪东兴日记》，中国社会科学出版社1993年版。

王伯福主编：《毛泽东轶事大全》，山东人民出版社1997年版。

王鹤滨：《紫云轩主人——我所接触的毛泽东》，中共中央党校出版社1991年版。

王恕焕：《毛泽东的人生哲学》，湖北人民出版社2003年版。

王子今：《毛泽东与中国史学》，中共中央党校出版社1993年版。

吴江雄主编：《毛泽东预言》，红旗出版社2000年版。

吴冷西：《治国与读史》，中央文献出版社2008年版。

武在平：《从〈甲申三百年祭〉到诗词唱和》，《党史纵横》1994年第4期。

萧诗美等：《毛泽东谋略》，湖南出版社1995年版。

肖显社、沈丽文：《统帅毛泽东》，上海人民出版社2007年版。

谢柳青：《毛泽东和他的亲友们》，河北人民出版社1993年版。

辛新：《毛泽东与冷水浴》，《健康报》第470期。

熊向晖：《历史的注脚》，中共中央党校出版社1995年版。

秀娟编著：《毛泽东与亲眷》，中国人民大学出版社1993年版。

徐文钦编著：《毛泽东读书治国》，中央文献出版社2008年版。

徐新民主编：《在毛泽东身边》，中共中央党校出版社1993年版。

许祖范、姚佩莲、胡东编著：《毛泽东幽默趣谈》，山东人民出版社1995年版。

薛建华：《毛泽东和他的"右派朋友"》，四川人民出版社1992年版。

闫涛：《日出东方》，河南人民出版社1997年版。

阳泓：《毛泽东谈项羽》，《领导文萃》1995年第3期。

杨辉：《毛泽东与老师符定一》，《党史博览》2002年第8期。

叶心瑜：《毛泽东在1934—1936》，新华出版社1993年版。

叶永烈编著：《红色机密》，人民日报出版社2003年版。

叶永烈：《面对危难的毛泽东》，海南人民出版社2004年版。

叶源洪：《毛泽东善于"打比方"》，《老年日报》2008年8月30日。

尹高朝编著：《毛泽东和他的24位老师》，中央文献出版社2001年版。

于俊道、李捷编：《毛泽东交往录》，人民出版社 1991 年版。

于俊道主编：《生活中的毛泽东》，解放军出版社 1999 年版。

俞辉、钟华主编：《领袖交往实录系列——毛泽东》，四川人民出版社 1992 年版。

雨籍：《毛泽东的"受礼"观》，《党史博览》1997 年第 7 期。

袁永松主编：《伟人毛泽东》上卷，红旗出版社 1997 年版。

岳朝风编著：《毛泽东诗词集》，书海出版社 2006 年版。

张华、黄俊平：《伟人的起步》，浙江人民出版社 1996 年版。

赵大义等编著：《险难中的毛泽东》上、下部，中央文献出版社 2001 年版。

郑宜、贾梅编：《毛泽东生活实录 1946—1976》，江苏文艺出版社 1989 年版。

周世钊：《毛泽东青年时期的几个故事》，《新苗》1958 年第 9 期。

周溯源编著：《毛泽东评点古今人物》，红旗出版社 1998 年版。

朱建亮、宁小银：《伟大之谜》，书目文献出版社 1994 年版。

朱良才：《这座山，它革命!》，见《星火燎原》第 1 集，战士出版社 1979 年版。

责任编辑：洪　琼

责任校对：周　昕

图书在版编目（CIP）数据

毛泽东成功之道 / 孙宝义　刘春增　邹桂兰 编著．
　－北京：人民出版社，2013.6（2023.8 重印）
ISBN 978 - 7 - 01 - 011936 - 6

I.①毛…　II.①孙…②刘…③邹…　III.①毛泽东 (1893～1976)－
　人物研究　IV.① A755

中国版本图书馆 CIP 数据核字（2013）第 068771 号

毛泽东成功之道
MAOZEDONG CHENGGONG ZHIDAO

孙宝义　刘春增　邹桂兰　编著

人民出版社 出版发行
（100706　北京市东城区隆福寺街 99 号）

天津文林印务有限公司印刷　新华书店经销

2013 年 6 月第 1 版　2023 年 8 月北京第 4 次印刷
开本：710 毫米 ×1000 毫米 1/16　印张：24.5
字数：380 千字　印数：23,001－28,000 册

ISBN 978 - 7 - 01 - 011936 - 6　定价：72.00 元

邮购地址 100706　北京市东城区隆福寺街 99 号
人民东方图书销售中心　电话（010）65250042　65289539